Deutschbuch

Sprach- und Lesebuch

Grundausgabe

10

Herausgegeben von
Heinrich Biermann und Bernd Schurf

Erarbeitet von Heinrich Biermann,
Gerd Brenner, Ulrich Campe, Friedrich Dick,
Günther Einecke, Dietrich Erlach, Ute Fenske,
Josi Ferrante-Heidl, Karlheinz Fingerhut,
Margret Fingerhut, Susanne Gasse, Andrea Gefeke,
Heinz Gierlich, Cordula Grunow, Rolf Kauffeldt,
Marlene Koppers, Henner Kotte, Markus Langner,
Monika Lenkaitis, Hans-Waldemar Nürnberg,
Norbert Pabelick, Bernd Schurf, Christiane Setzkorn
und
Andrea Wagener

Cornelsen

Das „Deutschbuch“ auf einen Blick

Lernbereiche →
- **Sprechen und Schreiben**
- **Umgang mit Texten / Medien**
- **Nachdenken über Sprache**

Kapitelaufbau im Dreischritt
1 Lebenspläne Lebenswege

→ Hauptlernbereich
1.1 Jung sein – alt werden

→ Verknüpfung mit einem weiteren Lernbereich
1.2 Den Lebenssinn suchen

→ •••• Anwenden und Üben des Gelernten
1.3 Crazy!

Grammatik, Rechtschreiben werden berücksichtigt (integriert)

Extras →
- **Grammatik- und Rechtschreibtraining** Kap. 10–12
- **Projekte und Arbeitstechniken** Kap. 13, 14
- **Orientierungswissen** Anhang

Piktogramme →
- 1 Aufgabe
- ◇2 Zusatzaufgabe
- 3 fächerverbindende Aufgabe
- Partnerarbeit
- Gruppenarbeit
- ▶ Querverweis
- Rollenspiel
- Spiel

INHALTSVERZEICHNIS

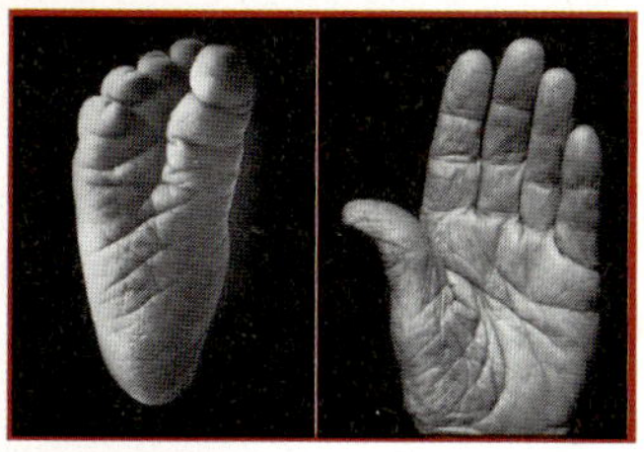

1 Lebenspläne Lebenswege

2 Meinungen über Meinungen

Argumentieren und Erörtern

3 Sich einmischen

Angewandte Rhetorik

4 Alltag satirisch und kreativ

SPRECHEN UND SCHREIBEN

5 Seifenopern – Wie im richtigen Leben?

UMGANG MIT TEXTEN UND MEDIEN

6 Blutrote Badeanzüge – Kriminalgeschichten

UMGANG MIT TEXTEN

INHALTSVERZEICHNIS

7 Beziehungskisten in Kurzgeschichten

8 Lyrik im Alltag

Alltagslyrik?

9 Mutter Courage und ihre Kinder

Die Brücke

INHALTSVERZEICHNIS

10 Sprachkritik

11 Grammatiktraining

12 Rechtschreibtraining

NACHDENKEN ÜBER SPRACHE

13

www. weltweit lernen.de

PROJEKT PROJEKT

14

Ende und Anfang

ARBEITSTECHNIKEN

Bei den mit [R] gekennzeichneten Texten wurde die Anpassung an die reformierte Rechtschreibung verweigert.

1 Lebenspläne – Lebenswege

1.1 Jung sein – alt werden

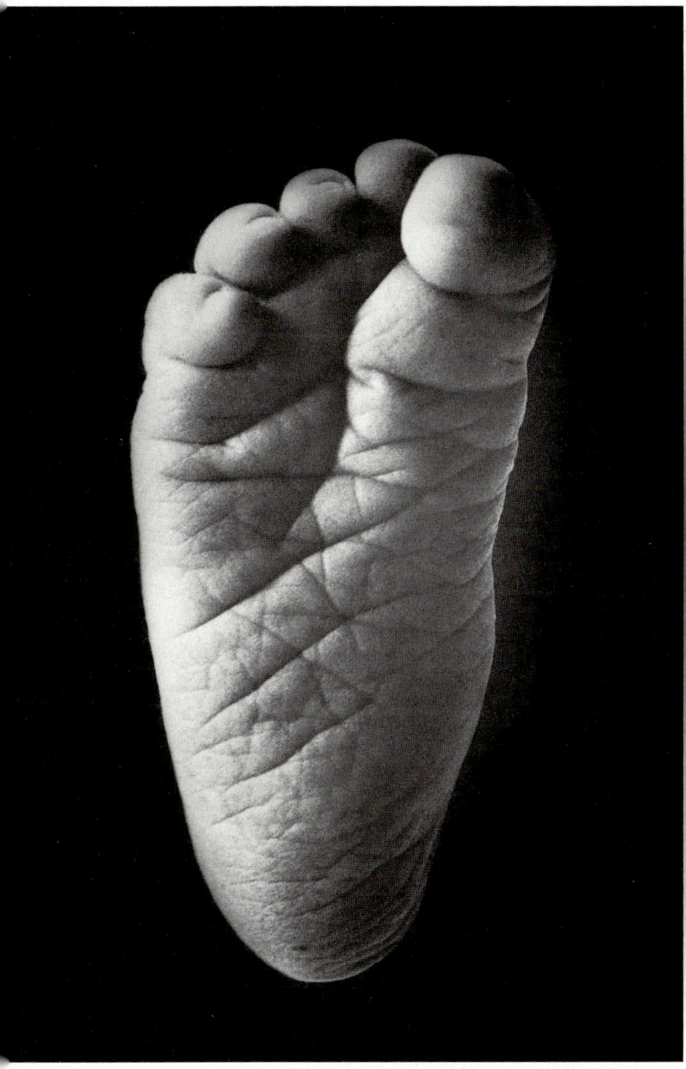

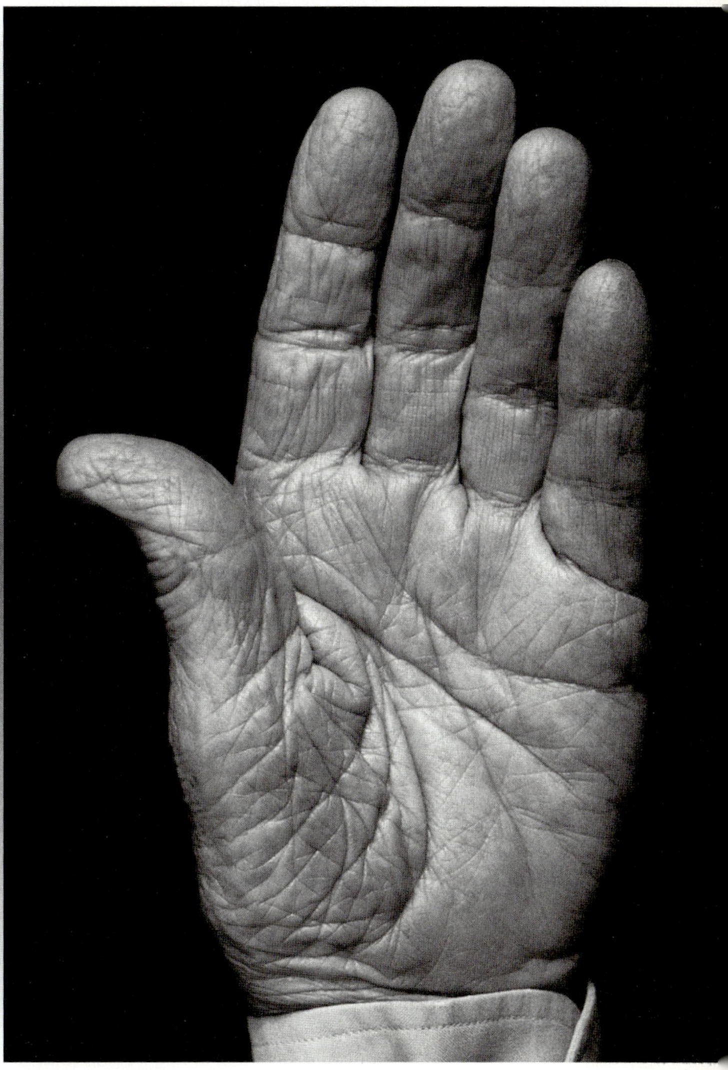

1 a) Betrachtet die beiden Fotos. Sprecht über eure Eindrücke.
b) Sucht selbst zwei Fotos, die für euch das Thema „Jung sein – alt werden" veranschaulichen.

2 *Fünfzig Worte zu „Jung" und „Alt"*
Führt ein Brainstorming zu Gegenständen, Ereignissen, Begriffen ... durch, die im Alltag mit „Jung" und „Alt" verbunden werden. Haltet das Ergebnis auf einem Plakat fest.

Lebensstufendarstellung um 1890

3 a) Lebenstufendarstellungen waren im 19. Jahrhundert sehr populär. Beschreibt die Vorstellung vom jungen und vom alten Menschen, die sich darin ausdrückt.
b) Welches Verständnis von der Rolle der Frau lässt sich erkennen?
c) Die Lebensstufen im neuen Jahrhundert – wie werden sie eurer Meinung nach aussehen? Beschreibt sie oder fertigt eine Skizze an.

4 Betrachtet das Bild aus dem 16. Jahrhundert genau und versucht seine Aussage zu beschreiben. Vergleicht das Gemälde aus dem 16. Jahrhundert mit dem Foto aus unseren Tagen.

Die „Generationennase“

1991 legte Alan R. Hirsch, leitender Neurologe[1] der „Smell and Taste Treatment and Research Foundation“ in Chicago, das Ergebnis einer Befragung von 989 Besuchern eines Shoppingcenters vor, die nach typischen Gerüchen ihrer Kindheit befragt wurden.

Die von 1920 bis 1960 Geborenen nannten:
Tannenduft, Rosen, heiße Schokolade, Fisch, Lilien, Mist, Geißblatt, Veilchen, Dachböden, frisch gebackenes Brot, Seife, Feigen, gemähtes Gras, Heidelbeeren, Zimt, Seeluft, Wiesen, Heu, Klee, Petunien, Tweed, Fleischbällchen, Erbsensuppe, frische Luft, Laubfeuer.

Die von 1960 bis 1980 Geborenen nannten als „Nostalgiegerüche“:
Knetmasse, Chlor, Malkreide, Gummiköder, Marihuana, Thunfisch-Kasserolle, Wäscheweichspüler, Raffinerien, Motoröl, Tacos[2], Urin, Abfall, Haarspray, Plastik, Farn, alte Socken, Hundekot, Füße, Mottenkugeln, Auspuffgase, Insektenspray, Fabriken, Nagellack, Enchiladas[2], Schokoladenzigaretten, Sonnenöl, duftende Textmarker-Stifte, brennende Reifen.

1 **Neurologe:** Nervenarzt
2 **Tacos, Enchiladas:** mexikanische Teigtaschen bzw. Fladenbrote aus Maismehl

5 a) Welche Veränderungen lassen sich feststellen? Diskutiert die möglichen Ursachen.
b) Ihr seid nach 1980 geboren. Welche „Kindheitsgerüche“ kommen euch in den Sinn?
c) Beschreibt ein Erlebnis, in dem ein Kindheitsgeruch eine wichtige Rolle spielt.

THIS DAY IS THE FIRST DAY OF THE REST OF YOUR LIFE

BEIM ÜBERTRETEN DIESER LINIE WERDEN SIE AUCH ÄLTER

Diese ▬▬ kann überall in der Ausstellung auf dem Boden auftauchen!

Eine Schwelle zum nächsten Raum, zum nächsten Tag, den nächsten Augenblick anders erleben als den vorherigen, zum nächsten Satz im Kopf, den nächsten Schritt nach vorn, ungehindert und doch schwer wie jede Entscheidung, die man trifft; das Älterwerden kann man durch keinen tatsächlichen Schritt abwenden oder auch nur hinauszögern, dieser Schritt kann nur im Kopf stattfinden, ähnlich wie eine Erklärung über diesen Satz, der da vor einem steht und unbarmherzig hinweist – egal, was man tut, die nächste Bewegung schon ist der Hinweis auf die Vergänglichkeit – mitunter auch die eigene.

BEIM ÜBERTRETEN DIESER LINIE WERDEN SIE AUCH ÄLTER

6 Dieses Poster stammt aus einer Ausstellung zum Thema „Alt und Jung – Das Abenteuer der Generationen“.
Welche Wirkung erhoffen sich die Ausstellungsmacher wohl von diesem Poster und den markierten Schwellen in den Ausstellungsräumen?

7 Erstellt in Einzel- oder Gruppenarbeit selbst ein grafisch gestaltetes Poster oder eine Bildcollage:
Jung sein – alt werden
Mein Lebensweg – wie ich ihn mir erträume – wie er sich wohl in der Realität vollzieht

Jugenderinnerungen – „alte“ Missverständnisse?

„Das ist noch gar nichts!
Als ich in deinem Alter war, gab es so hohen Schnee,
dass er mir bis ans Kinn reichte.“

Der sechzigjährige Schweizer Diplomat und Historiker Carl J. Burckhardt sieht sich genötigt, der Einladung zu einem Treffen ehemaliger Klassenkameraden zu folgen. Gedankenverloren geht er in Basel über den Münsterplatz, wo man sich treffen will. Schon von weitem sieht er sie stehen, grauhaarige Männer, und er fährt zusammen: „Mein Gott, die Lehrer sind auch dabei ...“

Marion Gräfin Dönhoff

8 a) Vergleicht die Cartoons und die Notiz zum Klassentreffen miteinander. Welche Themen, welche Gemeinsamkeiten, welche Aussageabsichten stellt ihr fest?

b) Entwerft ähnliche Cartoons oder Anekdoten, die das Verhältnis von „Alt“ und „Jung“ zu veranschaulichen suchen.

Schüler lehren – Senioren surfen

Multimediaprojekt über Generationen hinweg

„Computerfreak“ – das Wort mag David Uhlmann nicht. „Aber wahrscheinlich bin ich trotzdem einer“, lacht er. David geht in die 11. Klasse des Leipziger Wilhelm-Oswald-Gymnasiums, und seit letztem Herbst betritt er seine Schule nicht nur als Schüler, sondern auch als Lehrer. Zusammen mit seinem Freund Xuân Waldorf hat er ein halbes Jahr Senioren unterrichtet. Im „Computerkabinett“ ihrer Schule brachten sie ihnen bei, wie E-Mail funktioniert, ein Webchat abläuft und was eine Homepage ist. „Senioren ans Netz“ hieß das Pilotprojekt, für das beide Schüler gearbeitet haben. Mitte März hat die zweite Kursreihe in Leipzig angefangen.

Die Initiative ging von ihrem Informatiklehrer aus, der die zwei 17-Jährigen fragte, ob sie Lust hätten, an dem Projekt der Sächsischen Entwicklungsgesellschaft für Telematik und des Verbands Sächsischer Bildungsinstitute mitzuarbeiten. „Es war vor allem der Reiz, sich als Lehrer auszuprobieren“, sagt David, der mit Xuân einen Lehrplan erarbeitete. „Erst haben wir erklärt, was das Internet ist und was es den Senioren bringen kann. Nach so elementaren Dingen wie den Rechner hoch- und runterfahren kamen die ersten Surfversuche.“ Mit den Hausaufgaben gab's allerdings Probleme. „Die meisten Teilnehmer hatten keinen PC zu Hause und konnten nicht üben. Vieles hatten die Senioren in der nächsten Stunde wieder vergessen“, sagt Xuân. Das Wichtigste sei aber hängen geblieben.

■ „Die Dozententätigkeit hilft mir, meine theoretischen Fähigkeiten zu verbessern“, sagt David. Er ist überzeugt, dass jeder der Kursteilnehmer sich jetzt ohne Hilfe im Internet bewegen kann. Xuân und David glauben, dass die Senioren vor allem E-Mail nutzen werden. „Es ist für Senioren, die allein leben, die beste Möglichkeit, Freunde zu gewinnen.“

■ Während die Senioren den Computer und das Internet für sich entdeckten, haben auch Xuân und David etwas gelernt, und zwar mehr, als nur die Unterrichtsstunden zu gliedern. Xuân sagt von sich, er sei ruhiger geworden und geduldiger, wenn jemand nicht gleich alles versteht. Der Mitinitiator des Projekts „Senioren ans Netz“, Jürgen Salomon vom Verband Sächsischer Bildungsinstitute, sieht sich damit voll bestätigt: Alt und Jung lernen voneinander und miteinander am Computer. Die Senioren erhalten das Fachwissen und die Schüler machen neue Erfahrungen. Daher auch der Untertitel des Projektes: „Generationenübergreifendes Lernen“.

■ Von „echter Lebenserfahrung“ älterer Menschen haben die beiden Schüler in ihrem ersten Kurs aber nicht allzu viel mitbekommen. „Es gab nur wenige Gespräche, die über den Computer hinausgingen. Die Zeit war einfach zu kurz“, sagt David. Trotzdem ist Jürgen Salomon seiner Vision schon etwas näher gerückt: „Alle Schulen öffnen sich und die Computerkabinette werden dauerhafte Begegnungsstätten von Jung und Alt.“

Multimediapreis gewonnen

Die Nachfrage nach dem zweiten Kurs der Initiative „Senioren ans Netz“ ist groß. Die Zahl der Interessenten übersteigt die Seminarplätze um mehr als das Doppelte. Ab September soll das Projekt in mehreren Leipziger Schulen stattfinden, und wenn es nach Jürgen Salomon geht, dann wird „Senioren ans Netz“ in einigen Jahren bundesweit veranstaltet. Das Bundesforschungsministerium fand die Idee so klasse, dass es das Pilotprojekt mit dem Multimediapreis auszeichnete. Die 25 000 Euro Preisgeld wollen Jürgen Salomon und die Mitveranstalter in neue Kurse investieren.

Text/Foto: Ralf Geißler

9 a) Was haltet ihr von dem vorgestellten Projekt? Diskutiert darüber in der Klasse.
b) Fallen euch noch andere Projekte ein, die junge und alte Menschen zusammenbringen könnten?
c) In früheren Zeiten war die Jugend möglicherweise in stärkerem Maße als heute abhängig von den Erwachsenen, denn nur diese verfügten über das Wissen und die Erfahrung, die zum Überleben notwendig waren. Heute ist Wissen zum einen durch die verschiedenen Medien leicht zugänglich, zum anderen veraltet es viel schneller als früher, sodass die heranwachsenden Generationen vielleicht nicht mehr so sehr auf die Erfahrungen der Älteren angewiesen sind. Diskutiert diese Frage und besprecht dabei auch, weshalb eine Verständigung der Generationen in jedem Fall unverzichtbar ist.

Zukunftsperspektiven

Waris Dirie, Model aus Afrika

Straßenjunge, Indien

Prince William, Großbritannien

Firmenchef Angeloni (Brioni) mit den Söhnen Emanuele und Massimiliano, Rom

10 Schreibe die **Rollenbiografie** einer der hier abgebildeten Personen. Schreibe in der Ich-Perspektive möglichst lebendig über ▶ S. 167 289

- äußere Lebensumstände
- Interessen und Vorlieben
- Einstellungen und Absichten
- wichtige Erfahrungen
- Verhältnis zu Mitmenschen
- Ängste, Sorgen, Wünsche

11 *„Chat über Zukunft"*
Richtet auf der Homepage eurer Schule ein „Forum Zukunftsperspektiven" ein.

1.2 Den Lebenssinn suchen

Franz Kafka wurde 1883 als Sohn einer deutschsprachigen jüdischen Familie in Prag geboren und starb 1924 an einer Lungenkrankheit. Heute gilt er als einer der bedeutendsten Schriftsteller des 20. Jahrhunderts. Die typisch „kafkaeske" Atmosphäre seiner Erzählungen und Romane ist gekennzeichnet durch eine rätselhafte Unwirklichkeit, oft auch eine nicht konkret fassbare Bedrohlichkeit.

Franz Kafka (1906)

Franz Kafka

Der Aufbruch

Ich befahl, mein Pferd aus dem Stall zu holen. Der Diener verstand mich nicht. Ich ging selbst in den Stall, sattelte mein Pferd und bestieg es. In der Ferne hörte ich eine Trompete blasen, ich fragte ihn, was das bedeute. Er wusste nichts und hatte nichts gehört. Beim Tore hielt er mich auf und fragte: „Wohin reitest du, Herr?" – „Ich weiß es nicht", sagte ich, „nur weg von hier, nur weg von hier. Immerfort weg von hier, nur so kann ich mein Ziel erreichen." – „Du kennst also dein Ziel?", fragte er. – „Ja", antwortete ich, „ich sagte es doch: ‚Weg-von-hier', das ist mein Ziel." – „Du hast keinen Essvorrat mit", sagte er. – „Ich brauche keinen", sagte ich, „die Reise ist so lang, dass ich verhungern muss, wenn ich auf dem Weg nichts bekomme. Kein Essvorrat kann mich retten. Es ist ja zum Glück eine wahrhaft ungeheuere Reise."

1 Der Ich-Erzähler scheint nach dem Motto „Der Weg ist das Ziel" zu handeln. Was haltet ihr davon?

2 Welche Bedeutung hat eurer Meinung nach das Motiv der blasenden Trompete?

3 Versucht die verborgene Aussage dieses rätselhaften „Aufbruchs" durch einen **szenischen Dialog** zu entschlüsseln:
Der Diener fragt hartnäckig weiter nach den Beweggründen des Aufbruchs seines Herrn und gibt sich nicht zufrieden.

4 Informiert euch in einem Literaturlexikon, einer Bücherei oder im Internet über Leben und Werk von Franz Kafka.
Stellt es in der Klasse vor.

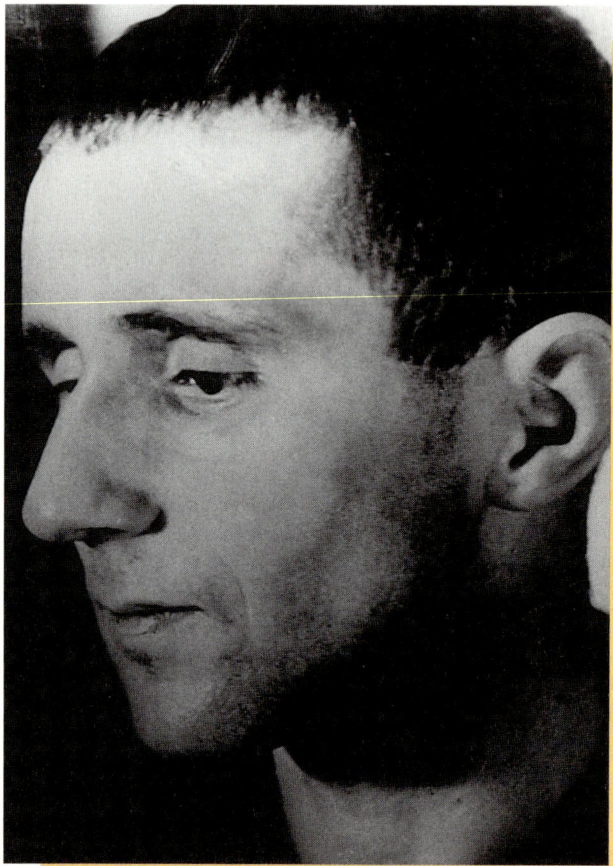

Bertolt Brecht

Der Schriftsteller Bertolt Brecht (1898–1956) verfasste eine ganze Reihe von kurzen, lehrhaften Geschichten, die allesamt von einem gewissen Herrn Keuner handeln, der dazu anregen soll, in jeder Lebenssituation neu nachzudenken, um ja keine eingefahrenen Wege zu gehen.

▶ S. 152 159 ff.

Bertolt Brecht

Herr Keuner und die Flut

Herr Keuner ging durch ein Tal, als er plötzlich bemerkte, daß seine Füße in Wasser gingen. Da erkannte er, daß sein Tal in Wirklichkeit ein Meeresarm war und daß die Zeit der Flut herannahte. Er blieb sofort stehen, um sich nach einem Kahn umzusehen, und solange er auf einen Kahn hoffte, blieb er stehen. Als aber kein Kahn in Sicht kam, gab er diese Hoffnung auf und hoffte, daß das Wasser nicht mehr steigen möchte. Erst als ihm das Wasser bis ans Kinn ging, gab er auch diese Hoffnung auf und schwamm. Er hatte erkannt, daß er selber ein Kahn war.

R

5 a) Welches Motto, welche Lebensweisheit oder welches Sprichwort fällt euch zu dieser Keuner-Geschichte ein?
b) Was will uns Bertolt Brecht wohl damit sagen?

6 Fällt euch ein Beispiel aus eurem Alltag ein, wo sich jemand so ähnlich verhält wie Herr Keuner? Erzählt!

7 Schreibt euer Beispiel im Stil der Keuner-Geschichte auf:
- Wie viele Stationen?
- Welche Erkenntnis am Ende?

8 Bertolt Brechts Texte dürfen nicht rechtschreibreformiert werden.
a) Schreibt eine reformierte Fassung der Keuner-Geschichte.
b) Vergleicht beide Fassungen.

▶ S. 261

Peter Bichsel

Die Tochter

Abends warteten sie auf Monika. Sie arbeitete in der Stadt, die Bahnverbindungen waren schlecht. Sie, er und seine Frau, saßen am Tisch und warteten auf Monika. Seit sie in der Stadt arbeitete, aßen sie erst um halb acht. Früher hatten sie eine Stunde eher gegessen. Jetzt warteten sie täglich eine Stunde am gedeckten Tisch, an ihren Plätzen, der Vater oben, die Mutter auf dem Stuhl nahe der Küchentür, sie warteten vor dem leeren Platz Monikas. Einige Zeit später dann auch vor dem dampfenden Kaffee, vor der Butter, dem Brot, der Marmelade. Sie war größer gewachsen als sie, sie war auch blonder und hatte die Haut, die feine Haut der Tante Maria. „Sie war immer ein liebes Kind", sagte die Mutter, während sie warteten.

In ihrem Zimmer hatte sie einen Plattenspieler und sie brachte oft Platten mit aus der Stadt und sie wusste, wer darauf sang. Sie hatte auch einen Spiegel und verschiedene Fläschchen und Döschen, einen Hocker aus marokkanischem Leder, eine Schachtel Zigaretten.

Der Vater holte sich seine Lohntüte auch bei einem Bürofräulein. Er sah dann die vielen Stempel auf einem Gestell, bestaunte das sanfte Geräusch der Rechenmaschine, die blondierten Haare des Fräuleins, sie sagte freundlich „Bitte schön", wenn er sich bedankte.

Über Mittag blieb Monika in der Stadt, sie aß eine Kleinigkeit, wie sie sagte, in einem Tearoom. Sie war dann ein Fräulein, das in Tearooms lächelnd Zigaretten raucht. Oft fragten sie sie, was sie alles getan habe in der Stadt, im Büro. Sie wusste aber nichts zu sagen.

Dann versuchten sie wenigstens sich genau vorzustellen, wie sie beiläufig in der Bahn ihr rotes Etui mit dem Abonnement[1] aufschlägt und vorweist, wie sie den Bahnsteig entlanggeht, wie sie sich auf dem Weg ins Büro angeregt mit Freundinnen unterhält, wie sie den Gruß eines Herrn lächelnd erwidert.

Und dann stellten sie sich mehrmals vor in dieser Stunde, wie sie heimkommt, die Tasche und ein Modejournal unter dem Arm, ihr Parfüm; stellten sich vor, wie sie sich an ihren Platz setzt, wie sie dann zusammen essen würden.

Bald wird sie sich in der Stadt ein Zimmer nehmen, das wussten sie, und dass sie dann wieder um halb sieben essen würden, dass der Vater nach der Arbeit wieder seine Zeitung lesen würde, dass es dann kein Zimmer mehr mit Plattenspieler gäbe, keine Stunde des Wartens mehr.

Auf dem Schrank stand eine Vase aus blauem schwedischem Glas, eine Vase aus der Stadt, ein Geschenkvorschlag aus dem Modejournal.

„Sie ist wie deine Schwester", sagte die Frau, „sie hat das alles von deiner Schwester. Erinnerst du dich, wie schön deine Schwester singen konnte?"

„Andere Mädchen rauchen auch", sagte die Mutter.

„Ja", sagte er, „das habe ich auch gesagt."

„Ihre Freundin hat kürzlich geheiratet", sagte die Mutter.

Sie wird auch heiraten, dachte er, sie wird in der Stadt wohnen.

Kürzlich hatte er Monika gebeten: „Sag mal etwas auf Französisch."

„Ja", hatte die Mutter wiederholt, „sag mal etwas auf Französisch." Sie wusste aber nichts zu sagen.

Stenografieren kann sie auch, dachte er jetzt.

„Für uns wäre das zu schwer", sagten sie oft zueinander.

Dann stellte die Mutter den Kaffee auf den Tisch.

„Ich habe den Zug gehört", sagte sie.

1 **Abonnement:** Dauerfahrkarte

1 a) Bildet ein **Standbild** zu dieser Geschichte.
b) Die Figuren äußern ihre Gedanken (übereinander). Besonders über die Zukunft.

2 Schreibt eine **Rollenbiografie** aus der Perspektive Monikas. Berücksichtigt ihre Lebensumstände, wichtige Erfahrungen, Interessen und Vorlieben, das Verhältnis zu Eltern und anderen Menschen, Wünsche ...

▶ S. 167
290

3 a) Wann spielt die Kurzgeschichte? Begründet eure Meinung.
b) Schreibt eine aktuelle Parallelgeschichte.

4 a) Wenn ihr die Geschichte aufmerksam lest: Fällt euch ein Wort, eine bestimmte Wortart besonders auf?
b) Welche Wirkung hat das auf euch?

5 Monikas Eltern sind einfache Leute.
Woran merkt man das?
Könnt ihr das auch sprachlich, stilistisch belegen?

Bertolt Brecht

Die unwürdige Greisin

Meine Großmutter war zweiundsiebzig Jahre alt, als mein Großvater starb. Er hatte eine kleine Lithographenanstalt[1] in einem badischen Städtchen und arbeitete darin mit zwei, drei Gehilfen bis zu seinem Tod. Großmutter besorgte ohne Magd den Haushalt, betreute das alte, wacklige Haus und kochte für die Mannsleute und Kinder.

Sie war eine kleine magere Frau mit lebhaften Eidechsenaugen, aber langsamer Sprechweise. Mit recht kärglichen Mitteln hatte sie fünf Kinder großgezogen – von den sieben, die sie geboren hatte. Davon war sie mit den Jahren kleiner geworden.

Von den Kindern gingen die zwei Mädchen nach Amerika, und zwei der Söhne zogen ebenfalls weg. Nur der Jüngste, der eine schwache Gesundheit hatte, blieb im Städtchen. Er wurde Buchdrucker und legte sich eine viel zu große Familie zu.

So war sie allein im Haus, als mein Großvater gestorben war.

Die Kinder schrieben sich Briefe über das Problem, was mit ihr zu geschehen hätte. Einer konnte ihr bei sich ein Heim anbieten, und der Buchdrucker wollte mit den Seinen zu ihr ins Haus ziehen. Aber die Greisin verhielt sich abweisend zu den Vorschlägen und wollte nur von jedem ihrer Kinder, das dazu imstande war, eine kleine geldliche Unterstützung annehmen. Die

Lithographenanstalt, längst veraltet, brachte fast nichts beim Verkauf, und es waren auch Schulden da.

Die Kinder schrieben ihr, sie könne doch nicht ganz allein leben, aber als sie darauf überhaupt nicht einging, gaben sie nach und schickten ihr monatlich ein bißchen Geld. Schließlich, dachten sie, war ja der Buchdrucker im Städtchen geblieben.

1 **Litographenanstalt:** Druckerei

Der Buchdrucker übernahm es auch, seinen Geschwistern mitunter über die Mutter zu berichten. Seine Briefe an meinen Vater und was dieser bei einem Besuch und nach dem Begräbnis meiner Großmutter zwei Jahre später erfuhr, geben mir ein Bild von dem, was in diesen zwei Jahren geschah.

Es scheint, daß der Buchdrucker von Anfang an enttäuscht war, daß meine Großmutter sich weigerte, ihn in das ziemlich große und nun leerstehende Haus aufzunehmen. Er wohnte mit vier Kindern in drei Zimmern. Aber die Greisin hielt überhaupt nur eine sehr lose Verbindung mit ihm aufrecht. Sie lud die Kinder jeden Sonntagnachmittag zum Kaffee, das war eigentlich alles.

Sie besuchte ihren Sohn ein- oder zweimal in einem Vierteljahr und half der Schwiegertochter beim Beereneinkochen. Die junge Frau entnahm einigen ihrer Äußerungen, daß es ihr in der kleinen Wohnung des Buchdruckers zu eng war. Dieser konnte sich nicht enthalten, in seinem Bericht darüber ein Ausrufezeichen anzubringen.

Auf eine schriftliche Anfrage meines Vaters, was die alte Frau denn jetzt so mache, antwortete er ziemlich kurz, sie besuche das Kino.

Man muß verstehen, daß das nichts Gewöhnliches war, jedenfalls nicht in den Augen ihrer Kinder. Das Kino war vor dreißig Jahren noch nicht, was es heute ist. Es handelte sich um elende, schlecht gelüftete Lokale, oft in alten Kegelbahnen eingerichtet, mit schreienden Plakaten vor dem Eingang, auf denen Morde und Tragödien der Leidenschaft angezeigt waren. Eigentlich gingen nur Halbwüchsige hin oder, des Dunkels wegen, Liebespaare. Eine einzelne alte Frau mußte dort sicher auffallen.

Und so war noch eine andere Seite dieses Kinobesuches zu bedenken. Der Eintritt war gewiß billig, da aber das Vergnügen ungefähr unter den Schleckereien rangierte, bedeutete es „hinausgeworfenes Geld". Und Geld hinauszuwerfen war nicht respektabel[2].

Dazu kam, daß meine Großmutter nicht nur mit ihrem Sohn am Ort keinen regelmäßigen Verkehr pflegte, sondern auch sonst niemanden von ihren Bekannten besuchte oder einlud: Sie ging niemals zu den Kaffeegesellschaften des Städtchens. Dafür besuchte sie häufig die Werkstatt eines Flickschusters in einem armen und sogar etwas verrufenen Gäßchen, in der, besonders nachmittags, allerlei nicht besonders respektable Existenzen herumsaßen, stellungslose Kellnerinnen und Handwerksburschen. Der Flickschuster war ein Mann in mittleren Jahren, der in der ganzen Welt herumgekommen war, ohne es zu etwas gebracht zu haben. Es hieß auch, daß er trank. Er war jedenfalls kein Verkehr für meine Großmutter.

Der Buchdrucker deutete in einem Brief an, daß er seine Mutter darauf hingewiesen, aber einen recht kühlen Bescheid bekommen habe. „Er hat etwas gesehen", war ihre Antwort, und das Gespräch war damit zu Ende. Es war nicht leicht, mit meiner Großmutter über Dinge zu reden, die sie nicht bereden wollte. Etwa ein halbes Jahr nach dem Tod des Großvaters schrieb der Buchdrucker meinem Vater, daß die Mutter jetzt jeden zweiten Tag im Gasthof esse.

Was für eine Nachricht! Großmutter, die zeit ihres Lebens für ein Dutzend Menschen gekocht und immer nur die Reste aufgegessen hatte, aß jetzt im Gasthof! Was war in sie gefahren?

Bald darauf führte meinen Vater eine Geschäftsreise in die Nähe, und er besuchte seine Mutter.

Er traf sie im Begriffe auszugehen. Sie nahm den Hut wieder ab und setzte ihm ein Glas Rotwein mit Zwieback vor. Sie schien ganz ausgeglichener Stimmung zu sein, weder besonders aufgekratzt noch besonders schweigsam. Sie erkundigte sich nach uns, allerdings nicht sehr eingehend, und wollte hauptsächlich wissen, ob es für die Kinder auch Kirschen gäbe. Da war sie ganz wie immer. Die Stube war natürlich peinlich sauber, und sie sah gesund aus.

Das einzige, was auf ihr neues Leben hindeutete, war, daß sie nicht mit meinem Vater auf den Gottesacker gehen wollte, das Grab ihres Mannes besuchen. „Du kannst allein hingehen", sagte sie beiläufig „es ist das dritte von links in der elften Reihe. Ich muß noch wohin."

Der Buchdrucker erklärte nachher, daß sie wahrscheinlich zu ihrem Flickschuster musste. Er klagte sehr.

2 **respektabel:** ehrenhaft

„Ich sitze hier in diesen Löchern mit den Meinen und habe noch fünf Stunden Arbeit und schlecht bezahlte, dazu macht mir mein Asthma wieder zu schaffen, und das Haus in der Hauptstraße steht leer."

Mein Vater hatte im Gasthof ein Zimmer genommen, aber erwartet, daß er zum Wohnen doch von seiner Mutter eingeladen werden würde, wenigstens pro forma[3], aber sie sprach nicht davon. Und sogar als das Haus voll gewesen war, hatte sie immer etwas dagegen gehabt, daß er nicht bei ihnen wohnte und dazu das Geld für das Hotel ausgab!

Aber sie schien mit ihrem Familienleben abgeschlossen zu haben und neue Wege zu gehen, jetzt, wo ihr Leben sich neigte. Mein Vater, der eine gute Portion Humor besaß, fand sie ganz munter und sagte meinem Onkel, er solle die alte Frau machen lassen, was sie wolle.

Aber was wollte sie?

Das nächste, was berichtet wurde, war, daß sie eine Bregg bestellt hatte und nach einem Ausflugsort gefahren war, an einem gewöhnlichen Donnerstag. Eine Bregg war ein großes, hochrädriges Pferdegefährt mit Plätzen für ganze Familien. Einige wenige Male, wenn wir Enkelkinder zu Besuch gekommen waren, hatte Großvater die Bregg gemietet. Großmutter war immer zu Hause geblieben. Sie hatte es mit einer wegwerfenden Handbewegung abgelehnt mitzukommen.

Und nach der Bregg kam die Reise nach K., einer größeren Stadt, etwa zwei Eisenbahnstunden entfernt. Dort war ein Pferderennen, und zu dem Pferderennen fuhr meine Großmutter.

Der Buchdrucker war jetzt durch und durch alarmiert. Er wollte einen Arzt hinzugezogen haben. Mein Vater schüttelte den Kopf, als er den Brief las, lehnte aber die Hinzuziehung eines Arztes ab.

Nach K. war meine Großmutter nicht allein gefahren. Sie harte ein junges Mädchen mitgenommen, eine halb Schwachsinnige, wie der Buchdrucker schrieb, das Küchenmädchen des Gasthofs, in dem die Greisin jeden zweiten Tag speiste.

Dieser „Krüppel" spielte von jetzt ab eine Rolle. Meine Großmutter schien einen Narren an ihr gefressen zu haben. Sie nahm sie mit ins Kino und zum Flickschuster, der sich übrigens als Sozialdemokrat herausgestellt hatte, und es ging das Gerücht, daß die beiden Frauen bei einem Glas Rotwein in der Küche Karten spielten.

„Sie hat dem Krüppel jetzt einen Hut gekauft mit Rosen drauf", schrieb der Buchdrucker verzweifelt. „Und unsere Anna hat kein Kommunionskleid!"

Die Briefe meines Onkels wurden ganz hysterisch, handelten nur von der „unwürdigen Aufführung unserer lieben Mutter" und gaben sonst nichts mehr her. Das Weitere habe ich von meinem Vater.

Der Gastwirt hatte ihm mit Augenzwinkern zugeraunt: „Frau B. amüsiert sich ja jetzt, wie man hört."

In Wirklichkeit lebte meine Großmutter auch diese letzten Jahre keinesfalls üppig. Wenn sie nicht im Gasthof aß, nahm sie meist nur ein wenig Eierspeise zu sich, etwas Kaffee und vor allem ihren geliebten Zwieback. Dafür leistete sie sich einen billigen Rotwein, von dem sie zu allen Mahlzeiten ein kleines Glas trank. Das Haus hielt sie sehr rein, und nicht nur die Schlafstube und die Küche, die sie benutzte. Jedoch nahm sie darauf ohne Wissen ihrer Kinder eine Hypothek[4] auf. Es kam niemals heraus, was sie mit dem Geld machte. Sie scheint es dem Flickschuster gegeben zu haben. Er zog nach ihrem Tod in eine andere Stadt und soll dort ein größeres Geschäft für Maßschuhe eröffnet haben.

Genau betrachtet lebte sie hintereinander zwei Leben. Das eine, erste, als Tochter, als Frau und als Mutter, und das zweite einfach als Frau B., eine alleinstehende Person ohne Verpflichtungen und mit bescheidenen, aber ausreichenden Mitteln. Das erste Leben dauerte etwa sechs Jahrzehnte, das zweite nicht mehr als zwei Jahre.

Mein Vater brachte in Erfahrung, daß sie im letzten halben Jahr sich gewisse Freiheiten gestattete, die normale Leute gar nicht kennen. So konnte sie im Sommer früh um drei Uhr aufstehen und durch die leeren Straßen des Städt-

3 **pro forma:** der Form halber

4 **eine Hypothek aufnehmen:** Rechte an einem Haus abtreten und dafür Geld erhalten

chens spazieren, das sie so für sich ganz allein hatte. Und den Pfarrer, der sie besuchen kam, um der alten Frau in ihrer Vereinsamung Gesellschaft zu leisten, lud sie, wie allgemein behauptet wurde, ins Kino ein!

Sie war keineswegs vereinsamt. Bei dem Flickschuster verkehrten anscheinend lauter lustige Leute, und es wurde viel erzählt. Sie hatte dort immer eine Flasche ihres eigenen Rotweins stehen, und daraus trank sie ihr Gläschen, während die anderen erzählten und über die würdigen Autoritäten der Stadt loszogen. Dieser Rotwein blieb für sie reserviert, jedoch brachte sie mitunter der Gesellschaft stärkere Getränke mit.

Sie starb ganz unvermittelt, an einem Herbstnachmittag in ihrem Schlafzimmer, aber nicht im Bett, sondern auf dem Holzstuhl am Fenster. Sie hatte den „Krüppel" für den Abend ins Kino eingeladen, und so war das Mädchen bei ihr, als sie starb. Sie war vierundsiebzig Jahre alt.

Ich habe eine Photographie von ihr gesehen, die sie auf dem Totenbett zeigt und die für die Kinder angefertigt worden war. Man sieht ein winziges Gesichtchen mit vielen Falten und einen schmallippigen, aber breiten Mund. Viel Kleines, aber nichts Kleinliches. Sie hatte die langen Jahre der Knechtschaft und die kurzen Jahre der Freiheit ausgekostet und das Brot des Lebens aufgezehrt bis auf den letzten Brosamen. R

1 „Genau betrachtet lebte sie hintereinander zwei Leben." (Z. 217 f.)
Stellt die zwei Leben der Großmutter dar; z. B.:
- mit Worten;
- zeichnerisch.

2 Aus welcher Perspektive wird die Geschichte erzählt?

3 Der jüngste Sohn, der Buchdrucker, berichtet seinen Geschwistern brieflich über das „zweite Leben" ihrer 72-jährigen Mutter.
Versetzt euch in seine Lage, wählt eine der verschiedenen Episoden aus und schreibt einen Brief dazu.

4 a) Die Geschichte heißt „Die unwürdige Greisin". Wer vertritt diese Meinung in der Geschichte: alle ihre Söhne und Töchter; der/die Icherzähler/-in?
Belegt eure Meinung mit Textstellen.
b) Haltet ihr die alte Frau für „unwürdig"?

5 Versetzt euch in die Rolle der alten Frau und lasst sie etwas von ihrem alten und vor allem ihrem neuen Leben erzählen,
- etwa dem Flickschuster
- oder dem Küchenmädchen aus dem Gasthof.

6 Habt ihr von Menschen gehört, die „zwei Leben führ(t)en"? Unterhaltet euch darüber.

7 a) Stellt euch vor, ihr sollt „Die unwürdige Greisin" verfilmen.
- Womit würdet ihr beginnen?
- Auf welche Textstellen, Episoden würdet ihr mit Bild und Ton besonders eingehen?
b) Der Regisseur René Allio hat B. Brechts Geschichte 1977 verfilmt.
Vergleicht den Film
- mit euren Vorstellungen;
- mit der literarischen Vorlage von B. Brecht.

Tipp Filmverleih über nahe liegende Landes-, Kreis- und Stadtbildstelle versuchen.

Klaus Kordon

Wie Spucke im Sand

Munli, aufgewachsen in einem indischen Dorf, hört von Aruna, der Tochter eines Mühlenbesitzers, dass man auch ohne Mann keineswegs „wie Spucke im Sand" vertrocknet.
Obwohl sie dafür von ihren Angehörigen verachtet wird, kümmert sich Aruna in einem „Verband der Frauen" um Mädchen aus niederen Kasten.

So kam es, dass Aruna mir [= Munli] ihre Geschichte erzählte. Wir waren allein in der Werkstatt, tranken Tee und arbeiteten jede an einem kleinen Korb. Aruna sprach langsam, dachte oft nach und unterbrach sich, wenn sie glaubte, etwas nicht richtig geschildert zu haben. Ich arbeitete still, hörte zu und erfuhr von einer völlig fremden Welt.

Arunas Vater besitzt eine große Jutemühle. Fünftausend Menschen arbeiten darin für ihn. Darunter viele Kinder. Sechzig Stunden in der Woche stehen sie hinter den Webstühlen – für einen Lohn, der sie kaum ernährt. Es gibt bessere, Arbeit sparende Webstühle, Arunas Vater kauft sie nicht. Dass seine Arbeiter an den veralteten Webstühlen krank werden, interessiert ihn nicht.

Manchmal lässt er sogar einen von ihnen zwei Webstühle gleichzeitig bedienen. Dann muss der Mann, die Frau oder das Kind, um die Arbeit zu schaffen, ewig an der Maschine hin und her laufen und kommt kaum zum Luftholen. Als Aruna aus Europa wiederkehrte, fiel ihr diese Menschenquälerei auf. Vorher hatte sie sie gar nicht bemerkt, weil sie die Fabrikhallen nie betreten hatte. Und hätte sie die Menschen in den Hallen doch einmal auf diese Weise arbeiten sehen, hätte es sie sicher nicht berührt: Sie war eine reiche Brahmanin[1]; je höher in der Kaste, desto näher bei Gott war man. Also war es ihr gutes Recht, im Reichtum zu leben, während andere Not litten.

Nun hatte Aruna aber nicht nur Anglistik[2], sondern auf Wunsch ihres Vaters auch ein paar Semester Betriebswirtschaft studiert. Ihr Vater hat keinen Sohn, nur drei Töchter, deshalb plante er, sie – die älteste – mit einem seiner jüngeren Direktoren zu verheiraten. Er wollte, dass sie genügend Fachwissen besaß, um ihrem Mann wenigstens ab und zu einmal auf die Finger schauen zu können. Damit aber hatte er sich – wie er später selber sagte – ein faules Ei ins Nest gelegt: In Europa hatte Aruna gesehen, wie es in englischen, deutschen und französischen Fabriken zugeht, und betrat, als sie heimkehrte, zum ersten Mal auch die Fabrikhallen ihres Vaters. Es war ein Schock für sie. Sie hatte manche europäischen Werkhallen schon äußerst kritisch betrachtet, was sie nun zu sehen bekam, ließ sie vor Scham erröten.

Es sei menschenunwürdig, wie ihr Vater seine Arbeiter schuften lasse, erzählte sie mir, und am schlimmsten sei der Anblick der Kinder gewesen. „Sie verdienen am wenigsten. Wenn es hochkommt, vielleicht eine Mahlzeit am Tag. Aber sie leisten oft am meisten. Mit ihren schma-

1 **Brahmane/-in:** Angehörige/r einer bevorzugten indischen Kaste
2 **Anglistik:** engl. Sprach- und Literaturwissenschaft

len, kleinen Kinderfingern sind sie für die Arbeit am Webstuhl besser geeignet als viele Erwachsene, schaffen auch mehr, sind flink und wendig – alles gute Gründe für meinen Vater, so viele wie möglich von ihnen einzustellen."

Ich wollte etwas einwenden, aber Aruna winkte ab. „Ich weiß, die Eltern der Kinder freuen sich darüber, dass die Kinder Arbeit haben und die Familie ‚ernähren' können. Aber wenn die Kinderarbeit, obwohl sie verboten ist, schon nicht zu umgehen ist, kann mein Vater diesen Kindern dann nicht wenigstens einen anständigen Lohn zahlen? Du müsstest mal sehen, wie mager sie sind."

Es war Aruna nicht genug gewesen zu sehen, wie die Arbeiter ihres Vaters unter ihren Arbeitsbedingungen litten. Sie wollte auch sehen, wie sie lebten, und war ein zweites Mal empört: „Ihre Hütten sind nicht nur viel zu klein und baufällig, in der Siedlung gibt es auch keine Toiletten oder Waschgelegenheiten. Wenn es regnet, ist das Trinkwasser verseucht. Und dafür behält mein Vater auch noch einen großen Teil ihres Lohnes als Miete ein. Ich bin vor Scham fast gestorben, als ich das sah."

Aruna sprach mit ihrem Vater. Der sagte nur: „Was geht mich das an? Bin etwa ich daran schuld, dass die Leute mit einem so schlechten Karma[3] leben müssen?" Da ging Aruna zur Gewerkschaft, sprach mit denen. Die wollten erst gar nicht glauben, wer da zu ihnen kam, versprachen aber, darüber zu beraten, wie den Arbeitern geholfen werden konnte. Arunas Vater erfuhr von ihrem Besuch bei der Gewerkschaft und tobte, gab Europa die Schuld, sagte, das wäre alles nicht passiert, wenn er seine Tochter nicht nach Europa geschickt hätte.

Aruna schmunzelte. „Er hat nicht ganz Unrecht. Wenn er seine älteste Tochter nicht studieren lassen und auch noch, weil es in unseren Kreisen nun mal so üblich ist, nach Europa geschickt hätte, wäre sie vielleicht nie aufgewacht."

Ich sah alles bildlich vor mir: ein strenger, reich gekleideter Vater und eine ebenso reich gekleidete Aruna, die heftig miteinander stritten. Beide waren sie unglücklich darüber, aber keiner von beiden gab nach …

„Alles andere hätte mein Vater mir vielleicht noch verziehen", erzählte Aruna weiter. „Dass ich bei der Gewerkschaft war, empfand er als Treuebruch. Die Gewerkschaftler sind seine schlimmsten Feinde. Die könnten ja eines Tages wirklich mal was durchsetzen, was den Arbeitern nützt und ihm schadet."

Um sie fügsam zu machen, wollte Arunas Vater seine Tochter verheiraten. Aruna widersetzte sich ihm, sagte, dass sie sich ihren Mann selber aussuchen würde, wenn sie eines Tages Lust auf eine Ehe verspüre. Da war er stumm. So viel Aufsässigkeit hatte er nicht erwartet.

Ich war auch stumm. Was Aruna zuletzt gesagt hatte, war schlimmer als alles andere. Heiraten ohne die Einwilligung des Vaters? Dann hätten ja auch Lata und Birri heiraten können, dann hätte ich nicht vor Adoor Ram fortlaufen müssen …

Aruna bemerkte nicht, wie tief mich ihre letzten Worte berührt hatten. Sie war in Gedanken bei ihrem Vater. „Dieses Gespräch war das letzte, das ich mit ihm führte. Am nächsten Tag erfuhr ich, dass er alle Gewerkschaftsmitglieder entlassen und dafür neue Arbeiter eingestellt hatte. Bedingung: Sie durften nicht in der Gewerkschaft sein und auch zukünftig nicht eintreten." Sie lachte böse. „Er fand genug davon. Kein Wunder, bei so vielen Arbeitslosen …"

„Und du?", fragte ich, nachdem Aruna längere Zeit geschwiegen hatte.

„Ich ging fort. Ich wollte nicht bei jeder Rupie[4], die ich ausgab, an die Arbeiter denken müssen, denen ich sie stahl. Ich habe ja einen Beruf. Außerdem war ich längst Mitglied im Verband der Frauen. Was da geschah, interessierte mich. Ich hatte längst erkannt, dass wir, wenn wir in unserem Land etwas ändern wollen, nicht einfach nur die Europäer oder Amerikaner nachahmen dürfen. Wir müssen einen eigenen Weg finden und dabei müssen wir ganz unten anfangen. Was wir jetzt tun, ob als Bambusflechterinnen oder Altpapiersammlerinnen, Lumpennäherinnen oder Eisenschlägerinnen, halte ich für den richtigen Weg."

Was Aruna da sagte, war wichtig, aber wie wichtig, wusste ich damals noch nicht. Deshalb frag-

3 **das Karma:** Schicksal

4 **Rupie:** indische Währung

te ich nur das, was mich zu jener Zeit wirklich interessierte: „Willst du denn überhaupt nicht heiraten?“
Aruna lachte. „Wozu gleich heiraten? Ich habe einen Freund. Er heißt Roshan. Manchmal besuche ich ihn, manchmal kommt er zu uns. Im Augenblick ist er auf Reisen. Er ist von Beruf Vermessungsingenieur.“
Mir fiel ein, was Kani mir über die Reichen erzählt hatte. Dass sie oft miteinander lebten, ohne verheiratet zu sein. Und dass manche Männer sich sogar scheiden ließen, wenn ihnen ihre Frau nicht mehr gefiel.
„Willst du denn keine Kinder haben?“
Aruna wurde ernst. „Ich hab doch sieben. Sie heißen Ittichiri, Mara, Kani, Nambodiri, Seela, Munli und Yoni.“
Ich wurde verlegen. „Und eigene?“
„Vielleicht später mal. Vorläufig sehe ich zu, dass ich keine bekomme.“
[…]
Ich konnte immer noch nicht so recht akzeptieren, was Aruna da gesagt hatte. Eine Zeit lang arbeitete ich nur still weiter. Und Aruna, klug wie sie ist, sah, dass es in mir arbeitete, und störte mich nicht. Dann hielt ich es nicht länger aus.
„Glaubst du denn nicht an die Götter?“
Aruna überlegte nicht lange. „Nein, an die Götter glaube ich nicht. Nicht an Kali[5] und Shiva[5], nicht an Ganesh[5] und Kama[5]. Ich glaube höchstens an Gott. Du weißt ja sicher, dass alle anderen Götter nur Ausdrucksformen eines einzigen Gottes sind.“
Ich nickte. Davon hatte Bhimal uns erzählt. Brahma[5] war der Hauptgott.
„Und wie stellst du dir Brahma vor?“, wollte Aruna wissen.
Darüber hatte ich mir noch keine Gedanken gemacht. Bhimal hatte nur gesagt, dass Brahma der Schöpfer, Erhalter und Erneuerer aller Wesen und Dinge ist. Bestimmte Eigenschaften, wie die anderen Götter, hätte er nicht.
„Du weißt keine Antwort?“ Aruna war nicht enttäuscht. „Siehst du – ich weiß auch keine. Die Christen haben ihren Gott, die Mohammedaner einen anderen, wir Hindus wieder einen anderen und dazu noch jede Menge Stellvertreter. Wer hat den wahren Gott? Welche Religion ist die richtige? Jede lehrt was anderes. Die Christen zum Beispiel lehren, dass man seinen Nächsten lieben soll – obwohl sie es nicht tun –, die Hindus lehren keine Nächstenliebe, sondern Nächstenverachtung. Was ist richtig?“
Sie erwartete keine Antwort, blickte nur nachdenklich vor sich hin. „Ich bin als Hindumädchen aufgewachsen und deshalb im Sinn unserer Religion erzogen worden. Wäre ich ein Moslemmädchen gewesen, hätte ich andere Lehren zu hören bekommen. Eines aber ist in allen Religionen gleich: Ihre Priester lehren uns, dass sie im Besitz der einzigen Wahrheit sind. Und sie sagen, dass wir das Bestehende akzeptieren und uns einfügen sollen. Ihre Moral soll unsere sein. Und warum? Weil das ihre Macht über uns festigt.“
Ich hörte Aruna mit atemloser Spannung zu. Sicher begriff ich nicht alles, aber vieles verstand ich unbewusst. Mir war plötzlich, als läge eine ungeheure Weite vor mir. Ich saß nicht mehr in Herrn Godses Wohnung, ich war irgendwo anders und sah alles mit sehr viel Abstand.
Aruna spürte meine Ergriffenheit. Sie nahm meine Hand. „Ich kümmere mich nicht mehr um das, was die Priester sagen. Ich habe selber in unseren heiligen Schriften nachgelesen. Und weißt du, was ich da entdeckt habe? Wir Menschen, die Tiere, die Pflanzen, das Wasser, der Wind, der Mond, die Sterne, die Sonne – alles ist Gott! Und noch etwas stand drin – es stand drin, dass alle Menschen gleich sind. Wenn du mit verschiedenen Gefäßen Wasser schöpfst, sehen die Gefäße nicht gleich aus, aber es ist immer das gleiche drin, nämlich Wasser. Das sagt unsere Religion. Und da habe ich nichts dagegen, denn das finde ich schön. Du auch?“
Ich nickte. Ja, dass alle Menschen gleich sein sollten, gefiel mir. Nur – es war ja nicht so.
Aruna wusste, was ich dachte. „Doch!“, widersprach sie. „Es ist so. Alle Menschen sind gleich, Moslems wie Hindus, Brahmanen wie Harijans, Männer wie Frauen. Nur verheimlicht man uns diese Aussagen unserer heiligen Schriften. Und warum? Weil es Menschen gibt, die einen Nutzen davon haben, wenn wir es nicht wissen. Wie zum Beispiel wir Brahmanen – seit Jahrtausenden die bevorzugte Kaste, seit Jahrtausenden

5 **Kali, Shiva …:** indische Götter und Göttinnen

auch im Besitz dieses Wissens, aber nicht interessiert an der Gleichheit mit Harijans."
Ich war sprachlos. Wenn das stimmte, was Aruna da sagte …?
Doch ich kam nicht dazu, weiter nachzudenken. Aruna hatte sich in Fahrt geredet: „Viele Menschen in Europa und Amerika denken, unsere Religion ist schuld an unserer Rückständigkeit. Das stimmt gar nicht. Unsere Religion ist nicht schlechter, als andere Religionen es sind. Sie verlangt von uns Toleranz, Gewaltlosigkeit und Respekt vor dem Leben. Die Religionen an sich sind alle nicht schlecht, schlecht ist nur, was wir Menschen daraus gemacht haben und dass so viele den Dienst an der Religion nur als Pflicht betrachten. Sie erfüllen sie ordentlich, aber über den Sinn ihrer Religion denken sie nicht nach. Bestenfalls machen sie Geschäfte mit den Göttern: Zahle ich dir eine Ziege, bist du gut zu mir. Ich muss also nicht gut sein, ich muss nur zahlen, damit die Götter Milde walten lassen. Das ist erbärmlich, darunter leidet unser Land."
Eine Zeit lang sprachen wir nicht, arbeiteten nur, dann hob Aruna den Kopf und sah mich lange an. „Du hast dich gut bei uns eingelebt. Und auch bei der Arbeit hast du Fortschritte gemacht. Wenn du willst, werde ich dir von nun an jeden Abend Unterricht erteilen. Schreiben und Lesen und was du sonst noch so wissen willst. Zuerst täglich eine Stunde, dann zwei. Hast du Lust dazu?"
Und ob ich Lust dazu hatte! […]

1 Lest diesen Romanauszug in fünf Gruppen. Erzählt euch den Inhalt.

2 Stellt auf einem Plakat Arunas Ansichten zu den folgenden Themen zusammen:
- Die Arbeitsverhältnisse in der Jutemühle ihres Vaters
- Die Lebensbedingungen der Arbeiter/-innen
- Männer, Ehe, Kinder
- Religion(en)

3 Macht mit Aruna ein Interview über die Themen in Aufgabe 2.

4 Munli, die weder lesen noch schreiben kann, erzählt ihrer Mutter, wie sie in Zukunft ihr Leben ändern will. Überlegt euch Munlis Äußerungen.
Sprecht sie auf eine Kassette.

5 Informiert euch über die Arbeits- und Lebensbedingungen von Frauen (Kindern) im heutigen Indien (Bibliothek, Internet).
Berichtet darüber.

▶ S. 236

„Nichts wird mehr so sein wie vorher"

Krankenschwester arbeitete in Sri Lanka

Der Tag, an dem sie in die kleine Stadt gerufen wird, beginnt wie viele andere – mit Routinearbeiten in einem Krankenhaus auf Sri Lanka. Doch als sie die Kirche betritt, weiß sie, dass nichts mehr in ihrem Leben so sein wird wie vorher. Den Anblick, der sich der zierlichen Kölnerin bietet, wird sie nie mehr vergessen.

Tote, wohin sie sieht. Dazwischen schreiende Schwerverletzte. Fast nur Frauen und Kinder. Eine junge Mutter hat in wenigen Sekunden ihren Mann und vier ihrer fünf

Kinder verloren. Die Einschlaglöcher der Granaten sind frisch.

Dagmar Schmidla hat keine Zeit, das Grauen auf sich wirken zu lassen. Sie ist Krankenschwester, sie muss handeln. Weinende Menschen strecken Hände nach ihr aus, sie muss Wunden versorgen, Schmerzen lindern. Der Beruf verlangt von ihr Routine und überlegtes Handeln. Doch in ihr toben die Gefühle. Sie nimmt die Frau, der ein einziges Kind noch geblieben ist, in den Arm, versucht Trost zu geben. Doch was sagt man einer Frau, deren Familie gerade ausgelöscht wurde?

Monate später sitzt die 46-Jährige in ihrer Wohnung am Rhein und grübelt noch immer über diese Frage nach. Was bewog sie vor einem halben Jahr, sich von ihrem Job in einem herzchirurgischen Zentrum beurlauben zu lassen und in ein Land zu gehen, in dem sie nicht nur jeden Tag gegen 40 Grad Celsius und 90 Prozent Luftfeuchtigkeit ankämpfen muss, sondern vor allem gegen das Elend?

„Mir war klar, wenn ich diese Erfahrungen jetzt nicht mache, dann ist es irgendwann vorbei", erinnert sie sich. Dagmar Schmidla bewarb sich bei verschiedenen humanitären Organisationen, bot ihre langjährige Erfahrung als OP-Schwester an. Als Mitarbeiterin von „Ärzte ohne Grenzen" reiste sie schließlich gen Sri Lanka – mit einem festen Auftrag: Das Krankenhaus in Batticaloa, ein kleiner Ort an der Ostküste der Insel, bedurfte dringend einer hygienischen Organisation, die chirurgische Abteilung war renovierungsbedürftig.

Wie dringend, sah die Kölner Krankenschwester schneller als ihr lieb war: Ziegen, Hunde und Katzen begleiteten sie bei ihrem ersten Rundgang durchs Hospital. „Der Müll stapelte sich in den Fluren, Patienten schliefen auf dem Boden", berichtete sie. Von europäischen Standards war man hier meilenweit entfernt.

Dagmar Schmidla hat viel gelernt in diesem halben Jahr in Asien: „Vor allem Geduld. Zwischen all den Lehmhütten ist mir klar geworden, dass das Leben, das ich führe, nicht selbstverständlich ist. Und ich habe ein ganz anderes politisches Verständnis gewonnen ..."

Seit 20 Jahren ist die grüne Urlaubsinsel von einem Konflikt überschattet, den Touristen im seltensten Fall kennen. „Es war ein Schock für mich, als ich merkte, dass sich 200 Kilometer entfernt die Touristen in der Sonne räkelten und gar nicht wussten, was in diesem Land vor sich geht." Nämlich dass seit fast zwei Jahrzehnten ein grausamer Bürgerkrieg tobt, in dem rund 70 000 Menschen ihr Leben gelassen haben. *Anja Maria Dohrmann*

1 Was hat Dagmar Schmidla dazu bewogen, als Krankenschwester auf Sri Lanka zu arbeiten?

2 Informiert euch über Politik und Leben auf Sri Lanka. Berichtet in der Klasse darüber.

3 Schreibt einen Brief an Dagmar Schmidla.
- Stellt Fragen.
- Äußert eure Meinung zu ihrem Einsatz.

4 Berichtet über euch bekannte Frauen und Männer, die sich sozial engagieren.

5 „Ärzte ohne Grenzen" – Informiert euch über humanitäre Organisationen und ihre Ziele (z. B. im Internet). Berichtet darüber. ▶ S. 229

Das Wesentliche

*Kurz vor seinem Tod hat der große argentinische Dichter **Jorge Luis Borges** (1899–1986) das für ihn Wesentliche zusammengefasst:*

„Wenn ich mein Leben noch einmal
leben könnte, im
Nächsten Leben würde ich versuchen
mehr Fehler zu machen.
Ich würde nicht so perfekt sein wollen,
ich würde mich mehr
Entspannen.
Ich wäre ein bisschen …
Ich würde viel weniger …
Ich würde mehr …
Ich ginge …“

1 Setzt die Wunschliste fort. Ihr könnt ganz konkrete Beispiele nennen.

2 Welche grammatische Verbform muss man hier verwenden? ▶ S. 283

3 Vergleicht eure Texte mit dem Original. ▶ S. 261

1.3 Crazy!

*„Hallo, Leute. Ich heiße **Benjamin Lebert,** bin sechzehn Jahre alt und ich bin ein Krüppel. Nur damit ihr es wisst. Ich dachte, es wäre von beiderseitigem Interesse.“ Mit diesen Worten stellt sich Benjamin an seinem ersten Schultag im Internat Schloss Neuseelen seinen Mitschülern vor.*

Der Autor dieses autobiografischen Romans von 1999 wurde am 9. Januar 1982 in Freiburg geboren.
Das folgende 16. Kapitel beschließt schon Benjamins Internatsepisode.

[…]
Das Gepäck steht vor dem Bett. Janosch hat mir beim Packen geholfen. Drei Koffer und eine Tasche. Nun stehen sie schön in einer Reihe. Fertig zur Abfahrt. Ich schlucke. Es sieht hier plötzlich ziemlich leer aus. Die Wände sind kahl. Auf den Schreibtischen liegt nichts mehr. Ein seltsames Gefühl durchdringt meinen Körper. Ich lege die rechte Hand auf meine schweißige Stirn.

In Mathe ist es also wieder einmal ein Sechser geworden. Dazu kam noch ein Fünfer in Deutsch. Das genügt. Ich falle durch. Muss das Internat verlassen. Meinen Eltern haben sie zum Abschluss einen gesalzenen Brief geschrieben:
Ihr Sohn ist leider unfähig. Außerdem bereite te er viel Ärger und wurde oft zu später Stunde im Mädchengang gesehen.
Mein Vater kommt in zehn Minuten, um mich abzuholen. So lange habe ich noch Zeit, um mich von Janosch und den Jungs zu verabschieden. Sie können erst morgen in die Sommerferien fahren. Wie alle hier. Mein Vater hat darauf bestanden, mich schon heute abzuholen. Einen Tag vor Schuljahresende. Das haben sie ihm durchgehen lassen. Wahrscheinlich können sie mich nicht schnell genug loswerden. Ich kann es ihnen nicht verübeln. Der dicke Felix fragt mich, wie meine Zukunft aussehe. Er legt seinen Arm um meine Schulter. Ich lächle. Meine Zukunft sieht ziemlich rosig aus, glaube ich. Ich soll bei meinem Vater wohnen. Er ist inzwischen von zu Hause ausgezogen. Hat eine kleine Dreizimmerwohnung gemietet. An der Schwabinger Grenze zum Stadtteil Milbertshofen. Da soll es viele Jugendliche geben, hat er gemeint. Genau das Richtige für mich. Ich freue mich schon. Ich muss an Matthias Bochow denken. Demnächst soll ich auf eine Art Sonderschule gehen. In Neuperlach. Die Mathematik sei dort sehr eingeschränkt, hat meine Mutter gemeint. Aber ehrlich gesagt will ich dort nicht hingehen. Ich möchte nicht immer der Neue sein. Der Neue mit dem Brief unterm Arm. Gott sei Dank ist es kein Internat. Am Nachmittag kann ich nach Hause gehen. Weinen, lachen, glücklich sein. Bald werde ich siebzehn. Da soll sich im Leben ja gnadenlos was ändern, habe ich gehört. Und bei mir wird es das wahrscheinlich auch tun. Meine Krankengymnastin hat gesagt, sie sehe eine radikale Verschlechterung. Was meinen Halbseitenspasmus[1] betrifft. Meine linke Hand ziehe sich immer mehr nach innen. Und mein Fuß ebenfalls. Irgendwann würde ich vielleicht nicht mehr laufen können, hat sie gemeint. Es sei so und so ein Wunder, dass ich es jemals gelernt habe. Aber immerhin lebe ich ja noch. Und solange ich das tue, geht es irgendwie weiter, glaube ich. Das hat zumindest wieder einer von diesen Philosophen gesagt. Aber vielleicht stimmt es. Beim letzten Heimfahrwochenende habe ich ein Mädchen kennen gelernt. Vielleicht war das ein Anfang. Aber ich weiß es nicht. Eigentlich fände sie mich ziemlich seltsam, hat sie gemeint. Als ich ihr erzählte, dass das viele Mädchen zu mir sagen, fand sie das erst recht seltsam. Ich weiß nicht, ob es etwas wird. Wenn Sie möchten, können Sie mich ja einmal besuchen. In Schwabing. Nach dem ganzen Zeug müssten Sie mich eigentlich ziemlich gut kennen. Sie finden mich bestimmt leicht. Ich bin der Junge, der sein linkes Bein verdächtig nachzieht. In Menschenmassen bin ich fast nie. Und wenn, dann immer ganz hinten. Am Schwanz. Außer ich befinde mich mit meinem Vater auf dem *Rolling-Stones*-Konzert. Da bin ich ganz vorne. Bei der Bühne. Mein Vater hat immer Angst, dass er nichts mitbekommt. Aber die Stones gehen in der nächsten Zeit sowieso nicht auf Tour. Meine Haare sind seit dem Neuseeler Abschlussball wasserstoffblond gefärbt. Das habe ich zusammen mit den Jungs gemacht. Wir sehen nun echt lustig aus. Wie Brüder. Janosch findet es *crazy*. Er steht am Fensterbrett. Hat seine Ellenbogen darauf gestützt. Gemächlich wackelt er hin und her. Dreht sich um. Zieht die Stirn kraus.
„Versprichst du mir, auf dich aufzupassen?", sagt er.
„Schau mich an!", erwidere ich. „Sehe ich so aus, als würde ich nicht auf mich aufpassen?"
Janosch lacht. Er kommt drei Schritte auf mich zugelaufen. Drück meinen Körper an sich.
„Besuch uns mal, ja!", sagt er.
„Immer doch", entgegne ich. Ich hole die Reisetasche. Laufe zu den beiden Felixen hinüber. Presse mich an sie. „Seid vorsichtig, Jungs", bemerke ich. Die beiden Felixe blicken mich an.
„Mach es gut, alter Junge! Hab Vertrauen in dich!", sagt Kugli. Der dünne Felix nickt und reicht mir die Hand. Ich gehe zu Florian hinüber, den alle nur *Mädchen* nennen. Umarme ihn.
„Wir haben lustige Dinge miteinander erlebt, oder?", frage ich.
„Sehr lustige Dinge", erwidert er. „Auf Wiedersehen, Benni!" Ich gehe zu Troy. Er bohrt seinen Kopf in meinen Bauch.

1 **Spasmus:** Muskelkrankheit

„Geh deinen Weg“, sagt er zu mir. Er reicht mir die Hand.

„Auf Wiedersehen, Troy!“, entgegne ich.

In der Tür stehen Anna und Malen. Sie fallen mir nacheinander um den Hals. Sie haben mir Abschiedskarten gemalt, die sie mir in die Reisetasche stecken. Marie ist nicht gekommen. Aber das war auch nicht anders zu erwarten. Fünf Minuten später erscheint mein Vater. Schnellen Schrittes kommt er zu uns herein, holt das restliche Gepäck und verlässt das Zimmer gleich wieder. Ich winke den anderen zu und laufe ihm nach. Drehe mich noch einmal um. Durch die offene Tür sehe ich meine Freunde. Hebe meine rechte Hand. Dann laufe ich durch den Hurenflügel hinter meinem Vater her. Er hält mir die Tür zum Treppenhaus auf. Dort läuft uns Internatsleiter Richter über den Weg.

„Schöne Ferien“, brummt er in sich hinein. Marschiert an uns vorbei. In den Landorf-Gang. Wir steigen die Treppe hinab. Es ist eine lange Treppe. Als wir unten sind, stelle ich die Reisetasche auf den Boden. Ich bin erschöpft.

1 Beschreibt den Ich-Erzähler und seine emotionale Verfassung beim Abschied vom Internat: Wie fühlt er sich?

2 Was könnt ihr zur Sprache, zum Stil dieses Kapitels sagen: Ist er einfach, außergewöhnlich? Beachtet dabei:
- Wortwahl; Tempus
- Satzlänge, Satzbau
- Abfolge der Satzteile
- Bau der wörtlichen Reden, Dialoge

▶ S. 277
279
283 f.

3 Überlegt euch eine Fortsetzung dieses Kapitels:
- Gespräch mit dem Vater
- das neue Zuhause
- erster Schultag
- neue Freundschaften
- Brief an die Mutter
- ...

4 Macht aus dem Abschiedskapitel eine **Hörspielszene:**
- Welche Textstellen sind besonders geeignet?
- Wo und mit wem wollt ihr aufnehmen?
- Geräusch- und Musikauswahl?
- Technische Vorgaben (Mikros, Mischpult, PC mit Soundkarte ...)?
- Gibt es einen Radiosender, bei dem ihr euer Hörspielprojekt realisieren könnt?

Hier ein Beispiel für ein „Hörspielskript“:

Szene	Sprechtexte	Musik/Geräusche	Regie
1 Abschied, B.s Zimmer	Janosch: Versprichst du mir, ... Benni: Schau mich an, ...	Stimmengewirr	Evtl. noch passenden Eingangssong suchen?

Der Film zum Buch

Wenige Monate nach Erscheinen von Benjamin Leberts „Crazy" wurde der Roman verfilmt. Hier ein Auszug aus dem Filmbuch:

Szene 130: Zugabteil

Benjamin sitzt allein in einem Zugabteil. Er liest. Das Fenster ist leicht geöffnet. Der Vorhang weht im Fahrtwind.

VOICE OVER BENJAMIN: Meine Zukunft sieht ziemlich rosig aus, glaube ich. Bald werde ich siebzehn. Da soll sich im Leben ja gnadenlos was ändern.

Ein Mädchen mit dunklen kurzen Haaren steht im Gang, sieht ins Abteil. Benjamin wirft ihr einen Blick zu, dann sieht er wieder in sein Buch. Das Mädchen öffnet die Tür.

MÄDCHEN: Ist hier noch 'n Platz frei?
VOICE OVER BENJAMIN: Beim letzten Heimfahrwochenende hab ich ein Mädchen kennen gelernt. Vielleicht war das ein Anfang. Aber ich weiß es nicht. Eigentlich fände sie mich ziemlich seltsam, hat sie gemeint. Als ich ihr erzählt hab, dass das viele Mädchen von mir denken, fand sie das erst recht seltsam. Ich weiß nicht, ob es etwas wird.

5 Vergleicht diese Filmszene mit der Vorlage im Buch:
Welche Übereinstimmungen, Abweichungen, Besonderheiten stellt ihr fest?

6 Wie würdet ihr diese Szene im Zugabteil gestalten? Schreibt dazu ein **Drehbuch:**
- Was tun die Akteure (einschließlich Gestik, Mimik)?
- Was sagen sie?
- Wie sieht die Umgebung aus (inkl. Beleuchtung)?
- Kameraeinstellung, -bewegung?
- Geräusche, Musik?

7 Schaut euch den Film „Crazy" an und vergleicht die Film- und die Buchfassung des „Abschied"-Kapitels.

Tipp www.crazy-der-film.de

2 Meinungen über Meinungen
Argumentieren und Erörtern

2.1 Diskutieren und Debattieren

1 In vielen Gesprächssituationen geht es um den Austausch von Meinungen. Benennt die hier abgebildeten Situationen. Worüber könnte diskutiert werden?

2 Skizziert weitere Situationen, in denen Meinungen ausgetauscht werden.

Standpunkt und Perspektive

Welchen Standpunkt jemand vertritt, hängt auch damit zusammen, aus welchem Blickwinkel, welcher Perspektive er einen Sachverhalt sieht. Dahinter stehen Wertvorstellungen, Erfahrungen, gesellschaftliche oder private Rollen und häufig auch handfeste Interessen.
Die Perspektivität von Standpunkten könnt ihr euch auf folgende Weise leicht klar machen:

1 Wählt ein **Thema,** über das ihr diskutieren wollt, z. B.:

- *Sollen Hausaufgaben abgeschafft werden?*
- *Können Schüler/-innen am besten selbst über Pausen entscheiden?*
- *Sollten Lehrer/-innen mit der Mode gehen?*
- *Öffentliche Verkehrsmittel zum Nulltarif?*
- *Kaugummi beeinträchtigt die Aufmerksamkeit im Unterricht!*
- *Pkw-Führerschein ab 16?*
- *Jede/r Jugendliche sollte ein „soziales Jahr“ leisten.*
- *Homeschooling – das Lernen der Zukunft?*

2 Diskutiert über das gewählte Thema nach der Methode „Markt der Meinungen“:

* Legt **Rollen** fest für diejenigen, die an der Diskussion teilnehmen.
  Schreibt die Rollenbezeichnungen an die Tafel. Für das Thema „Hausaufgaben“ etwa:
  Elternvertreter/-in – Schüler/-innen mit verschiedenen Einstellungen – eine Schülerin oder ein Schüler, die als Schülersprecher/-in kandidieren – Lehrerin/Lehrer – Personalchef/-in einer Firma ...
* Die Rollen werden ausgelost: Schreibt sie auf **Karteikarten.** Bedenkt dabei, dass bestimmte Rollen mehrmals vertreten sein sollen und dass es auch eine Moderatorin/einen Moderator gibt.
  Außerdem schreibt ihr so viele Karteikarten mit der Rolle „Beobachter/-in“, dass jede/r in der Klasse eine Karte aus dem Lostopf ziehen kann.
  Achtung: Nur wer „Beobachter/-in“ oder „Moderator/-in“ gezogen hat, gibt dies bekannt. Die anderen halten ihre Rollen geheim.
  Die Diskussionsteilnehmer/-innen setzen sich anschließend in einen inneren Kreis, die Beobachtenden sitzen um sie herum.
* Führt die Diskussion durch, nachdem sich die Diskutierenden ein paar Stichworte zu ihren Argumenten notiert haben, z. B. zum Thema „Hausaufgaben“:

Schüler/-in
Man muss nachmittags auch mal was anderes machen: Hobbys pflegen ...

Lehrer/-in
Übung ist wichtig, im Unterricht allein ist dafür nicht genug Zeit ...

Elternvertreter/-in
Zu Hause kann ich nicht die nötige Hilfe geben, wenn Probleme auftauchen ...

* Nach dem Ende der Diskussion äußern die Beobachtenden ihre Vermutungen darüber, wer welche Rolle hatte, und begründen ihre Meinung.

* Macht euch bewusst, welche Interessen oder Wertvorstellungen in den einzelnen Diskussionsbeiträgen deutlich wurden, und notiert dies hinter den Rollenbezeichnungen an der Tafel; z. B. zum Thema „Hausaufgaben“:

Die Debatte

Die **Debatte** ist eine besonders stark geregelte Form der Diskussion.

- Im Hinblick auf ein bestimmtes Problem stehen sich klar definierte **unterschiedliche Positionen** gegenüber und häufig auch Fraktionen, die die verschiedenen Positionen vertreten.
- Die Diskussion wird von einem **Moderator**/einer **Moderatorin** geleitet.
- Die **Debattierenden** können unterstützt werden durch so genannte **Ghostspeaker.**

Moderator/-in:
- eröffnet und schließt die Diskussion, nennt das Thema und bittet je einen Vertreter der Fraktionen um ein erstes Statement;
- erteilt das Wort; dabei muss er/sie darauf achten, dass jede Seite in gleicher Weise zum Zuge kommt;
- greift lenkend ein, z. B. wenn jemand vom Thema abschweift oder um neue Aspekte einzubringen;
- entzieht u. U. das Wort, z. B. wenn jemand ausfallend oder unsachlich wird.

Diskussionsteilnehmer/-in

Ghostspeaker:
sitzen während der Diskussion hinter den Debattierenden und helfen ihnen gegebenenfalls mit Argumenten aus.

- Bei der Debatte geht es häufig darum, in einer strittigen Frage zu einer **Entscheidung** zu gelangen. In diesem Fall stellt eine der beteiligten (Meinungs-)Parteien am Anfang oder im Verlauf der Diskussion einen **Antrag,** der am Ende zur **Abstimmung** gestellt wird. Dann setzt sich entweder eine Partei durch oder es kommt zu einem Kompromiss.

Eine Debatte vorbereiten

1 Überlegt euch ein strittiges **Thema,** das ihr in einer Debatte erörtern wollt, und formuliert die verschiedenen **Positionen,** die denkbar sind, etwa mit Hilfe der folgenden Texte zum Thema *Jobben oder lernen?*

Möchten Sie 2 x 3 Stunden wöchentlich arbeiten?

Und mit viel Spaß ca. **500 Euro** dazuverdienen? Dann rufen Sie uns jetzt an!

Kein Verkauf – kein Außendienst!
Telefonische Terminvereinbarung

Kleine **Taschengeldaufbesserung** gefällig?

4–5 Std. Lagerarbeit pro Woche.

Anruf genügt!

Aus den Versetzungsbestimmungen des Landes NRW

§ 13: Ein Schüler wird nicht versetzt, wenn seine Leistungen ... in einem der Fächer Deutsch, Mathematik, erste Fremdsprache, zweite Fremdsprache und in einem weiteren Fach mangelhaft sind ...

§ 14: Dem Schüler wird neben dem Sekundarabschluss I ... die Berechtigung zum Besuch der gymnasialen Oberstufe erteilt, wenn er die Versetzungsbedingungen gemäß § 3 und § 13 erfüllt; dabei müssen mangelhafte Leistungen in einem der Fächer Deutsch, Mathematik, erste Fremdsprache, zweite Fremdsprache durch mindestens befriedigende Leistungen in einem anderen dieser Fächer ausgeglichen werden.

2 Verteilt **Rollen** und **Aufgaben:**

a) Überlegt, wie viele Diskutierende und Ghostspeaker die Debatte bestreiten sollen.
b) Bestimmt eine Moderatorin/einen Moderator.
c) Die übrigen Schüler/-innen haben die Aufgabe, die Diskussion zu beobachten.

3 a) Die Debattierenden und die **Ghostspeaker** teilen sich nach ihren Positionen in „Fraktionen“ auf und sammeln **Argumente** auf Karteikarten (s. S. 35).
Ihr solltet auch denkbare Argumente der Gegenseite überlegen, um möglichst gut darauf reagieren zu können.
Ordnet die Karteikarten nach der Wichtigkeit der Argumente.

Argumente pro „Jobben"

Lebensstandard

Man will sich schon mal was leisten können, das Taschengeld reicht dazu aber nicht.

Berufsleben

Man kann Erfahrungen mit dem Berufsleben sammeln; das ist für später wichtig.

Argumente pro „Lernen"

Schulisches Fortkommen

Die Versetzungsbestimmungen in die 11 sind besonders streng.

Wissen erweitern – Chancen vergrößern

Man sollte in der Freizeit sein in der Schule erworbenes Wissen erweitern, denn heute gilt: Je mehr man draufhat ...

b) Formuliert in eurer Fraktion ein eröffnendes **Statement.** Es sollte eure Position möglichst knapp und prägnant darlegen und auch bereits mit einem oder zwei Argumenten untermauern.
Formuliert gegebenenfalls auch den **Antrag,** den ihr einbringen wollt.

Eröffnungsstatement zu „Jobben oder lernen"

Wir plädieren nachdrücklich dafür, vor allem in höheren Klassen regelmäßig zu jobben! Schließlich sollen wir in der Jugend aufs Leben vorbereitet werden ...

4 Auch die **Beobachtenden** können sich auf die Diskussion vorbereiten:

a) Nach welchen sinnvollen **Gesprächsregeln** sollte die Debatte ablaufen?
Haltet die Gesprächsregeln in Stichworten fest. Vor Beginn der Diskussion werden sie noch einmal allen in Erinnerung gerufen (Moderator/-in!).

- *Die Debattierenden sollen aufeinander eingehen und nicht aneinander vorbeireden.*
- *Die Beiträge sollen sachlich sein.*
- *...*

b) Überlegt, welche Bedingungen erfüllt sein müssen, damit eine **Argumentation** überzeugend ist:

- *Die Argumentation darf nicht widersprüchlich sein.*
- *Die Argumente sollten keine unbewiesenen Behauptungen enthalten.*
- *Sie sollten möglichst mit Beispielen untermauert sein.*
- *...*

c) Entscheidet, ob ihr **Beobachtungsaufgaben** verteilen wollt, z. B. zum Verhalten der Moderation, einer bestimmten Fraktion ...

Eine Debatte durchführen

5 Führt die vorbereitete Debatte durch. Wie lange soll sie dauern?

6 Um ihre Beobachtungen später möglichst umfassend einbringen zu können, sollten die Beobachtenden während der Debatte **Protokoll führen** (s. unten).

7 Setzt euch hinterher kritisch mit der Debatte auseinander. Beachtet dabei verschiedene Ebenen:
- **Kommunikationsebene:**
  Sind die Gesprächsregeln eingehalten worden?
  Wie hat die Moderation ihre Aufgabe erfüllt?
- **Sach- oder Inhaltsebene:**
  Wie beurteilt ihr die Argumentation der Fraktionen?

Zieht für die kritische Reflexion die **Protokollnotizen** heran.

Das Protokoll

Protokoll der Schülerratssitzung vom ...

Ort: ...
Beginn: ...
Ende: ...

Teilnehmende: ...

Tagesordnung: ...
...

TOP 1: ...
...
...

TOP 2: ...
...
...

Datum der Abfassung

Unterschrift
Protokollant/-in

Tipps zum Abfassen eines Protokolls

Ein **Ergebnisprotokoll** kann man sachlich gliedern, d. h., man kann verschiedene Aussagen zu einem Themenbereich zusammenfassen, auch wenn sie in der Diskussion zeitlich getrennt waren. Ein Ergebnisprotokoll ist außerdem deutlich kürzer als ein **Verlaufsprotokoll.**
Das Ergebnisprotokoll wird im **Präsens** abgefasst, das Verlaufsprotokoll im **Präteritum.**
Besonders wichtige Beiträge gibt man in der **indirekten Rede** wieder. (Konjunktiv!) ▶ S. 281
Zum Verlaufs- wie zum Ergebnisprotokoll gehört eine feste **äußere Form.**

1 Man unterscheidet zwei Arten des Protokolls: das **Verlaufs-** und das **Ergebnisprotokoll.**
a) Erklärt den Unterschied zwischen den beiden Protokollarten.
b) Überlegt, in welchen Situationen eher ein Verlaufsprotokoll und wann eher ein Ergebnisprotokoll angebracht ist.

2 Ein Hauptproblem beim Protokollieren ist es, Wichtiges von Unwichtigem zu unterscheiden. Überprüft das an euren Debattenprotokollen.

2.2 Die Erörterung – mit argumentierenden Texten umgehen

Argumentative Texte untersuchen

Kippe an, Lunge tot

Eine jugendliche Raucherin sagt, wieso man Zigaretten meiden sollte

„Mach sofort die Kippe aus, du bist noch nicht mal 16!“ Sätze wie diesen kennt jeder jugendliche Raucher – auch ich. Allerdings ignorieren die meisten diese Zurechtweisungen und die gesetzlich festgelegte Altersgrenze. Und wahrscheinlich macht sich auch kein Jugendlicher Gedanken darüber, wie er seiner Gesundheit durch Zigaretten schadet.

Dabei ist eines klar: Ein junger Körper wächst noch und jede Zufuhr von Giften – wie Nikotin – verlangsamt oder stört seine normale Entwicklung. Jede Zigarette entzieht lebenswichtige Vitamine, was man durch nahrungsergänzende Präparate ausgleichen müsste – was kaum jemand tut. Das schwächt das Immunsystem und der Jugendliche leidet häufiger als Gleichaltrige an Krankheiten. Darüber hinaus wird er stark körperlich und seelisch abhängig: Nach jeder Mathe-Arbeit, in jeder Pause, bei jedem Streit braucht er eine „Beruhigungszigarette“ zum angeblichen Stressabbau.

Wer als Jugendlicher raucht, raucht auch als Erwachsener. Der Grundstein für die Sucht liegt wissenschaftlich erwiesen in den Jugendjahren – in denen man noch nicht an die Spätfolgen denkt. Doch je früher man mit der Sucht anfängt und je länger sie dauert, desto gravierender sind die Langzeitschäden: schwere Schäden am Lungen-Bronchien-System sowie ein deutlich höheres Krebsrisiko. Gefäßverengungen und Durchblutungsstörungen führen zu Amputationen und schlimmstenfalls zum Tod.

Drastisch ist das Beispiel des „Marlboro"-Mannes: Dem Schauspieler aus der Zigarettenwerbung musste man im höheren Alter den Kehlkopf entfernen!

Es ist wichtig, die Jugend über die Gefahren des Rauchens aufzuklären – denn für das Gefühl angeblich höherer Lebensqualität zahlen sie Jahre später einen hohen Preis.

Wie gesagt: Ich rauche selbst. Weil ich die möglichen Folgen kenne, werde ich mir wohl eines Tages die Frage stellen müssen, wie viel mir das bisschen Tabak in Papier wirklich bedeutet.

Gesa Schölgens, Klasse 10, in der „Süddeutschen Zeitung"

1 Findet ihr diesen Beitrag gegen das Rauchen überzeugend? Begründet eure Meinung.

2 Untersucht Sprache/Stil und gedankliche Gliederung des Artikels:
- Wortwahl (Fachwörter, Fremdwörter, Umgangssprache ...)
- Besonderheiten im Satzbau, Wortstellung (rhetorische Mittel)
- Einstieg – Gedankenfolge von Absatz zu Absatz – Abschluss
- Beispiele und Belege für Behauptungen

▶ S. 198, 277

3 Befasst euch besonders mit der Schreibung und Bedeutung der Fremd- und Fachwörter in dem Text:
- Schreibt sie heraus.
- Schlagt ihre Bedeutung nach.
- Sucht verwandte Wörter (Zusammensetzungen, Verben ...).
- Verwendet sie in neuen Zusammenhängen.

▶ S. 215, 288 f.

4 Informiert euch, z.B. im Biologie- oder Politikunterricht, über die gesundheitlichen Folgen des Rauchens und des so genannten Mitrauchens („Passivrauchens").

Rauchen verletzt kein Grundrecht

Karlsruhe *(dpa)*. Rauchen in der Öffentlichkeit verletzt nicht die Grundrechte von Passivrauchern. Mit dieser Begründung hat das Bundesverfassungsgericht die Beschwerde eines Nichtrauchers nicht zur Entscheidung angenommen. Es sei nicht erkennbar, dass das Recht des Klägers auf körperliche Unversehrtheit beeinträchtigt sei, heißt es in dem gestern veröffentlichten Beschluss. (1 Bvr 2234/97)

Steuer	1970	1990	1996
Mineralölsteuer	5,9	17,7	34,9
Tabaksteuer	3,2	8,9	10,6
Branntweinsteuer	1,1	2,2	2,6
Versicherungssteuern	0,6	3,2	7,2
Sonstige Bundessteuern	2,5	1,7	1,7

Statistik: Reine Bundessteuern 1970–1996 (in Mrd. Euro)

5 Wer wirkungsvoll argumentieren will, muss auch die Position der Gegenseite kennen! Versetzt euch in die Lage der Tabakhersteller und sucht Argumente für ihre Position.

Rauchverbote in Europa

Die Gefahren des Passivrauchens

Dort, wo geraucht wird, werden Nichtraucher belästigt und gefährdet. Oft sehen Nichtraucher heute nicht mehr ein, dass sie die Belästigung durch Zigarettenrauch ertragen sollen. Deshalb werden immer häufiger rauchfreie Zonen in den Bereichen eingerichtet, in denen mehrere Menschen zusammen sind. In der Bevölkerung ist ein Umdenken erfolgt. Man gilt nicht mehr als lässig und cool, weil man raucht. Der Raucher fühlt sich schon fast schuldig, dass er raucht. Nach Schätzungen starben in der Bundesrepublik Deutschland 1995 400 Menschen durch Passivrauchen. Bereits durch das passive Inhalieren steigt das Risiko, an Herz oder Lunge zu erkranken, nach Angaben der deutschen Herzstiftung um 30 bis 90 Prozent. Zigaretten sind die Hauptursache für Lungenkrebs.

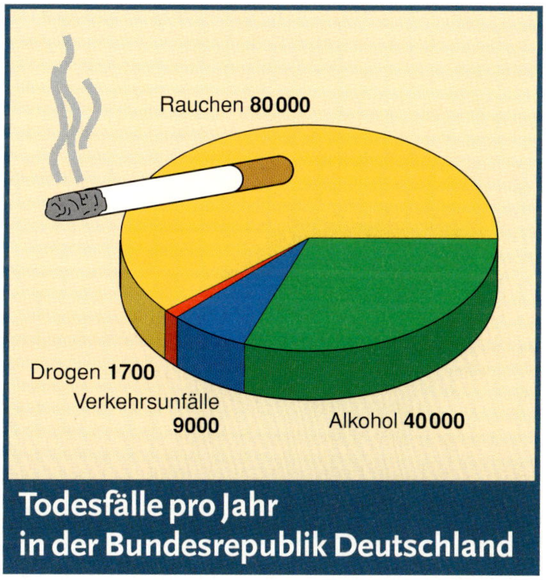

Todesfälle pro Jahr in der Bundesrepublik Deutschland

6 Ihr bildet die Nichtraucherfraktion.
Sucht in den Materialien dieser Seiten und anderswo wirkungsvolle Argumente für eure Position.

7 Führt eine **Fishbowl-Diskussion** über das Thema „Rauchen – Rauchverbot?“

Tipp: Bei der Fishbowl-Diskussion sitzen die Diskutierenden wie in einem Aquarium in der Mitte des Raumes und werden von Mitschülern/-innen beobachtet. Wer mitdiskutieren will, kann in das Aquarium steigen.

PRO & KONTRA

Rauchverbot in öffentlichen Gebäuden?

JA
IRMGARD GAERTNER

Die Diplomvolkswirtin (*1930) war von 1992 bis 1995 Senatorin für Gesundheit, Jugend und Soziales der Freien Hansestadt Bremen und stellvertretende Vorsitzende des Gesundheitsausschusses im Bundesrat

„Die Freiheit der Raucher stößt an eine Grenze, wenn die Gesundheit anderer gefährdet wird"

Tabakrauch schädigt auch die Gesundheit von Nichtrauchern, die mitrauchen müssen, weil an ihrem Arbeitsplatz gepafft wird. Passivrauchen erhöht das Risiko von Krebs und Herzkrankheiten. Das haben Dutzende von Studien nachgewiesen.

Ich setze mich deshalb dafür ein, die Gesundheit von Nichtrauchern vor gesundheitsschädlichem Tabakrauch zu schützen.

Die Freiheit der Raucher auf freie Entfaltung der Persönlichkeit, also das Recht, überall zu rauchen, findet dort seine Grenze, wo die Gesundheit anderer gefährdet oder verletzt wird. Ich habe deswegen vorgeschlagen, ein Nichtraucherschutzgesetz zu verabschieden, das Rauchen in allen geschlossenen Räumen untersagt, die öffentlichkeitsorientiert sind oder als Arbeitsplatz auch von Nichtrauchern gelten. Raucher könnten dann ihrem Bedürfnis in gesonderten Raucherzonen nachkommen. Auch in größeren Gaststätten und Restaurants sollte Rauchen grundsätzlich verboten sein oder sollten für Raucher Extraräume geschaffen werden.

In Bremen haben wir bereits gute Erfahrungen mit dem Nichtraucherschutz im öffentlichen Dienst. Seit acht Jahren ist in den Behördenräumen Bremens das Rauchen in Gängen, Wartezonen für Besucher, Räumen mit Besucherverkehr, bei Sitzungen und in Kantinen verboten; ebenso in Büros, in denen Raucher und Nichtraucher gemeinsam arbeiten müssen. Nach anfänglichen Schwierigkeiten hat sich dieses Rauchverbot bei uns in Bremen bewährt.

1 **MAK-Kommission:** Ausschuss zur Festlegung der maximalen Arbeitsplatz-Konzentration

NEIN
HARALD KÖNIG

Der Diplomvolkswirt (*1937) aus Hamburg ist seit 1976 Hauptgeschäftsführer des Verbandes der Cigarettenindustrie (VdC), der Interessenvertretung der Zigaretten produzierenden Unternehmen Deutschlands

„Das Rauchverbot ist nur mit einem Heer von Raucherpolizisten durchsetzbar"

Ein generelles Rauchverbot in öffentlichen Einrichtungen ist unredlich. Es gibt vor, nur Nichtraucher schützen zu wollen, verfolgt Raucher aber auch dort, wo keine Nichtraucherschutzbelange berührt sind. Das Verbot ist unnötig, weil nach einem Bericht der Bundesregierung von 1992 bereits für alle Bundes- und Landesbehörden Regelungen vorliegen, die sich bewährt haben. Die Länder Hamburg und Berlin haben erst kürzlich in ihren Behörden über Befragungen ermittelt, dass sich Regelungen, die auf Toleranz und freiwillige Rücksichtnahme setzen, bereits bewährt haben und eingehalten werden.

Unsinnige Regelungen hingegen werden nicht befolgt. Das Rauchverbot wäre unverhältnismäßig, weil es keine gesicherte wissenschaftliche Erkenntnis gibt, wonach Tabakrauch in der Raumluft eine Gesundheitsgefährdung darstellt.

Die für den Arbeitsschutz zuständige MAK-Kommission[1] hat daher auch keine generellen Rauchverbote gefordert, sondern zu „geeigneten Präventivmaßnahmen[2] an stark durch Tabakrauch kontaminierten[3] Arbeitsplätzen" geraten. Das Verbot ist sozial schädlich, weil es eine künstliche Konfrontation zwischen Rauchern und Nichtrauchern herbeiführt und in der Praxis nur mit einem Heer von Raucherpolizisten durchsetzbar ist. Immerhin wollen über 80 Prozent der Deutschen das Zusammenleben von Rauchern und Nichtrauchern im Sinne des Gedankens der Eigenverantwortung und eines vernünftigen Interessenausgleichs vor Ort selber regeln.

2 **Präventivmaßnahme:** Schutzmaßnahme
3 **kontaminiert:** verseucht

Thesen und Argumente

1 Formuliert die zentrale **These** der beiden Stellungnahmen zum Rauchverbot (S. 40) in je einem Satz.

Eine **These** ist in der Regel ein Aussagesatz. Sie kann auftreten als

- **Behauptung**
  Dabei wird behauptet, dass etwas „der Fall", eine „Tatsache" ist.
  Damit ist allerdings noch nicht gesagt, dass die Behauptung auch wirklich stimmt!
  Die Angebote der elektronischen Medien verdrängen mehr und mehr das Buch aus dem Kinderzimmer.
  Immer wieder landen Ufos auf der Erde.
- **Wertung**
  Dabei wird etwas als wertvoll und daher wünschenswert oder – im Gegenteil – als wertlos und gefährlich dargestellt.
  Die Verdrängung des Buches aus dem Kinderzimmer führt zu einer Verarmung der Kultur.
- **Empfehlung** oder **Forderung**
  Eltern sollten den Fernsehkonsum ihrer Kinder überwachen.

2 Welcher dieser drei Arten gehört die zentrale These von I. Gaertner bzw. H. König an?

3 Schreibt in Stichworten die **Argumente** aus den beiden Texten heraus.

Ein **Argument** ist jede Aussage, die eine These stützen, ihren Geltungsanspruch bekräftigen soll.

Man kann verschiedene Arten unterscheiden:

- **Faktenargumente** sind Hinweise auf Tatsachen, die auf eigenen Erfahrungen beruhen oder auch mit wissenschaftlichen Erkenntnissen oder statistischen Erhebungen abgesichert sein können.
- **Wertargumente** berufen sich auf Normen und allgemein anerkannte Werte wie Gesundheit, Meinungsfreiheit, Unverletzlichkeit der Privatsphäre usw.
- **Autoritätsargumente** berufen sich auf Autoritäten und Expertinnen/Experten. Je nach Thema und Adressatenkreis können das Wissenschaftler/-innen, Politiker/-innen, Popstars usw. sein.

4 Bestimmt, welche Arten von Argumenten in den beiden Texten über das „Rauchverbot in öffentlichen Gebäuden" auftreten.

5 Welche Art von Argumenten verwendet Gesa Schölgens in „Kippe an, Lunge tot" (S. 37 f.)?

6 a) Diskutiert die **Überzeugungskraft** der einzelnen Arten von Argumenten: Welche erscheinen euch besonders überzeugend? Welche sind möglicherweise leicht zu entkräften?
b) Fasst eure Ansichten schriftlich zusammen.

7. Sehr häufig wird beim Argumentieren auf die möglichen **Folgen** einer Entscheidung oder einer Handlung hingewiesen:
   a) *„Wenn Rauchen in öffentlichen Räumen verboten wird …"*
   Überlegt euch mögliche Folgen.
   b) Beziehen sich eure Folgen auf Fakten, Tatsachen oder auf Wertungen?
   c) Der Hinweis auf Folgen kann sachlich sein, er kann aber auch bewusst Angst machen wollen, also an ein Gefühl appellieren. Sucht auch dafür Beispiele.

8. Welche Satzform haben Formulierungen über Folgen eines Tuns? ▶ S. 284 f.

9. G. Schölgens schreibt in „Kippe an, Lunge tot" (S. 37 f.) u. a.:
Darüber hinaus wird er [der Jugendliche] stark körperlich und seelisch abhängig: Nach jeder Mathe-Arbeit, in jeder Pause, bei jedem Streit braucht er eine ‚Beruhigungszigarette' zum angeblichen Stressabbau. (Z. 19 ff.)
Wodurch wird dieses Argument gegen das Rauchen besonders wirkungsvoll?

Gedankenführung und sprachliche Verknüpfung

A
„Das Verbot ist unnötig, **weil** nach einem Bericht der Bundesregierung von 1992 bereits für alle Bundes- und Landesbehörden Regelungen vorliegen, die sich bewährt haben."

B
„Die Freiheit der Raucher auf freie Entfaltung der Persönlichkeit, also das Recht, überall zu rauchen, findet dort seine Grenze, wo die Gesundheit anderer gefährdet oder verletzt wird. Ich habe **deswegen** vorgeschlagen, ein Nichtraucherschutzgesetz zu verabschieden …"

1. a) Was ist das Zentrum dieser beiden Argumentationen, wie lautet die These?
   b) Wie ist die These eingebettet?

Man kann einen Gedankengang unterschiedlich aufbauen.

A Die Kernaussage (These) steht am Anfang, die stützenden Argumente folgen. (Konjunktionen: *weil, denn*) ▶ S. 280 285

B Die Kernaussage (These) steht am Ende, die stützenden Argumente führen zu ihr hin. (Adverbien: *deswegen, deshalb, daher* usw.). ▶ S. 280

A These (Behauptung) → Argumente

B Argumente → These (Schlussfolgerung)

Konjunktionen und Adverbien wie *weil, denn, deswegen* verdeutlichen und erleichtern den logischen Zusammenhang in Argumentationen. Eine fehlende sprachliche Verknüpfung zu ergänzen kann daher sehr hilfreich sein.

2 a) Sucht aus den Stellungnahmen von I. Gaertner und H. König auf S. 40 Beispiele für eine Gedankenführung nach Ⓐ oder Ⓑ.
b) Werden die Gedanken sprachlich miteinander verknüpft? Wenn nicht, versucht eine Verknüpfung.

3 Schreibt zur Stellungnahme von I. Gaertner oder von H. König über das Rauchverbot (S. 40) eine **textgebundene Erörterung:** ▶ S. 269
- Fasst zusammen, worum es in der Stellungnahme geht, und stellt die zentrale These mit ihren wichtigsten Argumenten dar. Achtet auf genaues Zitieren! ▶ S. 195 212
- Nehmt selbst Stellung, indem ihr die angeführten Argumente kritisch prüft, unterstützt und eigene (Gegen-)Argumente formuliert. Nutzt dabei auch die Tipps auf S. 47.

Argumentative Texte verfassen

Garlef, 21, Abiturient, trinkt nicht mehr, besucht eine Selbsthilfegruppe

Raihanee, 19, ist Muslimin, bezeichnet sich selbst als nicht streng gläubig und trinkt auch mal ein Glas Wein – aber selten

Heinke, 19, fing mit fünfzehn Jahren an, Alkohol zu trinken

Tanja, 19, besucht die 12. Klasse einer Gesamtschule. Ihre Eltern haben sich vor 24 Jahren bei den Anonymen Alkoholikern kennen gelernt. Tanja trinkt aus Überzeugung keinen Tropfen, hat Angst vor erblich bedingter Sucht.

Was für eine Rolle spielt die Gruppe, wenn's um Alkohol geht?

TANJA: Viele Leute akzeptieren es nicht, wenn ich keinen Tropfen mittrinke, sie versuchen es immer wieder. Das nervt auf die Dauer.

RAIHANEE: Das sind aber komische Freunde. Meine gute Laune hängt doch nicht davon ab, ob jemand anders trinkt! Außerdem, guckt euch doch mal Tanja auf Partys an: Die flippt total aus.

HEINKE: Das Umfeld spielt trotzdem eine Rolle. Vor einem Jahr wechselte ich die Schule und lernte Leute kennen, die sich regelmäßig zuschütteten. Klar machte ich da mit. Es ist einfach Scheiße, als Einziger nüchtern zu sein.

GARLEF: Ich hab bestimmt auch getrunken, weil ich glaubte, dass ich sonst nicht akzeptiert würde. Wahrscheinlich stimmte das nicht mal.

HEINKE: Viele Jungs trinken, um am Ende des Abends heldenhaft dazustehen. Im Freundeskreis bekommt man eine Art Anerkennung, wenn man die anderen unter den Tisch gesoffen hat.

TANJA: Also, wenn jemand nicht aufhört, mich zu nerven, lass ich ihn einfach stehn. Manche wollen deshalb auch nicht mit mir weggehen.

GARLEF: Klar, du als Antialkoholikerin hältst den Leuten einen Spiegel vor, wie lustig ein nüchterner Abend sein kann. Dieses Bild wollen sie zerschlagen, weil sie meinen, dass sie selbst ohne Alhohol nicht in Stimmung kommen.

Protokoll: Britta Rating/Katja Franke; Young Miss 8/2000, S. 60 ff.

Sollte auf Fahrten der Klasse 10 erlaubt werden, Alkohol zu trinken?

Anlässlich der bevorstehenden Abschlussfahrt der 10 wird in unserer Klasse seit Tagen heftig über die Frage gestritten, ob die Lehrer uns auf dieser Fahrt erlauben sollten, Alkohol zu trinken. Da die Diskussionen oft ziemlich unsachlich verlaufen, man andererseits aber auch so einiges von anderen Klassenfahrten gehört hat, ist es sicher sinnvoll, einmal sachlich abzuwägen, was für und was gegen eine solche Erlaubnis spricht.
Viele sind der Meinung, dass Alkohol heute einfach dazugehört und es deshalb „unrealistisch" wäre, den Alkoholkonsum zu verbieten. Auf Feten ist zumindest Bier selbstverständlich und eigentlich kein Thema mehr. Man kann deshalb davon ausgehen, dass viele im Umgang mit Alkohol schon Erfahrungen gesammelt haben …

Eine Möglichkeit, sich über das Für und Wider einer Sache klar zu werden, ist die **Erörterung.** Sie kann sich auf einen vorgegebenen Text beziehen **(textgebundene** Erörterung, s. S. 43) oder frei und selbstständig von einer Frage, einer Problemstellung ausgehen **(freie** Erörterung). ▶ S. 269
Die Erörterung besteht grundsätzlich aus drei Teilen: Einleitung – Hauptteil – Schluss.
Im Folgenden geht es um die **freie Erörterung.**

1. Schritt: Ideen sammeln für den Hauptteil („Stoffsammlung")

1 Notiert in Stichworten alles, was euch dazu einfällt:
Sollte auf Fahrten der Klasse 10 erlaubt werden, Alkohol zu trinken?
Haltet die Stichworte auf einzelnen Zetteln fest. Das erleichtert den Übergang von der Stoffsammlung zur Gliederung.

Verbot
→ Heimlichkeit
→ Kontrollverlust

Umgang mit Alkohol lernen

…

Gesundheitliche Gefahren

2. Schritt: den Hauptteil planen

Für viele Jugendliche in unserem Alter ist regelmäßiger Alkoholkonsum schon selbstverständlich; manche meinen, ein Bier gehört zum Feiern einfach dazu, damit man in Stimmung kommt. Dagegen muss man die Frage stellen: Geht es nicht auch ohne? Man kann doch auch so seinen Spaß haben. Leute, die unbedingt ein Bierchen brauchen, um „gut drauf" zu sein, sind doch wohl eher zu bedauern. Eine Klassenfahrt sollte daher eher zeigen, dass es auch ohne geht, dass man auch ohne Alkohol eine Menge erleben kann.

Ein weiteres Argument ist aber sicher noch viel wichtiger. Gerade bei Jugendlichen führt Alkoholkonsum leider oft zu Missbrauch. Wenn man sich mal auf Feten umsieht, kann man das immer wieder beobachten. Da liegen dann spätestens ab 22 Uhr die ersten „Bierleichen" in den Ecken, was kein erfreulicher Anblick ist. Eine Klassenfahrt sollte ein solches Verhalten sicher nicht auch noch fördern. Schließlich muss man auch bedenken, dass manche Mitschüler, die eigentlich noch keinen Alkohol trinken wollen, unter Druck geraten könnten, wenn das auf einer Klassenfahrt offiziell genehmigt wird. Denn dann gehört es einfach dazu …

Neben den Argumenten, die für ein Alkoholverbot auf Klassenfahrten sprechen, gibt es aber auch eine ganze Reihe, die einen liberaleren Umgang damit nahe legen …

2 Untersucht die **Gedankenführung** in diesem Entwurf. ▶ S. 42
- Wie werden die Argumente auf die Absätze verteilt und gewichtet?
- Wie ist die Reihenfolge von Thesen, Belegen und Beispielen?

Unser Beispiel einer Erörterung hat folgenden **Aufbau:**

Tipp

Die **Reihenfolge der Argumente** ist steigernd!
Man beginnt mit den weniger wichtigen und endet mit den wichtigeren.
Die Argumente, die die eigene Meinung stützen, setzt man sinnvollerweise ans Ende.
Denn was man zuletzt gelesen hat, prägt sich meist am besten ein.

Pro und Kontra in getrennten Abschnitten

Pro-Argument
(Argument zur These)
↓
Pro-Argument
↓
…

Überleitung

Kontra-Argument
(Argument zur Gegenthese)
↓
Kontra-Argument
↓
…

3 Bringt eure Stichwortzettel zum Thema „Sollte auf Fahrten der Klasse 10 erlaubt werden, Alkohol zu trinken?" in eine sinnvolle Reihenfolge (Aufgabe 1, S. 44).

3. Schritt: Einleitung und Schlussteil entwerfen

Für Einleitung und Schluss einer Erörterung gibt es verschiedene Möglichkeiten, je nach Thema oder verfügbarem Material.

Als **Einleitung** kann z. B. dienen:
- ein (selbst erlebtes) Beispiel, Ereignis,
- eine aktuelle Diskussion (Zeitung),
- ein historischer Fall,
- eine beobachtete geschichtliche Entwicklung/neue Tendenz,
- die Definition eines Begriffs (z. B. „Alkoholmissbrauch") ...

In der Einleitung sollte das Problem oder die Frage, um die es geht, noch einmal mit eigenen Worten aufgegriffen werden.

Am **Schluss** formuliert man
- die eigene Position – deutlich abgehoben von den vorangegangenen Gegenargumenten – mit kurzer Begründung (das Hauptargument wiederholend, kein neues Argument!)
- oder eine begründete Feststellung, dass man sich nicht für eine Position entscheiden kann;
- eventuell den Hinweis auf weiteren Klärungsbedarf.

Tipp Einleitung und Schluss sollten jeweils nicht mehr als ein Fünftel der gesamten Erörterung ausmachen.

4 Notiert zum Thema „Sollte auf Fahrten der Klasse 10 erlaubt werden, Alkohol zu trinken?" Ideen für die Einleitung.

Spaß – ganz ohne Kippen und Promille!

4. Schritt: die ganze Erörterung schreiben

Tipps **für eine gute Erörterung**

Beim Abfassen einer freien oder einer textgebundenen Erörterung können folgende Hinweise nützlich sein:

- Die **Adressaten** im Blick haben
  Es ist ein Unterschied, ob ich z. B. für die Schülerzeitung, an die Schulleitung oder eine Behörde schreibe.

- Die Argumente **entfalten**
  Ein Argument ist besonders überzeugend, wenn es möglichst anschaulich ist. Also Beispiele verwenden!

- Den **gedanklichen Zusammenhang** sprachlich deutlich machen
  Wichtig ist, dass der **gedankliche Zusammenhang** zwischen den einzelnen Teilen eures Textes sprachlich deutlich wird.
  Besonderen Wert solltet ihr legen auf Wörter und Wendungen, die
  – begründen, z. B. *weil, da, denn ...*,
  – eine Folge angeben, z. B. *also, folglich, infolgedessen ...*,
  – einen Gegensatz ausdrücken, z. B. *aber, jedoch, indes, andererseits/auf der anderen Seite, hingegen, dagegen ...*,
  – anreihend, auch steigernd wirken, z. B. *außerdem, ferner, darüber hinaus, überdies, schließlich, nicht zuletzt ...*

- Den Text deutlich **gliedern**
  Achtet darauf, dass die gedankliche Gliederung auch optisch deutlich wird, indem ihr Absätze macht – und zwar nicht nur zwischen den drei großen Teilen der Erörterung!
  Absätze machen einen Text übersichtlich und erleichtern damit das Lesen.

5 Überprüft den Entwurf auf S. 45:
- Wie entfaltet er seine Argumente?
- Wie geschieht die sprachliche Verknüpfung der Gedanken?

6 Schreibt nun eine vollständige Erörterung zum Thema
„Sollte auf Fahrten der Klasse 10 erlaubt werden, Alkohol zu trinken?“

5. Schritt: die Erörterung überarbeiten

▶ S. 275

7 Wenn ihr euren fertigen Text kritisch durchseht, solltet ihr vor allem auf folgende Punkte achten:
- Ist die **Gedankenführung** sinnvoll und nachvollziehbar?
- Wird der gedankliche Zusammenhang **sprachlich** verdeutlicht?
- Wird die gedankliche Gliederung durch **Absätze** kenntlich gemacht?

2.3 Der Leserbrief

TAGESTHEMA

Schulschwänzer: Ein Fall für die Polizei – oder für die Pädagogen?

Harte Zeiten für säumige Schüler

Studien sehen Blaumachen als Einstieg in die kriminelle Karriere

VON DETLEF SCHMALENBERG

Anstatt zu pauken, streifen zunehmend mehr Schüler durch die Computerabteilungen von Kaufhäusern oder hocken in den Internet-Cafés. In Bayern halten Polizisten jetzt Ausschau nach den Blaumachern und bringen sie zurück in die Schule. Nürnberg, wo dieses Vorgehen über zwei Jahre hinweg erprobt wurde, konnte die Zahl der Schulschwänzer um rund 40 Prozent reduzieren. Auch in Bielefeld wird seit einem halben Jahr mit Schülerpolizisten experimentiert. Der Unterschied zum Freistaat: Die säumigen Pennäler werden nicht in die Schule gebracht, sie können alleine gehen.

Mit seiner Forderung, die Polizei bundesweit nach Blaumachern suchen zu lassen, hat der bayerische Innenminister Günther Beckstein nun sogar den Deutschen Lehrerverband überzeugt. Notorisches Schwänzen, dem nach Expertenschätzungen etwa fünf Prozent der Schüler frönen, stehe oftmals am Anfang einer kriminellen Karriere, behauptet Beckstein.

Sein Argument wird von Studien der „Kriminologischen Forschungsstelle Niedersachsen" gestützt. Eine Befragung unter 1100 Strafgefangenen hat ergeben, dass sie in der Jugend alle häufig die Schule geschwänzt haben. Natürlich dürfe daraus nicht geschlossen werden, dass alle Schulschwänzer potenzielle Kriminelle seien, so Institutsleiter Christian Pfeiffer: „Aber bei den meisten Straftätern war Blaumachen der erste Schritt."

Günther Beckstein, Innenminister in Bayern, setzt die Polizei auf Schulschwänzer an. (Bild: dpa)

Im Auftrag des Bundesinnenministeriums führt Pfeiffer bundesweit die erste große Schulschwänzerstudie durch. Bei einer Testumfrage in zwei kleineren Städten habe sich bereits gezeigt, dass „Vielschwänzer" wesentlich mehr Straftaten begangen hätten als „Nullschwänzer", so der Kriminologe.

Dennoch kritisiert Birgit Warzecha von der Universität Hamburg den Einsatz von Polizei. „Nur die Symptome werden so bekämpft, aber nicht die Ursachen", meint die Pädagogikprofessorin, die eine „Schwänzstudie" an Sonderschulen durchgeführt hat. Je stärker die Armut und je trister die Berufsaussichten, desto größer sei die Zahl der „Schulverweigerer". Bundesweit gebe es etwa 80 Projekte, in denen „chronischen Schwänzern die Lust am Lernen" vermittelt werde: zumeist Jugendwerkstätten, in denen die Schüler beispielsweise auch auf dem Bauernhof oder in einer Schreinerei arbeiten.

Kölner Stadt-Anzeiger Nr. 216, 16./17. 9. 2000

1 Lest diesen Zeitungsartikel und tauscht euch im Partnergespräch darüber aus.

2 Schreibt einen **Leserbrief** dazu. ▶ S. 50

3 Schreibt eure Leserbriefe auf dem Computer.
Veröffentlicht sie nach der Überarbeitung in einer Klassenmappe oder einer Wandzeitung. ▶ S. 271

4 Sucht auch in der Tagespresse ein aktuelles Thema und schreibt einen Leserbrief dazu.

Tipp Leserbriefe kann man auch als E-Mail senden! ▶ S. 235

Schulsponsoring
Pro und Kontra

Geldmangel an den Schulen zwingt Lehrer und Eltern, neue Geldquellen anzuzapfen: Auf Schulfesten fließt gesponserte Brause, Hightech-Unternehmen lassen in wohlkalkulierter Spendierlaune Computer für den Unterricht springen. Reklametafeln bringen einem Gymnasium im Berliner Stadtteil Neukölln jährlich 4500 Mark ein. Seit das erlaubt ist, bessert nahezu jede achte Schule an der Spree ihr Budget durch Werbung auf. Auch in anderen Bundesländern ist das Werbeverbot ins Wanken geraten. Marketingstrategen reiben sich die Hände angesichts der 13 Milliarden Mark Taschengeld, über die Kids und Teens jährlich verfügen. Kritiker befürchten, dass Firmensponsoring die Konsumlust der Schüler anheizt. Wird es demnächst heißen: „Diese Mathestunde wird Ihnen präsentiert von Obi"? BRIGITTE fragte zwei Schülervertreter, was sie von der Reklameoffensive halten:

Pro
Wegen des Sparkurses der öffentlichen Hand bleibt den Schulen nichts anderes übrig, als sich nach anderen Finanzierungsmöglichkeiten umzusehen. Da gibt es zwei Alternativen: Schulgeld oder Spenden. Ersteres scheidet für mich aus, da schulische Ausbildung nicht vom Portmonee der Eltern abhängig sein darf. Umso mehr ist die Wirtschaft gefordert, durch Schulsponsoring einen Beitrag zur Chancengleichheit zu leisten. Die Beiträge sollten nicht direkt an die Lehranstalten gezahlt, sondern über einen Ausgleichsfonds gerecht verteilt werden. Nur dann können sich alle Schulen eine professionelle Ausstattung leisten und Schüler via Internet oder mit Auslandserfahrungen auf den Weg in die Zukunft schicken. Wäre das nicht eine gelungene Investition in das zukünftige Personal des Standorts Deutschland?

Sebastian Ferse, 20, ehemaliger Schulsprecher

Kontra
Das Geld reicht hinten und vorn nicht. Das bekommen wir jeden Tag zu spüren, wenn wir unsere veralteten Bücher aufschlagen oder uns um die wenigen Computer streiten. Trotzdem ist Sponsoring keine Lösung. Damit machen wir es den Bildungspolitikern leicht, sich auf Zehenspitzen aus der Verantwortung zu stehlen. Außerdem geht es privaten Geldgebern nicht uneigennützig um Bildungsideale, sondern um eine Gegenleistung: Hier besteht die Gefahr, dass massiv in Inhalte eingegriffen wird und die Schule von den Firmen abhängig wird. Die könnten ja im nächsten Jahr einfach den Geldhahn zudrehen. Und: Wer garantiert, dass auch Schüler in armen Stadtvierteln von den Spenden aus der Wirtschaft profitieren?

Julia Liedtke, 18, Vorsitzende der Schülerkammer Hamburg

BRIGITTE, FRÜHJAHR 2000

5 Diskutiert anhand dieses Zeitschriftenartikels über das Thema „Schulsponsoring".

6 Nehmt in einem Leserbrief Stellung zu S. Ferse oder J. Liedtke. ▶ S. 50

LESERBRIEFE LESERBRIEFE LESERBRIEFE LESERBRIEFE

Werbung in Schulen

Fragwürdige Vorstellung

Zur Diskussion um Werbung in den Schulen frage ich: Warum bleibt das Ministerium auf halbem Weg stehen? Reklametafeln auf den Schulhöfen bringen doch nur ein Butterbrot. Folgt man meinen Vorschlägen, könnten so Millionen verdient werden: Dr. Best unterrichtet in Bio, TUI macht Erdkunde, Meister Propper übernimmt Chemie und Beate Uhse bringt die Sexualkunde rüber. Mathe wird an D1, D2, e-plus oder Mitbewerber verkauft. Knorr und Maggi teilen sich die Hauswirtschaft und um den Deutschunterricht kämpfen „Stadt-Anzeiger“, „Express“ und „Bild“. Millionen an Werbeeinnahmen und Millionen an gesparten Lehrergehältern sanieren so die Kassen von Ländern und Gemeinden und das letzte „Werbeloch“, die Schule, ist endlich geschlossen.

Malte H., Rektor der Gertrud-Bollenrath-Schule in Köln

KSTA, 14. 11. 2000

7 Vielleicht regt euch dieser Leserbrief an:
- Welche Satzarten werden verwendet?
- Welche sprachlichen Ebenen kommen vor (Hochsprache, Umgangssprache …)? ▶ S. 277
- Welche besonderen stilistischen (rhetorischen) Mittel werden eingesetzt? ▶ S. 198

Tipps für Leserbriefe

- **Klarer Bezug**
  Zu welchem Text/Thema/Schreiber äußerst du dich?
  Zitiere genau oder verwende indirekte Rede oder deine umschreibenden Worte, um fremde Meinungen wiederzugeben. ▶ S. 195 212 281

- **Deutliche Absicht**
  Wird deutlich, ob du
  - kritisieren,
  - unterstützen,
  - einen neuen Gedanken ergänzen willst?

- **Gute Argumente** ▶ S. 41
  Stütze deinen Standpunkt (These) mit Argumenten.
  Widerlege deinen Adressaten mit gezielten Gegenargumenten.

- **Angemessene Form**
  Willst du sachlich informieren?
  Willst du für deine Position werben?
  Willst du die gegnerische Meinung ironisch lächerlich machen?

3 Sich einmischen
Angewandte Rhetorik

3.1 Die Todesstrafe abschaffen!

Stempel auf malaiischem Touristenvisum, 2000

Béatrice Saubin wird ohne ihr Wissen von Drogenschmugglern als Kurierin benutzt und verhaftet. Erst nach zwei Jahren Gefängnis beginnt endlich der Prozess.

Die französische Nonne Nicole und der katholische Priester Jean betreuen sie in dieser schwierigen Zeit. Der malaiische Staatsanwalt heißt Azmi, ihr indischer Verteidiger Kumar.

Das Urteil oder: Der sechste Tag (17. Juni 1982)

9.30 Uhr.

Gipfel der Entfremdung, totale Apathie[1]. Ich habe genug. Wäre doch alles schon vorbei, egal wie! Man hat diesen Tag verschoben, weil Azmi angeblich krank war! Falsch, alles falsch! Alles ist Lüge!

Kumar wirkt verschlossen, auch sein Assistent. Mit dem Instinkt eines Tieres begreife ich: Man wird mich verurteilen. Aber ich weigere mich, daran zu denken, wie viele Jahre es sein werden … Letztlich ist dieser Prozess ihr Spiel, unter Profis ausgetragen. Ich wende mich Nicole zu, die ihre Unruhe verbirgt, mir aufmunternd zulächelt. Ihr Atem geht schwer. Sie hat lange für mich gebetet … Auch Jean. Nicole und Jean, die einzigen wahren Lichter an diesem düsteren Ort.

Der kurze Satz von Richter Lee trifft mich wie ein Schlag ins Gesicht.

„Die Angeklagte wird hiermit für schuldig befunden, die ihr zur Last gelegte Tat begangen zu haben."

Ich bin erstarrt, unfähig zu denken. Nicole, Jean, ich, die Menge, alle haben es gehört.

Tiefes, fast andächtiges Schweigen.

Man hört nur noch das Rauschen der Ventilatoren. Kumar hört sich seltsam feierlich an. Die Art und Weise, wie er sich erhebt, und der Klang seiner Stimme zeigen mir, dass ich ihn als Verbündeten zurückgewonnen habe, dass er weiter kämpfen wird, um mich der Höllenmaschine zu entreißen, die mich zu zermahlen droht.

„Zum Zeitpunkt der Tat war sie erst zwanzig Jahre alt. Ein Staubkorn, eine Schachfigur im grausamen Spiel des Lebens. Ich flehe das Hohe Gericht an zu bedenken, wie jung sie war, vielleicht nur eine Marionette in den Händen skrupelloser Gangster. Möge das Gericht sich ihrer erbarmen, möge es wie andere Gerichte zuvor ein mildes Urteil fällen. Das Gesetz sieht diese Möglichkeit vor. Dieses junge Mädchen entstammt doch zerrütteten Verhältnissen. Vater und Mutter haben sich getrennt, als sie noch ein kleines Baby war. Wesentliches, die Elternliebe, auf die jedes Kind ein Recht hat, ist ihr stets vorenthalten worden. Nur deshalb geriet sie auf Abwege und ließ sich auf zweifelhafte Gestalten ein, die sie nur ausnutzen wollten. Ich beschwöre das Gericht, sich dem Erbarmen nicht zu verschließen und seine Strenge auf ein Lebenslänglich zu begrenzen …"

Ein plötzlicher Schock. Das Blut scheint mir in den Adern zu gerinnen. Nicole, wie immer gütig um mich besorgt, lässt mich ohne Worte wissen, dass diese Entscheidung nicht endgültig ist. Noch tieferes Schweigen kehrt ein, selbst das Knarren der hölzernen Bänke hat aufgehört. Kumar schließt mit einem Satz, von dem ich erst später erfahre, dass er bei Shakespeare[2] steht:

„Aus himmlischen Gefilden fällt Gnade wie ein sanfter Regen, in sich trägt sie doppelt Segen. Gesegnet ist, wer Gnade bringt, gesegnet auch, wem sie bestimmt."

Kumar setzt sich, vollkommen leer. Eine Ewigkeit vergeht, bis man die Stimme Azmis vernimmt:

„Die Strafe, die durch das Gesetz vorgesehen ist, ist eindeutig: lebenslängliche Haft oder der Tod. Ich möchte gewährleistet wissen, dass das Gericht ein Urteil verhängen wird, das in adäquatem[3] Verhältnis zur begangenen Tat steht, und erlaube mir daher in diesem Zusammenhang die Menge des Rauschgifts in Erinnerung zu rufen, die bei der Angeklagten gefunden wurde und die bei weitem die Höchstgrenze überschreitet, ab der von Gesetzes wegen die Anwendung der Todesstrafe vorgesehen ist. Es ist von öffentlichem Interesse, dass Malaysia nicht zu einer Drehscheibe des internationalen Drogenhandels wird. Und was die Tatsache betrifft, dass es sich bei der Angeklagten noch um einen jungen Menschen handelt, so meine ich, dass dies von keinerlei Belang ist. Profitsucht war das Motiv, das sie trieb, und sie ist auf die eine oder andere Weise ein Rädchen im Getriebe einer mächtigen Organisation. Aus diesen Gründen fordere ich, dass die Angeklagte zum Tode verurteilt wird."

Richter Lee hat sich die ganze Zeit nicht ein einziges Mal bewegt. Nun schickt er sich an, von seinem Platz aus das Urteil zu verkünden.

Stand es für ihn schon vorher fest?

1 **Apathie:** Gleichgültigkeit

2 **William Shakespeare:** engl. Dichter, 1564 – 1616

3 **adäquat:** angemessen

Er stockt bei keinem seiner Worte. Alles war vorbereitet, auch die beiden Zettel. Von dem einen liest der Gerichtsdiener ab:
„Mylord, mögen alle im Gerichtssaal Anwesenden sich erheben und Stillschweigen bewahren, während der Gefangenen das Todesurteil verkündet wird."
Der Richter beugt sich über den zweiten Zettel, der vor ihm liegt, und liest laut und deutlich, ohne Hass und ohne Leidenschaft:
„Das Gericht ordnet an, dass die Angeklagte Béatrice Saubin vom Gerichtssaal in ein Gefängnis und von dort weiter zu einer Hinrichtungsstätte gebracht wird, wo sie durch den Strang sterben soll."
Mein Herz steht still.
Das Blut scheint aus meinen Adern zu entweichen.
Tränen rinnen, winzige Elemente des Lebens in einem leichenkalten Etwas.
Das Ende. Das Ende des Prozesses.
Das endgültige Ende.

1 Äußert euch zu diesem autobiografischen Tatsachenbericht.

2 a) Stellt die Urteilsverkündung szenisch nach.
b) Ändert die Plädoyers von Verteidiger und Staatsanwalt so, dass Richter Lee zu einem milderen Urteil kommt.

3 Versetzt euch in die Rolle eines Gerichtsreporters/einer Gerichtsreporterin und schreibt einen Zeitungsbericht über die Verhandlung.

4 Béatrice Saubin darf nach der Urteilsverkündung einen Brief an ihre Familie schreiben.
Versucht das.

5 Findet jemand heraus (Internet …), aus welchem Werk das Shakespeare-Zitat in Z. 60 ff. stammt?

Zur Situation der Todesstrafe weltweit

Entwicklung der Todesstrafe zwischen 1988 und 2000

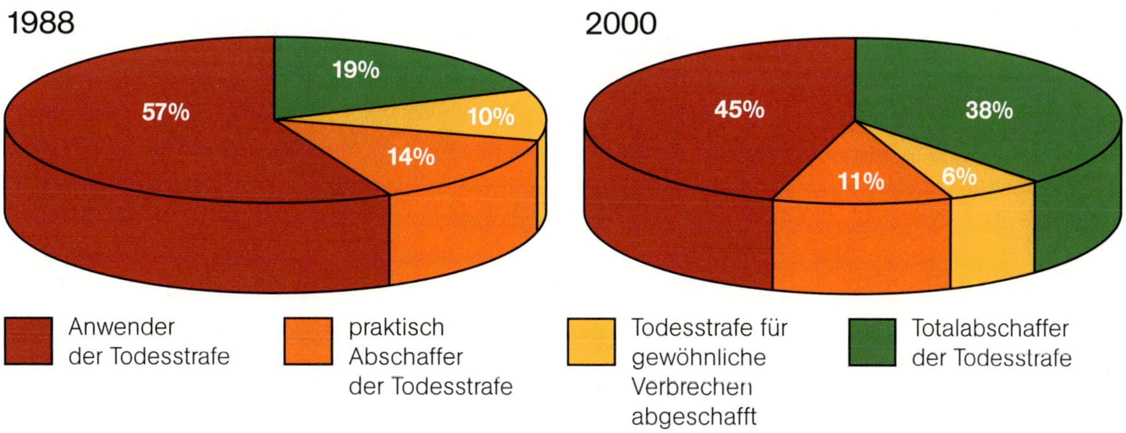

1 Welche Informationen über die Todesstrafe zwischen 1988 und 2000 könnt ihr diesen Diagrammen entnehmen?

Menschenrechte und Strafrecht – Beispiel Todesstrafe

In den USA wächst die Angst vor Fehlurteilen

Von Constanze Hacke

Der Trend zur weltweiten Abschaffung der Todesstrafe hält weiter an: Im vergangenen Jahr hoben Ost-Timor, Turkmenistan und die Ukraine die Todesstrafe für alle Verbrechen auf. Damit gibt es nunmehr 108 Staaten ohne Todesstrafe.

In einer der größten Demokratien, in den USA, ist die Todesstrafe dagegen weiterhin an der Tagesordnung. 38 der 50 US-Bundesstaaten sehen die Todesstrafe in ihren jeweiligen Gesetzgebungen für Mord in Tateinheit mit einem weiteren, erschwerenden Straftatbestand vor. Auch auf Bundesebene sind Todesurteile möglich, zum Beispiel für versuchten Präsidentenmord oder massiven Drogenhandel mit Todesfolge.

Vor wenigen Wochen erst hatte US-Präsident Bill Clinton die erste Hinrichtung nach Bundesrecht seit 1963 aufgeschoben. Damit sollte dem Todeskandidaten Juan Raul Garza die Möglichkeit für ein Gnadengesuch gegeben werden. Garza war zum Tode verurteilt worden, weil er als Chef eines Drogenhändlerrings mehrere Mordaufträge erteilt hatte.

Die USA-Expertin von amnesty international/Deutschland, Karen Bagge, betont, dass kein Bundesstaat die Todesstrafe zwingend für eine bestimmte Straftat vorschreibt: „Im Gegenteil: 32 der 38 Staaten sehen als alternatives Strafmaß zur Todesstrafe ‚lebenslänglich‘ ohne die Möglichkeit der vorzeitigen Haftentlassung vor.“

Bis heute befürwortet aber eine große Mehrheit der US-Amerikaner die schwerste aller Strafen. Kritiker, wie der Leiter des Informationszentrums Todesstrafe (Death Penalty Information Center, Washington D.C.), Richard Dieter, weisen daraufhin, dass in den USA auch psychisch Kranke und Ausländer hingerichtet würden, denen gesetzwidrig Konsularbeistand verweigert worden sei. Die Todesstrafe werde zudem unverhältnismäßig oft gegen Schwarze verhängt.

Darüber hinaus würden auch zur Tatzeit Minderjährige mit dem Tode bestraft. Jüngstes Beispiel dafür ist der Fall Graham, der auch international Aufsehen erregte: Der wegen Mordes verurteilte Gary Graham wurde Ende Juni in Huntsville im US-Bundesstaat Texas hingerichtet. Er wurde auf Grund der Aussage von nur einer Zeugin verurteilt.

Graham war der 135. Verurteilte, der in Texas hingerichtet wurde, seitdem der republikanische Präsidentschaftskandidat George W. Bush vor fünf Jahren sein Gouverneursamt in dem Bundesstaat antrat.

Allerdings wird in der jüngsten Zeit die Todesstrafe in den USA heftig diskutiert. Noch nie seit der Wiederzulassung der Todesstrafe durch das Oberste Gericht der USA im Jahr 1976 waren die Befürchtungen so stark, dass auch Unschuldige hingerichtet werden könnten. Nach einer Gallup-Umfrage vom Februar ist die Zustimmung zur Todesstrafe von 71 bis 80 Prozent in den 90er-Jahren auf jetzt 66 Prozent gesunken. Bei einer anderen Umfrage sprachen sich sogar 43 Prozent der Bürger für die völlige Abschaffung der Todesstrafe aus. Auch die katholische Kirche in den USA fordert dies immer wieder. [...]

aus: Das Parlament Nr. 31–32, 28. 7./4. 8. 2000, S. 14

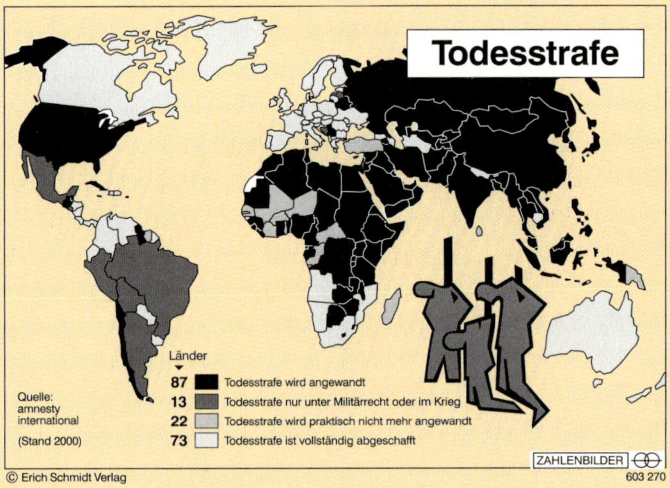

2 Fasst diesen Artikel über die Todesstrafe in den USA in einem kurzen **Referat** zusammen. ▶ S. 270

Weniger Morde in Staaten ohne Todesstrafe

New York – In den zwölf amerikanischen Bundesstaaten, in denen es keine Todesstrafe gibt, geschehen weniger Morde als in Staaten mit der Todesstrafe. Das hat eine am Freitag veröffentlichte Untersuchung der „New York Times" ergeben, die sich zusätzlich auch auf Regierungsstatistiken beruft. Die Erkenntnisse deuten darauf hin, dass die Todesstrafe nicht die Abschreckungswirkung hat, die Befürworter ihr zuschreiben. Dem Bericht der Zeitung zufolge liegt die Zahl der Morde in zehn der zwölf Staaten ohne Todesstrafe unter dem nationalen Durchschnitt, die in der Hälfte der Staaten mit Todesstrafe dagegen über dem Durchschnitt. Insgesamt hätten Analysen gezeigt, dass in den vergangenen Jahren die Mordquote in den Bundesstaaten mit der Todesstrafe zwischen 48 und 101 Prozent höher gelegen habe als in Staaten, die diese Höchststrafe nicht oder auch nicht mehr verhängen. (dpa)

Kölner Stadtanzeiger, 23./24. 9. 2000

Todesstrafe für zur Tatzeit Jugendliche

Es gibt weltweit derzeit nur sechs Staaten, die die Todesstrafe für zur Tatzeit Minderjährige verhängen und vollstrecken: Iran, Irak, Bangladesch, Nigeria, Pakistan und die USA.

Dies läuft der herrschenden Meinung zuwider, wonach in einer Vielzahl nationaler oder internationaler Rechtsvorschriften – z. B. dem Internationalen Pakt über bürgerliche und politische Rechte oder dem Übereinkommen über die Rechte des Kindes – die Todesstrafe gegen zur Tatzeit Jugendliche, d. h. unter achtzehn Jahre alte Menschen, geächtet wird.

1642 fand an Thomas Graunger in Massachusetts die erste dokumentierte Hinrichtung eines Jugendlichen in den USA statt. Bis heute hat sich an dieser grausamen Praxis nichts geändert. Allein seit 1990 wurden neun zur Tatzeit Minderjährige hingerichtet und über 70 warteten im Oktober 1998 in US-Gefängnissen auf die Vollstreckung ihres Todesurteils.

Demokratische Mehrheit für die Todesstrafe?

Einerseits lässt sich die sog. Stimme des Volkes sehr leicht durch die Massenmedien beeinflussen, andererseits ist gerade beim „kleinen Mann auf der Straße" der Faktor der persönlichen Gefühle wie Rache, Fremdenhass oder einfach nur ohnmächtige Wut auf schlimme Verbrechen so groß, dass man von einer der Wichtigkeit angemessenen objektiven und wohldurchdachten Meinung zu diesem Problem nicht reden kann.

Gerade das Beispiel der USA zeigt, was gemeint ist. Fragt man auf der Straße: „Sind Sie für oder gegen die Todesstrafe?", so erhält man 82 % Befürworter. Fragt man aber nach der Todesstrafe oder lebenslanger Haftstrafe (z. B. ohne Begnadigungsrecht) oder fragt man nach der Todesstrafe für Jugendliche oder für geistig Behinderte, so gehen die Befürworterzahlen rapide nach unten.

Es kommt also in sehr hohem Maße darauf an, wie man fragt und was der Gefragte an Vorinformationen zum Thema erhalten hat. Auch der Zeitpunkt, zu dem gefragt wird, ist wichtig: Kurz nach einem schweren Verbrechen liegt die Rate der TS-Befürworter wesentlich höher als etwa ein Jahr später (trotz gleicher Fragestellung).

amnesty international:
Kampagne gegen die Todesstrafe 1999

3 Tragt die Informationen zur Todesstrafe aus diesen Artikeln der Klasse vor. Sprecht darüber.

4 Die Todesstrafe ist ein ständiges Thema in allen Medien. Informiert euch und tragt die Ergebnisse zusammen. ▶ S. 270

Tipp amnesty international, 53108 Bonn – www.amnesty.de

Statements gegen die Todesstrafe

Ein Statement ist eine kurze, konzentriert zur Sache argumentierende Meinungsäußerung (ca. 3 Minuten), die darauf zielt, die Zuhörenden von der eigenen Meinung zu überzeugen.

1 Formuliert Statements gegen die Todesstrafe:
- Womit erregt man in der Einleitung Aufmerksamkeit?
  drastischer Fall – Zitat – Statistik – Argument der Gegenseite …
- Welche Argumente gegen die Todesstrafe sollen angeführt werden?
- Welche anschaulichen Beispiele, Fälle, Fakten, Zahlen, Experten lassen sich nennen?
- Wie ist die wirkungsvollste Reihenfolge der Argumente?
- Wie wird der Schluss besonders wirkungsvoll?
  Rückgriff auf die Einleitung – dramatische Frage – Appell …

Macht euch Notizen zu diesen Punkten.

2 Wie könnt ihr euer Statement sprachlich, stilistisch besonders wirkungsvoll gestalten?
- Satzbau
  (kurze) Aussagesätze – Fragen – Ausrufe – Appelle …
- rhetorische Mittel ▶ S. 198
  Vergleiche – Bilder – Gegensätze –Steigerungen … 278 283 f.

a) Tragt eure vorbereiteten Statements vor (max. 3 Minuten).
b) Bewertet die Statements
   - inhaltlich,
   - vortragstechnisch (Haltung, Blickkontakt, Stimme, Mimik, Gestik). ▶ S. 259 270

Protest gegen die Todesstrafe: Demonstranten in Terre Haute, US-Staat Indiana

3.2 Politische Reden untersuchen

Ezer Weizman

Jede Regung des Rassismus wahrnehmen

Meine Damen und Herren, erst fünfzig Jahre, ein Augenblick in der langen Geschichte meines Volkes, sind vom Ende des schrecklichen Krieges bis zum heutigen Tag vergangen. Nicht leicht fiel es mir, das Konzentrationslager Sachsenhausen[1] zu besuchen. Nicht leicht ist es für mich, in diesem Land zu sein, die Erinnerungen und die Stimmen zu hören, die von der Erde zu mir schreien. Nicht leicht ist es, hier zu stehen und zu Ihnen zu sprechen, meine Freunde in diesem Haus.

Tausend Jahre und länger lebten Juden in Deutschland. Bis zur Zerstörung durch die Nationalsozialisten war dies die größte und älteste jüdische Gemeinde in Europa. [...]

Walter Rathenau, Martin Buber, Franz Rosenzweig, Albert Einstein – dies sind nur einige Namen, die dieses Land gekannt hat. Unter den Millionen Kindern meines Volkes, die die Nazis in den Tod geführt haben, waren weitere Namen, an die wir heute mit dem gleichen Maß an Ehrfurcht und Hochachtung erinnern könnten. Doch wir kennen diese Namen nicht. Wie viele Bücher, die niemals geschrieben wurden, sind mit ihnen gestorben? Wie viele Symphonien, die niemals komponiert wurden, sind in ihren Kehlen erstickt? Wie viele wissenschaftliche Entdeckungen konnten nicht in ihren Köpfen heranreifen? Jeder und jede Einzelne von ihnen ist zweimal getötet worden: einmal als Kind, das die Nazis in die Lager geschleppt haben, und einmal als Erwachsener, der er oder sie nicht sein konnte. Denn der Nationalsozialismus hat sie nicht nur ihren Familien und den Angehörigen ihres Volkes entrissen, sondern der gesamten Menschheit.

Als Präsident des Staates Israel kann ich über sie trauern und ihrer gedenken, aber ich kann nicht in ihrem Namen vergeben. Ich kann nur fordern, meine Damen und Herren Abgeordnete des Bundestages und des Bundesrates, dass Sie in Ihrem Wissen um die Vergangenheit Ihre Sinne auch auf die Zukunft richten, dass Sie jede Regung des Rassismus wahrnehmen und jede Regung des Neonazismus zerschlagen, dass Sie diese Elemente mutig zu erkennen wissen und von der Wurzel her ausreißen, auf dass sie nicht wachsen und Zweige und Wipfel bekommen. [...]

1 **Sachsenhausen:** bei Berlin

Ezer Weizman, Israels Präsident von 1993 bis 2000

1 Tauscht euch zunächst im Partnergespräch und dann im Plenum darüber aus, was E. Weizman nicht leicht fällt. Und warum?

2 Aktiviert euer Wissen über jüdisches Leben und Verfolgung in Deutschland.

3 Welchen Appell richtet E. Weizman an die deutschen Abgeordneten?

4 Was meint E. Weizman mit dem Satz:
„Jeder und jede Einzelne …: einmal … und einmal … nicht sein konnte." (Z. 29 ff.)

5 Diese Rede ist sorgfältig gestaltet und enthält mindestens zwei rhetorische Figuren: ▶ S. 198
- parallele Satzanfänge,
- sprachliche Bilder.

Sucht die Beispiele heraus.

6 a) E. Weizman nennt in seiner Rede vier jüdische Männer.
Was könnt ihr über sie in Erfahrung bringen und berichten?
b) Natürlich gab es auch bekannte Jüdinnen: Nelly Sachs, Else Lasker-Schüler, Hanna Arendt …
Stellt sie vor.

Hartmut von Hentig

Geschwister Scholl für die Schule

Der Pädagoge und Gründer der „Laborschule Bielefeld" Hartmut von Hentig hielt zum 20-jährigen Bestehen der „Geschwister-Scholl-Schule" in Pulheim bei Köln folgende Rede:

Die Geschwister Scholl

An einer Geschwister-Scholl-Schule über die Geschwister Scholl sprechen zu wollen war freilich unvorsichtig. Ich musste doch befürchten, dass die Schülerinnen und Schüler, die Lehrerinnen und Lehrer über diese beiden Menschen gründlich Bescheid wissen, sodass man ihnen über sie nichts Neues sagen kann und sie den hohen (vielleicht gelegentlich auch hohlen) Ton womöglich leid sind – die moralische Forderung „So sei auch du!" oder die quälende Frage „Und ich?"

Ich versichere, dass ich etwas anderes tun will als uns ermahnen. Ich will aufklären – mit Hilfe eines Vergleichs. Während ich über die Geschwister Scholl spreche, spreche ich eigentlich ständig von uns.

Die Geschwister Scholl sind Menschen, die ihren Weg kompromisslos gegangen und darum „gescheitert", zu Fall gekommen sind. Kann das ein Vorbild sein? Was ließe sich da lernen? Wer möchte schon scheitern? Schrecken meine Helden nicht im gleichen Maß, in dem ihre Unbedingtheit, ihre Kompromisslosigkeit anzieht, auch ab? Wozu also verhelfen uns die Geschwister Scholl? – Meine vorgreifende und zusammenfassende Aussage lautet: An den Geschwistern Scholl können wir erstens erkennen, dass zur moralisch befriedigenden Tat die Eindeutigkeit der Entscheidung gehört; an

Hans Scholl, Sophie Scholl und Christoph Probst (1942)

ihnen nehmen wir zweitens wahr, dass uns – anders als ihnen – solche Eindeutigkeit versagt ist.

Was machte die Geschwister Scholl sehend?

Da war ihr christlicher Humanismus[1]. So erlebten sie, was den Juden in ihrer eigenen Umgebung geschah, anders als die nicht christlichen oder bloß christlichen Zeitgenossen. Sie erkannten die Menschenfeindlichkeit der Euthanasie[2], wie sie von den Nazis an Geistesgestörten geübt wurde. Die Geschwister Scholl waren empört über das, was die Nazis als „Korrektur" der Kriegsverluste ankündigten: eine zynische Bevölkerungspolitik, die die jungen Frauen aufforderte, dem Führer „ein Kind zu schenken", das sie mit einem SS-Mann zeugen sollten. Der pazifistische[3] Vater ließ sie die verbrecherische Willkür des Krieges erkennen, den Hitler vom Zaun gebrochen hatte. In der Jugendgruppe „d.j. 1.11"[4] erfuhren sie eine Gemeinschaft, wie sie sie von den Hitlerjugend-Verbänden umsonst erhofft hatten. Die vielleicht nicht stärkste, aber nützlichste, nämlich politisch unmittelbar verwendbare Quelle von Erkenntnis war ihnen ihre Bildung. In den Flugblättern zitieren sie unsere Klassiker und die großen Geister der Weltgeschichte: Schiller, Goethe, Aristoteles[5], Laotse[6] und immer wieder Immanuel Kant[7].

Die Kinder des liberalen Vaters, der vor der Machtergreifung durch die Nazis politische Verantwortung trug und diese bei der Machtergreifung verlor, mochten skeptisch gegenüber den neuen Herrschern sein. Feindlich waren sie nicht von vornherein. Sie standen im Zwiespalt zwischen den vordergründigen Erfolgen, den pompösen, aber nicht immer verkehrten

1 **Humanismus:** Weltanschauung, bei der der Mensch, insbesondere die Wahrung der Menschenwürde, im Mittelpunkt steht

2 **Euthanasie:** Zu Zeiten der Nationalsozialisten war damit die Tötung körperlich oder geistig Behinderter gemeint.

3 **pazifistisch:** jede Form von Krieg ablehnend

4 **d.j. 1.11:** „Deutsche Jungenschaft vom 1.11." Diese Jugendorganisation wurde am 1.11.1929 gegründet und war im Gegensatz zur Hitlerjugend, der sie der Form nach angehörte, allem Kulturellen gegenüber aufgeschlossen.

5 **Aristoteles** (384 v. Chr. – 322 v. Chr.): griechischer Philosoph

6 **Laotse:** chinesischer Philosoph

7 **Immanuel Kant** (1724–1804): deutscher Philosoph

Absichtserklärungen einerseits und dem von ihnen selbst erfahrenen Ungeist andererseits: dem Drill, der Hetze, der Gleichmacherei, der Kadermentalität[8] in der Hitlerjugend. Die idealistischen Bürgerkinder waren prädestiniert[9] für Führerschaft und Verantwortung in den Jugendgruppen – aber eben da wurde ihnen Stupides, Kleinliches, Unwürdiges zugemutet.
Es muss noch mehr gewesen sein als „Erkenntnis“, was die Geschwister Scholl zur Verurteilung der abgründigen Unsittlichkeit, Verderbtheit und Lüge des neuen Staates befähigte. Sie haben die Verwerflichkeit erkannt, das war das eine. Sie haben beschlossen zu handeln, das war das Zweite, und sie haben auf Sicherheit verzichtet, das war das Dritte. „Seid Täter des Wortes – nicht Hörer allein!“, dieser Satz aus dem Jakobusbrief[10] war für sie entscheidend. Ein Wort ist wahr, wenn es sich bewährt. Wenn sie die Wahrheit wussten, durften sie diese nicht nur, sie mussten sie ausrufen. Die Ausrufung der Wahrheit war ihr politisches Programm. Sie beschlossen, die Lüge bloßzustellen, das Wahrheitsbedürfnis der Menschen zu wecken, die die Wahrheit verhindernde Vereinzelung zu durchbrechen.
Die Geschwister Scholl haben zur totalen moralischen Mobilmachung aufgerufen und sind dabei weder vor Hochverrat noch vor Landesverrat zurückgeschreckt. Zu den von ihnen gedachten Mitteln gehörten kleine Sabotage (kein Pfennig für die Winterhilfe) und große Sabotage (die Störung der Kriegsproduktion, der Kriegsforschung, der Kriegsnachrichtenvermittlung). Das Wort „Widerstand“ genügt schon deshalb nicht, weil es um die Tat ging, die man selbst zur eigenen Befreiung tut. Das letzte Flugblatt beschwört die Freiheit und die Ehre. Die Freiheit war in der Unehre nicht zu haben, aber die Ehre doch noch in der Unfreiheit. Dieses außer Gebrauch gekommene Wort „Ehre“ ist nur die Außenseite der „Scham“. Sie war vielleicht das stärkste aller Motive der Geschwister Scholl. Das sollten wir uns merken, wenn wir selber Schweres, gar Großes vorhaben. […]

8 **Kadermentalität:** kritikloses Übernehmen der Werte und Ansichten von Parteiorganisationen
9 **prädestiniert:** vorbestimmt, wie geschaffen
10 **Jakobusbrief:** Bibeltext, Teil des Neuen Testaments

1 Tauscht euer Wissen über die Geschwister Scholl aus.

2 a) Fasst zusammen, was ihr aus der Rede Hartmut von Hentigs über die Geschwister erfahrt.
b) Fertigt eine Skizze an, die ihre Motive zum Widerstand verdeutlicht.

3 „Die Freiheit war in der Unehre nicht zu haben, aber die Ehre doch noch in der Unfreiheit.“ (Z. 103 ff.) Versucht diesen schwierigen Satz zu erklären.

4 „Während ich über die Geschwister Scholl spreche, spreche ich eigentlich ständig von uns.“ (Z. 15 ff.) Wie versteht ihr diesen Satz?

5 Formuliert ein Statement über die Bedeutung der Geschwister Scholl heute. ▶ S. 56

6 Woran merkt man, dass dieser Text kein Zeitungsartikel, sondern eine **Rede** ist?
- Achtet besonders auf Anfang und Schluss.
- Welche Personalpronomen werden verwendet? ▶ S. 280

7 Verwendet der Redner besondere sprachliche, rhetorische Mittel? ▶ S. 198
- bestimmte Satzarten
- Wortstellung
- Bilder, Vergleiche
- …

Die Weiße Rose[1]

1942 – Deutschland steht mitten im Krieg, die Nationalsozialisten sind seit mehr als neun Jahren an der Macht – tauchen in München Flugblätter gegen das Hitlerregime auf.

Unser heutiger „Staat“ ist die Diktatur des Bösen. „Das wissen wir schon lange“, höre ich dich einwenden, „und wir haben es nicht nötig, dass uns dies hier noch einmal vorgehalten wird.“ Aber, frage ich dich, wenn ihr das wisst, warum regt ihr euch nicht, warum duldet ihr, dass diese Gewalthaber Schritt für Schritt offen und im Verborgenen eine Domäne[2] eures Rechts nach der anderen rauben, bis eines Tages nichts, aber auch gar nichts übrig bleiben wird als ein mechanisiertes Staatsgetriebe, kommandiert von Verbrechern und Säufern? Ist euer Geist schon so sehr der Vergewaltigung unterlegen, dass ihr vergesst, dass es nicht nur euer Recht, sondern eure sittliche Pflicht ist, dieses System zu beseitigen? Wenn aber ein Mensch nicht mehr die Kraft aufbringt, sein Recht zu fordern, dann muss er mit absoluter Notwendigkeit untergehen. Wir würden es verdienen, in alle Welt verstreut zu werden wie der Staub vor dem Winde, wenn wir uns in dieser zwölften Stunde nicht aufrafften und endlich den Mut aufbrächten, der uns seither gefehlt hat. Verbergt nicht eure Feigheit unter dem Mantel der Klugheit. Denn mit jedem Tag, da ihr noch zögert, da ihr dieser Ausgeburt der Hölle nicht widersteht, wächst eure Schuld gleich einer parabolischen[3] Kurve höher und immer höher.

Viele, vielleicht die meisten Leser dieser Blätter sind sich darüber nicht klar, wie sie einen Widerstand ausüben sollen. Sie sehen keine Möglichkeiten. Wir wollen versuchen, ihnen zu zeigen, dass ein jeder in der Lage ist, etwas beizutragen zum Sturz dieses Systems. Nicht durch individualistische Gegnerschaft, in der Art verbitterter Einsiedler, wird es möglich werden, den Boden für einen Sturz dieser „Regierung“ reif zu machen oder gar den Umsturz möglichst bald herbeizuführen, sondern nur durch die Zusammenarbeit vieler überzeugter, tatkräftiger Menschen, Menschen, die sich einig sind, mit welchen Mitteln sie ihr Ziel erreichen können. Wir haben keine reiche Auswahl an solchen Mitteln, nur ein einziges steht uns zur Verfügung – der passive Widerstand.

Der Sinn und das Ziel des passiven Widerstandes ist, den Nationalsozialismus zu Fall zu bringen, und in diesem Kampf ist vor keinem Weg, vor keiner Tat zurückzuschrecken, mögen sie auf Gebieten liegen, auf welchen sie auch wollen. An allen Stellen muss der Nationalsozialismus angegriffen werden, an denen er nur angreifbar ist. Ein Ende muss diesem Unstaat möglichst bald bereitet werden – ein Sieg des faschistischen Deutschlands in diesem Kriege hätte unabsehbare, fürchterliche Folgen. Nicht der militärische Sieg über den Bolschewismus[4] darf die erste Sorge für jeden Deutschen sein, sondern die Niederlage der Nationalsozialisten. Dies muss unbedingt an erster Stelle stehen. Die größere Notwendigkeit dieser letzten Forderung werden wir ihnen in einem unserer nächsten Blätter beweisen.

Sabotage[5] in rüstungs- und kriegswichtigen Betrieben, Sabotage in allen Versammlungen, Kundgebungen, Festlichkeiten, Organisationen, die durch die Nationalsozialistische Partei ins Leben gerufen werden. Verhinderung des reibungslosen Ablaufs der Kriegsmaschine (einer Maschine, die nur für einen Krieg arbeitet, der allein um die Rettung und Erhaltung der Nationalsozialistischen Partei und ihrer Diktatur geht). Sabotage auf allen wissenschaftlichen und geistigen Gebieten, die für eine Fortführung des gegenwärtigen Krieges tätig sind – sei es in Universitäten, Hochschulen, Laboratorien, Forschungsanstalten, technischen Büros. Sabotage in allen Veranstaltungen kultureller Art, die das „Ansehen“ der Faschisten im Volke heben könnten. Sabotage in allen Zweigen der bildenden Künste, die nur im Geringsten im Zusammenhang mit dem Nationalsozialismus stehen und ihm dienen. Sabotage in allem Schrifttum, allen Zeitungen, die im Solde der „Regierung“ stehen, für ihre Ideen, für die Verbreitung der braunen Lüge kämpfen. Sucht alle Bekannten auch aus den unteren Volksschichten von der Sinnlosigkeit einer Fortführung, von der Aussichtslosigkeit dieses Krieges, von der geistigen und wirtschaftlichen Versklavung durch den Nationalsozialismus, von der Zerstörung aller sittlichen und religiösen Werte zu überzeugen und zum passiven Widerstand zu veranlassen!

Bitte vervielfältigen und weitergeben!

1 **Weiße Rose:** 1941/43 studentische Widerstandsgruppe in München; u. a. Geschwister Scholl
2 **Domäne:** Bereich
3 **parabolisch:** unendlich wachsend
4 **Bolschewismus:** (abwertend) sowjetischer Kommunismus
5 **Sabotage:** planmäßige Behinderung

8 Beschreibt, wie dieses Flugblatt auf euch wirkt.

9 Unterteilt den Text in Sinnabschnitte und gebt ihnen zusammenfassende Überschriften.

10 Ein Flugblatt – wie eine Rede – appelliert, ruft auf zu bestimmtem Verhalten. Wo geschieht das hier? (Benutzt eine Folie.)

11 An welchen Stellen merkt man, dass es sich um ein Flugblatt handelt? Welche Personalpronomen werden verwendet? ▶ S. 280

12 Welche besonderen sprachlichen, rhetorischen Mittel werden eingesetzt? (Vgl. auch Aufgabe 7.) ▶ S. 198

Die Weiße Rose – ein Referat

Es lohnt sich, über Sophie und Hans Scholl und die Weiße Rose mehr zu erfahren und anschließend darüber zu berichten.

Wie erhalte ich Informationen?

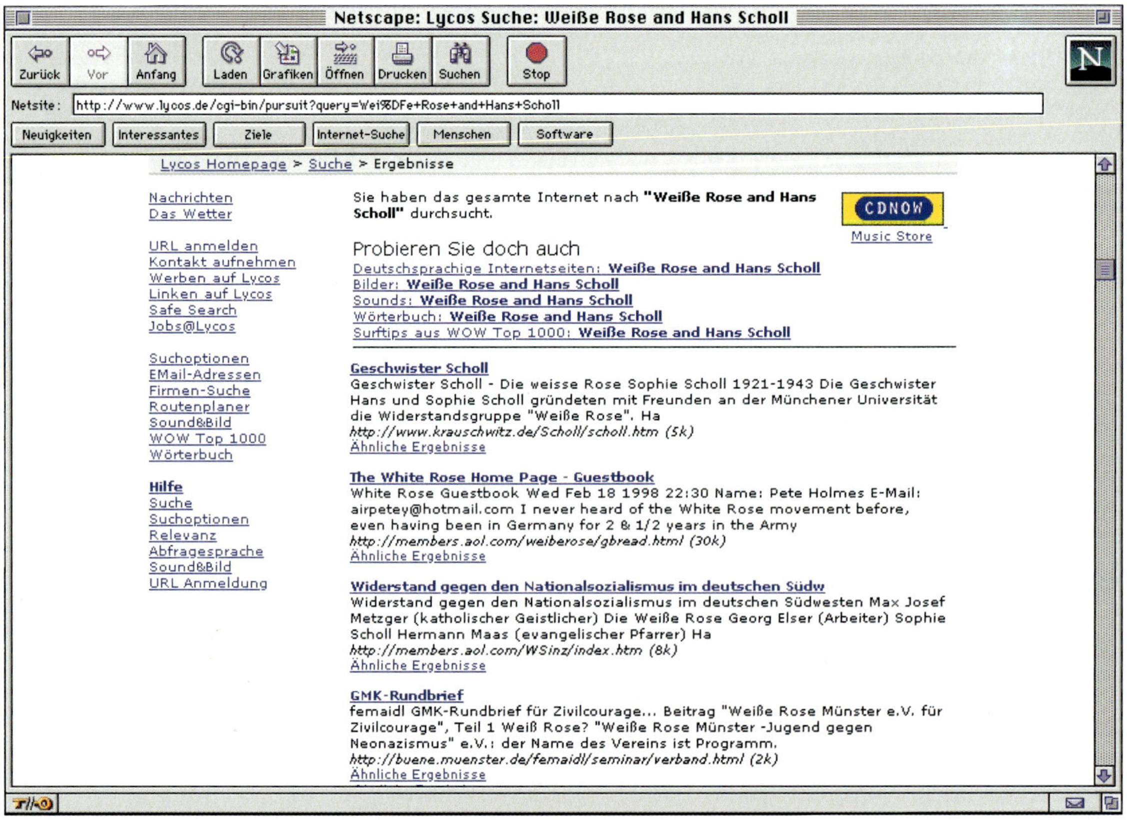

Weiße Rose

Dann sind's die besten Köpfe, die man henkt. Die junge Generation im deutschen Widerstand. *Schwerin, Detlef von.* 1991. 571 S., 20 Abb., Piper /KNO' Ln 29,80 /ÖS 218,–/ SFr 29,90 [3-492-03358-X]

Freundschaften in der Weißen Rose. *Fürst-Ramdohr, Lilo.* 1995. 202 S., 35 Abb. – 20,5 x 14 cm. 400 g ,Geschichtswerkstatt Neuhausen' Ln 29,80 [3-931231-0-3]

Die Geschichte der Weißen Rose. *Dumbach, Annette E./Newborn, Jud.* Aus d. Amerik. v. Gierlichs, Annerose. 4. Aufl. 1997, 266 S. (Herder Spektrum., 4269) 'Herder Freiburg/ KNO' Kt 1980 /ÖS 145,– /SFr 19,80 [3-451-04269-X]

Hochverrat? Die „Weiße Rose" und ihr Umfeld. Beitr. v. Altgeld, Wolfgang /Freise, Gerda/Hirzel, Hans /Kissener, Michael / Knoop-Gaf, Anneliese. Hrsg.: Karlsruher Forschungsstelle Widerstand gegen den Nationalsozialismus im deutschen Südwesten/Lill, Rudolf. 1993. 224 S., 21 schw.-w. Abb. (Porträts d. Widerstands, 1) 'Universitätsvlg Konstanz / BRO' Br 24,80/ÖS 181,–/SFr 24,80 [3-87940-456-9]

Weiße Rose /CD-ROM
Die Weiße Rose. PC-Version. Hrsg. v. Chaussy, Ulrich, Bearb. v. Rehr, Hans. 1995. 1 CD-ROM. (CD-ROM-Ausg.) 'Systhema 98,–' / ÖS 745,–/ SFr 85,– [3-634-23107-6]

Weiße Rose /Tonträger
Alle Gewalten zum Trutz sich erhalten. Die Geschichte der Weißen Rose. Ein Hörbild von Ulrich Chaussy. *Chaussy, Ulrich.* 1993, 1 Texth., 2 Audiokass., Gesamtlaufzeit ca. 113 Min. (Tonkassetten.) Tondok. d. Bayer. Rundf. Unser Jahrh. im Radio) 'TR Verlagsunion' 39,80 [3-8058-2728-8]

Die Weiße Rose (Film)
Der Film „Die weiße Rose". Das Drehbuch. *Verhoeven, Michael /Krebs, Mario.* 1982. 150 S., zahlr. Fotos – 29,8 x 21 cm, 500 g 'Loeper Karlsruhe' Kt 1980 /ÖS 152,– /SFr 1980 [3-86059-750-7]

Auszug aus dem in Buchhandlungen einsehbaren „Verzeichnis lieferbarer Bücher"

Hermann **Vinke:** Das kurze Leben der Sophie Scholl, Ravensburger Buchverlag, Ravensburg 1997

Inge **Scholl:** Die Weiße Rose, Fischer-Verlag, Frankfurt am Main 1955, erweiterte Taschenbuchausgabe Februar 1993

Harald **Steffahn:** Die Weiße Rose (rororo monografien), Rowohlt TB Verlag, Reinbek bei Hamburg 1992

Hans **Scholl** und Sophie Scholl: Briefe und Aufzeichnungen, hrsg. von Inge Jens, Fischer-Verlag, Frankfurt am Main 1984

Hildegard **Hamm-Brücher:** Zerreißt den Mantel der Gleichgültigkeit. Die „Weiße Rose" und unsere Zeit, hrsg. von Wilhelm von Sternburg, Aufbau TB Verlag, Berlin/Weimar 1997

Karteikarten aus einem Bibliothekskatalog

1 Wertet die bibliografischen Hinweise zum Thema „Weiße Rose" aus.

2 Prüft, ob eine fächerverbindende Zusammenarbeit, etwa mit Geschichte, Politik oder Religion, möglich ist.

Wie werte ich Material aus? Wie ordne ich meine Informationen?

3 Formuliert Leitfragen, die euch und euren Zuhörern/Zuhörerinnen wichtig sind.
Ordnet und durchsucht euer Material danach.

– *Wie sehen die biografischen Daten aus?*

Hans Scholl	*Sophie Scholl*	*Christoph Probst*
geboren am 22. 9. 1918	...	...
...	...	...
...	*Studentin der Biologie und Philosophie in München*	
hingerichtet durch das Fallbeil am 22. 2. 1943	...	

– *Was waren das für Menschen?*
– *Aus welchem Grund haben sie Widerstand geleistet?*
– ...

4 Bearbeitet euer Material nach diesem Muster:

	An Kurt Huber Russland, 17. 8. 1942 Sehr geehrter Herr Professor!	*ebenfalls zum Tode verurteilt, Mitglied der Weißen Rose*
Reiseroute: Wiasma als Ziel	Nach einer langen und abwechslungsreichen Fahrt sind wir vor zwei Wochen in einem kleinen, halb zerschossenen Städtchen östlich Wiasma angekommen. Hier verbringen wir unsere Tage mit Nichtstun. Nicht, dass ich mich nach „Arbeit“ sehnte, mit Medizin beschäftige ich mich nur, um besonders leeren Stunden zu entgehen. Auch der immer währende Regen stört mich keineswegs, sondern die verdammte Inaktivität in wesentlicheren Dingen, die Ausweglosigkeit, das Abgeschnittensein ärgert mich oft maßlos.	
über Warschau	Von Warschau aus, wo die ganze Studentenkompanie noch beisammen war, wollte ich Ihnen schon eine Postkarte schreiben, aber es ging alles viel zu schnell. Die Stadt, das Ghetto und alles Drum und Dran hatte auf alle einen sehr entscheidenden Eindruck gemacht.	*Polen* *? Was meint er damit?*
Beschreibung Russlands	Es ist unmöglich, auch nur ein schwaches Bild dessen zu geben, was in Russland vom ersten Tage an nach der Grenzüberschreitung auf mich eingestürmt ist. Ich weiß nicht, wo ich anfangen sollte zu beschreiben. Russland ist in jeder Beziehung so ungeheuer groß, so ohne jede Grenze, und grenzenlos ist die Heimatliebe seiner Bewohner. Der Krieg geht über das Land dahin wie ein Gewitterregen. Aber nach dem Regen scheint wieder die Sonne. Das Leid ergreift die Menschen ganz und gar, reinigt sie – aber dann lachen sie wieder.	*mehrdeutiger Ausdruck – Metapher*
Verhältnis zu russischen Menschen	Ich bin mit drei guten Freunden, die Sie kennen, bei derselben Kompanie. Besonders wertvoll ist mir mein russischer Freund. Auch ich bemühe mich sehr, die russische Sprache zu lernen. Wir gehen abends zu den Russen und trinken Schnaps mit ihnen und singen.	*Russen sind für ihn keine „Untermenschen“*
Kriegslage	Die Russen sind wohl nördlich und südlich von hier mit starken Kräften im Angriff, aber es ist noch unklar, was daraus entstehen wird.	*Hoffnung?*
	Viele Grüße! Ihr ergebener Hans Scholl und Ihr Alexander Schmorell und Ihr Willi Graf und Ihr Hubert Furtwängler	*„Weiße Rose“*

a) Markiert wichtige Stellen und notiert am Rand zusammenfassende Stichwörter.
b) Schreibt wichtige Informationen, die ihr später wörtlich zitieren wollt, auf Karteikarten. Vergesst nicht, die Textquelle mit zu notieren.

▶ S. 195
212

Tipps **zum Referieren**

Aufbau
- Die **Einleitung** wendet sich direkt an die Zuhörer/-innen, z. B. mit einer interessanten oder provozierenden Einzelheit.
- Das Referat muss ein eindeutiges **Thema** haben und klar gegliedert sein. Diese **Gliederung** wird zu Beginn vorgestellt und im Verlauf des Vortrags wiederholt.
- Die Aussagen eines Referats müssen möglichst **anschaulich** werden. Hierfür eignen sich zum Beispiel Bilder oder Skizzen, die Zusammenhänge darstellen; Karten, Videoeinspielungen, aber auch Originalzitate.
- Der **Schlussteil** fasst die wichtigsten Ergebnisse zusammen. Abschließend wird die Bedeutung des Themas für die Zuhörenden unterstrichen.

Vortrag
- Sprecht möglichst **frei** – Vortragen ist nicht Vorlesen!
- Stellt euch eine Vortragsfassung eures Referats auf **Karteikarten** her: wichtige Fakten, einige hervorzuhebende Stichwörter; den Rest ergänzt im Vortrag frei.
- Sprecht **langsam** und **deutlich.** Wiederholungen sind keine verschenkte Zeit, sondern an wichtigen Stellen unerlässlich.
- Plant **Pausen** für Hörerfragen ein.

3.3 Sich einmischen – Reden halten

Die mischen sich ein!

In Monheim am Rhein gründeten Jugendliche ihre eigene Partei. Und wurden prompt in den Stadtrat gewählt. Da können sie jetzt etwas bewegen.

Bevor sie in den Ratssaal gehen, sprechen sie im Fraktionsraum ihre ***Argumentationsstrategie*** *durch. Wer sagt wann was?*

Abstimmung im Ratssaal. Bürgermeister Thomas Dünchheim blickt in die Runde. Vor ihm sitzen vierzig Ratsmitglieder – gestandene Politprofis, erfahrene Stadträte, aufstrebende Nachwuchspolitiker. Und zwei 18-Jährige: Maike Schmidt und Juliane Voigt. „Ja-Stimmen?“, fragt der Bürgermeister. „Nein-Stimmen? Enthaltungen?“ Er zögert. „Enthaltung der Fraktion Peto?“ – „Ja.“ Maike und Juliane halten sich bei der Entscheidung über einen Bebauungsplan zurück.
Seit Oktober 1999 sind die

52 %
der befragten Frauen interessieren sich nicht für Politik

Wie in der Schule: Wer in der Ratssitzung etwas sagen will, hebt die Hand. Aber bitte nicht schnipsen.

26 %
der Befragten glauben, dass Politiker und Politikerinnen sich nicht für die Belange von Jugendlichen interessieren

beiden im Stadtrat von Monheim am Rhein. Eine Kleinstadt mit 42 000 Einwohnern, die zwischen Köln und Düsseldorf liegt. Sie vertreten die Partei Peto – lateinisch für „ich fordere". Bei den Kommunalwahlen gewann ihre Jugendpartei 6,1 Prozent der Stimmen. [...]

Alle zwei Monate kommt der Rat zusammen. In der Zwischenzeit tagen die Fachausschüsse. Während an den Sitzungen alle Kommunalpolitiker teilnehmen, beraten die Ausschüsse in kleiner Runde. „Wir haben überall ein Wort mitzureden", sagt Maike stolz, „Stadtplanung, Umwelt, Bauen und Verkehr, Bildung, Kultur, Sport, Jugendhilfe und beratend im Sozialausschuss."

Tagesordnungspunkt elf der Ratssitzung, Eingabe der Fraktion Peto: Einrichtung eines Schülercafés in Monheim-Baumberg. Der Bürgermeister erteilt Juliane das Wort: „In Baumberg gibt es keine Freizeitangebote für Jugendliche", erläutert sie, „die unter 14-Jährigen gehen in den Jugendklub. Die, die über 18 sind und einen Führerschein haben, fahren woanders hin. Die Lücke dazwischen muss geschlossen werden." Von Nervosität ist kaum etwas zu spüren. Juliane geht nicht nur souverän mit der Lautsprecheranlage um (vor dem Sprechen das rote Knöpfchen drücken!), es stört sie auch nicht, dass Bürger und Journalisten auf der Zuschauertribüne zuhören. Aufmerksam zuhören, wohlgemerkt, denn die Peto-Frauen sind immer noch etwas Besonderes und verursachen im Rathaus Medienrummel. [...]

47 %
der Befragten würden es gut finden, wenn in der Schule mehr Inhalte über Politik vermittelt würden

Das Schülercafé ist nur ein wichtiger Punkt im Parteiprogramm von Peto. In dem 20-seitigen DIN-A5-Heft mit dem offiziellen Untertitel „Fünfjahresprogramm zur Kommunalwahl in Monheim am Rhein 1999 – 2004" findet man viele konkrete Vorschläge: billigere Busfahrten, Schulsanierungen oder längere Öffnungszeiten von Sportplätzen und -hallen. „Wir wollen nicht nur meckern, wir wollen Lösungen bringen", sagt Maike selbstbewusst. Das ist ein Grund, warum die Mädchen nicht den Jusos oder der Jungen Union beigetreten sind: „Die haben eine vorgegebene Meinung." Peto ist ideologiefrei, „wir diskutieren die Sachthemen aus."

Was in ihrem Programm stehen soll, darüber waren sich die Mitglieder schnell einig. „Wir haben miteinander diskutiert und Freunde und Mitschüler gefragt." [...]

Im Dezember 1998 hatten Juliane und ihre Freunde zum ersten Mal darüber geredet, in die Politik zu gehen. „Wir fragten uns, warum die Politiker so wenig für junge Leute tun." Der heutige Parteivorsitzende Daniel Zimmermann brachte es auf den Punkt: „Politik ist so weit weg, weil die alle so alt sind. Wir können besser beurteilen, was Jugendliche wollen."

36 %
aller Bürger sind dafür, dass in der Politik eine Jugendquote eingeführt wird, ähnlich der Frauenquote

***Vor dem Plenum** zu reden müssen Jungpolitiker draufhaben. Für Juliane kein Problem*

1 Äußert euch zu „Peto" und der politischen Arbeit von Maike, Juliane und Daniel.

2 Sich (politisch) einmischen heißt: öffentlich reden. Was steht darüber in dieser Reportage?

3 Mit welchen Themen könnt ihr euch einmischen?

3 Zu welchen Themen möchtet ihr eine Rede halten?

4 Schreibt eine Rede zu einem Thema eurer Wahl (300–500 Wörter).
- Beachtet dabei die „Tipps zum Referieren“ ▶ S. 66
  und die Hinweise zu den „Statements“. ▶ S. 56
- Wie sind die Reden S. 57, 58 ff., 61 aufgebaut?
- Versucht sprachlich, rhetorisch wirkungsvoll zu formulieren. ▶ S. 198

5 Haltet eure vorbereitete Rede erst in einer Kleingruppe, die euch Feedback gibt – um den Auftritt vor der Großgruppe zu erleichtern.

Tipp
Denkt daran: Vortragen ist nicht Vorlesen!
Benutzt Karteikarten mit Stichpunkten oder eine Mind-Map als Gedächtnisstütze.

6 Während eurer Rede machen sich die Zuhörenden Notizen über positive und verbesserungsbedürftige Redeteile.

7 Nehmt eine Rede auf – Kassettengerät, Videokamera – und besprecht sie anschließend. ▶ S. 270

4 Alltag satirisch und kreativ

4.1 Satirische Effekte erproben

Zeichnungen, die menschliche Eigenschaften oder Verhaltensweisen stark übertrieben bzw. verzerrt darstellen und dadurch lächerlich machen, nennt man **Karikaturen.**
Texte, die diese Absicht verfolgen, heißen **Satiren.**

1 Stellt Themen für Karikaturen zusammen und skizziert einige eurer Ideen.

2 a) Überlegt, wie das von euch oder von Marie Marcks karikierte Verhalten in einem satirischen Text dargestellt werden könnte.
b) Formuliert kurze satirische Text zu den Karikaturen.
c) Vergleicht die unterschiedliche Wirkung von Karikatur (Bild) und Satire (Text).

Matthias Kalusch

Mein schöner Schulalltag

Wenn morgens der Wecker klingelt, ist die Freude auf die Schule kaum noch auszuhalten. Man springt schnell aus dem Bett und macht sich für das Frühstück fertig. Es werden ein paar Bissen heruntergeschlungen und dann rennt man so schnell wie möglich zur Bushaltestelle, wo man ungeduldig wartet.

Man hört überall Stimmen: „Ich will in die Schule.“ Und endlich kommt der Bus. Er wird samt Fahrer gestürmt. Im Bus sitzt jeder auf seinem gut gepolsterten Schlafsessel und ist auf das heutige Programm gespannt. Wenn man aber die Schule vor Augen hat und in den modern ausgebauten Busbahnhof einfährt, ist die Spannung an einem Höhepunkt angelangt. Man stürmt an die Kasse, aber glücklicherweise ist der Eintritt frei. Dafür muss man jedoch noch eine halbe Stunde im Vorraum auf die Stars warten. Die Stars haben einen eigenen Parkplatz und kommen durch einen Hintereingang in ihre Garderoben, um sich vor ihren Fans zu retten. Es gibt zwar auch einen Zugang vom Vorraum zu den Garderoben, doch dieser wird von zwei Mitgliedern des Veranstaltungsteams bewacht. Sie haben ein Wachhäuschen, das leider fast nur aus Glas besteht, aber ab und zu lassen die beiden auch mal jemanden zu den Garderoben. Wenn sie Glück haben, können sie sogar ein Autogramm erhaschen.

Die Stars schicken vor ihren Auftritten einen Kollegen in den Vorraum, der soll sich einen Eindruck über die Stimmung der Fans machen. Er geht im Vorraum auf und ab, dabei sieht er sich die wartenden Fans genau an.

Dann werden die Veranstaltungsräume aufgeschlossen. Alle strömen hinein und setzen sich auf ihre reservierten Plätze. Nach fünfminütigem Warten kommt der erste längst erwartete Star. Tosende Fans – ein Riesendurcheinander. Nach weiteren fünf Minuten wird es wieder ruhiger. Hier und da noch ein Zwischenruf.

Viele, aber nicht alle, haben ihrem Star ein Geschenk in Form von schriftlichen Arbeiten mitgebracht. Ein Auftritt dauert 45 Minuten, aber manchmal bleibt ein Star infolge der vielen „Zugabe“-Rufe noch fünf bis zehn Minuten länger. Zwischen den Auftritten sind Pausen, in denen man sich mit Erfrischungen versorgen kann. An einem Tag finden sechs bis sieben Auftritte statt. Vor einiger Zeit hat der Veranstalter die Veranstaltung wegen … frühzeitig abgebrochen …

1 Sicher wollt ihr dem Autor an einigen Stellen widersprechen.
Begründet eure Auffassung.

2 Äußert euch zu der Absicht (Intention), die der Autor mit dieser Art der Darstellung verfolgt.

3 Untersucht, welche inhaltlichen und sprachlichen Mittel diesen Text zu einer **Satire** machen. ▶ S. 75

4 Schreibt den „Schönen Schulalltag“ weiter.

Kirstin Therstappen (Klasse 10)

Familienfeier

Muss das denn schon wieder sein? Mit Augen, die wohl um die ganze Welt rollen sollen, stehen mein Bruder und ich vor dem Wohnzimmer. „Sind sie nicht süß?", kreischt meine Oma Berta und von allen Seiten bekommen wir Geld zugesteckt für „die schlechten Zeiten", die für uns allerdings nur dann anbrechen, wenn wir wieder einmal zum Familientreffen müssen. Mehr als einmal kneift Tante Maria uns in die Backe, wohl um sicherzugehen, dass wir real sind.
Wenn dann das begrüßende Umarmen, das im Falle unserer beleibten Verwandtschaft eher an einen Ringkampf erinnert, überstanden ist, quetschen sich alle fünfzehn Personen um Oma Bertas kleines Sofa im Wohnzimmer. Das Schlimmste ist das liebliche Grinsen, welches alle Beteiligten über Stunden aufgesetzt haben; das lässt mich immer an die Models in einer Eiswerbung denken. Nur Opa Heinrich ist ein bisschen aus der Übung. Aber wer verübelt schon einem alten Mann, der höchstens noch drei Zähne im Mund hat, dass ihm die Freude am Lachen vergangen ist!?
Nach Opa Heinrichs zweistündigen Kriegsberichten wird die Fanfare zur Eröffnung des Büfetts geblasen. Dabei stürzen sich alle auf Oma Bertas kleinen Esstisch, auf dem im Fett schwimmende Bratenstücke, verschrumpelter Brokkoliauflauf und zerlaufenes Eis dargeboten werden. Nach dem Essen kommt ein für meinen Bruder und mich eher angenehmer Teil des Tages, der Verdauungsspaziergang – wie ihn mein Onkel Eduard nennt. Das Angenehme daran ist, dass man nicht von irgendeinem uralten Parfümgeruch verfolgt wird, dass man ansatzweise Kontakt zur Zivilisation hat und dass man von den mitleidigen Blicken der Passanten aufgebaut wird. Wenn man sich all diesen Prozeduren unterzogen hat, kommt das Kaffeetrinken an die Reihe.
Den Sinn dieses unnützen Herumsitzens haben wir zu ergründen versucht. Wir haben die Sache regelrecht studiert. Dabei haben wir festgestellt, dass diese Frage schwerer zu klären ist als die nach dem Sinn des Lebens. Es könnte dazu dienen, seine sinnliche Schmerzgrenze zu erproben, indem man sich tonnenweise Sahne auf ein winziges Stückchen Ananastorte wirft oder versucht eine ganze Donauwelle ohne Zähne hinunterzuwürgen. Dann und wann fällt es meinem Vater auch noch ein, die Urlaubsdias zu zeigen, was für meinen Bruder und mich die absolute Hölle bedeutet und uns peinlicher ist, als nackt über die Kö[1] zu rennen.
Nachdem man all diese Foltern hat über sich ergehen lassen, muss man noch einmal in den Ring, um sich vom einen zum anderen Verwandten bis zur Türe durchzucatchen. Auf Sprüche wie „Kommt uns doch bald wieder besuchen" lächeln wir höflich und verlassen scheinbar traurig die Wohnung. Fällt jemandem dabei so etwas wie „Wollt ihr nicht doch noch eine Nacht hier bleiben?" ein, dann hilft nur noch ein simulierter[2] Magen-Darm-Virus.

1 **Kö:** Prachtstraße in Düsseldorf
2 **simuliert:** vorgetäuscht

„Dem Satiriker ist es verhasst, erwachsenen Menschen Zucker in die Augen und auf die Windeln zu streuen. Dann schon lieber Pfeffer! Es ist ihm ein Herzensbedürfnis, an den Fehlern, Schwächen und Lastern der Menschen Kritik zu üben."
Erich Kästner

„Die Satire muss übertreiben und ist ihrem tiefsten Wesen nach ungerecht. Sie bläst die Wahrheit auf, damit sie deutlicher wird."
Kurt Tucholsky

5 a) Wo streut Kirstin Therstappen „Pfeffer in die Augen" (E. Kästner)?
b) Wer könnte sich davon besonders provoziert fühlen?
c) Gibt es satirische Äußerungen, die manche für „ungerecht" (K. Tucholsky) halten könnten?

6 a) Worin besteht die satirische Wirkung der folgenden Formulierungen?

> an einen Ringkampf erinnert (Z. 13f.)
>
> Fanfare zur Eröffnung des Büfetts. (Z. 24)
>
> tonnenweise Sahne (Z. 47f.)

b) Findet weitere Beispiele dieser Art.

7 Schreibt selbst Familiensatiren.
Mit welchen Vergleichssituationen wollt ihr arbeiten (Ringkampf, …)?
- belagertes Badezimmer morgens um halb sieben
- Streit um das richtige Programm abends vor dem Fernseher
- …

Kerstin Osthold (Klasse 10)

Laber geht zu einer Fete

Samstag, na ja, eigentlich wollte ich nicht auf die Party gehen, also, ist ja auch egal, auf jeden Fall hab ich dann meine Freundin abgeholt, die hat so braune Haare, heute hatte die 'ne blaue Jeans an und so; also, ich hab die dann abgeholt, und wir sind zusammen zu der Party, da an der Langestraße ist das, glaube ich, wir sind dann da hingegangen und haben geklingelt, aber die Klingel war so komisch, die hat immer so gesirrt, wenn man draufgedrückt hat, ich glaube, die müssen die mal reparieren lassen; na ja, der Typ, der da an der Langestraße die Party gegeben hat, hat dann die Tür aufgemacht und ich weiß nicht, der sah an dem Abend sowieso schon so zu aus, der hat dann also gesagt: „Wer seid ihr denn?" Wir haben uns dann total geärgert, wir wussten ja auch gar nicht, was das sollte, von wegen, wer seid ihr denn?
Auf jeden Fall haben wir uns total geärgert und sind wieder gegangen.

8 Über welche Verhaltensweisen will sich Kerstin O. wohl lustig machen?

9 a) Wie hat die Schülerin ihre Satire sprachlich gestaltet?
b) Beurteilt den Text im Hinblick auf Stärken und Schwächen.

10 Sammelt Floskeln und Redewendungen, die ihr öfters zu hören bekommt und die für euch eher nichts sagend sind. Nutzt eure Sammlung, um eigene „Laber"-Texte zu schreiben.

11 Schreibt eine eigene Satire zum Thema „Fete".

Parodien entwickeln

Um satirische Effekte zu erzielen, kann man auch vorhandene Texte **parodieren.**
Man ahmt bestimmte Merkmale eines Textes nach, übertreibt sie aber oder füllt sie mit einem anderen Inhalt, sodass die Vorlage zwar erkennbar bleibt, der neue Text jedoch eine andere Aussage erhält.

Liebe.doc – Ein Spiel mit Edelkitsch

Längst waren alle ❧ Erinnerungen an die ❧ Enttäuschungen der letzten Monate verblasst. Draußen hatte die ❧ Sonne schon vor geraumer Zeit die ❧ Wolken durchdrungen und ihre ❧ Strahlen warfen ein ❧ Licht in den ❧ Raum. Er stand ❧ da mit seinen ❧ Augen und sie konnte nicht sprechen. Sie streckte nur die ❧ Hand aus und ließ sich von ihm ❧ an seine ❧ Brust ziehen. In ihren ❧ Augen lag eine ❧ Glut, wie er sie nie an ihr gesehen hatte. Bei dem ❧ Gefühl, das sie jetzt ❧ durchströmte, funkelten die ❧ Tränen in ihren Augen wie ❧ Edelsteine und ihre ❧ Stimme hauchte ❧: „Willst du mir ein Geheimnis sagen?“

1 In trivialen Liebesromanen sind Nomen oft von klischeehaften Adjektivattributen begleitet.
Setzt die folgende Liste fort:
unaussprechlich, bitter, dunkel, feurig, süß …
Ihr könnt die Adjektive auch steigern oder verstärken („kandiszuckersüß“).

2 Parodiert „Liebe.doc“ durch „geeignete“ Einfügungen.

3 Besorgt euch triviale (Liebes-)Romane und parodiert sie.

Hanns von Gumppenberg
Sommermädchenküssetauschelächelbeichte

An der Murmelrieselplauderplätscherquelle
saß ich sehnsuchtstränentröpfeltrauerbang:
Trat herzu ein Augenblinzeljunggeselle
in verwegnem Hüfteschwingeschlendergang,
zog mit Schäkerehrfurchtsbittegrußverbeugung
seinen Federbaumelriesenkrempenhut –
gleich verspürt' ich Liebeszauberkeimeneigung,
war ihm zitterjubelschauderherzensgut!
[…]

4 Beschreibt das sprachliche Verfahren dieses satirischen Gedichts.

5 Verfasst nach dem Vorbild Hanns von Gumppenbergs selbst kurze Gedichte, in denen ihr etwa Artikel zum Thema „Liebe“ in Jugendzeitschriften parodiert.
- Sammelt zunächst typisches sprachliches Material aus solchen Artikeln.
- Skizziert den Handlungsablauf einer typischen Liebesgeschichte und bildet aus eurem Sprachmaterial passende Wörter nach Art der „Sommermädchenküssetauschelächelbeichte“.

Tipp Achtet darauf, dass ihr einen bestimmten Rhythmus erzielt.
Reimen muss es sich nicht unbedingt.

Christine Busta

Wo holt sich die Erde die himmlischen Kleider?

Wo holt sich die Erde die himmlischen Kleider?
Beim Wettermacher, beim Wolkenschneider.
Sie braucht keine eitlen Samte und Seiden,
sie nimmt, was er hat, und trägt froh und bescheiden
das Regenschwere, das Flockenleichte,
das Schattenscheckige, Sonngebleichte,
das Mondgewobne und Sternbestickte,
das Windzerrissene, Laubgeflickte,
das Gockelrote, das Igelgraue,
das Ährengelbe, das Pflaumenblaue,
das Gräserkühle, das Nesselheiße,
das Hasenbraune, das Schwanenweiße –
und schlendert die Jahre hinauf und hinunter:
je schlichter, je lieber, je schöner, je bunter.

Christian Holmok (Klasse 10)

Wo holen sich Lehrer die peinlichen Kleider?

Wo holen sich Lehrer die peinlichen Kleider?
Beim Rettungsdienst, beim Zelteverleiher?
Sie brauchen Geschmack nicht und keinen Stil,
sie nehmen …
das Rotgewestete, das Entenbestickte,
…
das Birkengestöckte, das Hemdgeblümte,
…
das Blaugetropfte, das Rollkragenverengte,
…
…
…
und schlendern die Gänge hinauf und hinunter,
je peinlich-krasser, je …

6 a) Wie ist Christian Holmok bei seiner Parodie des Gedichts von Christine Busta vorgegangen?
b) Ergänzt das Parodiegedicht.

7 Schreibt selbst eine Parodie zu Christine Bustas Gedicht.
Beschreibt darin z. B., wie jemand vor kurzem bei einer Fete aufgetaucht ist.
Übernehmt so viele Bestandteile wie möglich aus Ch. Bustas Gedicht.

Tipps

Noch mehr Ideen für Satiren und Parodien:
- Märchen
- Stellenanzeige/Bewerbungsschreiben
- Das perfekte Handy
- Nehmt besondere Zeitungsschlagzeilen zum Anlass für eine Satire.

Überarbeitet eure Texte, z. B. in einer **Schreibkonferenz.** ▶ S. 275

Tipps für Satiriker/-innen

- Ziel ist die **Kritik** einer Sache, eines Verhaltens.
- Aber bitte nicht bierernst, sondern **witzig!**
- Von milde spottend über ätzend und aggressiv bis zynisch – je nach Anlass.
- Mit welcher entlarvenden Situation lässt sich die Sache am besten **vergleichen**?
- Übertreibe!
- Untertreibe!
- Wiederhole!
- Deute nur an!
- Erfinde Wortwitze, Namen, Bilder, Vergleiche!

4.2 Literarische Satiren

1 Was erwartet ihr nach dem Titel „Einhüten"?

Fanny Müller

Einhüten

Meine Schwester hat ihre Kur bewilligt bekommen und ruft an: Ob ich für vierzehn Tage bei ihr einhüten könne. Die beiden Jüngsten, die noch zur Schule gehen, bräuchten eine Aufsicht.

Ich treffe am Nachmittag ein. Die sechzehnjährige Aggi öffnet mir mit verheulten Augen die Tür. Sie ist abends zu einer Klassenfete eingeladen. Sie hat einen Pickel. Sie möchte tot sein. Die Problematik ist mir noch dunkel in Erinnerung. Mir fällt ein, dass ich auf keinen Fall „Das macht doch nichts, die anderen haben auch Pickel" sagen darf. Mit Stecknadel, Wattebausch, reinem Alkohol und Abdeckstift kriege ich die Sache einigermaßen hin. Keiner wird den Pickel sehen. Auf den Partys zu meiner Zeit war die Beleuchtung eher schummrig. Ich nehme an, dass dies eine der wenigen Traditionen ist, die bis heute überlebt haben. Während ich oben in meinem Zimmer auspacke, wird sie mir einen Tee kochen. Mir fällt der letzte Tee ein, den sie zubereitet hat. „Zwei Minuten ziehen lassen, Aggi. Nicht zwanzig!" „Alles klar, Tantchen." Unten knallt die Haustür. Das ist die dreizehnjährige Lisa, die von der Nachhilfe kommt. Ich höre eine Tasche auf den Fußboden plumpsen. Danach fällt noch irgendetwas hin.

Auf meinem Bett liegt ein Zettel meiner Schwester. Sie hat den Kindern die Order gegeben, heute ihre Zimmer aufzuräumen. Ich werfe einen Blick nach nebenan. Nun ja. Ich habe schon in Wohngemeinschaften gelebt, wo es ähnlich aussah. Allerdings bin ich dort wegen der Seuchengefahr immer ziemlich schnell ausgezogen. Lisa kommt nach oben gestürmt, verpasst mir einen flüchtigen Kuss und inspiziert meinen offenen Koffer. „Tantchen! Super! Trägst du diese Boots überhaupt noch?“ Ich bejahe diese Frage energisch. Zu viele mir lieb gewordene Kleidungsstücke sind schon in den Kleiderschrank meiner Nichten gewandert. Oder exakter gesagt, liegen in zerknülltem Zustand irgendwo unter, neben oder hinter ihren Betten.

Aggi ruft zum Tee. Im Flur steige ich über Lisas Schulmappe und über einen Stapel Computerzeitschriften. Lisa vertritt das männliche Prinzip in der Familie. Sie liest keine Bücher, sie liest Fachzeitschriften. Der Tee ist ganz in Ordnung, er hat sicher nicht länger als acht Minuten gezogen. Lisa berichtet aus der Schule. Die Biolehrerin ist voll genial und der Mathelehrer ist voll blöd.

Aggi sieht auf ihre Armbanduhr und springt auf. Um Gottes willen, sie muss sich für die Fete fertig machen. Es ist fünf Uhr. Sie wird um acht abgeholt. Ich stelle das Geschirr in die Spülmaschine, schalte sie ein und gehe nach oben, um meine Sachen einzuräumen. Lisa tackert in ihrem Zimmer auf dem PC; dazu ertönt Musik, wenn man das als Musik bezeichnen möchte. Immerhin bin ich mit den Beatles aufgewachsen. Ich gehe wieder nach unten und fange an, das Abendbrot vorzubereiten. Um sieben erscheint Aggi in der Küche, nachdem sie zwei Stunden das Badezimmer blockiert hat. Sie trägt ein ehemals weißes Männerunterhemd mit kurzen Ärmeln, darüber ein Sommerkleid mit Spaghettiträgern, das aussieht, als hätte es hundert Jahre ganz unten in einem Koffer gelegen. Darunter abenteuerlich gemusterte Strumpfhosen, die sich in den Farben mit dem Kleid beißen. An den Füßen Stiefel, die ich allenfalls zu einer Bergwanderung anziehen würde. „Schick“, sage ich matt, eingedenk der Tatsache, dass ich in dem Alter auch nicht jung und frisch, sondern bleich und verworfen aussehen wollte. „Schick??“, schreit sie auf, „ich sehe schick aus?? Das ist ja grauenhaft!!“ Ich besinne mich: „Ich meine, äh, groovy, oder so ...“ Sie ist aber schon in ihrem Zimmer verschwunden, dann klappert die Badezimmertür. Eine halbe Stunde später erscheint sie wieder.

Inzwischen sitzt auch eine hungrige Lisa am Küchentisch. Meines Erachtens sieht Aggi genauso aus wie vorher, nein, sie hat andere Strümpfe angezogen, diesmal mit Laufmaschen, und im Unterhemd sind ein paar Risse, die vorher nicht da waren. Lisa nimmt mir die Beurteilung ab: „Klasse! Du siehst voll scheiße aus!“ Das finde ich auch, begreife aber, dass es sich um ein Kompliment handelt. Trotz meines Hinweises, dass so was gut für den Teint ist, stochern beide nur im Salat und machen sich dann lieber Brote mit Nutella. Ich vermute, dass Clearasil und Nutella sich gegenseitig sponsern. Wenn es nicht sowieso *eine* Firma ist.

Aggi wird gegen acht von zwei Klassenkameradinnen abgeholt, die ihr in puncto „scheiße angezogen“ das Wasser reichen können, und wirft mir ein „Um zwölf bin ich wieder da, Tantchen“ zu (sie kommt um drei). Nachdem ich den Geschirrspüler ausgeräumt habe, spiele ich mit Lisa Mini-Rummy im Wohnzimmer. Ich hatte es abgelehnt, mir Videoclips mit „voll geilen Gruppen“ anzusehen.

Sie schlägt mich bei jedem Spiel, was sie wieder in gute Laune versetzt. Da fallen mir ihre Schularbeiten ein. Schularbeiten? Die macht sie morgen früh. „Morgen früh?“ „Im Bus.“ In den nächsten Tagen muss ich hier wohl einige Linien ziehen. Morgen werde ich ihnen als Erstes „Tantchen“ abgewöhnen.

2 a) Beschreibt Aggi und Lisa.
b) Sieht die Tante ihre Nichten richtig? Wo würdet ihr widersprechen?

3 Erklärt in einem kurzen Vortrag, warum „Einhüten“ von Fanny Müller eine Satire ist. ▶ S. 75

4 Schreibt „Einhüten“ als Satire über zwei **Neffen.**

Ulla Lessmann

Sprachaufnahme, automatisch

So, das rote Lämpchen ist an.
Also: „Guten Tag, hier ist der automatische Anrufbeantworter von ..."
Hm. Und wenn jemand abends anruft?
Also, noch mal.
„Hier ist leider der automatische ..."
Gibt es eigentlich unautomatische Anrufbeantworter? Sekretärinnen. Aber das sind Anrufbeantworterinnen. Und „leider"? Zu unsachlich. Ich bin nicht da. Basta. Kann jeder wissen, ich stehe dazu.
„Hier ist die Anrufbeantworterin von Köln 77 79 99. Bitte ..."
Keine Namen, hat Ilse gesagt. Dann bekommst du gleich diese schrecklichen Anrufe. Wieso eigentlich? Die Stimme ist weiblich, auch ohne Namen. Aber bitte. Ilse hat schon ewig so ein Ding.
Nun: „Hier ist die automatische Anrufbeantworterin von Köln 77 79 99. Bitte sprechen Sie mir nach dem Pfeifton eine Meldung ..."
Blöde, das klingt blöde. „Bitte sprechen Sie." Wie bei der Vermittlung von Ferngesprächen in alten Filmen. Und „Meldung"! Das geht nicht. „Bitte melden Sie." Wir sind doch nicht beim Militär oder auf hoher See. Obwohl angeblich dieser ganze Kram aus der Weltraumforschung kommt. Wo war ich?
Also ab: „Bitte hinterlassen Sie mir nach dem Pfeifton ..."
Warum muss ich das sagen? Jeder, wirklich jeder weiß doch, dass es erst mal piept. Aber das musst du sagen, sagt Ilse, sonst quatschen die Leute los und du hast nur die Hälfte drauf. „Piepton", sagt Ilse auf ihrem. Wie im Kindergarten. Ich sage „Pfeifton". Oder lieber nur „Ton"? Oder „nach dem Pfeifen"? „Bitte hinterlassen Sie nach dem Pfeifen?" Hm.
Nun aber: „... nach dem Pfeifton eine Nachricht. Ich rufe dann sofort zurück."
Irgendwie ist das auch nichts. Sofort zurückrufen tue ich selbstverständlich nicht, sonst wäre ich ja da. Man soll keine falschen Erwartungen wecken. „So bald wie möglich."
Hm, nicht schlecht.
„Bitte pfeifen Sie so bald wie möglich nach dem Ton eine ..."
Oje. Zurück. Ich brauche ja sowieso erst neu ab „Nachricht".
Nun denn: „Ich rufe nach dem Pfeifton so bald wie möglich zurück."
Schiet. Ruhe bewahren. „Bitte rufen Sie dann so bald wie möglich nach dem Piepton zurück ..."
Ich fange einfach noch mal ganz natürlich, völlig locker von vorne an. So abgehackte Stücksätze, das geht eben nicht. Das läuft nicht rund.
„Guten Morgen. Hier ist die automatische Sekretärin von Ilses Freundin in Köln 99 97 77. Bitte piepsen Sie uns Ihre Hinterlassenschaft nach dem Rückruf. Wir pfeifen Sie so bald wie möglich zurück."

1 Tauscht euch über eure Erfahrungen mit Anrufbeantwortern aus.

2 Was kritisiert U. Lessmann?

3 Benennt, was „Sprachaufnahme, automatisch" zu einer Satire macht. ▶ S. 75

4 Setzt den Text szenisch um.

Ephraim Kishon

Parkplatz gesucht

Eines Morgens erwachte ich in New York mit Zahnschmerzen. Mit ganz gewöhnlichen, ungemein schmerzhaften Zahnschmerzen. Irgendetwas in meinem linken Unterkiefer war nicht in Ordnung, schwoll an und schmerzte.

Ich fragte Tante Trude, ob es hier in der Gegend einen guten Zahnarzt gäbe. Tante Trude kannte ihrer drei, alle in nächster Nähe, was in New York ungefähr so viel bedeutet wie 25 Kilometer Luftlinie.

Ich wollte wissen, welcher von den drei Zahnärzten der beste sei. Tante Trude sann lange vor sich hin:

„Das hängt davon ab. Der erste hat seine Ordination[1] in der Wall Street. Dort wimmelt es von Zeitungsreportern, und wenn jemand einen Parkplatz findet, wird er sofort von ihnen interviewt. Ich weiß nicht, ob du das mit deinen Zahnschmerzen riskieren willst. Der zweite hat eine direkte Autobusverbindung von seinem Haus zum nächsten bewachten Parkplatz, aber er ist kein sehr angenehmer Arzt. Ich würde dir zu Dr. Blumenfeld raten. Er wohnt in einem ähnlichen Cottage[2]-Viertel wie wir und hebt in seinen Annoncen immer hervor, dass man dort manchmal in einer nicht allzu weit entfernten Seitenstraße Platz zum Parken findet." Das war entscheidend. Und mein Unterkiefer war um diese Zeit schon so angeschwollen, dass es keine Zeit mehr zu verlieren gab.

Ich nahm Onkel Harrys Wagen und sauste los.

Es dauerte nicht lange, bis ich Dr. Blumenfelds Haus gefunden hatte. Auch die im Inserat angekündigten Seitenstraßen waren da, nicht aber der im Inserat angekündigte Platz zum Parken. An beiden Straßenseiten standen die geparkten Wagen so dicht hintereinander, dass nicht einmal die berühmte Stecknadel hätte zu Boden fallen können; sie wäre auf den fugenlos aneinander gereihten Stoßstangen liegen geblieben. Eine Zeit lang kreuzte ich durch die Gegend wie ein von seiner Flugbahn abgekommener Satellit.

Dann geschah ein Wunder. Ich sah es mit meinen eigenen Augen. Das heißt: Ich sah ein Wunder im Anfangsstadium. Ich sah einen amerikanischen Bürger, der sich an der Türe eines geparkten Wagens zu schaffen machte.

Schon hielt ich an seiner Seite:

„Fahren Sie weg?"

„Ob ich – was? Ob ich wegfahre?" Er wollte seinen Ohren nicht trauen. „Herr, ich habe auf diesen Parkplatz zwei Jahre lang gewartet und habe ihn erst im vorigen Herbst erobert. Damals nach dem Hurrikan, der alle hier geparkten Wagen weggefegt hat ..."

Jetzt fiel mir auf, dass das Dach seines Wagens, genau wie das der anderen, mit einer dicken Staubschicht bedeckt war. Da gab es also nichts zu hoffen.

Wo ich denn möglicherweise einen Parkplatz finden könnte, fragte ich.

Die Antwort, nach längerem Nachdenken und Hinterkopfkratzen erteilt, verhieß wenig Gutes: „Einen Parkplatz finden ... Sie meinen einen *freien* Parkplatz? In Texas soll es angeblich noch einige geben. Vergessen Sie nicht, dass sich die Zahl der Autos in Amerika jedes Jahr um ungefähr fünfzehn Millionen vermehrt. Und die Länge der Autos jedes Jahr um ungefähr zehn Inches. Der letzte Gallup-Poll[3] hat ergeben, dass dreiundachtzig Prozent der Bevölkerung das Parkproblem für die gefährlichste Bedrohung ihres Lebens halten. Nur elf Prozent dagegen haben Angst vor dem Atomkrieg."

Mit diesen Worten zog er einen Roller aus dem Fond des Wagens, stieg mit einem Fuß darauf und ließ den Wagen unverschlossen stehen.

„He! Sie haben nicht abgesperrt!", rief ich ihm nach.

„Wozu?", rief er zurück. „Niemand stiehlt mehr ein Auto. Wo sollte er es denn parken?"

Mein Zahn trieb mich weiter. Aber es war ganz offenbar sinnlos. Wohin man blickte, stand geparktes Auto an geparktem Auto, und wo kein Auto stand, stand ein Pfosten mit einer Tafel und auf der Tafel stand die Inschrift: „Von Anfang Juli bis Ende Juni Parken verboten"; oder „Park-

1 **Ordination:** Praxis
2 **Cottage:** Landhaus
3 **Gallup-Poll:** Meinungsumfrage

verbot von 0 bis 24 Uhr, Sonn- und Feiertag von 24 bis 0 Uhr.“ War aber irgendwo kein Wagen und keine Tafel zu sehen, so stand dort todsicher ein Feuerhydrant, dem man in Amerika unter Androhung schwerster Geld- und Freiheitsstrafen nicht in die Nähe kommen darf, nicht einmal wenn es brennt.

In einer schon etwas weiter entfernten Straße fand ich eine Affiche[4], aus der hervorging, dass hier am 7. August zwischen 3 und 4 Uhr nachmittags geparkt werden durfte. Ich erwog ernsthaft, so lange zu warten, aber mein Zahn war dagegen. Endlich schien mir das Glück zu lächeln. Vor einem großen Gebäude sah ich einen leeren, deutlich für Parkzwecke reservierten Raum mit der deutlichen Aufschrift: „Kostenloses Parken für unsere Kunden“. Rasch wie der Blitz hatte ich meinen Wagen abgestellt, stieg aus, fand mich im nächsten Augenblick von hinten an beiden Schultern gepackt und im übernächsten auf einen Stuhl gedrückt, der im Büro einer Versicherungsgesellschaft stand.

„Guten Morgen, mein Herr“, begrüßte mich der Mann hinterm Schreibtisch. „Wie lange?“

„Ungefähr eineinhalb Stunden.“

Der Versicherungsagent blätterte in seiner Tarifliste:

„Das Minimum für neunzig Minuten ist eine Feuer- und Hagelversicherung auf 10 000 Dollar.“

Ich erklärte ihm, dass der Wagen bereits versichert war.

„Das sagen alle. Darauf können wir keine Rücksicht nehmen.“

„Und ich kann keine Versicherung auf 10 000 Dollar nehmen.“

„Dann müssen Sie eben wegfahren.“

„Dann werde ich eben wegfahren.“

[...]

4 **Affiche:** Hinweistafel

1 Nach welchem Kriterium wird hier der Zahnarzt ausgewählt?

2 Markiert auf einer Folie satirische Stilmittel, die euch in diesem Text gefallen. ▶ S. 75

3 Überlegt euch, wie diese Satire weitergehen könnte. ▶ S. 261

4.3 Comedy total

Comedy Queen

Anke Engelke

Jeder kennt sie, fast jeder mag sie. Laut Forsa-Umfrage vom Oktober 1999 ist die 34-Jährige Deutschlands prominenteste Fernsehkomikerin.
In „Anke – die Comedy-Serie“ spielt die Kölnerin die charmant-witzige Moderatorin einer fiktiven Daily-Talkshow. Die Serie spielt zum größten Teil hinter den Kulissen. Der Zuschauer erlebt also richtig doofe Praktikantinnen und aufgeblasene Redaktionsleiter, die am liebsten doofe Praktikantinnen anmachen. Dazwischen der Exfreund der Moderatorin und das gesamte restliche Privatleben der kompletten Crew ...

eurogay traf Anke Engelke bei der Präsentation ihrer neuen Serie in Hamburg und fragte sie zu ***Dingen von A bis Z:***

A wie **der Antrieb, jeden Morgen aufzustehen:**
Mein Kind.

B wie **Bundeswehr:**
Muss ich nicht hin. Sonst hätte ich verweigert.

C wie **Comedy-Queen:**
Bin ich angeblich. Aber ich finde Gaby Köster, Sissi Perlinger, Popette Betancor und 20 andere Frauen auch sehr lustig.

1 Setzt das alphabetische Frage-Antwort-Spiel fort.

2 a) www.eurogay.de/artikel/promi–engelke.htm/
Gestaltet ein Porträt/einen „Steckbrief“ der Comedy Queen A. E.
b) Was passt am besten zu Person und Anlass?

3 a) Comedy Queen – „Komödien-Königin“
Ist das dasselbe?
b) Diskutiert auch über die anderen Anglizismen/Amerikanismen in diesem Text. Welche fallen euch noch ein?

▶ S. 177 ff.
278

HIER KOMMT DER RAAB

Eine kritische Selbsteinschätzung von Stefan

Aha, Entertainer also.

Auf Kindergitarren spielen und keine Noten lesen können, aber warum eigentlich nicht?
Kann Stevie Wonder etwa Noten lesen oder Ray Charles oder Andrea Bocelli? Hauptsache, man hört gut, das wusste schon Beethoven.
Aber solange man noch laufen kann, steht einer Entertainerkarriere nichts im Weg.
Okay, Abitur ist schon recht ungewöhnlich im Showgeschäft und eigentlich eher ein Makel.

Umso mehr adelt es, wenn jemand sich durch eine „sehr gut" abgeschlossene Metzgerlehre eindeutig von den minder gebildeten Kollegen absetzt. Ein abgebrochenes Jurastudium gehört dazu, um in dieser harten Branche als Nicht-Kokser was herzumachen. Jedenfalls reicht's, um ein Musikstudio zu betreiben und durch Produktion von Werbejingles von der Hand in den Mund zu leben.

Fast verhungert traf ich einen Mann vom Fernsehen, der sagte: „Du siehst schlecht aus. Willst du 'ne Sendung moderieren?" Ich sagte „Ja", denn ich hatte Hunger und hätte für ein trockenes Brötchen alles getan, sogar das.

So kam ich zu Viva und dann ging's los ...

4 a) Welche Voraussetzungen nennt Stefan Raab für einen Entertainer, fürs Showgeschäft?
b) Was beabsichtigt S. Raab wohl mit dieser „kritischen Selbsteinschätzung"?

5 Tauscht euch über Stefan Raab und seine Fernsehauftritte aus.
Was gefällt euch? Was kritisiert ihr?

▶ S. 31 ff.

Auf Witz komm raus

**Lernziel Gag:
In der Köln Comedy Schule büffeln Nachwuchskomiker für die ernsteste Sache der Welt – den Lacherfolg beim Publikum**

Von Axel Wolfsgruber

Als Blödel berühmt werden und Geld verdienen, diesen Traum haben viele. Auch die derzeit zwölf Eleven der Köln Comedy Schule, die so etwas wie die Eliteschmiede für künftige Spaßmacher sein will.

Im Keller des Theaters Kaiserhof, nur wenige Schritte neben dem „Mandarin", üben sich die Schüler seit Stunden in Stimmtechnik. „Malabim, malabom, malabum", plagt sich Oliver Materlik mit Betonung auf der dritten Silbe. Er schwingt die Arme und wippt rhythmisch auf den Zehenspitzen. „Malabim, malabom, malabum." [...]

Ober Li von nebenan würde staunen: Spaß ist eine ernste Sache. Vor allem für Oliver Materlik. Seinen Job als Müllentsorger hat er vor einem halben Jahr geschmissen. Weil es ihm ernst war mit der Komik. Sein Erspartes, von dem er seine Frau Sandra, seinen sechs Monate alten Sohn Niklas und sich ernähren muss, reicht noch bis März. Die Gattin steht zwar voll hinter ihm, aber komisch ist seine Lebenslage trotzdem nicht. Sollte es nicht klappen, sollte er nicht groß rauskommen, müsste

Oliver zu Schutt und Asche zurück, Abfall entsorgen. Nein, dann lieber volles Risiko. Ein Doppelleben, tagsüber Müll abholen, abends lustig sein, kommt nicht in Frage. „Ich habe den Drang, mich darzustellen“, sagt er. Und: Er sei einfach glücklich, wenn andere über ihn lachen. Er bestätigt sich selbst mit einem kehligen „Jaa-Jaa-Jaaa“. [...]

Die nächste Prüfung wartet schon: 20 Berufe aus dem Filmgewerbe hat Lehrerin Anka Zink, der „rheinische Satansbraten“ aus der „7 Tage – 7 Köpfe“-TV-Show, auf das Flipchart geschrieben – darunter auch Regisseur und Schauspieler, zwei Charaktere für den Sketsch, den die Schüler am Ende dieses Workshops vor Publikum spielen müssen. Noch gibt es nicht einen Gag und in zwei Tagen wollen die Zuschauer im so genannten Showcase zum Lachen gebracht werden. [...]

Drei Stunden zieht sich das zähe Witz-kommraus hin. Nichts als die Wiederholung der Wiederholung. Schluss mit lustig. Das nervt. Am Ende ist die Szene nicht mal eine Minute lang. Witz ist Strapaze. [...]

Der Humor-Industrie ist das ziemlich gleichgültig: Fernsehsender brauchen Lachsalven. Immer die gleichen Gesichter auf der Mattscheibe sind auf Dauer der Quotentod. Nichts wünschen sich die TV-Produzenten sehnlicher als neue „funny faces“. Die begehrte Zielgruppe, die 14- bis 29-Jährigen, findet Didi Hallervorden, Loriot und Otto Waalkes, die Gründerväter des Gegackers, schon lange nicht mehr gagig. Und auch die zweite Generation mit Ingo Appelt, Rüdiger Hoffmann und Michael Mittermeier wird irgendwann abgesendet sein. Also setzen die Spaßshows auf preiswerten Nachwuchs.

Doch wie soll sie sein, die dritte Generation? „Na, witzig natürlich“, doziert der 48-jährige Kölner Schulleiter Winfried Gahlen wenig erhellend und erklärt dann: „Witz ist, wenn ich lache.“ [...]

Schön seicht muss der Spaß sein. Wozu brauchen wir den galligen Humor politischer Kabarettisten, wenn uns der arbeitslose „Big Brother“-Knasti Zlatko Trpkovski, spaßeshalber „the brain“ genannt, mit ungespielter Gemütseinfalt à la „Wer ist Shakespeare?“ amüsiert? Wozu, wenn Stefan Raab uns die ostdeutsche Hausfrau Regina Zindler mit ihrem „Maschendrooahtzauun“ zum Niederbrüllen vorsetzt?

6 a) In der „Köln Comedy Schule“ büffeln – käme das für euch in Frage?
b) Haltet ihr solche Institute für sinnvoll?
Tauscht euch darüber aus.

7 Die Zielgruppe der Spaßshows: die 14- bis 29-Jährigen.
Gehört ihr dazu oder nicht?
Diskutiert darüber!

▶ S. 31 ff.

Tipp

Produziert eine **Late Morning Show** mit Comedy-Effekten:

- Präsentiert witzige und ironische Texte.
- Imitiert ein Interview mit einem (Comedy-)Star.
- Kommentiert ein aktuelles öffentliches Thema in satirischer Form.
- Führt neue Begriffe aus dem „Weichei-Vokabular“ beim Publikum ein:
  Moorhuhn-Beschützer, Beim-Melden-mit-dem-Finger-Schnipper ...
- Setzt Szenen aus beliebten TV-Sendungen in Standbilder um.
  Präsentiert und kommentiert sie originell.
- News flash
  Nehmt Szenen aus bekannten Fernsehsendungen auf und stattet sie mit eigenen Texten und Dialogen aus.

5 Seifenopern – wie im richtigen Leben?

5.1 Liebe, Lüge und Intrigen

1 a) Welche der abgebildeten Serien kennt ihr?
b) Sucht euch eine Serie aus und schreibt eine kurze Darstellung, sodass die anderen sich vorstellen können, worum es in dieser Serie geht.

2 a) Welche Serien seht ihr besonders häufig? Erstellt eine Hitliste.
b) Gebt Gründe dafür an, warum ihr bestimmte Serien ablehnt oder bevorzugt.

3 a) Informiert euch: Was ist eine „Seifenoper“?
b) Unterscheidet Seifenopern von anderen Serien und gebt jeweils Beispiele an.

4 a) Informiert euch im Internet über verschiedene Seifenopern.
b) Welche Internetseiten findet ihr besonders gelungen? Begründet eure Meinung.
c) Notiert, was ihr noch gerne erfahren hättet. Wie könnt ihr es herausfinden?

5 Stellt nach dem Muster des „Soapguides" (Serienführer) auf der Internetseite Informationen zu euren ausgewählten Serien zusammen.
a) Legt fest, welche Informationen ihr aufnehmen wollt:
- Was bisher geschah ...
- Personen der Seifenoper
- Die neueste Episode
- Links: die besten Seiten im Netz
- ...

b) Überlegt euch, wo und wie ihr eure Informationen präsentieren wollt (z. B. in der Schülerzeitung oder im Internet).

6 Untersucht eine Episode einer Serie genauer.
a) Gibt es typisch männliche oder typisch weibliche Verhaltensweisen bei den Hauptpersonen?
b) Untersucht das Sprachverhalten der Hauptpersonen.
- Überprüft, ob man die Personen auch an ihrer Ausdrucksweise erkennt.
- Wie sprechen sie in bestimmten Situationen, z. B. im Streit oder wenn sie etwas erreichen wollen?

QUOTENVERGLEICH

SEIFENOPERN IM VORABENDPROGRAMM

Stabil scheinen die Quoten der täglichen Soaps. Aber die Werte von Januar bis Mai liegen in diesem Jahr deutlich unter denen im vergleichbaren Vorjahreszeitraum

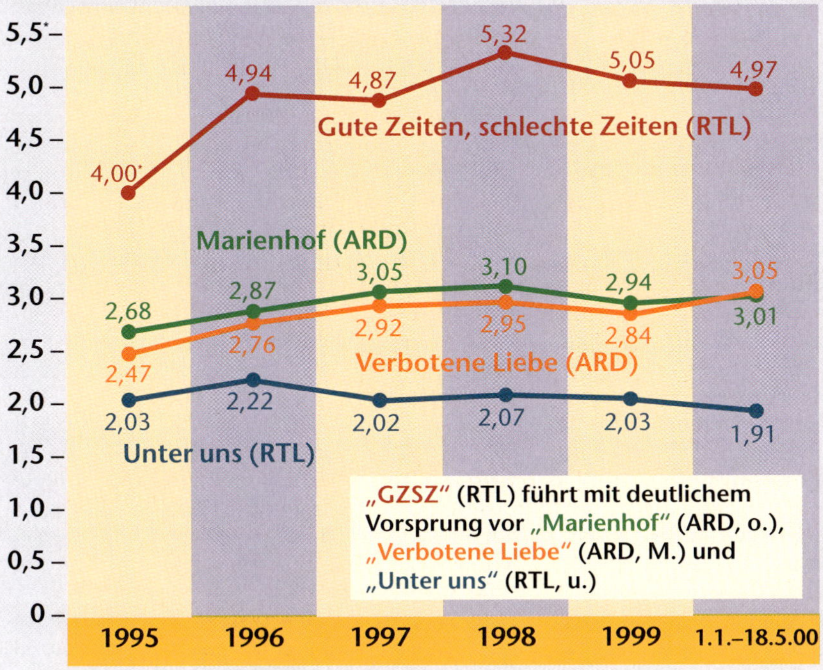

** Zuschauer ab 3 Jahre in Millionen*

7 a) Fasst die Ergebnisse aus dem Quotenvergleich zusammen.
b) Stimmt das mit euren Erfahrungen überein?

8 a) Macht in eurer Familie und im Bekanntenkreis eine Erhebung darüber, wer sich Seifenopern ansieht.
b) Stellt die Ergebnisse in einer Tabelle dar:

Altersgruppe	Serie	Sehhäufigkeit
15 – 20	*Verbotene Liebe*	*jeden Tag*
...		

c) Diskutiert darüber, warum bestimmte Serien von bestimmten Altersgruppen bevorzugt gesehen werden.

9 Worin besteht eurer Meinung nach der Reiz für viele Menschen, sich regelmäßig TV-Serien anzuschauen?

Tipp Auch im Internet gibt es Seifenopern. Hier kann man mitmachen! Ihr könnt eigene Beiträge schreiben, chatten, E-Mails schicken.
www.etage-zwo.de
www.heldenfussallee.de
http://fun.t-online.de/90 sechzig 90

▶ S. 229 ff.

„Fans lassen sich gern einseifen“

Die Redakteurin einer Fernsehzeitschrift, Kirsten Burmeister, interviewte Martin Jurga, 33. Der Soziologe, Medienwissenschaftler, Germanist promoviert über die „Lindenstraße“:

Kirsten Burmeister: Wie ist es möglich, dass erwachsene Menschen alles stehen und liegen lassen, um nur ja ihre Lieblings-Seifenoper nicht zu verpassen?

Martin Jurga: Rein technisch sind's ganz bestimmte Inszenierungsmittel, die die Leute bei der Stange halten. Die aktivieren eine allgemein menschliche Eigenschaft: die Neugier.

Burmeister: Was sind das für Mittel?

Jurga: Jede Folge hat mehrere Handlungsstränge, einer endet, einer oder zwei laufen weiter. Bei „Marienhof“ ist der Schluss zusätzlich unterlegt mit einem Spruch: Wird X jetzt Y bekommen? Typisch sind auch die Großaufnahmen. Da soll man sich in die Figuren einfühlen. Nehmen wir eine Schlussszene aus der „Lindenstraße“: Ehestreit bei Beimers. Mutter Beimer wirft Hans Beimer raus, die Kinder rufen: „Papi, was ist denn?“ Zoom auf Hans Beimers sorgenvolles Gesicht. Ende. Auch wir fragen uns: „Was ist mit Hans?“ Das nennt man „Cliff Hanger“. Eine Person hängt über der Klippe – stürzt sie ab oder schafft sie's? Wer's wissen will, muss dranbleiben.

Burmeister: Immer wieder wird das Niveau der Seifenopern bemängelt – die Dialoge hölzern, die Handlung hanebüchen. Warum lechzen trotzdem Millionen Zuschauer nach dem TV-Fastfood?

Jurga: Ganz simpel gesagt: Es geht um Gefühle. Die Leute identifizieren sich mit den Figuren. Was eine gute Soap ausmacht, ist der so genannte emotionale Realismus: Was ich da sehe, berührt mich, das kenne ich. Das Drumherum kann an den Haaren herbeigezogen sein. Bei „Gute Zeiten, schlechte Zeiten“ haben die Kids mit 20 'ne Werbeagentur, fahren dicke Autos. Aber darauf kommt es nicht an. Mir wird vorgeführt, welche Handlungen gesellschaftlich akzeptabel sind und welche unmöglich.

Burmeister: Die Seifenoper als moralisches Lernmodell?

Jurga: Fest steht, dass der Inhalt von Seifenopern Anlass für Gespräche in der Wirklichkeit liefert. „Findest du das okay, dass Gabi Zenker abgehauen ist? Hat dem Vater die Kinder genommen.“ Seifenopern sind kommunikative Ressourcen[1].

Burmeister: Das klingt, als würden die Soap-Stars Teil des Freundeskreises werden?

Jurga: „Als-ob-Beziehungen“ entstehen. Es ist, als würde man die Figuren persönlich kennen. Das gilt selbst für die Leute, die Soaps nur zur Belustigung sehen, um hinterher kräftig abzulästern.

Burmeister: Wenn in der „Lindenstraße“ eine Wohnung frei wird, kommt es vor, dass sich Zuschauer darum bewerben …

Jurga: Ausnahmen. Die Mehrzahl der Soap-Fans hat die nötige Distanz. Die lassen sich zwar einseifen, aber bewusst.

Burmeister: Können Sie uns den Steckbrief für einen typischen Soap-Gucker nennen?

Jurga: Die passen in keine Schublade. Man findet sie in allen Altersklassen und Gesellschaftsschichten. Fest steht, dass mehr Frauen als Männer Seifenopern schauen.

Burmeister: Woran liegt's?

Jurga: Daran, dass in unserer Gesellschaft Beziehungsmanagement immer noch Frauensache ist. In Soaps werden Gefühlsaspekte thematisiert. Es gibt da auch eine Theorie, dass sich Seifenopern und der Alltag einer Hausfrau – und für die allein waren Seifenopern ursprünglich gemacht – strukturell ähneln. Beide sind afinal, also endlos. Eine Frau ist den ganzen Tag beschäftigt, kümmert sich dann auch noch um Mann und Kinder, und so geht das endlos weiter – wie eine Seifenoper eben.

Burmeister: Herr Jurga, sind Sie ein Soap-Junkie?

Jurga: Nein, ich steh mehr auf „Raumschiff Enterprise“.

1 **kommunikative Ressourcen:** Gesprächsstoff

1 a) Welche filmischen Mittel werden nach M. Jurga eingesetzt, damit die Zuschauer möglichst häufig Seifenopern sehen?
b) Beschreibt, welche Wirkung diese Mittel jeweils haben.

2 a) Untersucht an einer Serienfolge, ob ihr die beschriebenen filmischen Mittel dort wieder findet.
b) Erklärt, warum sie an den jeweiligen Stellen eingesetzt wurden.

3 Welche Gründe nennt Jurga für den Erfolg von Seifenopern bei den Zuschauern?

„Die Leute wollen den Bildschirm einreißen“

Interview mit Hans W. Geißendörfer, Autor und Produzent der „Lindenstraße“

Wie sind Sie auf die Idee gekommen, die „Lindenstraße“ zu produzieren?

GEISSENDÖRFER: Dass die „Lindenstraße“ so ist, wie sie ist, liegt daran, dass ich selbst in einem Mietshaus aufgewachsen bin, das genauso groß war wie das Mietshaus in der „Lindenstraße“. Ich weiß einfach, dass man am besten immer darüber schreibt, wovon man auch etwas weiß. Es war dann allerdings schwer, diese Idee durchzusetzen. Der Sender wollte etwas Konkurrenzfähiges zu Dallas und Denver haben und suchte am liebsten eine Hotelserie mit Figuren in Designerklamotten. Was dann die Privaten wenig später entwickelt haben, das wollte damals die ARD auch viel lieber. Niemand hat daran geglaubt, dass der soziale Mief Erfolg haben könnte.

Wie erklären Sie sich den Erfolg dieses „sozialen Miefs“?

GEISSENDÖRFER: Ich bin nicht der Meinung, dass die Leute ausschließlich die dumme oder die oberflächlichste Form von Unterhaltung suchen – die brauchen sie auch und ich brauche sie auch –, sondern dass man im Wesentlichen auch bereit ist, sich mit Dingen auseinander zu setzen, die etwas mit dem Leben zu tun haben oder die etwas mit der Bundesrepublik zu tun haben. Und es hat sich gezeigt, dass man nicht nur soziale Schichten, die weiter oben angesiedelt sind, als Sehnsuchtsmodelle entwickeln kann, sondern dass man auch eine Ersatzgroßmutter im Fernsehen schaffen kann für jemanden, der zu Hause keine hat. – Ein Grund für den Erfolg unserer Serie liegt sicher auch darin, dass die Figuren mit der Serie älter werden, dass man die Schauspieler altern sieht. Mutter Beimer hat ja heute schon ganz gewaltige Falten. Und wir werden auch alles tun, damit sie nicht zum Chirurgen rennt, um sich die glätten zu lassen, es sei denn, wir bauen es in die Serie ein.

Gehört dies mit zum Realitätsanspruch der Serie?

GEISSENDÖRFER: Das ist ja so ein Spiel. Eine Spielebene ist dabei, Fiktion mit Wirklichkeit zu vermischen bzw. die Fiktion so aufzubereiten, dass sie wie Wirklichkeit wirkt. Dazu ein Beispiel: Der erste Schritt, Fiktion als Wirklichkeit zu verkaufen, war die Geschichte mit dem damaligen Umweltminister Töpfer, dem der Benni Beimer ein Modell eines Atomkraftwerks in den Vorgarten gestellt hat, das dann giftgrüne Rauchwolken spuckte. Diese Aktion war zusammen mit der Umweltschutzgruppe Robin Wood geplant, die das dann auch dokumentiert hat. Und abends lief es dann als Meldung in der Tagesschau. Die Zuschauer waren irritiert. Sie dachten: Die „Lindenstraße“ ist eine fiktive, von Autoren erdachte und von Schauspielern gespielte Serie, aber da wurde jetzt eine Aktion in den Nachrichten, wo man ja angeblich die Wiedergabe einer Realität findet, gezeigt. Damals gab es natürlich auch Ärger, weil eine Serie wie die „Lindenstraße“ laut Rundfunkgesetz keine Nachrichten produzieren darf.

Lässt sich der Realitätsanspruch auch auf die Figuren übertragen?

GEISSENDÖRFER: Ja, schon. Unsere Figuren sind den Normalmenschen abgekupfert, wir haben Familien, jede der Figuren in der „Lindenstraße“ hat eine Großmutter (oder eine verstorbene Großmutter), hat einen Onkel usw., lebt also aus einem Verbund heraus, den Sie so in anderen Serien nicht finden. Da kennen Sie ja nicht mal die Eltern der Hauptfiguren!

Ist es mit ein Grund für den Erfolg der „Lindenstraße", dass die Zuschauer sich oder ihre Bekannten in den Charakteren wieder erkennen?

GEISSENDÖRFER: Ich glaube schon, dass dies den Leuten teilweise gefällt, aber es ist jedenfalls nicht der einzige Grund, das zeigen ja auch andere Serien, wie zum Beispiel „Gute Zeiten, schlechte Zeiten", die sehr erfolgreich ist, aber nichts mit der Wirklichkeit zu tun hat.

Was macht Ihrer Meinung nach allgemein die Faszination von Serien aus?

GEISSENDÖRFER: Ich weiß es nicht so genau. Ich bin nur der Macher, ich schau selbst ganz wenig fern. Ich glaube schon, dass jede Serie den Zuschauer an eine bestimmte Story bindet, an eine bestimmte Gruppe von Figuren. Dies geschieht über ähnliche Mechanismen, wie man sie im normalen Leben oder in der Zeit, bevor es das Medium Fernsehen gab, auch findet: im Wirtshaus, auf dem Platz im Dorf unter der Linde ... Die Serie fasziniert, weil man immer wieder dieselben Leute treffen will, seinen vertrauten Kreis der Kommunikation. Unsere Kommunikationsebene bei der Serie ist natürlich eine Einbahnstraße, der Zuschauer konsumiert sie im Wesentlichen, obwohl doch erstaunlich viel Aktivität vom Zuschauer ausgeht. Die Leute wollen den Bildschirm einreißen und wollen sagen: „Lass dich doch mal anfassen!" Es gibt den Wunsch, mit den Leuten zu reden und vielleicht zu sagen: „Du, warum schickst du deine Frau nicht längst in die Wüste?" oder „Können Sie auch noch was anderes kochen, Frau Beimer, als Spiegelei oder Maultaschen?" Es ist nicht der Schauspieler, sondern es ist die Figur, die angesprochen wird. Der Zuschauer übersetzt das Geschehen eins zu eins.

Macht Ihnen das nicht manchmal Angst?

GEISSENDÖRFER: Deswegen versuchen wir ja, das Spiel mit den Ebenen sichtbar zu machen. Es ist ja nun nicht so, dass die Leute uns das Studio einrennen und sagen, sie wollen alle hier wohnen. Von acht oder neun Millionen Zuschauern kommen vielleicht einhundert auf die Idee, dass es hier tatsächlich Wohnungen gäbe, die man mieten könnte.

Sie wollen mit Ihrer Serie sicherlich unterhalten, wollen Sie auch die Wirklichkeit beeinflussen und verändern?

GEISSENDÖRFER: Das ergibt sich automatisch. Allerdings wissen wir: Man kann Meinungen nicht verändern. Aber man kann Meinungen stabilisieren und man kann Informationen geben. Wir bewegen, glaube ich, schon a bisserl was, das ist aber so winzig im Vergleich zu anderen Einflüssen auf das tägliche Leben. Ich hoffe, dass ich da bescheiden genug bin. Auf der anderen Seite macht es natürlich Spaß festzustellen, wenn wir ein bestimmtes Thema, z. B. Organtransplantation, machen, dass dann ein Vierteljahr später die gesamte Bundesrepublik darüber redet. Man hat das Gefühl, man hat dieses Thema über eine Fernsehserie produziert. Ich sage mal: Die „Lindenstraße" hat eine Meinung, das ist der große Unterschied zu allen anderen Serien.

(Das Interview führten Norbert Pabelick und Markus Langner.)

1 Die Serie „Lindenstraße" gibt es seit 1985.
Wie begründet Geißendörfer ihren Erfolg?

2 a) Geißendörfer behauptet, die „Lindenstraße" sei sehr realitätsnah.
Welche Beispiele gibt er dafür an?
b) Überprüft an einigen Folgen der Serie, ob der Anspruch, realitätsnah zu sein, eingelöst wird.
c) Das Verhältnis der „Lindenstraße" zur Realität – vergleicht mit anderen Serien!

3 Können TV-Serien die Wirklichkeit beeinflussen?

4 a) Sucht im Internet Informationen zur „Lindenstraße".
b) Schreibt einen Artikel „Die Lindenstraße – ein TV-Klassiker".

5.2 Wie Serien gemacht sind

Kulisse der „Lindenstraße" auf dem WDR-Gelände in Köln-Bocklemünd

Der Aufbau einer Folge

Hans W. Geißendörfer

Wie Kunstfiguren zum Leben erwachen – zur Dramaturgie der „Lindenstraße"

Der Aufbau einer Folge zeigt jeweils drei Erzählstränge. Im Strang A läuft die Hauptgeschichte. Sie darf etwa 10 bis 12 Minuten der Folge in Anspruch nehmen. Im Strang B wird eine zweite Geschichte entwickelt, deren dramatischer Höhepunkt in einer der nächsten Folgen erzählt wird oder deren dramatischer Höhepunkt bereits in einer Folge davor erzählt lag. B-Stränge verlaufen also im Unterschied zum A-Strang vergleichsweise ruhig, ebenmäßig und ohne beherrschenden Höhepunkt. Sie erzählen eine Geschichte weiter, vermeiden aber, den

A-Strang an Spannung oder Dramatik zu überbieten. Ein Beispiel: Wenn im A-Strang erzählt wird, dass jemand stirbt, wird im B-Strang z. B. über die Vorbereitung auf eine Urlaubsreise mit all ihren kleinen Lästigkeiten und Freuden berichtet. Es wäre falsch, im B-Strang einen Einbruch oder eine dramatische Liebessituation anzusiedeln. Der C-Strang ist der kürzeste und bereitet entweder eine größere Geschichte vor oder erzählt die Fortsetzung einer Geschichte und kann auch als Netz zwischen dem A- und dem B-Strang benutzt werden. Die Bälle von A und B fliegen entweder über ihn hinweg oder bleiben in seinen Maschen hängen. Das heißt, im C-Strang hat auch alles Platz, was eher kommentierend zu A und B benötigt wird – als Ergänzung oder als Spielfeld für Komödiantisches oder für Humor. […]

Das vierte Glied im Aufbau einer Folge ist der Cliff Hanger. Er steht immer am Ende einer Folge und hat keine andere Aufgabe, als den Zuschauer neugierig auf die Fortsetzungen zu machen. Der Cliff Hanger muss aus der Handlung des A- oder B- oder C-Stranges entwickelt werden. Er muss von Figuren „getragen“ werden, die im Verlauf der Folge wichtig waren. Der Cliff Hanger muss Spannung vermitteln oder zumindest neugierig machen. Er muss mit Effekten arbeiten, die Erinnerungskraft haben und den Zuschauer neugierig, nervös oder sogar ärgerlich stimmen, weil er nicht sofort erfährt, was nun Sache ist. Spannung zu erzeugen ist ein legitimes Mittel der Unterhaltung. […]

Am besten vergleicht man dieses „In- oder Miteinander-verwoben-Sein“ der drei Stränge mit einem Zopf, der aus drei Haarsträngen oder aus drei unabhängig voneinander bereitliegenden Seilen geflochten wird. Am Ende des Zopfes wird eine Schleife gebunden, die alles zusammenhält. Diese Schleife ist der Cliff.

1 a) Erläutert Geißendörfers Konzeption anhand einer Folge der „Lindenstraße“, die ihr kürzlich gesehen habt.
b) Welche Bedeutung hat nach Auffassung Geißendörfers der Cliff Hanger?

2 Untersucht andere Serien, ob sie ähnlich aufgebaut sind wie die „Lindenstraße“.

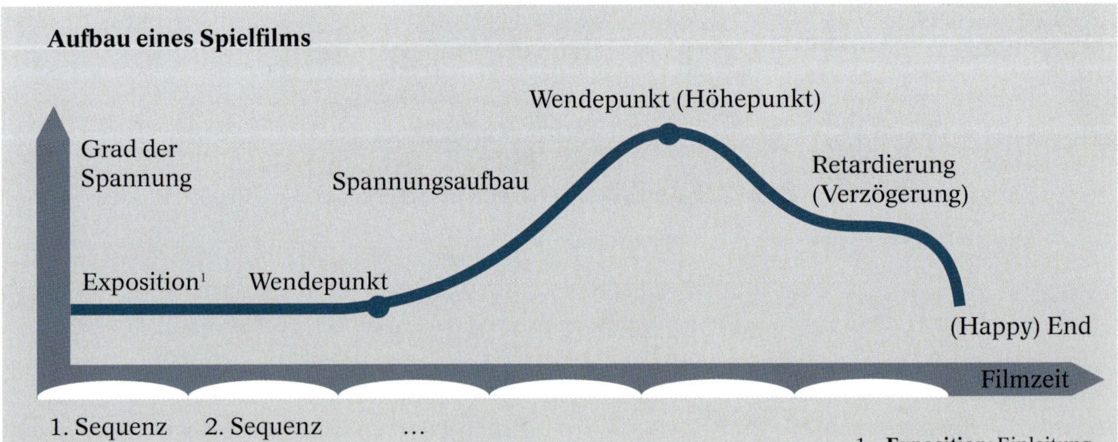

1 **Exposition:** Einleitung

3 Der Aufbau einer Serienfolge unterscheidet sich von dem eines Spielfilms. Stellt das Konstruktionsprinzip der „Lindenstraße“ in einer **Grafik** dar.

4 Schreibt einen **Artikel für ein Jugendlexikon,** in dem die grundlegenden Unterschiede zwischen TV-Serien und Spielfilmen dargelegt werden. Geht dabei besonders auf die Begriffe „Sequenz“, „Handlungsstrang“, „Cliff Hanger“ ein.

Dialoge im Drehbuch

Drehbuchauszug aus der 342. Folge der „Lindenstraße“

5) Reisebüro **Innen/Tag**

Ohne Schuhe steht Helga an ihrem Schreibtisch am Telefon. Im Hintergrund sehen wir die fast fertige Dekoration des Schaufensters: Über der Skyline von New York, die aus kleinen Plastikmodellen nachgebildet ist - inklusive Wasser aus Plastikfolie und Freiheitsstatue -, schwebt ein Flugzeug an einem Nylonfaden.

HELGA
Es tut mir Leid, Herr Schiller ist im Moment außer Haus … in einer halben Stunde etwa …

Gleichzeitig betritt Klausi das Reisebüro. Helga winkt ihm abwesend zu.

HELGA (verbindlich)
Kann ich etwas bestellen? - Moment …

Sie angelt nach einem Block und einem Stift, während Klausi zum Schreibtisch kommt. Demonstrativ nimmt er Helgas Handtasche von ihrem

Stuhl und legt sie vor Helga hin. Dabei reibt er Daumen und Zeigefinger aneinander. Helga winkt gestört ab.

HELGA (schreibend)
Ich werde es ausrichten, Frau Fuchs. Selbstverständlich, Sie können sich darauf verlassen. Auf Wiedersehen.

Während sie noch den Hörer auflegt

KLAUSI
Kann ich 'n Vorschuss auf mein Taschengeld kriegen?

HELGA (betont)
Guten Morgen erst mal! Wenn auch etwas spät!

KLAUSI
Kann ich was dafür, dass du am Feiertag um neun abdüst? Ich wollt' ausschlafen!

HELGA (sachlich)
Trotzdem fände ich es ab und zu ganz nett, wenn ich von dir noch was anderes hören könnte als ewige Forderungen. Und was deine Frage betrifft: Du HAST bereits dein Taschengeld für JULI verbraten.

KLAUSI (betroffen)
Echt?

HELGA (knapp)
Echt.

KLAUSI
Kann ich dann 'n kleinen Nachschlag haben? Ausnahmsweise?

Helga schlüpft am Schreibtisch in ihre Schuhe, nimmt ihr Portmonee aus der Handtasche.

HELGA
Ausnahmsweise NICHT! Du MUSST lernen, dir dein Geld einzuteilen, Klausi!

KLAUSI
Eben – ich muss es LERNEN! Und WIE, wenn ich ständig pleite bin?

Er guckt erwartungsvoll auf den Geldbeutel in Helgas Hand.

HELGA
Mit dieser Logik legst du mich nicht mehr aufs Kreuz, mein Lieber.

KLAUSI (maulend)
Olli kriegt mindestens das Doppelte jeden Monat! Und der war sogar schon mal in New York! Mit seinem Vater!

Helga geht zur Tür.

HELGA
Ollis Vater samt seinen übertriebenen finanziellen Eskapaden geht mich nichts an. Aber du kannst gerne ein Stück Kuchen haben.

KLAUSI (irritiert)
Kuchen?

HELGA
Ich geh rasch rüber ins Café Bayer. Kannst du fünf Minuten die Stellung halten?

KLAUSI
Na gut. Aber ich will 'n Eis!

Auf Helgas Blick hin

KLAUSI (lahm)
Wenn's geht ...

Während Helga aus der Tür geht, lehnt sich Klausi an den Schreibtisch. Nachlässig zieht er eine Schublade auf, mustert den Inhalt. Dann öffnet er die nächste ...

1 Sprecht darüber, ob der Konflikt zwischen Klausi und seiner Mutter realistisch ist.

2 a) Untersucht die **Sprechweise** der beiden: Findet ihr sie natürlich?
b) Wenn nicht, verändert den Dialog.

3 Beschreibt die äußere Gestaltung des Drehbuchauszugs. Nennt Einzelheiten und ihre Funktion.

4 Ob ein Dialog spannend ist (oder nicht), hängt auch davon ab, ob er für die Zuschauenden voraussehbar oder überraschend ist.
a) Setzt den Dialog ab Z. 21 oder 38 oder 58 anders fort.
b) Vergleicht eure Fassungen.
c) Spielt die Szenen der Klasse vor.

Das Drehbuch realisieren

Wie ein Drehbuch schließlich realisiert wird, entscheiden Regisseure und Kameraleute – meist erst am Drehort („Set“). Oft werden während der Aufnahmen noch Änderungen am Drehbuch vorgenommen. Neu in der deutschen Fernsehgeschichte ist, dass die „Lindenstraße“ erstmals mit drei Kameras gleichzeitig aufgenommen wird, sodass die eigentliche Bilderfolge bereits im Studio beim Schnitt („Cut“) festgelegt werden kann, als wäre die Serie eine Liveübertragung.
Parallel zum Drehbuch findet ihr Bilder einer Szene. Meist folgt die Kamera den Figuren („Kamerafahrt“). An zwei Stellen wird im Film umgeschnitten, sodass sich eine neue Kameraeinstellung ergibt:

9) Wohnung Beimer **Innen/Tag**

Mit einem Stapel Schallplatten unter dem Arm betritt Klausi die Wohnung.

HELGA (Küchen-OFF)
Klausi? Komm doch bitte mal!

Klausi geht in die Küche, wo Helga mit Brille am Tisch sitzt und ein T-Shirt von Benny repariert.

KLAUSI (unwillig)
Was 'n los! Ich wollt' mir gerade Platten überspielen!

HELGA (aufmerksam)
Gehören die nicht Benny? Hat er sie dir geliehen?

KLAUSI (pampig)
Merkt er doch gar nicht! Ich mach schon nix kaputt.

Helga lässt das T-Shirt sinken und nimmt die Brille ab.

HELGA (sich sichtlich überwindend)
Klausi, als du heute allein im Reisebüro warst … bist du da an Herrn Schillers Schreibtisch gegangen?

Klausi schweigt bockig.

HELGA (eindringlich)
Ich hab dich was gefragt! In unserer Kasse fehlen nämlich hundert Mark, und da du der Einzige warst, der …

KLAUSI (dazwischen)
Wenn DU mir nix gibst! Ich muss Schulden bezahlen!

①

②

③

④

Helga braucht einen Moment, bis sie die Sprache wieder findet.

HELGA (fassungslos)
Du hast das Geld tatsächlich … GESTOHLEN?!?
Sag mal …

(noch HELGA, sehr laut und erregt) TROST
… bist du eigentlich noch ganz bei S~~INNEN~~?!?

⑤

Sie fegt das T-Shirt vom Schoß und springt auf.

HELGA
So ein Vorfall kann mich meinen Job kosten!
Du gibst mir das Geld jetzt SOFORT wieder!

Sie streckt fordernd die Hand aus.

KLAUSI (laut)
Ich hab doch gesagt, ich brauch die Kohle!
Und für so 'n Touri-Konzern ist 'n läppischer Hunderter doch GAR NIX!

⑥

HELGA (in höchstem Zorn)
Treib mich nicht bis zum Äußersten, Klausi!
Gib es her!

Klausi knallt den CD Schall~~platten~~stapel heftig auf den Tisch. Einige der CDs Pl~~atten~~ rutschen zu Boden.

KLAUSI (außer sich)
Lass mich in Ruhe! Ewig meckerst du an mir rum!

⑦

Er rennt aus der Küche.

HELGA
KLAUSI!!!

Draußen schlägt die Wohnungstür zu. Fassungslos bleibt Helga zurück.

1 Beschreibt, wie der Drehbuchtext in Bilder umgesetzt ist.

2 a) Welche Wirkung wird durch die unterschiedlichen Kamerapositionen und Bildausschnitte erzielt?
b) Welche Wirkung haben die beiden Filmschnitte?

3 Inwiefern ist die Kameraposition bei Bild ⑦ für die Aufrechterhaltung der Spannung entscheidend?

Eine Serienfolge fortsetzen

1 Schreibt einen Drehbuchtext zu diesen Bildern. Die Folge soll mit einem **Cliff Hanger** enden.

▶ S. 88
92
297

2 Wie könnte sich der Konflikt in der nächsten Folge weiterentwickeln?
a) Schreibt eine Szene zwischen Mutter und Sohn, die in der nächsten Woche spielt.
b) Vergleicht eure Entwürfe und entscheidet euch für die überzeugendste Version. Achtet darauf, dass die Dialoge sowohl spannend als auch glaubwürdig sind.
c) Spielt die Szenen der Klasse vor.

5.3 Wir entwickeln eine eigene TV-Serie

Ort der Handlung

Für eine Serie ist der Handlungsort besonders wichtig. Er sollte so gewählt sein, dass dort viele verschiedene Menschen immer wieder zusammentreffen.

1 Wo könnte eure Serie spielen?

a) Überlegt euch verschiedene **Schauplätze** („Settings"). Was kann dort alles stattfinden. Diskutiert die Vor- und Nachteile dieser Grundsituationen.

b) Stellt euch vor, ihr seid Produzent und euch liegt ein **Exposé** (Entwurf) zu einer Serie mit einem der folgenden Schauplätze vor: *Bushaltestelle, Schreibwarenladen, Parkbank, einsames Haus im Wald, Kindergarten ...*
Wie würdet ihr entscheiden?

Tipp Es ist am einfachsten, über das zu schreiben, was man gut kennt. Will man über etwas schreiben, was man nicht so gut kennt, ist meist eine aufwändige **Recherche** erforderlich.

2 Charakterisiert die drei abgebildeten Schulen.

3 Entwickelt das Profil der Schule, die der Haupthandlungsort eurer Serie werden soll. Dabei solltet ihr möglichst viele Details festlegen: Umfeld der Schule, Größe des Gebäudes, Anzahl der Schüler/-innen, Tradition, Besonderheiten (z. B. im Sport- und AG-Bereich) …

Tipp Die Serienschule sollte etwas anders sein als eure, aber nicht völlig.

4 Schließlich fehlt euch noch ein passender Schulname. Namen sind Programm!

Figuren entwickeln

Jeder Film und jede Serie lebt von den handelnden Figuren. Sie müssen glaubwürdig (wahrscheinlich) wirken. Deswegen solltet ihr besondere Sorgfalt auf die Gestaltung der Charaktere verwenden.

1 Überlegt euch zunächst, wer in eurer Serie regelmäßig auftreten könnte:
Lehrer/-innen, Schüler/-innen, Sekretär/-in, Anwohner...

Tipp Wenn ihr keine Parodie, sondern eine ernst zu nehmende Serie konzipieren wollt, gilt es Klischees zu vermeiden. ▶ S. 73

2 a) Entscheidet euch für fünf oder sechs Rollen, die ihr konkreter ausgestalten wollt.
b) Bildet Gruppen. Jede Gruppe wählt eine Rolle, die sie differenziert zu einer Figur ausarbeitet.
c) Neben dem äußeren Erscheinungsbild der Figur ist ihr Innenleben entscheidend. Entwickelt Leitfragen, mit deren Hilfe ihr den Charakter eurer Figur festlegen könnt. Notiert die Antworten darauf in Stichpunkten:

Leitfragen zur Figurengestaltung
- *Welche Eigenschaften hat die Figur?*
- *Wie ist die Beziehung zu anderen Figuren?*
- *Was ist der Figur besonders unangenehm? Wovor hat sie Angst?*
- *Wie verhält sie sich in Konfliktsituationen?*
- *Wie ist die „Backstory" (Vorgeschichte: Kindheit, Lebenslauf) der Figur?*
- *Wie spricht sie (Hochdeutsch, Dialekt u. Ä.)?*
- *Welche Interessen verfolgt sie?*
- *...*

Tipp Die Namen der Figuren solltet ihr nicht zu früh festlegen.

3 a) Abschließend werden **Steckbriefe** der Figuren in der Klasse ausgehängt, sodass sich alle immer wieder mit ihnen beschäftigen können.
b) Überprüft, ob die Figuren (zu) klischeehaft oder (un)glaubwürdig sind.

Konflikte entwerfen

Spannung entsteht u.a. dann, wenn die Figuren Probleme haben und **Konflikte** bewältigen müssen. Achtung: Ihr Verhalten in solchen Situationen muss auf jeden Fall zu ihrem Charakter passen!

1 a) Stellt Situationen zusammen, in denen es zu Konflikten kommen kann:
- *Jemand ist neidisch auf einen anderen.*
- *Jemand will etwas verbergen.*
- *Jemand will in eine Clique aufgenommen werden, deren Mitglieder ihn nicht leiden können.*
- *...*

b) Notiert Gefühle, die sich in solchen Konfliktsituationen zeigen könnten: *Liebe, Hass, Wut ...*

2 In euren Steckbriefen (Aufgabe 3 oben) sind bereits Probleme bei den einzelnen Figuren angelegt, die zu Konflikten führen könnten. Beschreibt diese Probleme nun möglichst konkret:
Bernd in der 10 c will von einer neuen Mitschülerin beachtet werden, weil diese bei allen beliebt ist.

Das Handlungsgerüst (die Storyline)

Aus Konflikten lassen sich Handlungskerne („Plots“) entwickeln, die dann für einen Handlungsstrang in mehreren Folgen tragend sein können. Manche Konflikte können eine Figurenkonstellation über die ganze Serie hinweg auch grundlegend bestimmen.

1 Auf Grund der Steckbriefe lässt sich bereits erkennen, welche Figuren miteinander in andauernden Konflikt geraten können.

a) Stellt Figurenpaare zusammen, zwischen denen Konflikte besonders wahrscheinlich sind.

b) Beschreibt stichwortartig konkrete Situationen, in denen die beiden Figuren in Konflikt miteinander geraten können.

c) Überprüft eure Ideen mit Hilfe der folgenden Fragen:
- Sind die Konflikte wahrscheinlich/glaubwürdig?
- Passen die Konflikte zu den Figurenprofilen?
- Lassen sich die Konflikte filmisch (ohne großen Aufwand) realisieren?

Tipp Vermeidet Boulevardzeitungsthemen wie Kindesmissbrauch, brutale Gewalt, Prostitution, harte Drogen (Klischeegefahr!).

2 Ihr habt nun Beziehungen zwischen euren Figuren entwickelt.

a) Entwerft ein Plakat, auf dem alle **Figurenkonstellationen** dargestellt sind.

b) Nun könnt ihr weitere Figuren hinzufügen, die ebenfalls auftreten sollen, die aber keine Handlungsträger sind.

3 Sucht euch vier oder fünf Grundkonflikte aus, von denen ihr glaubt, dass sie sich für einen längeren Handlungsstrang eignen.

a) Gestaltet stichwortartig die Konflikte der Figurenpaare aus. Achtet besonders auf
- Konfliktursache,
- die Situation(en),
- Charakter und Verhalten der Figuren im Konflikt.

b) Jeder Konflikt muss eine eigene Handlungseinheit sein, also einen **Spannungsbogen** aufweisen und **Wendepunkte** haben. Ihr könnt dies auch als Skizze gestalten, z. B. so:

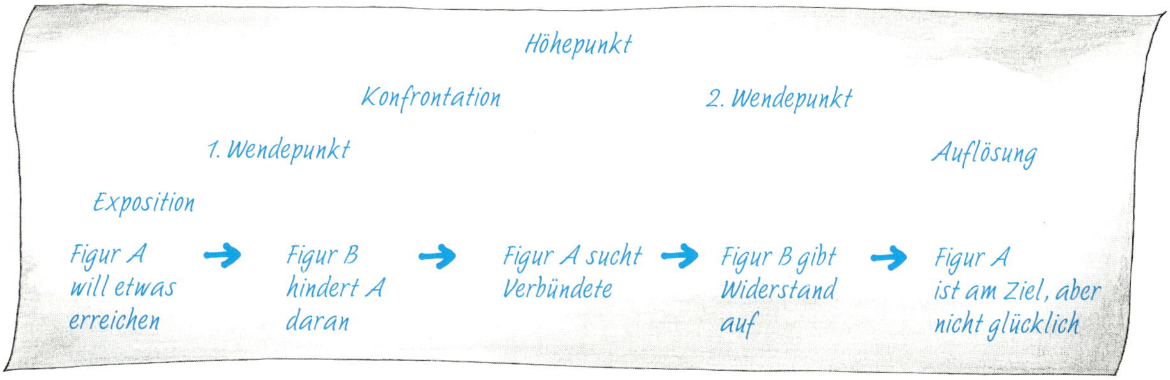

c) Vergleicht eure Ergebnisse und entscheidet euch für den schlüssigsten und spannendsten Entwurf. Achtet dabei darauf, dass sich die Themen nicht überlagern.

4 Man kann sich auch überlegen, wie die einzelnen Figuren in bestimmten **Situationen** reagieren. Auch hieraus lassen sich Plots entwickeln.

a) Überlegt euch Situationen, die vom normalen Schulalltag abweichen, die aber trotzdem wahrscheinlich sind.
Wie reagieren eure Figuren z.B. in den folgenden Situationen?

- Probealarm
- eine neue Lehrkraft kommt
- Diebstahl in der Schule
- die Polizei kommt
- die Schuluhr ist kaputt
- Klassenkonferenz
- ...

b) Diskutiert die verschiedenen Vorschläge und überlegt, welche Figurenkombinationen sich für einen Plot eignen könnten.

5 Wenn ihr euch auf drei oder vier tragende Handlungsstränge geeinigt habt, könnt ihr das **Handlungsgerüst** (die Storyline) verfassen. Dabei werden, wie bei einer Inhaltsangabe, die Grundzüge der Handlung, die Veränderungen der Figuren und ihre Beziehungen kurz dargestellt.

Dialoge schreiben

Ausgehend vom Handlungsgerüst könnt ihr nun die Dialoge verfassen.

1 Verteilt die Handlungsstränge gruppenweise.

2 a) Gliedert jeden Handlungsstrang in einzelne Szenen.
b) Haltet die Handlung der Szenen stichwortartig auf Karteikarten fest.
c) Überlegt euch, welche Teile des Handlungsstrangs tatsächlich ins Drehbuch aufgenommen werden müssen und welche verzichtbar sind.

3 Schreibt die Dialoge einzelner Szenen. Achtet darauf, dass
- Charakter und Sprechweise der Figuren stimmig sind;
- die Figuren vorgestellt werden müssen, wenn sie erstmals erscheinen;
- sich die Figuren manchmal mit Namen ansprechen müssen, damit die Zuschauer sich orientieren können.

4 a) Überarbeitet eure Texte in einer **Schreibkonferenz.** ▶ S. 275
b) Stellt die Ergebnisse der Klasse vor, indem ihr die Dialoge mit verteilten Rollen lest.

5 Probiert verschiedene Szenenfolgen aus. Welche Abfolge ist schlüssiger und spannender?

6 Die Szenen werden nun aneinander gereiht und durchnummeriert.

„Achtung, Aufnahme!"

Wenn ihr Szenen eurer Schulserie verfilmen wollt, könnt ihr folgendermaßen vorgehen:

1 Bringt eure Vorarbeiten in die Form eines Drehbuchs. ▶ S. 96 ff.

2 Probiert aus, wer für welche Rolle am besten geeignet ist.

3 Überlegt, wie die Figur gekleidet und geschminkt ist.

4 Verteilt die folgenden Aufgaben, damit ein reibungsloser Drehablauf funktioniert:
- Maske
- Licht
- Ton (wenn die Kamera ein externes Mikro hat)
- Requisite
- Regie und Assistenz
- Produktions-/Aufnahmeleitung

Aufnahmesituation

Tipp

Am besten nimmt man wie die Profis eine Szene gleichzeitig mit **drei Kameras** gleichen Typs (z.B. VHS) auf: Eine Kamera fängt die gesamte Szene in der **Totalen** oder **Halbtotalen** ein, die anderen beiden konzentrieren sich **(halbnah** oder **nah)** auf je eine der handelnden Figuren. Zusätzlich kann man noch **Details** aufnehmen (etwa ein Bild, das an der Wand hängt, die Hände einer Figur, die nervös ist, usw.). Diese Details können dann im Schnitt verwendet werden, um Anschlussfehler zu vermeiden.
Die Aufnahmebänder nummerieren!

„Und Schnitt!"

Tipp

Heutige Serien und auch viele Spielfilme, die für das Fernsehen produziert werden, dreht man nicht mehr wie früher auf belichtetem Filmmaterial, sondern mit **Videotechnik.** Dabei dienen Magnetbänder (Kassetten) als Trägerschicht für elektronische Bild- und Tonimpulse. Diese Bänder werden nach dem Drehen nicht mehr „geschnitten" und aneinander geklebt, wie das beim traditionellen Film geschieht, sondern sie werden kopiert.
Man benötigt zwei Videorekorder (am besten mit Schnittsteuerung) – der eine dient zum Aufnehmen, der andere zum Abspielen des gedrehten Materials.
Die erste Einstellung der ersten Szene wird auf ein leeres Videoband **(Masterband)** kopiert, bis zu der Stelle, an der geschnitten werden soll. Nun spult man das Masterband genau an die Stelle, an der die nächste Einstellung angeschnitten werden soll (Aufnahmepause).
Jetzt wird die zweite Einstellung der ersten Szene zugespielt und auf das Masterband aufgenommen usw. Der Schnitt von Videofilmen ist also genau genommen das Kopieren des Materials.
Es ist sinnvoll, sich eine **Schnittliste** anzulegen, damit man nicht den Überblick verliert.
Grundlage der Schnittliste kann das Drehbuch sein: Hier markiert man deutlich die Schnittstelle und notiert sich die Kamera/Bandnummer sowie die Laufzeit in Sekunden. So lässt sich schon vor dem Schnitt ausrechnen, wie lange der Film läuft.

6 Blutrote Badeanzüge
Kriminalgeschichten

6.1 Die Lust am Verbrechen

Agatha Christie (1890–1976) ist die große Lady des englischen Kriminalromans. Insgesamt 80 hat sie geschrieben, davon viele mit der Detektivfigur Miss Marple, einer freundlichen alten Dame. Hier trifft sie sich in einem dörflichen „Dienstagabendklub" mit Bekannten, die sich Kriminalfälle erzählen …

Agatha Christie

Der rote Badeanzug

„Es ist merkwürdig", sagte Joyce Lemprière, „aber ich mag Ihnen meine Geschichte eigentlich gar nicht erzählen. Obwohl sie schon vor längerer Zeit passiert ist – es sind genau fünf Jahre her –, ist sie mir nie aus dem Sinn gekommen. Das freundlich lächelnde Äußere – und die dahinter versteckte Scheußlichkeit. Und seltsamerweise ist das Bild, das ich zu der Zeit malte, von derselben Atmosphäre durchdrungen. Auf den ersten Blick ist es nur die flüchtige Skizze einer kleinen, steilen, sonnenbeschienenen Straße in Cornwall[1]. Sieht man jedoch länger hin, dann kriecht etwas Unheimliches hinein. Ich habe das Bild nie verkauft, aber ich sehe es mir auch nie mehr an. Es steht in einer Ecke meines Ateliers mit dem Gesicht zur Wand.

Der Name des Ortes war Rathole. Das ist ein seltsames kleines Fischerdorf, sehr malerisch – vielleicht zu malerisch. Es hat etwas zu betont Altfränkisches an sich. Es gibt dort Läden, wo bubiköpfige Mädchen in Kittelschürzen Sinnsprüche auf Pergament malen. Das Dorf ist hübsch und altväterisch – ohne Frage –, aber sehr gewollt altväterisch. […]

Doch zurück zu meiner Geschichte. Ich war für zwei Wochen nach Cornwall gefahren, um zu malen. In Rathole gibt es ein altes Gasthaus, das ‚Polharwith-Wappen'. Es soll das einzige Haus sein, das noch stand, nachdem die Spanier den Ort im Jahre fünfzehnhundertsoundso bombardiert hatten. […] Der Gasthof war ein wunderbares altes Haus mit einer auf vier Säulen ruhenden Veranda. Ich fand eine sehr gute Stelle, von der aus ich das Haus malen konnte, und hatte gerade begonnen, als ein Auto auf gewundenem Pfad den Hügel herabkroch. Natürlich blieb es ausgerechnet vor dem Gasthof stehen – an der Stelle, wo es mich am meisten störte. Die Leute stiegen aus – ein Mann und eine Frau –, ich schenkte ihnen keine besondere Aufmerksamkeit. Sie trug ein malvenfarbenes Leinenkleid und einen dazu passenden Hut.

Bald darauf kam der Mann wieder heraus und fuhr zu meiner großen Erleichterung seinen

1 **Cornwall:** südwestenglische Grafschaft

Wagen zum Kai hinunter, wo er ihn stehen ließ. Er schlenderte dann an mir vorbei auf den Gasthof zu. In diesem Augenblick kam schon wieder so ein dummes Auto den Hügel herab. Die Frau am Steuer trug das leuchtendste Kattunkleid, das ich je gesehen habe – mit scharlachroten Blumen –, und dazu einen riesengroßen grellroten Strohhut.

Diese Frau hielt nicht vor dem Gasthof, sondern fuhr weiter die Straße hinunter in die Nähe des anderen Autos. Erst als sie ausstieg, wurde der Mann sie gewahr, und er rief ganz erstaunt: ‚Carol, du hier? Das ist ja wundervoll. Ich habe dich eine Ewigkeit nicht gesehen und ausgerechnet in diesem abgelegenen Nest müssen wir uns treffen. Da kommt Margery – meine Frau. Ich muss euch miteinander bekannt machen.‘

Sie gingen nebeneinander die Straße zum Gasthof hinauf und ich sah, dass die andere Frau gerade aus der Tür getreten war und sich auf die beiden zubewegte. Von der Frau mit dem Namen Carol erhaschte ich einen flüchtigen Blick, als sie an mir vorbeikam. Ich sah ein sehr weiß gepudertes Kinn und einen flammend rot geschminkten Mund und es ging mir durch den Sinn, ob Margery von dieser Bekanntschaft wohl sehr begeistert sein würde. Ich hatte Margery allerdings nicht aus der Nähe gesehen, von weitem wirkte sie ein wenig altmodisch.

Nun, es war natürlich nicht meine Angelegenheit, aber manchmal bekommt man merkwürdige kleine Einblicke ins Leben anderer und man denkt unwillkürlich darüber nach. Einige Brocken ihrer Unterhaltung drangen an mein Ohr. Sie sprachen vom Baden. Der Ehemann, dessen Name Denis zu sein schien, wollte ein Boot nehmen und an der Küste entlangfahren, um ihnen eine sehenswerte Höhle in der Nähe zu zeigen. Carol stimmte zuerst zu, schlug aber dann einen Spaziergang über die Klippen vor, da sie Boote nicht ausstehen könne. Schließlich einigte man sich dahin, dass Carol den Klippenweg benutzen sollte, um das Ehepaar später bei der Höhle zu treffen, zu der Denis und Margery rudern wollten.

Da sie vom Baden gesprochen hatten, überkam auch mich das Verlangen zu schwimmen. Es war ein sehr heißer Morgen und meine Arbeit ging sowieso nicht gut voran. Auch bildete ich mir ein, dass die Nachmittagssonne eine ausdrucksstärkere Wirkung auf meinem Bild hervorbringen würde. Also packte ich meine Sachen zusammen und ging zu einem kleinen Strandplatz, den ich vorher schon entdeckt hatte – er lag gerade in entgegengesetzter Richtung zu der Höhle. Nach einem herrlichen Bad verzehrte ich meinen Lunch – Zunge aus der Dose und zwei Tomaten – und kehrte nachmittags zuversichtlich und voller Tatendrang zu meiner Arbeit zurück.

Ganz Rathole schien zu schlafen. Mit der Wirkung der Nachmittagssonne hatte ich Recht gehabt, die Schatten waren weit ausdrucksvoller. Ich nahm an, dass die Badegesellschaft wohlbehalten heimgekehrt war; denn zwei Badeanzüge – ein scharlachroter und ein dunkelblauer – hingen über dem Balkongeländer, um in der Sonne zu trocknen.

Ich hatte eine Ecke in meinem Bild ein wenig verpfuscht und war eine ganze Weile eifrig damit beschäftigt, die Sache in Ordnung zu bringen. Als ich wieder aufblickte, lehnte an einer der Säulen des Gasthofes eine Gestalt, die plötzlich aus dem Nichts hervorgezaubert zu sein schien. Der Mann trug Seemannskleidung und war demzufolge ein Fischer. Er hatte einen langen, dunklen Bart, und wenn ich nach einem Modell für einen typisch spanischen Piraten gesucht hätte, so wäre es kaum möglich gewesen, ein besseres zu finden. In fieberhafter Eile machte ich mich sogleich daran, ihn auf meinem Bild festzuhalten, aus Angst, dass er sich entfernen könnte. Obwohl seine ganze Haltung mehr darauf hindeutete, dass er bereit war, die Säule bis in alle Ewigkeit zu stützen.

Er bewegte sich dann aber doch, glücklicherweise nicht, bevor ich ihn skizziert hatte. Er kam auf mich zu und begann zu sprechen. Meine Güte, und wie dieser Mann reden konnte!

Rathole, erklärte er, sei ein interessantes Fleckchen Erde. Meine Beteuerung, dass ich das bereits wisse, rettete mich jedoch nicht vor seinem folgenden Wortschwall. Er tischte mir noch einmal die ganze Geschichte der Zerstörung des Dorfes auf und schilderte mir temperamentvoll und in allen Einzelheiten, wie der Wirt des ‚Polharwith-Wappens‘ als Letzter daran glauben musste und auf seiner eigenen Schwelle vom Schwert eines spanischen Kapitäns getötet wurde, wie das Blut auf das Pflaster spritzte und hundert Jahre lang nicht abgewaschen werden konnte.

Es passte alles zu der lässigen, schläfrigen Stimmung des Nachmittags. Die Stimme des Mannes war sanft und monoton, hatte aber gleichzeitig einen unheimlichen Unterton. Obwohl er ein unterwürfiges Wesen zur Schau trug, wirkte er auf mich eher wie ein eiskalter, um nicht zu sagen grausamer Zeitgenosse. Ich verstand plötzlich die Inquisition und all die anderen Gräueltaten der Spanier viel besser als je zuvor.

Während der ganzen Zeit, die er auf mich einredete, hatte ich weiter gemalt und plötzlich merkte ich, dass ich in der durch seine Erzählung verursachten Erregung etwas in mein Bild hineinmalte, das gar nicht vorhanden war. Auf das weiße, sonnenbeschienene Pflaster vor der Tür des Gasthofs hatte ich Blutflecke gemalt. Es schien mir merkwürdig, dass die Fantasie mit meiner Hand einen solchen Schabernack spielen konnte. Doch als ich wieder zum Gasthof hinüberschaute, erlitt ich den nächsten Schock. Meine Hand hatte doch nur gemalt, was meine Augen sahen – Blutstropfen auf dem weißen Pflaster.

Wie gebannt starrte ich eine Weile darauf. Dann schloss ich die Augen einen kurzen Moment und sagte mir: Sei nicht töricht. In Wirklichkeit ist gar nichts da. – Dann schaute ich wieder hin, aber die Blutflecken waren immer noch auf dem Pflaster.

Plötzlich konnte ich es nicht mehr aushalten. Ich unterbrach den Redefluss des Fischers.

‚Sagen Sie bitte, ich sehe heute nicht besonders gut. Sind das etwa Blutflecke dort auf dem Pflaster?‘

Er sah mich nachsichtig und freundlich an.

‚Keine Blutflecke in der heutigen Zeit, meine Dame. Was ich Ihnen erzählt habe, passierte vor ungefähr fünfhundert Jahren.‘

‚Ja‘, sagte ich, ‚aber sehen Sie doch mal hin – da auf dem Pflaster ...‘ Die Worte erstarben mir fast auf den Lippen. Ich wusste, dass er nicht das sehen würde, was ich sah. Ich erhob mich und packte mit zitternden Händen meine Siebensachen zusammen. Währenddessen kam der junge Ehemann aus der Tür des Gasthofes und blickte ziemlich bestürzt die Straße hinauf und hinunter. Oben auf dem Balkon erschien seine Frau und holte die Badesachen herein. Er ging inzwischen auf seinen Wagen zu, drehte sich

aber plötzlich um und überquerte die Straße, um den Fischer anzusprechen.

‚Sagen Sie, guter Mann, wissen Sie zufällig, ob die Dame, die in dem zweiten Wagen heute Morgen hier ankam, schon wieder abgefahren ist?‘

‚Die Dame in dem groß geblümten Kleid? Nein, Sir, ich habe sie nicht gesehen. Heute Morgen ist sie jedenfalls auf dem Klippenweg zur Höhle gegangen.‘

‚Ich weiß, ich weiß, wir alle haben uns dort getroffen und zusammen gebadet und sie hat uns dann verlassen, um ins Dorf zurückzukehren. Aber ich habe sie seitdem noch nicht wieder gesehen. Sie kann unmöglich so lange unterwegs sein. Die Klippen in dieser Gegend sind doch nicht etwa gefährlich?‘

‚Das richtet sich ganz danach, welchen Weg Sie gehen. Am besten ist immer, wenn man einen Ortskundigen mitnimmt.‘

Offenbar meinte er sich selbst damit und begann, weit ausholend, mit neuen Erklärungen, aber der junge Mann schnitt ihm kurzerhand das Wort ab und rannte zum Gasthof zurück, wo er seiner Frau, die noch auf dem Balkon stand, zurief:

‚Margery, merkwürdigerweise ist Carol noch nicht wieder zurück!‘

Margerys Antwort konnte ich nicht verstehen, aber ihr Mann fuhr fort: ‚Wir können jetzt nicht länger warten, weil wir möglichst bald in Penrithar sein müssen. Bist du fertig? Ich will eben den Wagen holen.‘

Das tat er und bald darauf fuhren die beiden los. Inzwischen hatte ich genügend Mut gefasst, um mir selbst zu beweisen, wie lächerlich meine Fantasiegebilde waren. Sobald der Wagen verschwunden war, ging ich zum Gasthof hinüber und untersuchte das Pflaster genau. Es gab natürlich keine Blutflecke. Sie waren mir von meiner verzerrten Fantasie vorgegaukelt worden. Aber irgendwie erschien die Sache dadurch nur unverständlicher.

Während ich grübelnd dastand, hörte ich wieder die Stimme des Fischers.

Er warf mir einen merkwürdigen Blick zu.

‚Sie haben also geglaubt, hier Blutflecke zu sehen, meine Dame?‘

Ich nickte.

‚Das ist seltsam, wirklich sehr seltsam. Hier herrscht nämlich noch ein alter Aberglaube. Wenn jemand diese Blutflecke sieht –‘

Er hielt inne.

‚Nun, was ist dann?‘, fragte ich.

Er fuhr mit seiner weichen Stimme, die völlig frei von cornischen[2] Dialektausdrücken war, fort:

‚Man sagt hier zu Lande: Wenn jemand diese Blutflecke sieht, dann wird innerhalb von vierundzwanzig Stunden ein Todesfall eintreten.‘

Schaurig! Es rieselte mir kalt den Rücken hinab. Mit sanftem Ton fuhr er fort: ‚Es gibt da eine sehr interessante Tafel in der Kirche, meine Dame, über einen Toten …‘

‚Nein, danke‘, wehrte ich energisch ab, drehte mich rasch um und ging die Straße hinauf zu dem kleinen Häuschen, in dem ich wohnte. Gerade als ich dort ankam, sah ich in der Ferne die Frau, die Carol hieß, auf dem Klippenpfad dahineilen. Gegen den Hintergrund der grauen Felsen wirkte sie wie eine giftige Scharlachblume. Ihr Hut sah aus, als sei er in Blut getaucht … Ich schüttelte mich. Wirklich, Blut war bei mir schon zur fixen Idee geworden.

Später hörte ich das Geräusch ihres Wagens und ich fragte mich im Stillen, ob sie wohl auch nach Penrithar wollte. Aber sie fuhr in die entgegengesetzte Richtung. Ich beobachtete, wie der Wagen den Hügel hinaufkroch und verschwand, und dann atmete ich erleichtert auf. Rathole schien wieder zu seiner ursprünglichen Ruhe und Verschlafenheit zurückgekehrt zu sein.“

[…]

„Das ist aber nicht alles“, sagte Joyce. „Sie müssen sich unbedingt den Schluss anhören. Ich habe davon zwei Tage später in der Zeitung gelesen unter der Überschrift ‚Unglücksfall beim Baden im Meer‘. Es wurde berichtet, wie Mrs. Dacre, die Frau von Captain Denis Dacre, unglücklicherweise in der Landeer-Bucht ertrunken war. Sie und ihr Mann wohnten zu der Zeit dort im Hotel und hatten erklärt, sie wollten schwimmen gehen. Weil ein kalter Wind blies, verspürte Captain Dacre plötzlich keine Lust mehr, sich in die Fluten zu stürzen. Also ging er mit einigen anderen Hotelgästen zum nahe gelegenen Golf-

2 **cornisch:** zu Cornwall gehörend

platz. Mrs. Dacre dagegen behauptete, für sie sei es nicht zu kalt, und begab sich allein hinunter zur Bucht. Nachdem sie überhaupt nicht wiederkam, wurde ihr Mann unruhig und ging mit einigen anderen Hotelgästen zum Strand. Dort fanden sie die Kleider seiner Frau auf einem Felsblock, aber von der unglückseligen Schwimmerin war keine Spur zu sehen. Ihre Leiche wurde erst nach fast einer Woche etwas weiter unten an der Küste angeschwemmt. Man stellte fest, dass sie vor dem Tod einen heftigen Schlag auf den Kopf bekommen hatte. Man nahm an, dass sie beim Sprung ins Wasser mit dem Kopf auf einem Felsen aufgeschlagen war. Nach meiner Berechnung ist ihr Tod genau vierundzwanzig Stunden, nachdem ich die Blutflecke gesehen hatte, eingetreten."

„Ich protestiere", erklärte Sir Henry. „Das ist kein Problem, sondern eine Geistergeschichte. Miss Lemprière ist anscheinend ein Medium."

Mr. Petherick räusperte sich wie gewöhnlich.

„Ein Punkt fällt mir besonders auf", meinte er, „und das ist dieser Schlag auf den Kopf. Wir dürfen, glaube ich, nicht die Möglichkeit eines Verbrechens ausschließen. Aber es fehlen die nötigen Anhaltspunkte. Miss Lemprières Halluzination oder Vision ist gewiss sehr interessant, aber mir ist nicht ganz klar, worauf sie hinauswill."

„Verdauungsstörungen und Zufall", entschied Raymond. „Außerdem weiß man nicht genau, ob es sich um dieselben Leute handelt, ganz abgesehen davon, dass der Fluch, oder wie man's nennen will, sich nur auf die eigentlichen Einwohner von Rathole beziehen würde."

„Ich habe das Gefühl", sagte Sir Henry, „dass dieser Fischer eine Rolle dabei spielt. Aber ich muss Mr. Petherick zustimmen. Miss Lemprière hat uns tatsächlich wenig Anhaltspunkte gegeben."

Joyce wandte sich an Dr. Pender, der lächelnd den Kopf schüttelte.

„Es ist eine höchst interessante Geschichte", gab er zu, „aber ich fürchte, ich bin derselben Ansicht wie Sir Henry und Mr. Petherick. Zu wenig Tatsachen."

Joyce sah neugierig zu Miss Marple hinüber, die ihren Blick lächelnd erwiderte.

„Ich bin auch der Ansicht, dass Sie nicht ganz fair sind, liebe Joyce", sagte sie. „Natürlich ist es für mich nicht so schwierig. Ich meine, wir Frauen verstehen uns auf Kleider. Aber ich glaube, es ist nicht fair, einen Mann vor dieses Problem zu stellen. Das Umziehen muss sehr rasch vor sich gegangen sein. Was für eine böse Frau! Und ein noch schlimmerer Mann!"

Joyce starrte sie an.

„Tante Jane", rief sie. „Ich meine natürlich, Miss Marple. Mir kommt es tatsächlich so vor, als hätten Sie die Wahrheit erfasst."

„Nun, liebes Kind", erwiderte Miss Marple, „es ist viel leichter für mich, die ich hier so ruhig sitze, als für Sie. Als Künstlerin lassen Sie sich doch so leicht von der ganzen Atmosphäre beeinflussen. Wenn man hier so mit seinem Strickzeug sitzt, sieht man nur die nüchternen Tatsachen. Blut, das aus dem Badeanzug auf das Pflaster tropfte, und da es ein roter Badeanzug war, haben die Täter natürlich nicht bemerkt, dass er blutbefleckt war. Armes Ding! Das arme junge Ding!"

„Entschuldigen Sie, Miss Marple", sagte Sir Henry, „aber ich tappe immer noch gänzlich im Dunkeln. Sie und Miss Lemprière scheinen orientiert zu sein. Doch uns armen Männern ist noch kein Licht aufgegangen."

„Dann will ich Ihnen lieber jetzt das Ende der Geschichte erzählen", meinte Joyce. „Ein Jahr später war ich in einem kleinen Seebadeort an der Ostküste. Ich skizzierte wieder und hatte auf einmal das Gefühl – wie das manchmal so vorkommt –, dass ich eine ähnliche Situation früher schon einmal erlebt hatte. Vor mir auf dem Bürgersteig standen zwei Leute, ein Mann und eine Frau, und begrüßten gerade eine dritte Person, eine Frau in einem scharlachrot geblümten Kattunkleid. ‚Carol, du hier? Das ist wundervoll! Ich habe dich eine Ewigkeit nicht gesehen. Darf ich dich mit meiner Frau bekannt machen? Joan, dies ist eine alte Freundin von mir, Miss Harding.'

Ich erkannte den Mann sofort. Es war derselbe Denis, den ich in Rathole gesehen hatte. Die Frau war eine andere – das heißt, sie war jetzt eine Joan und keine Margery, aber im Übrigen der gleiche Typ: jung, etwas altmodisch und sehr unauffällig. Einen Augenblick lang dachte ich, dass das alles gar nicht wahr sein konnte. Man begann vom Schwimmen zu reden. Wissen Sie, was ich da tat? Ich marschierte schnurstracks zur Polizeiwache. Ich nahm an, dass sie mich dort wahrscheinlich für verrückt halten würden, aber das war mir ganz gleich. Wie sich herausstellte, waren meine Befürchtungen in dieser Richtung grundlos. Es war nämlich ein Mann von Scotland Yard da, der gerade in dieser Angelegenheit hergekommen war. Anscheinend hatte die Polizei – oh, das Ganze ist so schrecklich, wenn man darüber nachdenkt – gegen Denis Dacre Verdacht geschöpft. Das war allerdings nicht sein richtiger Name – er legte sich immer wieder einen anderen zu. Sein Trick war, dass er …

1 Was war der Trick von Denis Dacre?
a) Bringt eure Vermutungen mit sachlichen Worten zu Papier.
b) Versucht die Geschichte im Stil von A. Christie weiterzuschreiben. ▶ S. 262

2 Wodurch entsteht die Spannung in dieser Kriminalerzählung?
– Achtet auf die Perspektive, aus der erzählt wird. – Achtet auf Nebenfiguren.

3 Wie hat Agatha Christie ihre Kriminalerzählung „gebaut“?
a) Gliedert die Geschichte in zusammenhängende Sinnabschnitte.
b) Gebt den Sinnabschnitten stichpunktartige Überschriften.
c) Wie wirkt dieser Aufbau auf euch?

4 Stellt euch vor, die Geschichte endete nach den Erklärungen von Miss Marple („… Das arme junge Ding!“; Z. 368 f.).
a) Wäre den Lesenden der Fall damit schon klar?
b) Was bewirkt dieser Erzähltrick?

Felix Huby

Barfuß im Sand

1938 als Eberhard Hungerbühler geboren.
Drehbuchautor vieler „Gute Zeiten – schlechte Zeiten“-Folgen. ▶ S. 85 ff.
Kommissar Bienzle ermittelt seit den 80er …

Diese Zeit liebte Ernst Bienzle besonders. Es war Sommer. Ende Juli. Die Schulen hatten seit drei Wochen Ferien. Die Stadt war so ruhig und so wenig bevölkert wie sonst zu keiner Zeit im Jahr. In solchen Zeiten ging er ausgesprochen gerne ins Büro.

Bienzle arbeitete auch gerne an Sonntagen, wenn draußen die Frauen ihre Männer von Schaufenster zu Schaufenster schleppten, Kinder drum herumrannten, die Langeweile grassierte und viele Menschen nicht wussten, wie sie den Tag herumbringen sollten. Dann saß er vergnügt an seinem Schreibtisch, rauchte einen Zigarillo, trank einen starken Kaffee, den er nicht selten mit einem Kognak „aufmotzte“, und beschäftigte sich mit seinen Fällen.

Noch mehr aber genoss er den Montag, Dienstag oder Donnerstag, an dem er dann für den Sonntag, an dem er gearbeitet hatte, freinahm. Dann wurde er zum Flaneur, schlenderte durch die Stadt, trank einen Kaffee mit Kognak in irgendeinem Stadtcafé oder auch ein Viertele Trollinger beim „Stetter“ in der Rosenstraße.

Diese Sommerwochen nun waren wie ein einziger Sonntag. Offensichtlich machte auch die Unterwelt Ferien. Zwar registrierte der tägliche Polizeibericht eine Menge Einbrüche in den Villenvierteln am Killesberg, am Hasenberg und am Bubenbad, aber im Morddezernat herrschte Ruhe. –

Kriminalassistent Haußmann kam herein und legte ein Fernschreiben auf den Tisch. „Mysteriöser Todesfall in Griechenland“, sagte er. „Seit wann geht uns des was an?“ Bienzle griff nach dem Fernschreiben und las. Schließlich schaute er auf. „Wieso Todesfall?“

„Na ja, der Mann ist verschwunden. Frühmorgens hat er sein Hotel verlassen. Er wollte zum Schnorcheln gehen ...“

„Ja, ich kann auch lesen“, knurrte Bienzle ungnädig.

„Er hat seine Kleider und seine Brille abgelegt und ist – vielleicht (!) tauchen gegangen. Flossen, Taucherbrille und Schnorchel fehlen.“

„Na und? Das wäre nicht der erste Tauchunfall!“

„Stimmt! Aber wir sind hier nicht bei der Unfallversicherung, sondern bei der Polizei, junger Mann.“ Haußmann war an Bienzles gelegentlichen Sarkasmus gewöhnt. „Ich hab mal den Computer gefragt.“

„Spielereien!“, brummte Bienzle. „Aber macht nix, ’s gibt ja sowieso koi Gschäft.“ Haußmann setzte sich in den Besucherstuhl, der schon einer Legion fälschlicherweise und zu Recht Verdächtigten Platz geboten hatte. Bienzle pflegte alle seine Verhöre im eigenen Büro durchzuführen.

„Dr. Winfried Sauer“, sagte Haußmann.

„Von Beruf Rechtsanwalt“, sagte Bienzle.

„Es gibt da ein paar Ungereimtheiten.“ Man konnte Haußmann ansehen, wie er sich über seine eigenen Neuigkeiten freute. Bienzle tat ihm nicht den Gefallen, sein aufkeimendes Interesse zu zeigen.

„Anfang des Jahres wurde Sauer als Geschäftsführer des Juwelierverbandes gekündigt.“

„Warum?“

„Offiziell, weil er sich zu wenig Zeit für den Verband genommen hatte. Sauer hat einen ganzen Sack voll haupt- und ehrenamtlicher Posten und Pöstchen. Aber da war noch etwas ...“ Haußmann machte eine Kunstpause. Bienzle schaute ärgerlich auf: „Jetzt lasset Se sich doch net alle Würmer einzeln aus dr Nas ziehe!“

„Vier Monate nach der Entlassung Sauers gab es einen spektakulären Einbruch in die Ausstellungsräume des Verbandes. Unbekannte Täter sind in das Gebäude eingestiegen. Sie haben die wertvollsten Ausstellungstücke und die Verbandskasse mitgehen lassen.“ Bienzle schüttelte den Kopf.

„Das passt mir viel zu gut zusammen.“

„Immerhin haben die Einbrecher nicht nur die Örtlichkeiten gut gekannt, sie waren offensichtlich auch Experten für Edelsteine.“

„Was Sie net saget!“ Bienzles Ironie war unüberhörbar.

„Die Täter haben genau ausgewählt. Billige Stücke und Duplikate haben sie gar nicht erst mitgenommen.“

Bienzle lehnte sich weit in seinen Holzsessel zurück, zündete sich in aller Ruhe einen Zigarillo an, paffte ein paar Rauchwolken in Richtung Decke und sagte endlich: „Also ich fass mal zusammen: Dem Doktor Sauer wird gekündigt, er ist – nomen est omen[1] – sauer, rächt sich, bricht in die Verbandsräume ein, klaut alles, was etwas wert ist, reist dann nach Griechenland, legt seine Kleider und seine Brille an den Strand, steigt in ein Flugzeug und setzt sich nach Südamerika ab. Seine Frau kassiert die Lebensversicherung und nach einer Anstandsfrist jettet sie ihm nach. Hab ich Sie richtig verstanden?“ Haußmann nickte ... Bienzle stemmte sich aus seinem Sessel heraus und ließ langsam den Zigarillo vom linken in den rechten Mundwinkel wandern. „Wissen Sie was, Haußmann, Sie sind gar nicht so dumm.“ Bienzle umrundete seinen Schreibtisch und klopfte dem Untergebenen jovial auf die Schulter. „Wo sind denn die Sauers in Griechenland?“

„Auf dem mittleren Finger des Peloponnes. Ziemlich weit im Süden im Mani-Gebiet, nicht weit von Kalamata. Der Ort heißt Stoupa !“ [...]

Drei Tage später stiegen Bienzle und Haußmann aus einer Boeing 737, die sie von Athen nach Kalamata gebracht hatte. Nach Stoupa waren es rund fünfzig Kilometer auf einer gewundenen Straße, die den zauberhaften Buchten folgte. Das Meer leuchtete unnatürlich blau herauf, so unnatürlich blau wie auch der Himmel für jemanden war, der den verregneten Sommer bisher im Schwabenland verbracht hatte.

Frau Sauer bewohnte ein kleines Hotel mit dem

1 **nomen est omen** (lat.): der Name sagt es schon

Namen „Kalogria Beach“ dicht am Strand. Das hatte Haußmann noch vor ihrer Abreise herausbekommen. Er hatte freilich auch in Erfahrung gebracht, dass das Hotel auf Wochen hinaus ausgebucht war. Und so schien es auch mit allen anderen Beherbergungsbetrieben zu sein. Schließlich kamen sie bei einer Familie zehn Kilometer von Stoupa entfernt unter. […]

Haußmann hatte sich bereit erklärt, nach Stoupa hinunterzufahren und erste Recherchen[2] anzustellen. Bienzle war das sehr recht. Er war nicht hierhergekommen, um zu arbeiten, er wollte es genießen, eine Dienstreise zu machen, für die es seiner Ansicht nach keinerlei wirklichen Anlass gab. Er verließ sich darauf, dass Sauers Leiche nicht allzu früh an den Strand gespült oder von Fischern gefunden wurde. Dann würde er Kontakt zur örtlichen Polizei aufnehmen, alles protokollieren und bestätigen lassen und die Rückreise antreten. […]

Haußmann berichtete ihm am anderen Morgen bei einem allzu kargen Frühstück – die Wirtin hatte nur Weißbrot und Olivenöl auf den Tisch gestellt –, dass Frau Sauer zwei Stunden am Strand gewesen sei. Besonders beunruhigt habe sie nicht auf ihn gewirkt. Die restliche Zeit habe sie wohl in ihrem Hotelzimmer verbracht, bis kurz nach sieben Uhr abends. Dann sei sie mit ihrem Wagen losgefahren. Er habe sie verfolgt, aber leider sei dann der Mietwagen, den Bienzle in Kalamata besorgt hatte, kaputtgegangen. Zwangsläufig habe er die Dame aus den Augen verloren. Bienzle hob gleichmütig die Schultern. „Man muss auch mit seinen Misserfolgen leben.“

„Was machen Sie heute?“, fragte Haußmann.

„Wie ist denn der Strand?“, fragte Bienzle dagegen.

„Traumhaft: feiner weißer Sand, absolut klares

2 **Recherchen:** Nachforschungen

Wasser und in der Bucht jede Menge Süßwasserquellen, die das Meerwasser heruntertemperieren und richtig frisch machen. Also einmalig, sag ich Ihnen!“

Sie ließen sich ein Taxi kommen, fuhren nach Katamili, wo der Mietwagen in der Reparaturwerkstatt war, holten ihn ab und kurvten in die Bucht von Kalogria. Bienzle suchte sich einen Schattenplatz, während Haußmann seinen drahtigen Körper sofort der Sonne aussetzte. Das Wasser war tatsächlich klar und ungewöhnlich frisch. Bienzle schwamm weit hinaus und fühlte sich richtig gut. Als er zurückkam, wartete Haußmann schon auf ihn. Er deutete auf eine Frau, die dicht hinter dem Platz, wo ein müder Grieche Tretboote verlieh, für sich und ein kleines Mädchen zwei Luftmatratzen aufpumpte. Bienzle murmelte etwas, was wie eine Anerkennung klang. Haußmann bezog sie auf sich. Gemeint war Frau Sauer, eine langbeinige, gut gebaute Frau in einem engen roten Badeanzug. Als sie jetzt durch den Sand ging, um ihre Kühltasche zu holen, die sie unter einem halb verkümmerten Olivenbaum abgestellt hatte, sagte Bienzle: „Schauen Sie mal, was die Frau für einen Gang hat, wie eine Königin!“ Haußmann sah ihn verwundert an. Bienzle sagte: „Überleget Sie sich doch amal, Haußmann, wie schwer des ischt, barfuß im Sand!“ Haußmann war irritiert. So redete sein Chef normalerweise nicht mit ihm. Bienzle zog den Bauch ein und ging schnurstracks zu den beiden Luftmatratzen hinüber. Das kleine Mädchen versuchte die schlaffen Gummidinger weiter aufzupumpen, aber sie ließ nur die Luft wieder heraus. Bienzle ging neben ihr in die Hocke. „Wie heißt du denn?“, fragte er.

„Melanie!“

„Soll ich dir helfen?“

„Nein, ich lass mir nicht von fremden Männern helfen!“ Das Mädchen mochte fünf Jahre alt sein. „Sehr vernünftig“, sagte Bienzle. Er stand just in dem Moment auf, da Frau Sauer mit der Kühltasche erschien. „Die Welt ist klein, net wahr“, sagte Bienzle treuherzig und kam sich dabei ziemlich scheinheilig vor. „Sie komme auch aus Stuttgart?“ Frau Sauer maß Bienzles Bauch mit erkennbarem Missfallen, aber weiter konnte er ihn mit dem besten Willen nicht einziehen, er bekam so schon kaum mehr Luft. Bienzle nickte. „Gestern angekommen. Sie sind Frau Sauer, nicht wahr?“ Er beobachtete sie scharf. Sie wirkte sofort alarmiert. „Kennen wir uns?“

„Na ja, wie man seine Versicherungsnehmer kennt, aus den Akten halt“, sagte Bienzle. Er fühlte sich bei der Lüge nicht besonders wohl. Und eigentlich ging es ihm auch gegen den Strich, dass er jetzt schon anfing zu ermitteln. ‚Will's der Teufel‘, dachte er bei sich, ‚womöglich bin ich morgen schon am Ziel und muss zurück!‘

„Sie sind von der Versicherung?“, fragte Frau Sauer.

„Ihr Mann war hoch versichert!“

„Ich weiß, mit 650 000 Mark[3], bei Unfalltod das Doppelte.“

Bienzle ärgerte sich. Das ging alles viel zu einfach. Missgelaunt sagte er. „Sie wissen gut Bescheid!“ Er hörte auf, den Bauch einzuziehen. Warum sollte er hier eine gute Figur machen. – 1,3 Millionen Mark[4] – das war ein Wort, da bekam Haußmanns Theorie eine ganze Menge mehr Wahrscheinlichkeit. „Darf ich?“, fragte Bienzle und setzte sich auf die halb leere Luftmatratze. Er wusste, dass er jetzt eine verdammte Ähnlichkeit mit einem Frosch hatte, aber selbst wenn Marianne Sauer ihn küssen würde – aus ihm wurde kein Prinz. Frau Sauer blieb stehen. Bienzle sah an der makellosen schlanken Figur hinauf. Er wünschte sich im Augenblick nichts so sehr wie einen Buckel, ein zu kurzes Bein oder eine Hasenscharte an Frau Sauer. Sie setzte sich ihm gegenüber und schickte Melanie spielen.

„Wann ist Ihr Mann verschwunden?“, fragte Bienzle.

„Letzten Sonntag.“

„Heute ist Donnerstag!“

„Ja!“ Sie sagte nichts weiter dazu.

„Irgendwelche Hinweise?“

Frau Sauer öffnete eine Leinentasche. „Ich hab ein Polaroidfoto gemacht. Schauen Sie, so lagen die Sachen da.“ „Bienzle studierte das Foto. Hemd, Hose, Badeschuhe, Brille – alles ordentlich nebeneinander aufgereiht im Sand auf

3 **650 000 Mark:** ca. 325 000 Euro

4 **1,3 Millionen Mark:** ca. 650 000 Euro

einem rot-weiß karierten Handtuch. Es gehörte schon einige Kaltblütigkeit dazu, als designierte[5] Witwe gleich so ein Foto von den Hinterlassenschaften des vermeintlichen Toten zu machen.
„Ihr Mann ist sehr ordnungsliebend, nicht wahr?"
„Ja, das war er!"
„Bitte, wir sollten von ihm nicht wie von einem Toten reden, solange keine Klarheit herrscht."
Sie fuhr ihn an: „Hören Sie doch auf, mir falsche Hoffnungen zu machen, es ist auch so schon schwer genug."
„Sind Sie mit dem Wagen hierhergekommen?", fragte Bienzle.
„Ich bin gefahren. Mein Mann ist mit dem Flugzeug nachgekommen, er hatte noch zu tun."
„Aha!" Bienzle überlegte, ob der Herr Gemahl wohl auf der Herreise bereits die Weiterreise organisiert hatte. Frau Sauer nahm ihm das Bild aus der Hand. „Ist das das einzige Foto?", fragte Bienzle.
„Die anderen sind lauter Urlaubsbilder."
„Dürfte ich die mal sehen?", fragte Bienzle.
Frau Sauer zuckte die Achseln. Der Kerl war ihr zwar ausgesprochen unsympathisch, aber da er die Versicherung vertrat, stellte man sich wohl besser gut mit ihm. Womöglich war der im Stande, die Abwicklung zu verzögern. Sie griff also in die Tasche und zog einen ganzen Stapel Polaroidaufnahmen heraus. Bienzle griff danach und ließ sie langsam durch seine Finger laufen. Doktor Winfried Sauer war ein eitler Mensch. Auf jedem zweiten Bild war er abgelichtet, mal auf dem Balkon in der Abendsonne, mal beim Frühstück, dann auf dem Surfbrett und als unerschrockener Schnorchler beim Abtauchen in dreißig bis fünfzig Zentimeter Tiefe. Bienzle behielt drei Bilder besonders lange in der Hand. Auf dem einen war Sauer zu sehen, wie er das Surfbrett vom Dachständer des Autos herabnahm. Er trug eine weiße Leinenhose und ein grünes Polohemd mit einem Krokodil als Markenzeichen auf der linken Brustseite. Dann sah man ihn beim Abendessen auf der Terrasse des Hotels mit blauem Blazer, weißer Hose, eleganten Turnschuhen und einem blau-goldenen Halstuch. Und schließlich mit seiner kleinen Tochter auf einem Segelboot, da trug er eine blau-weiß karierte kurze Hose und ein blaues Polohemd. Bienzle bedankte sich und stand ächzend auf.
„Wird es lange dauern?", fragte Frau Sauer.
„Sie meinen die Auszahlung der Lebensversicherung?"
„Ja, was denn sonst?", fragte sie schnippisch zurück.
„Tja, ich weiß nicht. Wenn man die Leiche Ihres Mannes nicht findet, vergeht schon einige Zeit, bis Sie ihn für tot erklären können." Bienzle lächelte auf sie hinab. „Aber noch hoffen wir ja alle, dass wir ihn lebend wieder finden." Damit stapfte er davon. Der Sand war heiß und rutschte unter Bienzles Füßen weg. Sein Gang wirkte schwerfällig. Er spürte den Blick der schönen Frau Sauer in seinem Rücken. Als er bei Haußmann ankam, sagte er: „Ich schau mir mal das Zimmer der Sauers an. Sie sollten mich rechtzeitig warnen, wenn die Dame den Strand verlässt." Haußmann wollte protestieren, aber das hatte bei Bienzle noch nie etwas genützt. Also ließ er es. Ohnehin verleitete die Stimmung in dieser Gegend eher dazu, etwas zu lassen als etwas zu tun – nur Bienzle schien wieder einmal gegen den Strich bürsten zu wollen. [...]
Hauptkommissar Ernst Bienzle hatte Routine bei Hausdurchsuchungen. Er ging systematisch vor und rückte alles wieder an seinen Platz. Spuren hinterließ er nicht. In den beiden Schränken hingen nur Damenkleidungsstücke und die Sachen für das Kind. Auf dem Schrank lag ein großer Reisekoffer. Bienzle nahm ihn herab. Der Kofferanhänger trug Sauers Namen und Adresse. Bienzle ließ die Schlösser aufschnappen. Der Koffer war voll bepackt. Sorgfältig nahm Bienzle ein Stück nach dem anderen heraus. Er hatte gerade alles auf dem Doppelbett nebeneinander geschichtet, als es leise an die Tür klopfte.
Bienzle ging hin und öffnete. Davor stand ein schwer atmender und heftig schwitzender Kriminalassistent Haußmann. „Sie kommt!", stieß er hervor, „schnell!" Bienzle kratzte sich am Kinn. Dann schüttelte er den Kopf. „Da, nehmen Sie den Schlüssel, schließen Sie ab und hängen Sie ihn ans Schlüsselbrett. Ich warte hier!" Haußmann wollte etwas sagen, aber

5 **designiert:** vorgesehen, ausgewählt (ironisch)

Bienzle ließ ihn gar nicht erst zu Wort kommen. „Tun Sie, was ich Ihnen sage, Haußmann!“ –

Als Frau Marianne Sauer die Tür zum Appartement Nummer 17 aufschloss, sang sie leise vor sich hin. Bienzle erkannte die Titelmusik zu Alexis Sorbas[6]. Was auch sonst?! Frau Sauer betrat den Raum, sie hatte ihre Tochter allein am Strand gelassen, andere Hotelgäste hatten versprochen, auf das Kind aufzupassen. Sie sah Bienzle nicht sofort, denn der Raum lag wegen der geschlossenen Läden im Dunkeln. Frau Sauer hatte am Strand ihren Badeanzug ausgezogen und war unter ihrem Bademantel nackt. Sie wollte ihn gerade ablegen, als Bienzle sagte: „Bitte nicht, ich muss etwas mit Ihnen besprechen!“ Erschrocken fuhr sie herum. Sie riss den Mund auf, brachte aber keinen Ton heraus. Bienzle sagte: „Ich möchte Ihnen nicht weiter etwas vormachen, Frau Sauer. Ich bin von der Stuttgarter Kriminalpolizei. Ein Kollege und ich sind beauftragt, das Verschwinden Ihres Mannes aufzuklären.“

„Also das ist doch …“ Bienzle hob abwehrend beide Hände.

„Ich weiß, was Sie sagen wollen, und Sie haben ja auch ganz Recht. Aber bevor Sie sich zu weit vorwagen: Ich werde jetzt beweisen, dass Ihr Mann am Leben ist. Vorher hätte ich nur noch eine Frage: Waschen Sie Ihre Wäsche hier selber?“

Frau Sauer schüttelte den Kopf. „Dann lassen Sie also im Hotel waschen?“ Wieder schüttelte sie den Kopf. „Wir haben genug Kleider mitgenommen. Ein bisschen Handwäsche kann man ja hier machen, wenn es nötig ist.“ Bienzle nickte zufrieden. „Dann erklären Sie mir doch bitte, wo sind das blaue Polohemd, die blau-weiß karierte Hose, das blau-goldene Halstuch, der Blazer und die weiße Hose Ihres Mannes?“

„Ich verstehe kein Wort!“

Bienzle lächelte sie an. „Sie glauben gar nicht, wie oft ich diesen Satz schon gehört habe, gestimmt hat er meistens nicht. Sie haben mir freundlicherweise die Fotos aus der Sofortbildkamera gezeigt. Die Bilder sind alle hier aufgenommen. Ihr Mann trägt darauf die von mir erwähnten Kleider. Er muss sie mitgenommen haben sowie die Edelsteine beim Juwelierverband und das Geld aus der Kasse!“ –

Der Rest war reine Routine. Frau Sauer hielt Bienzles Fragemethoden nicht stand, zumal er sie nicht schonte. Er hätte sicher nicht zugegeben, dass das etwas damit zu tun hatte, wie geringschätzig sie ihn am Strand angeschaut hatte, aber ausschließen lässt sich das nicht. –

Doktor Winfried Sauer war nach Montevideo gefahren. Das Auslieferungsverfahren läuft.

6 **Alexis Sorbas:** Bekannter Spielfilm mit Anthony Quinn (1965), dessen Romanvorlage im griech. Stoupa spielt, dem Ort von „Barfuß im Sand“

1 Worauf ist man bei „Barfuß im Sand“ gespannt?
Welche Stellen findet ihr nicht so spannend?
Begründet eure Meinung!

2 Auch in „Barfuß im Sand“ kommt ein roter Badeanzug vor (Z. 183) – wie bei Agatha Christie.
Welche Erzählung findet ihr spannender?
Begründet eure Auffassung.
Tauscht euch darüber aus.

3 An welcher Stelle genau erfährt man in F. Hubys Kriminalerzählung eigentlich die Lösung des Falls? – Lest aufmerksam!

4
a) Charakterisiert Kommissar Bienzle und seine Arbeitsweise.
b) Bienzle ist durch eine sprachliche Besonderheit charakterisiert. Welche Bedeutung hat sie?
c) Stellt ihr euch so einen Kommissar vor?

Georg Britting
Brudermord im Altwasser

*aus Regensburg (*1891), lebte als Schriftsteller in München († 1964). Die folgende Geschichte stammt aus der Sammlung „Die kleine Welt am Strom" (1933) mit vielen Kindheitserinnerungen.*

Das sind grünschwarze Tümpel, von Weiden überhangen, von Wasserjungfern übersurrt, das heißt: wie Tümpel und kleine Weiher und auch große Weiher ist es anzusehen und es ist doch nur Donauwasser, durch Steindämme abgesondert vom großen grünen Strom, Altwasser, wie man es nennt. Fische gibt es im Altwasser, viele, Fischkönig ist der Bürstling, ein Raubtier mit zackiger, kratzender Rückenflosse, mit bösen Augen, einem gefräßigen Maul, grünschwarz schillernd wie das Wasser, darin er jagt. Und wie heiß es hier im Sommer ist! Die Weiden schlucken den Wind, der draußen über dem Strom immer geht. Und aus dem Schlamm steigt ein Geruch wie Fäulnis und Kot und Tod. Kein besserer Ort ist zu finden für Knabenspiele als dieses grün dämmernde Gebiet. Und hier geschah, was ich jetzt erzähle.

Die drei Hofberger Buben, elfjährig, zwölfjährig, dreizehnjährig, waren damals im August jeden Tag auf den heißen Steindämmen, hockten unter den Weiden, waren Indianer im Dickicht und Wurzelgeflecht, pflückten Brombeeren, die schwarzfeucht, stachlig, geschützt glänzten, schlichen durch das Schilf, das in hohen Stangen wuchs, schnitten sich Weidenruten, rauften, schlugen auch wohl einmal dem Jüngsten, dem Elfjährigen, eine tiefe Schramme, dass sein Gesicht rot beschmiert war wie eine Menschenfressermaske, brachen wie Hirsche und schreiend durch Buschwerk und Graben zur breit fließenden Donau vor, wuschen den blutigen Kopf, und die Haare deckten die Wunde dann, und waren gleich wieder versöhnt. Die Eltern durften natürlich nichts erfahren von solchen Streichen und sie lachten alle drei und vereinbarten wie immer: „Zu Hause sagen wir aber nichts davon!"

Die Altwässer ziehen sich stundenweit die

Donau entlang. Bei einem Streifzug einmal waren die drei tief in die grüne Wildnis vorgedrungen, tiefer als je zuvor, bis zu einem Weiher, größer, als sie je einen gesehen hatten, schwarz der Wasserspiegel, und am Ufer lag ein Fischerboot angekettet. Den Pfahl, an dem die Kette hing, rissen sie aus dem schlammigen Boden, warfen Kette und Pfahl ins Boot, stiegen ein, ein Ruder lag auch dabei, und ruderten in die Mitte des Weihers hinaus. Nun waren sie Seeräuber und träumten und brüteten wilde Pläne. Die Sonne schien auf ihre bloßen Köpfe, das Boot lag unbeweglich, unbeweglich stand das Schilf am jenseitigen Ufer, Staunzen fuhren leise summend durch die dicke Luft, kleine Blutsauger, aber die abgehärteten Knaben spürten die Stiche nicht mehr.

Der Dreizehnjährige begann das Boot leicht zu schaukeln. Gleich wiegten sich die beiden anderen mit, auf und nieder, Wasserringe liefen über den Weiher, Wellen schlugen platschend ans Ufer, die Binsen schwankten und wackelten. Die Knaben schaukelten heftiger, dass der Bootsrand bis zum Wasserspiegel sich neigte und das aufgeregte Wasser ins Boot hineinschwappte. Der Kleinste, der Elfjährige, hatte einen Fuß auf den Bootsrand gesetzt und tat jauchzend seine Schaukelarbeit. Da gab der Älteste dem Zwölfjährigen ein Zeichen, den Kleinen zu schrecken, und plötzlich warfen sie sich beide auf die Bootsseite, wo der Kleine stand, und das Boot neigte sich tief, und dann lag der Jüngste im Wasser und schrie und ging unter und schlug von unten gegen das Boot und schrie nicht mehr und pochte nicht mehr und kam auch nicht mehr unter dem Boot hervor, unter dem Boot nicht mehr hervor, nie mehr.

Die beiden Brüder saßen stumm und käsegelb auf den Ruderbänken in der prallen Sonne, ein Fisch schnappte und sprang über das Wasser heraus. Die Wasserringe hatten sich verlaufen, die Binsen standen wieder unbeweglich, die Staunzen summten bös und stachen. Die Brüder ruderten das Boot wieder ans Ufer, trieben den Pfahl mit der Kette wieder in den Uferschlamm, stiegen aus, trabten auf dem langen Steindamm dahin, trabten stadtwärts, wagten nicht sich anzusehen, liefen hintereinander, achteten der Weiden nicht, die ihnen ins Gesicht schlugen, nicht der Brombeersträucherstacheln, die an ihnen rissen, stolperten über Wurzelschlangen, liefen, liefen und liefen.

Die Altwässer blieben zurück, die grüne Donau kam, breit und behäbig, rauschte der Stadt zu, die ersten Häuser sahen sie, sie sahen den Dom, sie sahen das Dach des Vaterhauses.

Sie hielten, schweißüberronnen, zitterten verstört, die Knaben, die Mörder, und dann sagte der Älteste wie immer nach einem Streich: „Zu Hause sagen wir aber nichts davon!“ Der andere nickte, von wilder Hoffnung überwuchert, und sie gingen, entschlossen, ewig zu schweigen, auf die Haustüre zu, die sie wie ein schwarzes Loch verschluckte.

1 a) In dieser Geschichte ist von „Mord“ die Rede (vgl. Titel; Z. 98). Würdet ihr das auch sagen? Begründet eure Meinung.

b) Im § 211 des Strafgesetzbuches wird „Mord“ juristisch definiert. Vergleicht die Definition mit dem Fall in unserer Erzählung.

2 Findet ihr die Geschichte spannend? Begründet eure Meinung.

3 Ist „Brudermord im Altwasser“ eine **Kriminalgeschichte?** Sprecht darüber.

4 a) Beschreibt, wer und was alles zu einer Kriminalgeschichte gehört. (Lest dazu noch einmal die Geschichten von A. Christie und F. Huby.)

▶ S. 105
110

b) Vergleicht eure Beschreibungen. Verfasst anschließend einen Lexikonartikel „Kriminalgeschichte“.

5 a) Schreibt die Geschichte aus der Perspektive des Zwölf- oder des Dreizehnjährigen.
b) Vergleicht eure Fassung mit dem Original:
- Welche Abschnitte fehlen?
- Was ist neu oder anders?

6 „Brudermord" – das allererste Wort der Geschichte beschwört Schrecken, Gefahr. Findet ihr andere Textstellen, die auf das schreckliche Ende hindeuten?

7 Untersucht Sprache und Stil der Geschichte:
- Satzbau, Satzlänge (z. B. Z. 66 ff.)
- Aufzählungen
- ungewöhnliche Wortstellung
- Was ist das Besondere an den Verben und Adjektiven?
- Überprüft das Tempus in den einzelnen Absätzen.

Tipps für clevere Krimifans

Was? – Das Verbrechen
- Um was für ein Verbrechen handelt es sich?

Wer? – Opfer, Täter, Ermittler
- Wer steht im Mittelpunkt?
- Wer ist der/die Ermittelnde?
- Welche Nebenfiguren?
- Was haben alle mit dem Verbrechen zu tun?

Wann, wo? – Die Handlung
- Wann setzt das Geschehen ein: vor dem Verbrechen; mit der Tat; nachher?
- Verläuft die Handlung chronologisch (Schritt für Schritt) oder gibt es Rückblenden, zeitliche Sprünge?
- An welchen und wie vielen Orten spielt die Handlung?

Wie? – Spannung und Stil
- Worauf zielt die **Spannung:** auf das Verbrechen und seine Umstände; auf den Täter? Gibt es „falsche Fährten", beunruhigende Andeutungen, überraschende Wendungen?
- Aus welcher **Perspektive** wird erzählt: von einem neutralen, wissenden Erzähler oder von einer „beschränkten" beteiligten Person mit ihren Befürchtungen und bloßen Vermutungen?
- Wie ist die **Sprache,** wie reden die Personen miteinander: normal, gehoben, salopp, Dialekt? ▶ S. 277
Gibt es auffällige sprachliche, rhetorische Mittel: bei Wortwahl, Satzbau, Bildern und Vergleichen? ▶ S. 198

8 Wählt den „Roten Badeanzug“ (S. 105) oder „Barfuß im Sand“ (S. 110) aus und versucht die Fragen für Krimifans zu beantworten.

9 Schreibt eine zusammenhängende Empfehlung der Kriminalgeschichte eurer Wahl:
- Geht in der **Einleitung** kurz auf Autor/-in und Art des Verbrechens ein.
- Behandelt im **Hauptteil** das Wer?, Wann?, Wo? und Wie? der Geschichte.
- Gebt zum **Schluss** ein begründetes Urteil – positiv oder negativ – über die Geschichte ab.

6.2 Dem Verbrechen auf der Spur

Friedrich Dürrenmatt

Das Versprechen

Requiem[1] auf den Kriminalroman

Der Schweizer Friedrich Dürrenmatt (1921 bis 1990) war einer der bedeutendsten Dramatiker und Erzähler nach dem Zweiten Weltkrieg. Seine Komödien, die immer die „schlimmstmögliche Wendung“ nehmen, machten ihn weltberühmt, so z. B. „Der Besuch der alten Dame“ (1956) oder „Die Physiker“ (1962).
Zuvor war er durch seine Kriminalromane mit den Kommissaren Bärlach und Matthäi bekannt geworden. 1952 erschien „Der Richter und sein Henker“, 1953 „Der Verdacht“, 1958 „Das Versprechen“, aus dem der folgende Auszug stammt.
Der Sprecher Dr. H. ist ehemaliger Leiter der Züricher Polizei.

[…] Dann werden Sie sich auch gewundert haben, weshalb ich vorhin bei dieser erbärmlichen Tankstelle halt machte, und ich will es Ihnen gleich gestehen: Das traurige, versoffene Wrack, das uns mit Benzin bediente, war mein fähigster Mann. Ich habe, weiß Gott, etwas von meinem Beruf verstanden, aber Matthäi war ein Genie, und das in einem größeren Maße als einer eurer Detektive.
Die Geschichte hat sich vor nun bald neun Jahren ereignet, fuhr H. fort, nachdem er einen Lastwagen der Shell-Kompanie überholt hatte. Matthäi war einer meiner Kommissäre, oder besser einer meiner Oberleutnants, denn wir führen bei der Kantonspolizei militärische Rangbezeichnungen. Er war Jurist wie ich. Er hatte als Basler in Basel doktoriert und wurde, zuerst in gewissen Kreisen, die mit ihm „beruflich“ in Berührung kamen, dann aber auch bei uns „Matthäi am Letzten[2]“ genannt. Er war ein einsamer Mensch, stets sorgfältig gekleidet, unpersönlich, formell, beziehungslos, der weder rauchte noch trank, aber hart und unbarmherzig sein Metier beherrschte, ebenso verhasst wie

1 **Requiem:** Totenmesse

2 **Es ist Matthäi am Letzten:** Es ist endgültig Schluss, aus.

erfolgreich. Ich bin nie recht klug aus ihm geworden. Ich war wohl der einzige, der ihn mochte – weil ich klare Menschen überhaupt liebe, wenn mir auch seine Humorlosigkeit oft auf die Nerven ging. Sein Verstand war überragend, doch durch das allzu solide Gefüge unseres Landes gefühllos geworden. Er war ein Mann der Organisation, der den Polizeiapparat wie einen Rechenschieber handhabte. Verheiratet war er nicht, sprach überhaupt nie von seinem Privatleben und hatte wohl auch keines. Er hatte nichts im Kopf als seinen Beruf, den er als ein Kriminalist von Format, doch ohne Leidenschaft ausübte. So hartnäckig und unermüdlich er auch vorging, seine Tätigkeit schien ihn zu langweilen, bis er eben in einen Fall verwickelt wurde, der ihn plötzlich leidenschaftlich werden ließ.

Dabei stand Dr. Matthäi gerade damals auf dem Höhepunkt seiner Karriere. Es hatte mit ihm beim Departement[3] einige Schwierigkeiten gegeben. Der Regierungsrat mußte damals langsam an meine Pensionierung denken und somit auch an meinen Nachfolger. Eigentlich wäre nur Matthäi in Frage gekommen, doch stellten sich der zukünftigen Wahl Hindernisse entgegen, die nicht zu übersehen waren. Nicht nur, daß er keiner Partei angehörte, auch die Mannschaft hätte wohl Schwierigkeiten gemacht. Andererseits bestanden aber oben wiederum Hemmungen, einen so tüchtigen Beamten zu übergehen; weshalb denn die Bitte des jordanischen Staates an die Eidgenossenschaft[4], nach Amman[5] einen Fachmann zu schicken, mit dem Auftrag, die dortige Polizei zu reorganisieren, wie gerufen kam: Matthäi wurde von Zürich vorgeschlagen und sowohl von Bern als auch von Amman akzeptiert. Alles atmete erleichtert auf. Auch ihn freute die Wahl, nicht nur beruflich. Er war damals fünfzigjährig – etwas Wüstensonne tat gut; er freute sich auf die Abreise, auf den Flug über Alpen und Mittelmeer, dachte wohl überhaupt an einen endgültigen Abschied, deutete er doch an, daß er nachher zu seiner Schwester in Dänemark ziehen wolle, die dort als Witwe lebte – und war eben mit der Liquidierung[6] seines Schreibtisches im Gebäude der Kantonspolizei in der Kasernenstraße beschäftigt, als der Anruf kam. –

3 **Departement:** Landesregierung
4 **Eidgenossenschaft:** Schweiz
5 **Amman:** jordan. Hauptstadt

Matthäi wurde nur mit Mühe aus dem verworrenen Bericht klug, setzte der Kommandant seine Erzählung fort. Es war einer seiner alten „Kunden“, der aus Mägendorf anrief, aus einem kleinen Nest in der Nähe von Zürich, ein Hausierer namens von Gunten. Matthäi hatte eigentlich keine Lust, sich noch an seinem letzten Nachmittag in der Kasernenstraße mit dem Fall zu befassen, war doch das Flugbillett schon gelöst und der Abflug in drei Tagen fällig. Aber ich war abwesend, auf einer Konferenz der Polizeikommandanten, und erst gegen Abend aus Bern zurückzuerwarten. Richtiges Handeln war notwendig, Unerfahrenheit konnte alles vereiteln. Matthäi ließ sich mit dem Polizeiposten Mägendorf verbinden. Es war gegen Ende April, draußen rauschten Regengüsse nieder, der Föhnsturm hatte nun auch die Stadt erreicht, doch wich die unangenehme, bösartige Wärme nicht, welche die Menschen kaum atmen ließ.

Der Polizist Riesen meldete sich.

„Regnet es in Mägendorf auch?“ fragte Matthäi vorerst unmutig, obgleich die Antwort zu erraten war, und sein Gesicht wurde noch düsterer. Dann gab er die Anweisung, den Hausierer im „Hirschen“ unauffällig zu bewachen.

Matthäi hängte auf.

„Etwas passiert?“ fragte Feller neugierig, der seinem Chef beim Packen half. Es galt eine ganze Bibliothek fortzuschaffen, die sich nach und nach angesammelt hatte.

„Auch in Mägendorf regnet es“, antwortete der Kommissär, „alarmieren Sie das Überfallkommando.“

„Mord?“

„Regen ist eine Schweinerei“, murmelte Matthäi anstelle einer Antwort, gleichgültig gegen den beleidigten Feller.

Bevor er jedoch zum Staatsanwalt und zu Leutnant Henzi in den Wagen stieg, die ungeduldig warteten, blätterte er in von Guntens Akten. Der Mann war vorbestraft. Sittlichkeitsdelikt an einer Vierzehnjährigen. R

6 **Liquidierung:** Auflösung

1 Möchtet ihr weiterlesen? Warum (nicht)? Begründet eure Meinung.

2 Was für ein Mensch ist Kommissär (schweizerisch) Matthäi?
Charakterisiert ihn.

3 a) Interessiert euch ein solcher Kommissar wie Matthäi?
b) Was ist für euch der/die ideale Kommissar/-in?

4 a) Friedrich Dürrenmatt verwendet gleich zu Beginn einen bestimmten Erzähltrick.
b) Was erreicht er damit?

5 a) Stellt „Das Versprechen" in der Klasse vor.
Ihr könnt euch dabei nach den Tipps auf S. 118 richten; beachtet besonders:
- den Detektiv
- das Verbrechen
- die Aufklärung (nicht alles verraten!)
- den Täter

b) Wie präsentiert ihr eure Ergebnisse am besten (Folien, Wandbilder ...)?

6 Friedrich Dürrenmatt hat „Das Versprechen" ursprünglich als Filmdrehbuch angelegt:
„Es geschah am hellichten Tag" (1958).
Besorgt euch den Film und vergleicht ihn mit dem Roman.

Typen in Serie – Detektive, auch weiblich

Mit „Der Doppelmord in der Rue Morgue" (1840) des amerikanischen Schriftstellers Edgar Allen Poe (1809–1849) beginnt die moderne Kriminalliteratur und gleichzeitig betritt erstmals der **Seriendetektiv** die literarische Weltbühne: Auguste C. Dupin zeichnen alle die Eigenschaften aus, die der klassische *Privatdetektiv* besitzt.
Der Privatdetektiv hat inzwischen in Büchern und Filmen Brüder und Schwestern bekommen:

Der klassische (englische) Detektiv

oder: der Armchair Detective

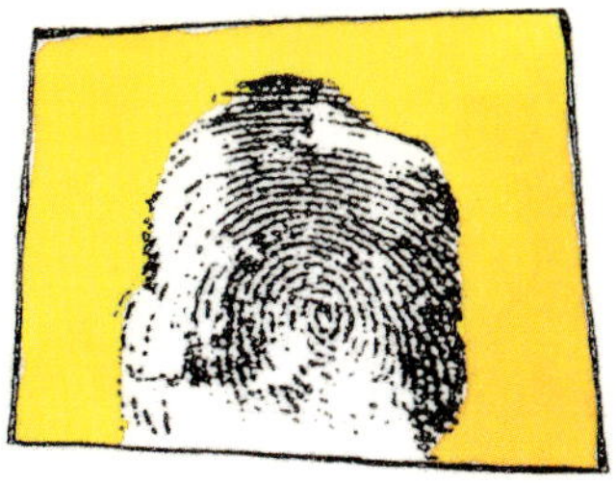

Miss Jane Marple
ist eine über 70-jährige Hausfrau, die ihre Fälle mit Beobachtung, Vergleich und Psychologie löst. Bei der Aufklärung selbst wird sie nicht aktiv.

Andere
- **Sherlock Holmes:** Der Hund von Baskerville (Arthur Conan Doyle)
- **Hercule Poirot:** Mord im Orientexpress (Agatha Christie)

Der harte (amerikanische) Detektiv

oder: der Hardboiled Dick

Philip Marlow

lebt und arbeitet in Los Angeles. Hat den Whisky immer in Griffweite, schnüffelt überall herum. Er arbeitet immer allein, lässt sich nie in dunkle Geschäfte ein.

Andere
- **Sam Spade:** Der Malteser Falke (Dashiell Hammett)
- **V. I. Warshawski:** Deadlock (Sara Paretzky)

Andere **Ermittlertypen** sind

Der klassische Kommissar
- **Maigret:** Maigret und die kopflose Leiche (Georges Simenon)
- **Reginald Wexford:** Phantom in Rot (Ruth Rendell)
- **Commissario Brunetti:** Venezianisches Finale (Donna Leon)

Detektiv wider Willen
- **Pater Brown:** Das blaue Kreuz (Gilbert Keith Chesterton)
- **Kay Scarpetta:** Das geheime Abc der Toten (Patricia Cornwall)
- **Anna Marx:** Fremde sterben selten in Samyana (Christine Grän)

Die polizeiliche Ermittlergruppe
- **Martin Beck** u. a.: Der verschlossene Raum (Maj Sjöwall/Per Wahlöö)
- **Steve Carella** u. a.: Neun im Fadenkreuz (Ed McBain)
- **Katharina Ledermacher** u. a.: Mord am Lietzensee (Richard Hey)

1 Welcher dieser Ermittlertypen interessiert euch am meisten?
   a) Sucht euch eine/n Detektiv/-in aus und stellt ihn/sie in einem Kurzporträt vor (s. o. Miss Marple, Philip Marlow).
   b) Ermittelt, was alle Detektive, die zum selben Typ gehören, gemeinsam haben.

2 Zu welchem Ermittlertyp gehören die Filmkrimi-Heldinnen und -Helden, die ihr kennt?

Tipp Verbrechen im **Internet** – Hilfe!!!
www.krimimuseum.de
www.krimi-forum.de

Zwischen Lyrik und Dreck

Porträt der Detektivin Bella Block

Als sie die literarische Bühne betrat, war Bella Block „Anfang fünfzig, wog 150 Pfund, was trotz ihrer Größe von 175 cm durchaus den Eindruck ‚rund' hinterließ. Ihr unehelicher Großvater war ein ziemlich berühmter russischer Dichter gewesen. Diese Tatsache hatte ihr, außer einer großen Liebe für die Poesie, eine komplizierte Biografie und deutsche, russische, italienische und spanische Sprachkenntnisse eingebracht" (D. Gercke: Weinschröter, du musst hängen, S. 24). Sie war geschieden, hatte kurze graue Haare und lebte allein. Kinder hatte sie nicht, aber eine Vorliebe für jüngere Männer und Orangensaft mit Wodka.

Bella Block ist Kriminalkommissarin in Hamburg. Ihr Erfolg, ihre Personalakte und ihre Person flößen den Kollegen Respekt ein. Und deshalb löst sie ihre Fälle vornehmlich im Alleingang, ihr Kollege Becker unterstützt und liebt sie nur gelegentlich.
Ihr erster Fall, **„Weinschröter, du musst hängen"**, führt Bella Block in die norddeutsche Provinz, nach Roosbach, wo die Welt noch in Ordnung zu sein scheint: Idylle, Dorfgemeinschaft und Naturverbundenheit. Aber hinter den Fassaden lauern Hass, Neid und sexuelle Perversionen. Die Kriminalkommissarin erkennt auch in diesem Fall den unlösbaren Zusammenhang von Gesellschaft, Politik und Kriminalität. Oft hat sie ein Gefühl von Mitschuld und Mitverantwortung an den Verhältnissen, die Verbrechen möglich machen: „In gewisser Weise hatte die Situation derer, die sie verfolgte, schon immer mit ihr selbst zu tun gehabt." Und so hat Bella Block Verständnis für die gedemütigte Frau, die zur Mörderin wird. Letztlich überführt sie die Täterin nicht, lässt wider Pflicht Gerechtigkeit walten.
Für Bella Block stehen die moralischen Fragen des Kriminalfalls im Vordergrund. Und so ist es konsequent, dass sie nach ihrem ersten Fall den Job als Kommissarin kündigt und ihr Geld als Privatdetektivin verdient.
In der **„Nachsaison"** – so der Titel des zweiten Romans (1989) – erschießt sie italienische Mafiosi, die mit deutschen Biedermännern Kinder verkaufen. Selbstjustiz ist für Bella Block durchaus ein Lösungsweg, wenn gesellschaftliche Strafverfolgung unmöglich ist.
In ihrem dritten Fall schließlich führt Bella Block die Liebe nach Moskau. Durch Zufall wird sie dort Zeugin mehrerer Verbrechen. Auch in **„Moskau, meine Liebe"** (1989) kämpfen sozial Gedemütigte für ihre menschlichen Ideale. Bella Block stellt auch in Russland fest, dass sich die Werte von Gut und Böse verschoben haben, dass sogar staatliche Organe in der organisierten Kriminalität mitmischen. Illusionen einer schönen, heilen Welt hat Bella Block nicht mehr.
Die Detektivin Bella Block widerspricht gängigen Krimiklischees. Ihr Alter, ihr Geschlecht, ihre Ermittlungsmethoden setzt Autorin Doris Gercke (*1937) bewusst gegen den üblichen und erwarteten Kriminalroman. Bella Block steht in der Tradition eines Kommissar Maigret, der mit psychologischem Einfühlungsvermögen seine Fälle aufklärt. Andererseits zeigt sie auch Züge des amerikanischen Einzelkämpfers für Gerechtigkeit, wie sie bei den Detektivinnen von Sara Paretsky, Sue Grafton und Valerie Wilson Wesley auftreten.

Im Fernsehen spielt Hannelore Hoger „Bella Block". Im Gegensatz zu den Romanen ist sie in jedem Fall Kommissarin, keine Privatdetektivin. Nicht alle Drehbücher beruhen auf den Romanen Doris Gerckes. Aber auch dort stehen moralische Fragen im Vordergrund. Wie die Bücher zeigen die Filme Schattenseiten unserer Gesellschaft, Dreck, soziale und psychische Not. Mehrmals erhielten sowohl Bücher als auch Filme Auszeichnungen.

Weitere Romane von Doris Gercke mit Bella Block:
Der Krieg, der Tod, die Pest 1990; **Die Insel** 1991; **Kinderkorn** 1991; **Kein fremder Land** 1993

1 Wer kennt Bella Block aus Büchern oder Filmen? Berichtet darüber.

2 Wie ist dieses Porträt aufgebaut?
Formuliert Abschnitt-Überschriften.

3 Schreibt das Porträt eures männlichen oder weiblichen Lieblingsdetektivs (Buch, Film).
- Findet eine passende Überschrift.
- Ergänzt eine interessante Abbildung (Porträt, Buchcover, Filmplakat …)
- Bringt charakteristische Zitate.

▶ S. 195
212

6.3 Krimiwerkstatt – ein Projekt

Henner Kotte
Countdown im Container

Nannette Bieber (Netti) Swantje Busch (Schwan) Wolfram Siebenlehn (Wolle) Andrej Pötzsch (Andy) Albert Matt (Matti)	Container-Bewohner/-innen
Sylke von Marwitz (Silly)	Letztauswohnerin
Ole-Dominik Weiß (Olli Weh)	Moderator
Benjamin Kutter	Produzent

„Nie werd ich euch vergessen!" – Sylke von Marwitz drückte letzte Tränen und fiel ihrem Albert „Matti" Matt eng um den Hals. Matti bereute, dass er doch im Container blieb, obwohl ihm sein Gefühl stets wieder gesagt hatte, mit Sylke dieses öffentliche Gefängnis zu verlassen. Aber beide hatten trotz aufkeimender starker Gefühle beschlossen, dass der Partner es weiter im Container aushalten sollte. So gab es möglicherweise mehr Sympathien der Fernsehzuschauer, mehr Geld sowieso, wenn Matti blieb und den allerletzten Preis absahnte. Eine viertel Million hörte sich sehr, sehr gut an und man war Star, wenn man rauskam, bekam man sogar einen Plattenvertrag. Andre hatten es vorgemacht. Und vielleicht wäre Sylke bereits in allen Medien, wenn er ihr folgte. Matti wurde es ein wenig unheimlich bei diesen Gedanken. Sylke weinte wirklich, Mattis Hals glänzte nass. Auch ihm war mulmig, kein gutes Gefühl hatte er: Silly ging, seine Vertraute, wenn nicht gar seine Frau fürs Leben. Ihre Liebe war unter äußerst komplizierten Bedingungen entstanden. Würde sie halten? Mit einem kleinen Lächeln dachte er daran, was sie in der Stunde ohne Kameras miteinander getan hatten. Matti wurde romantisch und der Augenblick schien unendlich.

„Jetzt folgt der Abgang“, raunzte Andy dazwischen und setzte Silly auch einen Kuss auf die Wange. Matti entschloss sich und gab Sylke frei. Andy, der Terminator, öffnete die Tür und von draußen ertönten Sprechchöre wie „Love you“ und „Go back“. Der Moderator Ole-Dominik Weiß umhalste Sylke mit drei Küssen auf die Wange und sehr nahe am Mund. Matti hatte nichts gesehen, weil er es nicht wollte. Die verbliebenen Damen Swantje Busch und Nannette Bieber zitterten leicht in der Situation und vor Fernsehstar Olli Weh und vor den grölenden Massen wahrscheinlich. Andrej Pötzsch wünschte Silly „einen guten Empfang“. Sylke blickte schmerzlich auf die hinter ihr liegende Tür. Alle, die blieben, winkten. Gar Wolle, der Sanfte von der Küste, hob seine Hand, um dann schnell zu verschwinden. Sylke von Marwitz zog am Arm Olli Wehs in die Welt.

Nach und nach erreichten die verbliebenen Bewohner ihre wohnliche Sitzgruppe wieder. Wolfram Siebenlehn hatte sich bereits ein restliches Bier geöffnet und nahm einen kräftigen Schluck. Er war wohl auch ein wenig benommen vom unerwarteten Auszug von Silly.

Nannette hatte Wolles Zurückhaltung stets zu deuten versucht, dass aber Sylke der Grund dafür sein sollte, war ihr unglaublich. Und selbst wenn Wolle Silly verehrte, jetzt hatte sie, Nannette, alle Chancen. Silly war draußen und blieb es. Die andere Dame, Swantje Busch, stand sowieso völlig auf Andy, diesen Rotzlöffel. Keine Konkurrenz. Vorerst.

„Salvi fünf“, machte Andrej wieder Stimmung und hob sein Glas. Swantje schenkte den anderen nach und vertröpfelte ganz wenig vom Alkohol. Wolle lehnte den perlenden Sekt völlig ab und stieß an mit seiner Bierbüchse. Matti konnte nicht so recht lachen. Nannette heiterte ihn mit einer sanften Berührung über die Haare etwas auf. Dann griff sie in die Chips.

„Da waren's nur noch fünf“, sagte Wolle, auch er langte zu.

„Zehn kleine Glückspilze sind wir gewesen, wenn man bedenkt …“ Na, was wohl, dachte Nannette. Denn Swantje Busch glaubte, dass ihr später mindestens eine der Hauptrollen in „Hinter Gittern“ oder „Marienhof“ zustand, und zwinkerte verführerisch ihrem Andy zu.

„Wer wird von uns der Nächste sein?“ Andy hatte sein Glas bereits ausgetrunken und griff nach dem auf dem Tisch. Das war übrig geblieben, da Wolle verzichtet hatte. Aber auch dessen Bierbüchse war leer. Und notgedrungen quälte sich Wolle an Nannette vorbei zur Küchenzeile.

„Ich hätt es dir auch gebracht“, säuselte Swantje, der Schwan.

„Ist eh nix mehr hinne“, lächelte Andy.

„Wasser tut's auch“, sagte Wolle.

„Das steht offen auf dem Tisch“, erklärte Nannette.

„Oh!“

„Silly wollte doch nicht auf ihren Abschied anstoßen. Sie war nicht gut drauf. Diese Situation hat sie getroffen.“

„Einer muss gehen.“

„Silly trank sowieso immer nur Wasser.“

„Mach ich jetzt auch mal“, sagte Wolle und schenkte sich ein. „Sehr zum Wohle!“ – und dann: „Scheußlich!“

Wolle schüttelte sich und verdrehte eindrucksvoll seine Augen. Niemand verstand diesen Scherz und Wolle hatte vielleicht auch gar keinen gemacht. Er konnte das Glas nicht mehr absetzen, sein Körper erbebte in sichtbaren Krämpfen. Die beiden Damen schrien, als Wolfram Siebenlehn vor ihnen unschön auf den Containerfußboden knallte.

„Mann! Das ist ein ganz blödes Spiel, Wolle."

„Der legt uns rein."

„Wolle doch nicht."

„Dann ist das bestimmt so ein mieser Trick vom Produzenten."

„Mit solchen Dingen treibt man keinen Scherz."

„Für Benjamin Kutter ist doch diese ganze Container-WG ein einziger Witz."

„Mit dem er reichlich viel Geld gewinnt, dieses Arschloch."

„Wer's kann."

Wolfram Siebenlehn drehte den Kopf hin und her und hin. Langsam lief ihm Schaum vor den Mund und kleine Bläschen zersprangen. Albert Matt kniete neben Wolle auf dem Boden und blickte erschrocken in die Gesichter der Umstehenden.

„Der ist tot", sagte er ohne Ton und ließ Wolles Hand fallen. Jemand schrie. Ein anderer sagte sehr leise, aber allen verständlich: „Da waren's nur noch vier."

Fortsetzung folgt

Dies ist das erste Kapitel eines Kriminalromans, den ihr nach eigenem Geschmack fortsetzen könnt –
- jede/r für sich,
- in Gruppen.

1 a) Verständigt euch auf einen **Handlungsverlauf** (Inhaltsangabe) mit einzelnen Handlungsschritten.
b) Verteilt die weitere Bearbeitung der Handlungsschritte untereinander.

2 Klärt auch folgende Fragen:
- Sollen noch weitere Verbrechen geschehen?
- Aus welcher Sicht soll erzählt werden?
- Soll es eine Hauptperson geben?
- Wer soll den Fall klären – ein/e Insasse/-in, ein/e Außenstehende/r?

3 Gestaltet euren Handlungsschritt zu einem spannenden Krimikapitel aus!

Tipp

Informiert euch von Zeit zu Zeit darüber, was die anderen geschrieben haben. Das hilft Wiederholungen und Fehler zu vermeiden.

4 Liegen alle Abschnitte vor, beginnt die **Schlussredaktion** (am besten am PC!): ▶ S. 275 289
- Passen die Handlungsstränge und Personen zusammen?
- Wo fehlt ein Schritt? Was ist unlogisch?
- Verändern sich die Personen auch nicht widersprüchlich? Bleibt ihre persönliche Sprechweise erkennbar?
- Stimmen die Übergänge zwischen den Kapiteln?

Tipps

- Fortsetzungskrimis im **Internet**
- Kriminalgeschichte als **Hörspiel** bearbeiten
- Aus einer Polizeimeldung in der Zeitung einen **Kurzkrimi** (1–3 Seiten) machen

7 Beziehungskisten in Kurzgeschichten

7.1 Kurzgeschichten unter der Lupe

1 Was ist für euch „Neid“?
Fertigt einen **Cluster** dazu an.

2 Wann wart ihr schon einmal neidisch?

Cili Wethekam

Neid ist grau mit gelben Punkten

Wenn sie sehr ehrlich ist, muss Anita vor sich selbst zugeben, dass sie neidisch auf die jüngere Schwester ist, der alles so viel leichter fällt: das Lernen, das Gutsein, das Liebhaben und das Sichfreuen. Mareike sieht nett aus, sie hat herrlich-verrückte Einfälle, über die alle Erwachsenen sich amüsieren. Anita ist nicht so. Mühsam muss sie sich das Wissen und die Sympathie ihrer Umwelt erobern. Dabei wäre sie so gern einmal der fröhliche Mittelpunkt. Nun zählt sie die Tage bis zu ihrem Geburtstag. Da wird sie Glückwünsche und Geschenke in Empfang nehmen, es werden Freundinnen kommen, Briefe wird sie auch erhalten, sie allein.
Aber kurz vor dem großen Tag sagt Mutter nachdenklich zu Anita: „Eigentlich sollte Mareike an deinem Geburtstag nicht leer ausgehen. Ich hab eine Idee …“
Ah – zersprungen die Vorfreude, lautlos, wie eine schillernde Seifenblase! Natürlich, der alte Zopf: Man muss teilen, sonst blutet dem anderen das Herz … Hat Anita gedacht, sie käme einmal um Mutters Lieblingsspruch herum?
„Vielleicht einen netten Stoff?“, hört sie Mutter sagen. „Du suchst ihn aus, ja?“
„Wie du willst, Mutter.“
In ihrem Zimmer weint Anita ein bisschen.

Wie unehrlich!, denkt sie wütend. Nur um Mareike verwöhnen zu können, ist Mutter jeder Vorwand recht …

Mürrisch begleitet sie am nächsten Tag die Mutter in den Laden. So viele Stoffe: farbige Karos, lustige Streifen, kleine Blumen, große Blüten. Da: ein Margeritenmuster auf himmelblauem Grund. Der ist wirklich hübsch. „Na?", fragt die Mutter und prüft die Qualität. Anita schweigt. Es ist, als hielte etwas Gutes, aber Kraftloses in ihrem Innern die Antwort noch zurück.

„Nein", sagt sie schließlich. Ihr Blick irrt zu den Regalen. Dort liegt, stiefmütterlich versteckt auf einem letzten Stapel, ein mausgrauer Stoff mit kargen gelben Punkten – ein Nebeltag in einer düsteren Stadt mit sehr wenig Laternen.

„Den!", sagt Anita entschieden und bemüht sich, nicht rot zu werden.

„Also schön", sagt die Mutter ohne Begeisterung. Ist sie enttäuscht? Anita will es nicht wissen. Der Stoff wird abgeschnitten, bezahlt und heimgetragen.

Abends, unmittelbar vor dem Einschlafen, denkt Anita: Neid ist grau mit gelben Punkten. Das kommt ihr vor wie eine Zeile aus einem Gedicht. Wenn Mareike nicht just vor einigen Tagen noch gesagt hätte, so nebenbei, wie Mareike etwas heraussprudeln kann, was ihr eben in den Sinn kommt: „Findest du nicht auch, dass Grau eine schlimme Farbe ist, Anita? Ich glaube, Kummer ist auch grau …"

Nun bekommt Mareike also ein graues Kleid. Immerfort muss Anita daran denken. Es überschattet alle Vorfreude.

Schließlich ist der Geburtstag da: Küsse, Blumen, Geschenke – eine feierliche Ansprache vom Vater vor dem Frühstück, dreizehn brennende Kerzen; das Lebenslicht in der Mitte. Doch, doch, man hat Anita lieb, das kann ein Blinder sehen … Aber Anita sieht nur eins: einen grauen Stoff mit kargen gelben Punkten. Auf ihrem Geburtstagstisch. „Mutter!", ruft sie entsetzt. „Das war doch der Stoff für Mareike …!"

Die Mutter lacht ahnungslos. „Nicht wahr, da habe ich dich überrascht? Man kennt sich als Mutter heutzutage wirklich nicht mehr im Geschmack der eigenen Kinder aus! Das habe ich an diesem Stoff doch wieder gesehen, auf den wäre ich niemals gekommen … Anita, du weinst?"

Anita schluchzt über das verhasste Geschenk, das sie einzig und allein ihrem schäbigen Neid zuzuschreiben hat. Hätte sie doch den himmelblauen gewählt, den mit den Margeriten …

„Es war aber doch ein Geschenk für Mareike! Damit sie an meinem Geburtstag nicht leer ausgeht, hast du gesagt!"

„Ich geh ja gar nicht leer aus", ruft die jüngere Schwester vergnügt. „Schau doch, Anita! Mir hat Mutter auch vorgeschwindelt, der Stoff sei nicht für mich! Ich habe ihn für dich ausgesucht!"

Der Margeritenstoff – es ist der Margeritenstoff, den Mareike in ihren Händen hält.

„Er ist ja noch schöner als damals, Mutter! Und ich hatte ja keine Ahnung, dass er mein Katzentisch sein sollte … Anita! Hör auf zu weinen – willst du – willst du vielleicht lieber diesen haben? Komm, wir tauschen."

Anita ist beschämt, als Mareike sie spielerisch in den blauen Stoff einwickelt, die Hände der kleinen Schwester liegen so lieb auf ihren Schultern. „Nett siehst du darin aus, Anita!"

„Aber – der andere Stoff ist grau, Mareike", sagte sie unglücklich.

„Es sind ja gelbe Sonnenpunkte darin", antwortete Mareike.

Es klingt kläglich und tapfer zugleich. Die Mutter sieht jetzt aus, als hätte sie in einen Abgrund geschaut.

Da gibt sich Anita einen Ruck, wickelt sich aus dem blauen Margeritenstoff heraus, faltet ihn ordentlich wieder zusammen. „Danke, Mareike", sagte sie. „Aber das kommt nicht in Frage. Mutter wird mir aus dem grauen Stoff sehr bald ein Kleid nähen. Nicht wahr, Mutter? Es soll mich manchmal an etwas erinnern."

3 Mareike und Anita – eine klassische Geschwisterbeziehung?
Warum ist Anita so neidisch?

4 Charakterisiert die beiden Schwestern.

5 Welche Rolle spielt die Mutter in dieser Geschichte?
Belegt eure Meinung mit Textstellen.

6 a) In dieser Geschichte spielt die Farbsymbolik eine besondere Rolle! Erläutere dies.
b) Erklärt den Titel der Geschichte.

7 Anita schlägt am Abend ihr Tagebuch auf.
Was wird sie wohl aufschreiben?

Gabriele Wohmann

Denk immer an heut nachmittag

Gabriele Wohmann wurde 1932 in Darmstadt geboren. Ihre Erzählungen und Romane geben meist Momentaufnahmen des Alltäglichen wieder.

„Eine halbe Stunde Fahrt auf der Hinterplattform“, sagte der Vater, „wieder was Schönes zum Drandenken.“
Die Bahn ruckelte durch die dunklen feuchten Gäßchen von Gratte. Spätnachmittags, die Zeit, in der noch einmal alle Frauen ihre Einkaufstaschen zu den Krämern trugen, in die Auslagen der engen Schaufenster starrten und wie im Gebet die Lippen bewegten, während sie die Münzen in ihren klebrigen Portemonnaies zählten. Die letzten Minuten, bevor die Kinder endgültig hinter den schartigen Hausmauern verschwänden, ehe die Männer auf ihren Motorrädern in das Delta[1] der Gassen donnern würden.
Das Kind hielt die Messingstange vor der Fensterscheibe fest, aber immer wieder rutschte die glatte Wolle seiner Handschuhe ab.
„Wie im Aussichtswagen. Lauter lustige Dinge“, sagte der Vater. „Du kannst immer dran denken: wie lustig wars doch, als wir plötzlich bei Wickler im Fenster die Mannequins entdeckten und als der Vater sagte: schön, wir fahren eine Bahn später. Die hübschen Mannequins; weißt dus noch?“ „Ja“, sagte das Kind. Sein Knie spürte den Koffer.
Die Bahn fuhr jetzt durch eine Straße mit eckigen, unfrisierten Gärtchen, und Gratte sah nur noch wie ein dicker dunkler Pickel aus. Dann Bäume, die meisten noch kahl, eine Bank mit einem Mädchen, das die Fingernägel reinigte, gekrümmte nackte Kiefernstämme in sandigen Kahlschlägen. „Der Wald von Laurich“, sagte der Vater, „er zieht sich bis zu deinem Schulheim. Ihr werdet ihn wahrscheinlich oft zu sehen bekommen. Spiele im Wald veranstalten, Schnitzelversteck und was weiß ich. Räuberspiele, Waldlauf.“
Ein fetter Junge auf dem Fahrrad tauchte auf und hetzte in geringem Abstand hinter der Bahn her. Sein schwitzendes bläuliches Gesicht war vom Ehrgeiz verunstaltet, die farblose dicke Zunge lag schlaff auf der Unterlippe. „Zunge rein“, rief der Vater und lachte. „Ob ers schafft? Was meinst du?“ „Ich weiß nicht“, sagte das Kind. „Ach, du Langweiler“, sagte der Vater.
Das Kind merkte mit einer geheimen Erregung, daß seine Augen jetzt schon wieder naß wurden;

1 **Delta:** vielarmiges Mündungsgebiet eines Flusses

das Fahrrad, der hechelnde schwere Körper und das besessene Gesicht des Jungen schwammen hinter der Scheibe. Mit gekränkter Stimme sagte der Vater:

„Und vergiß nicht die Liebe deiner Mutter. Sie ist dein wertvollster Besitz. Präge es dir ein. Vergiß nicht, wie lieb sie dich hatte, und handle danach. Tu nur, was sie erfreut hätte. Ich hoffe sehr, du kannst das behalten."

Immer größer wurde der Abstand zwischen dem Fahrrad und der Plattform, aber obwohl keine Aussicht mehr bestand, in diesem Wettbewerb zu gewinnen, gab der Junge nicht auf.

„Siehst du", sagte der Vater, „der läßt nicht locker." Seine Stimme war stolz und fast zärtlich. Das Kind sah in das fleckige Gesicht des Jungen, aus dem die Zunge sich plötzlich listig reckte, zugespitzt, blaß zwischen den weißen verzogenen Lippen.

Der Vater lachte:

„Siehst du, jetzt streckt er dir die Zunge raus! Vielleicht ist es sogar ein Lauricher, ein zukünftiger Kamerad. Dann würdest du schon einen kennen."

Sie sahen von der Plattform aus die hellgrün gestrichenen Gebäude vor dem Ulmenwäldchen, alles sah doch anders aus als auf den Bildern des Prospekts. Sie gingen zwischen Äckern den großen Gebäuden entgegen. „Wie freundlich das da liegt", sagte der Vater. „Zu meiner Zeit waren Schulen noch nicht so nett. Da, der Sportplatz! Ich hoffe sehr, du wirst hier allmählich Spaß am Sport bekommen. Richtige Muskeln, weißt du. Du mußt sonst auf sehr viel Gutes im Leben eines Mannes verzichten."

Ein hoher Drahtzaun umschloß den Platz. Eine Horde von Kindern, die aus der Entfernung einheitlich schwarz wirkte, rannte und stieß und schrie planlos durcheinander, und ab und zu erhob sich plump und dunkel ein eiförmiger Ball, einem kranken Vogel ähnlich, über die Masse der Köpfe. „Komm", sagte der Vater und griff nach der Hand des Kindes, „komm, wir eilen uns ein bißchen, vielleicht können wir noch sehen, wer gewinnt."

Durch die Handschuhwolle spürte das Kind den Wärmestrom. Es hatte Lust, den Handschuh auszuziehen, aber es regte seine Finger nicht. Von neuem schwoll das Nasse in seinen Augen, es war ein Gefühl, als wollten die Augen selbst aus der Spange der Lider platzen. Das Nasse schmierte die Gebäude, den Sportplatz, das Gewimmel der Kinder in eine mattglasige Einheit, aus der jetzt der Ball wieder schwarz und träge in den Himmel aufstieg; und dann sah es nichts mehr, gar nichts, es hörte die kreischenden Rufe, los, los, vorwärts, es spürte die Hand seines Vaters und roch den fauligen dumpfen Abendgeruch der aufgeworfenen Erde, aber es sah nichts mehr, so daß es nur die Erinnerung an den hochtorkelnden Ball festhielt. Es ließ den Ball sich höher hinaufschrauben, es ließ ihn nicht wieder zurückfallen zwischen die stoßenden und wetzenden Beine, es schraubte ihn so hoch, bis es sich nicht mehr vorstellen konnte, daß er wieder auf die Erde zurückmüßte.

„Behalte all das in Erinnerung", sagte der Vater. „All das Schöne und Liebe, das deine Mutter und ich dir zu geben versucht haben. Und wenns mal trübe aussehen sollte, denk zum Beispiel an heut nachmittag. Das war doch wie ein richtiger lustiger Ausflug. Denk immer an heut nachmittag, hörst du? An alles, an die Wäffelchen, an Wicklers Schau, die Plattform, an den Jungen auf dem Fahrrad. Hörst du?"

„Ja", sagte das Kind.

Gegen seinen Willen mußte es feststellen, daß die Augen wieder ordentlich und klar zwischen den Lidern saßen.

Sie waren jetzt nah am Sportplatz, die quadratischen Maschen des Zaungitters lösten sich einzeln aus dem Dunkelgrau, in das wie eine gegorene, von Würmern geschwollene Pflaume der Ball zurückklatschte. Nun erst fiel ihm auf, daß es noch nie daran gedacht hatte, seinen Vater zu bedauern. R

1 Was ist das Thema dieser Kurzgeschichte?

2 Beschreibt die familiäre Situation, die hier angedeutet wird. Findet Textbelege.

3 a) Lest den Dialog zwischen Vater und Sohn mit verteilten Rollen.
b) Was fällt daran auf?

4 a) In welcher Situation befindet sich
- das Kind?
- der Vater?

b) Skizziert ein Gespräch, in dem Vater und Kind offen über ihre Gefühle sprechen.

5 Schreibt die Gedanken des Kindes auf, die ihm nach der überraschenden Einsicht am Ende der Geschichte durch den Kopf gehen.

6 Es ist der Vater, der in dieser Geschichte am häufigsten zu Wort kommt.
Aber aus welcher Perspektive ist sie geschrieben?
Belegt das mit Formulierungen, Beobachtungen, Bildern und Vergleichen aus der Geschichte.

Die Kurzgeschichte (1)

▶ S. 135

„Kurzgeschichte" ist eine Übersetzung der englisch-amerikanischen Gattungsbezeichnung „short story".
In Form und Darstellungsweise können Kurzgeschichten sehr unterschiedlich sein.
Dennoch gibt es – neben dem Merkmal der Kürze – verschiedene Charakteristika, die in vielen nachzuweisen sind:

- unmittelbarer Anfang
- offener Schluss
- alltägliches Geschehen
- Wichtigkeit einzelner Gegenstände, Worte, Gesten

7 Zwei Kurzgeschichten habt ihr bereits kennen gelernt.
Weist die hier genannten typischen Merkmale in ihnen nach.

Wolfgang Borchert

Das Holz für morgen

In der nach dem Zweiten Weltkrieg entstandenen deutschen Kurzgeschichte ging es zunächst vorwiegend um eine Auseinandersetzung mit der Kriegs- und Nachkriegszeit.
Einer der bedeutenden deutschen Autoren dieser Zeit war ***Wolfgang Borchert*** *(1921–1947), der in seinen zahlreichen Kurzgeschichten eigene Erfahrungen und Erlebnisse verarbeitet hat.*

Er machte die Etagentür hinter sich zu. Er machte sie leise und ohne viel Aufhebens hinter sich zu, obgleich er sich das Leben nehmen wollte. Das Leben, das er nicht verstand und in dem er nicht verstanden wurde. Er wurde nicht von denen verstanden, die er liebte. Und gerade das hielt er nicht aus, dieses Aneinandervorbeisein mit denen, die er liebte.

Aber es war noch mehr da, das so groß wurde, dass es alles überwuchs, und das sich nicht wegschieben lassen wollte.

Das war, dass er nachts weinen konnte, ohne dass die, die er liebte, ihn hörten. Das war, dass er sah, dass seine Mutter, die er liebte, älter wurde und dass er das sah. Das war, dass er mit den anderen im Zimmer sitzen konnte, mit ihnen lachen konnte und dabei einsamer war als je. Das war, dass die anderen es nicht schießen hörten, wenn er es hörte. Dass sie das nie hören wollten. Das war dieses Aneinandervorbeisein mit denen, die er liebte, das er nicht aushielt.

Nun stand er im Treppenhaus und wollte zum Boden hinaufgehen und sich das Leben nehmen. Er hatte die ganze Nacht überlegt, wie er das machen wollte, und er war zu dem Entschluss gekommen, dass er vor allem auf den Boden hinaufgehen müsse, denn da wäre man allein und das war die Vorbedingung für alles andere. Zum Erschießen hatte er nichts und Vergiften war ihm zu unsicher. Keine Blamage wäre größer gewesen, als dann mit Hilfe eines Arztes wieder in das Leben zurückzukommen und die vorwurfsvollen mitleidigen Gesichter der anderen, die so voll Liebe und Angst für ihn waren, ertragen zu müssen. Und sich ertränken, das fand er zu pathetisch, und sich aus dem Fenster stürzen, das fand er zu aufgeregt. Nein, das Beste würde sein, man ginge auf den Boden. Da war man allein. Da war es still. Da war alles ganz unauffällig und ohne viel Aufhebens. Und da waren vor allem die Querbalken vom Dachstuhl. Und der Wäschekorb mit der Leine.

Als er die Etagentür leise hinter sich zugezogen hatte, fasste er ohne zu zögern nach dem Treppengeländer und ging langsam nach oben. Das kegelförmige Glasdach über dem Treppenhaus, das von ganz feinem Maschendraht wie von Spinngewebe durchzogen war, ließ einen blassen Himmel hindurch, der hier oben dicht unter dem Dach am hellsten war.

Fest umfasste er das saubere hellbraune Treppengeländer und ging leise und ohne viel Aufhebens nach oben. Da entdeckte er auf dem Treppengeländer einen breiten weißen Strich, der vielleicht auch etwas gelblich sein konnte. Er blieb stehen und fühlte mit dem Finger darüber, dreimal, viermal. Dann sah er zurück. Der weiße Strich ging auf dem ganzen Geländer entlang. Er beugte sich etwas vor. Ja, man konnte ihn bis tief in die dunkleren Stockwerke nach unten verfolgen. Dort wurde er ebenfalls bräunlicher, aber er blieb doch einen ganzen Farbton heller als das Holz des Geländers. Er ließ seinen Finger ein paar Mal auf dem weißen Strich entlangfahren, dann sagte er plötzlich: Das hab ich ja ganz vergessen.

Er setzte sich auf die Treppe. Und jetzt wollte ich mir das Leben nehmen und hatte das beinahe vergessen. Dabei war ich es doch. Mit der kleinen Feile, die Karlheinz gehörte. Die habe ich in die Faust genommen und dann bin ich in vollem Tempo die Treppen runtergesaust und habe dabei die Feile tief in das weiche Geländer gedrückt. In den Kurven habe ich besonders stark gedrückt, um zu bremsen. Als ich unten war, ging über das Treppengeländer vom Boden bis zum Erdgeschoss eine tiefe, tiefe Rille. Das war ich. Abends wurden alle Kinder verhört. Die beiden Mädchen unter uns, Karlheinz und ich. Und der nebenan. Die Hauswirtin sagte, das würde mindestens vierzig Mark kosten. Aber unsere Eltern wussten sofort, dass es von uns keiner gewesen war. Dazu gehörte ein ganz scharfer Gegenstand, und den hatte keiner von uns, das wussten sie genau. Außerdem verschandelte doch kein Kind das Treppengeländer in seinem eigenen Haus. Und dabei war ich es. Ich mit der kleinen spitzen Feile. Als keiner von den Familien die vierzig Mark für die Reparatur des Treppengeländers bezahlen wollte, schrieb die Hauswirtin auf die nächste Mieterrechnung je Haushalt fünf Mark mehr drauf für Instandsetzungskosten des stark demolierten Treppenhauses. Für dieses Geld wurde dann gleich das ganze Treppenhaus mit Linoleum ausgelegt. Und Frau Daus bekam ihren Handschuh ersetzt, den sie sich an dem aufgesplitterten Geländer zerrissen hatte. Ein Handwerker kam, hobelte die Ränder der Rille glatt und schmierte sie dann mit Kitt aus. Vom Boden bis zum Erdgeschoss. Und ich, ich war es. Und jetzt wollte ich mir das Leben nehmen und hatte das beinahe vergessen.

Er setzte sich auf die Treppe und nahm einen Zettel. Das mit dem Treppengeländer war ich, schrieb er da drauf. Und dann schrieb er oben drüber: An Frau Kaufmann, Hauswirtin. Er nahm das ganze Geld aus seiner Tasche, es waren zweiundzwanzig Mark, und faltete den Zettel da herum. Er steckte ihn oben in die kleine Brusttasche. Da finden sie ihn bestimmt, dachte er, da müssen sie ihn ja finden. Und er vergaß ganz, dass sich keiner mehr daran erinnern würde. Er vergaß, dass es schon elf Jahre her war, das vergaß er. Er stand auf, die Stufe knarrte ein wenig. Er wollte jetzt auf den Boden gehen.

Er hatte das mit dem Treppengeländer erledigt und konnte jetzt nach oben gehen. Da wollte er sich noch einmal laut sagen, dass er es nicht mehr aushielte, das Aneinandervorbeisein mit denen, die er liebte, und dann wollte er es tun. Dann würde er es tun.

Unten ging eine Tür. Er hörte, wie seine Mutter sagte: Und dann sag ihr, sie soll das Seifenpulver nicht vergessen. Dass sie auf keinen Fall das Seifenpulver vergisst. Sag ihr, dass der Junge extra mit dem Wagen los ist, um das Holz zu holen, damit wir morgen waschen können. Sag ihr, das wäre für Vater eine große Erleichterung, dass er nicht mehr mit dem Holzwagen los braucht und dass der Junge wieder da ist. Der Junge ist extra los heute. Vater sagt, das wird ihm Spaß machen. Das hat er die ganzen Jahre nicht tun können. Nun kann er Holz holen. Für uns. Für morgen zum Waschen. Sag ihr das, dass er extra mit dem Wagen los ist und dass sie mir nicht das Seifenpulver vergisst.

Er hörte eine Mädchenstimme antworten. Dann wurde die Tür zugemacht und das Mädchen lief die Treppen hinunter. Er konnte ihre kleine rutschende Hand das ganze Treppengeländer entlang bis unten verfolgen. Dann hörte er nur ihre Beine noch. Dann war es still. Man hörte das Geräusch, das die Stille machte.

Er ging langsam die Treppe abwärts, langsam Stufe um Stufe abwärts. Ich muss das Holz holen, sagte er, natürlich, das hab ich ja ganz vergessen. Ich muss ja das Holz holen, für morgen.

Er ging immer schneller die Treppen hinunter und ließ seine Hand dabei kurz hintereinander auf das Treppengeländer klatschen. Das Holz, sagte er, ich muss ja das Holz holen. Für uns. Für morgen. Und er sprang die letzten Stufen mit großen Sätzen abwärts. Ganz oben ließ das dicke Glasdach einen blassen Himmel hindurch. Hier unten aber mussten die Lampen brennen. Jeden Tag. Alle Tage.

1 a) Wer ist „er" (Wohnort, Alter …)?
Warum will er sich umbringen?
b) Welches Verhältnis hat „er" zu seiner Familie?

2 a) Welche Beobachtungen, Ereignisse bewirken die Wende im Verhalten der Hauptperson?
b) Versucht das Geschehen in einer **Kurve** darzustellen.

3 Die Kurzgeschichte beginnt nicht in der Ich-Form.
Auf welche Weise erfährt man dennoch etwas über die Gedanken der Hauptperson?

4 Die Kurzgeschichte ist sprachlich bewusst gestaltet.
Untersucht das, achtet etwa auf

▶ S. 198

- Satzlänge und -anfänge (Wiederholungen),
- Wiederholungen von Wörtern und Wendungen.
- Werden besondere Nomen, Verben, Adjektive verwendet?
- Wie wirken die wörtlichen Reden?

Thomas Hürlimann

Der Filialleiter

Thomas Hürlimann (geb. 1950) stammt aus Zug (Schweiz). Seine Theaterstücke und Erzählungen beruhen auf präzisen Beobachtungen des Alltags und zeigen oft Fremdheit und Isolation des Einzelnen.

Als der Filialleiter des Supermarktes auf dem Fernsehschirm seine Frau erblickte, erschrak er zu Tode. Nein, er täuschte sich nicht – das erste Programm zeigte Maria-Lisa, seine eigene Frau. Im schicken Blauen saß sie in einer größeren Runde, und gerade jetzt, da der Filialleiter seinen Schock überwunden glaubte, wurde Maria-Lisa von der Moderatorin gefragt, was sie für ihren Ehemann empfinde.

„Nichts“, sagte Maria-Lisa.

„Maria-Lisa!“, entfuhr es dem Filialleiter und mit zittriger Hand suchte er den Unterarm seiner Frau. Wie jeden Abend saßen sie nebeneinander vor dem Fernseher und beide hatten ihre Füße in rote Plastikeimerchen gestellt, in ein lauwarmes Kamillenbad – das stundenlange Stehen im Supermarkt machte ihnen zu schaffen.

Die Bildschirm-Maria-Lisa lächelte. Dann erklärte sie, über den Hass, ehrlich gesagt, sei sie schon hinaus.

Der Filialleiter hielt immer noch Maria-Lisas Arm. Er schnaufte, krallte seine Finger in ihr Fleisch und stierte in den Kasten. Hier, fand er, war sie flacher als im Leben. Sie hatte ihr Wasdarfs-denn-sein-Gesicht aufgesetzt und bemerkte leise, aber dezidiert: „Mein Willy ekelt mich an.“ Und das in Großaufnahme!

Nun sprach eine blonde Schönheit über die Gefahren der Affekteverkümmerung, und der Filialleiter, dem es endlich gelang, die Augen vom Apparat zu lösen, versuchte seine Umgebung unauffällig zu überprüfen. Jedes Ding war an seinem Platz. In der Ecke stand der Gummibaum, an der Wand tickte die Kuckucksuhr und neben ihm saß die Frau, mit der er verheiratet war. Kein Spuk – Wirklichkeit! Maria-Lisa war auf dem Bildschirm und gleichzeitig griff sie zur Thermosflasche, um in die beiden Plastikeimer heißes Wasser nachzugießen. Sein Fußbad erfüllte Willy auch an diesem Abend mit Behagen. Dann rief er sich in Erinnerung, was ablief. Ungeheuerlich. Auf dem Schirm wurde das emotionale Defizit eines Ehemanns behandelt, und dieser Ehemann war er selbst, der Filialleiter Willy P.! Er griff zum Glas und hatte Mühe, das Bier zu schlucken. Hinter seinem Rücken war Maria-Lisa zu den Fernsehleuten gegangen. Warum? Willy hatte keine Ahnung. Willy wusste nur das eine: Vor seinen Augen wurde sein Supermarkt zerstört.

Maria-Lisa reichte ihm das Frotteetuch, aber der Filialleiter stieg noch nicht aus dem Eimer. Er hielt das Tuch in der Hand, und so stand er nun, nur mit Unterhemd und Unterhose bekleidet, minutenlang im Kamillenbad – ein totes Paar Füße, im Supermarkt platt gelatscht.

„Das Wasser wird kalt“, sagte Maria-Lisa.

Der Filialleiter rieb sich die Füße trocken, dann gab er Maria-Lisa das Tuch.

Als die Spätausgabe der Tagesschau begann, saßen sie wieder auf dem Kanapee, Maria-Lisa und der Filialleiter, Seite an Seite, er trank sein Bier und sie knabberte Salzstangen.

1 a) Haltet ihr das für eine realistische Geschichte? Begründet eure Meinung.
b) Findet ihr ironische Abschnitte?

2 Welche Rolle spielt das Fernsehen im Leben des Ehepaars?

3 Schreibt etwas zu folgenden Anregungen:
- die Gedanken von Willy und Maria-Lisa während der Sendung
- ein abschließender Kommentar des Erzählers am Ende der Geschichte
- Maria-Lisa beim Auswahlgespräch (Casting) mit dem Fernsehteam
- Reaktionen der Kunden des Supermarktes auf die Fernsehsendung
- Willys Darstellung ihrer Beziehung in der nächsten Folge der Fernsehshow, in der er auftritt

Die Kurzgeschichte (2)

▶ S. 131

Weitere Merkmale, die in vielen Kurzgeschichten vorkommen, sind
- überschaubarer Handlungsort und zeitlicher Ablauf
- Konzentration auf wenige Handlungsschritte und Personen
- Entscheidungssituation
- Nähe zur Alltagssprache
- Beurteilung des Geschehens offen

4 Überprüft, welche der hier aufgeführten Merkmale auf unsere Kurzgeschichten zutreffen. Begründet eure Antworten mit Textbeispielen.

Josef Reding

Apotheke Vita Nova[1]

Es war ein abgegriffener Zettel, den Munnicher dem einarmigen Apotheker hinhielt.
Munnicher trug das aus einem Notizbuch gerissene Blatt schon seit Wochen in der Jackentasche und hatte oft danach gegriffen. Ein paar Gifte standen darauf. Pflanzenschutzgifte, die Erwachsenen ohne Umstände verkauft werden. Munnicher wollte das Gift nicht für Pflanzen. Munnicher wollte es für sich, für die zertretene, weggeworfene Menschenpflanze Munnicher. Er war in diese abgelegene Apotheke gegangen, weil er in den kaltprächtigen Medikamentenpalästen aus Plastikmasse, Nickel und Neon seinen Wunsch nicht vorbringen mochte.
„Eins davon", sagte er.
Der Apotheker schaute Munnicher vom zurückweichenden Haaransatz bis zum nachlässig gebundenen Schlips an.
Er merkt, dass ich aus dem Gefängnis komme, dachte Munnicher. Er sieht es an dieser ausgebleichten Haut, in der jede Pore drei Jahre lang nach Sonne geschrien hat. Aber heute Nacht kommt die Sonne ja, dachte er. Dann kommt die große Helle von innen.
„Sind aber verschieden stark", sagte der Apotheker.
„Das stärkste", verlangte Munnicher.
Der Apotheker nickte und stieg auf eine Leiter. Bei jeder Stufe ruderte er mit dem rechten Arm durch die Luft. Sieht komisch aus, wenn ein Einarmiger 'ne Leiter raufsteigt, dachte Munnicher. Der Alte kramte in einigen Paketen. Munnicher fühlte sich beobachtet. Aber der Alte schaute nur auf seine Fläschchen und Schachteln. Da sah Munnicher das Mädchen hinter der Waage im angrenzenden Raum. Er sah es durch die geöffnete Tür. Er sah, wie es blaue Tütchen mit hellrotem Pulver füllte und abwog. Das Mädchen – achtzehn ist es, dachte Munnicher – ließ die Waage auszittern und tat nichts. Es schaute Munnicher an. Man erkennt von hier aus, dass

1 **vita nova** (lat.): neues Leben

es braune Augen hat: Wieso erkennt man das von hier aus, fragte sich Munnicher betroffen.

Er hob ein wenig die Hand und winkte. Seh sicher aus wie ein Pinguin, dachte er. Aber da hob das Mädchen das blaue Tütchen und winkte auch.

Der Alte ruderte die Leiter wieder herunter. „Hier“, sagte er. „Mit vier Liter Wasser verdünnen.“

„Werd's schon richtig machen“, sagte Munnicher.

„Klar“, sagte der Alte. „Fünf sechzig.“

Munnicher zahlte. Er wollte noch einmal zu dem Mädchen hinüberschauen, aber der Einarmige verdeckte die Tür. Munnicher war versucht, noch eine Schachtel Hustenbonbons oder so etwas zu verlangen, nur damit der Alte ihm aus der Sicht ging. Dann dachte er: Mätzchen! Früher hätte ich so etwas gemacht. Ganz früher. Vor drei Jahren. Er ging.

„Wiederschauen“, sagte der Einarmige leirig.

Munnicher hatte sich auf das Bett gelegt. Er trank die braune Flüssigkeit. Schmeckt pappig, dachte er. Ich habe immer geglaubt, das Zeug ätzt und würgt. Aber es schmeckt pappig. Schmeckt pappig im Hals, doch nicht im Magen. Merkst du's, Munnicher, dachte er und legte sich auf die Seite. Merkst du, wie dein Magen zerfressen wird? Ich hätte mich vorher noch rasieren sollen. Wenn morgen einer vom Bestattungsinstitut in meinem kalten Gesicht umherwirkt? Pfui Teufel! Rasieren hätte ich mich sollen, dachte er. Stundenlang dachte er es.

Der Morgen hatte die alte Apotheke nicht viel heller gemacht. Munnicher war noch immer nicht rasiert, als er den Apotheker fragte:

„Was haben Sie mir da für ein verdammtes Zeug angedreht?“

„Wasser“, sagte der Alte. „Wasser mit einem Schuss Gurgellösung, gegen Mandelentzündung.“

„Was sollte das?“, fragte Munnicher.

„Ja, was sollte das?“, fragte der Einarmige und ließ ihn nicht mit dem Blick los.

Munnicher senkte den Kopf.

„Ich verkaufe keine Gifte in meiner Apotheke“, sagte der Alte. „Von hundert Verkäufen kriege ich nur vierzehn Reklamationen. Das ist doch ein gutes Verhältnis, nicht wahr? Hundert Leute tragen Wasser statt Gift nach Hause und nur vierzehn beschweren sich. Und diese vierzehn schicke ich woanders hin, wenn sie wollen. Manche wollen nicht mehr. Das Geld bekommen sie natürlich wieder zurück. Auch Sie.“

Der Alte schlurfte zur Leiter. Munnicher schaute wieder durch die Verbindungstür. Das Mädchen war nicht da. Im Spiegel fing sich umgekehrt der Name der Apotheke: „Vita Nova“ hieß sie.

„Wollen Sie noch etwas?“, fragte der Alte.

„Ja“, sagte Munnicher. „Hustenbonbons.“

1 Vergleicht die Kurzgeschichte mit dem „Holz für morgen“ von W. Borchert (S. 131 ff.) – inhaltlich und sprachlich.

2 Welche Merkmale einer Kurzgeschichte (S. 131 und 135) weist die „Apotheke Vita Nova“ auf?

Checkliste **zum besseren Verständnis von Kurzgeschichten**

Einleitung
- Autor/-in, Titel
- Textart
- Thema (in einem Satz)

Hauptteil
- Inhaltsangabe
- Wie viele **Personen** gibt es?
  Wer ist die Hauptperson? Wie spricht, handelt, denkt und fühlt sie?
  Wie ist das Verhältnis der Personen zueinander?
- In welcher **Zeit** spielt die Handlung?
  Spielt die Zeit eine wichtige Rolle?
- An welchem **Ort** spielt das Geschehen?
  Wird er genau beschrieben? Gibt es Ortswechsel?
- Zur **Handlung:**
  Was geschieht im Einzelnen – viel, wenig?
  Gibt es Konflikte?
- Zum **Aufbau:**
  Hat der Text eine Spannungskurve, einen Höhepunkt?
  In welche Abschnitte ist der Text gegliedert?
  Beginnt er allmählich oder abrupt?
  Endet er vorbereitet oder unerwartet?
- Aus welcher **Perspektive** wird erzählt?
  Wird in neutraler Er-/Sie-Form erzählt oder in der Ich-Form?
  Wird das Geschehen aus der Sicht eines/r Beteiligten dargestellt?
- **Wie** wird erzählt?
  Sind die Sätze kurz, lang, einfach oder kompliziert?
  Ist die Ausdrucksweise normal, umgangssprachlich, salopp ...?
  Gibt es besondere Nomen, Adjektive, Verben; auffällige Tempuswechsel?
  Fallen besondere rhetorische Figuren auf? ▶ S. 198

Schluss
- Persönliche Stellungnahme und Wertung
- Bedeutung für die Gegenwart?

3 Wählt eine Kurzgeschichte aus und schreibt dazu eine Empfehlung (positiv oder auch negativ!) für die Schülerzeitung, eine/n Freund/-in ...
- Macht euch zuerst Notizen nach der „Checkliste“.
- Ordnet eure Aufzeichnungen in einer sinnvollen Reihenfolge.
- Schreibt einen zusammenhängenden Entwurf.
- Überarbeitet ihn vor der Reinschrift. ▶ S. 275

7.2 Dialoge – nicht nur in Kurzgeschichten

1 Könnt ihr diesen Dialog nachvollziehen oder nicht? Sprecht darüber.

2 a) „Spielt" diese kurze Szene möglichst realistisch.
b) Beobachtergruppe: Stimmt
- die Mimik?
- die Gestik?
- der Tonfall, die Betonung?

3 Auf welches Verhältnis der Gesprächspartner lässt dieser kurze Dialog schließen?

◇4 Entwerft ein Gespräch, in dem beide offen ihre Erwartungen und Bedürfnisse äußern.

5 a) Vergleicht folgende Veränderung des obigen Dialogs mit dem Original. Betont realistisch:

b) Was stellt ihr fest?
Berücksichtigt auch folgende Beispiele:

Komm jetzt mit! – Komm doch mit!
Wo bleibst du? – Wo bleibst du bloß?
Ich hab's geahnt! – Ich hab's ja geahnt!

c) Fallen euch eigene Beispiele ein?

Wörtchen (Partikeln) wie **doch, bloß, ja, eben, schon, eh** verändern oft – besonders wenn man sie betont – eine ganze Aussage; geben ihr eine bestimmte „Tönung“. Deshalb nennt man diese Wörtchen auch **Abtönungspartikeln.**

6 a) Bildet Spieler- und Beobachtergruppen und übt diese Miniszenen realistisch ein.
b) Verändert an den Sätzen
- die Abtönungspartikeln,
- die Satzart (Frage/Ausruf ...),
- die Wortstellung,
- die Betonung.
c) Vergleicht die Wirkung.

Die Inhalts- und die Beziehungsebene der Kommunikation

In Gesprächen geht es niemals nur um den **Inhalt,** der besprochen wird, die **Inhaltsebene.**
Neben dem Austausch von Informationen spielt eine Rolle, welche **Beziehung** die Gesprächspartner/-innen zueinander haben, welche Absichten sie verfolgen, welche Erwartungen sie voneinander haben und in welcher Situation das Gespräch stattfindet **(Beziehungsebene).**
Im Gespräch „verrät" sich die Beziehungsseite oft in der Betonung, der Wortstellung, der Satzart (Frage/Ausruf ...) und bestimmten Abtönungspartikeln – neben Gestik und Mimik.

7 Ein Vater zur Tochter vor der Glotze:

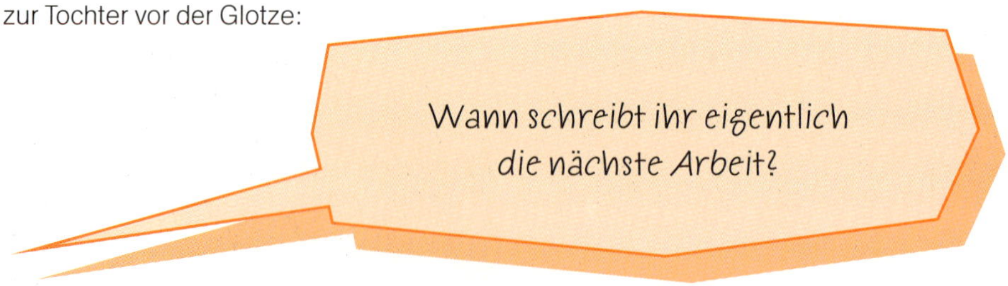

a) Bildet Zweiergruppen und übt einen realistischen Minidialog zwischen Vater und Tochter ein. Ihr könnt die Ausgangsfrage auch ein wenig ändern: Wortstellung, Satzart, Abtönungspartikeln.
b) Spielt euch die Szenen vor.
Diskutiert darüber.

Loriot

Feierabend

Bürgerliches Wohnzimmer. Der Hausherr sitzt im Sessel, hat das Jackett ausgezogen, trägt Hausschuhe und döst vor sich hin. Hinter ihm ist die Tür zur Küche einen Spalt breit geöffnet. Dort geht die Hausfrau emsiger Hausarbeit nach. Ihre Absätze verursachen ein lebhaftes Geräusch auf dem Fliesenboden.

SIE: Hermann …
ER: Ja …
SIE: Was machst du da?
ER: Nichts …
SIE: Nichts? Wieso nichts?
ER: Ich mache nichts …
SIE: Gar nichts?
ER: Nein …
Pause
SIE: Überhaupt nichts?
ER: Nein … ich *sitze* hier …
SIE: Du *sitzt* da?
ER: Ja …
SIE: Aber irgendwas *machst* du doch?
ER: Nein …
Pause
SIE: *Denkst* du irgendwas?
ER: Nichts Besonderes …
SIE: Es könnte ja nicht schaden, wenn du mal etwas spazieren gingest …
ER: Nein-nein …
SIE: Ich bringe dir deinen Mantel …
ER: Nein danke …
SIE: Aber es ist zu kalt ohne Mantel …
ER: Ich gehe ja nicht spazieren …
SIE: Aber eben wolltest du doch noch …
ER: Nein, *du* wolltest, dass ich spazieren gehe …
SIE: Ich? *Mir* ist es doch völlig egal, ob *du spazieren* gehst …
ER: Gut …
SIE: Ich meine nur, es könnte dir nicht schaden, wenn du mal spazieren gehen würdest …
ER: Nein, *schaden* könnte es nicht …
SIE: Also was willst du denn nun?
ER: Ich möchte hier sitzen …
SIE: Du kannst einen ja wahnsinnig machen!
ER: Ach …
SIE: Erst willst du spazieren gehen … dann wieder nicht … dann soll ich deinen Mantel holen … dann wieder nicht … was denn nun?
ER: Ich möchte hier sitzen …
SIE: Und jetzt möchtest du plötzlich da sitzen …
ER: Gar nicht plötzlich … ich wollte immer nur hier sitzen … und mich entspannen …
SIE: Wenn du dich wirklich *entspannen* wolltest, würdest du nicht dauernd auf mich *einreden* …
ER: Ich sag ja nichts mehr …
Pause
SIE: Jetzt hättest du doch mal Zeit, irgendwas zu tun, was dir Spaß macht …
ER: Ja …
SIE: Liest du was?
ER: Im Moment nicht …
SIE: Dann lies doch mal was …
ER: Nachher, nachher vielleicht …
SIE: Hol dir doch die Illustrierten …
ER: Ich möchte erst noch etwas hier sitzen …
SIE: Soll *ich* sie dir holen?
ER: Nein-nein, vielen Dank …

Loriot

SIE: Will der Herr sich auch noch bedienen lassen, was?
ER: Nein, wirklich nicht …
SIE: Ich renne den *ganzen Tag* hin und her … Du könntest doch wohl *einmal* aufstehen und dir die Illustrierten holen …
ER: Ich möchte jetzt nicht lesen …
SIE: Dann quengle doch nicht so rum …
ER: *schweigt*
SIE: Hermann!
ER: *schweigt*
SIE: Bist du taub?
ER: Nein-nein …
SIE: Du tust eben *nicht,* was dir Spaß macht … statt dessen *sitzt* du da!
ER: Ich sitze hier, *weil* es mir Spaß macht …
SIE: Sei doch nicht gleich so aggressiv!
ER: Ich bin doch nicht aggressiv …
SIE: Warum schreist du mich dann so an?
ER: *schreit* … Ich schreie dich nicht an!!

1 Spielt diesen Dialog mit verteilten Rollen.
a) Notiert euch dazu (auf einer Kopie) „Regieanweisungen", Betonungshinweise usw.
b) Vergleicht eure verschiedenen Realisierungen.
Vielleicht könnt ihr Videoaufzeichnungen machen.

2 Sprecht darüber:
- Worum geht es auf der **Inhaltsebene** zwischen „Hausherr" und „Hausfrau"?
- Und worum geht es auf der **Beziehungsebene?**

7.3 Kurzgeschichten-Wettbewerb

Edward Hopper: Sonne in einem Café (1958)

▶ S. 263

Edward Hopper: Sommerabend (1947)

Edward Hopper:
Zimmer in New York (1932)

1 Stellt euch vor: Diese drei Gemälde bilden Anfang, Mittelteil und Schluss einer Kurzgeschichte, die ihr schreiben wollt.

- Beachtet dabei die Merkmale der Kurzgeschichte.
- Berücksichtigt bei den Dialogen, was dazu auf S. 139 und S. 140 gesagt ist.

▶ S. 131
135
137

Erich Kästner

Sachliche Romanze

Als sie einander acht Jahre kannten
(und man darf sagen: sie kannten sich gut),
kam ihre Liebe plötzlich abhanden.
Wie andern Leuten ein Stock oder Hut.

Sie waren traurig, betrugen sich heiter,
versuchten Küsse, als ob nichts sei,
und sahen sich an und wussten nicht weiter.
Da weinte sie schließlich. Und er stand dabei.

Vom Fenster aus konnte man Schiffen winken.
Er sagte, es wäre schon Viertel nach Vier
und Zeit, irgendwo Kaffee zu trinken.
Nebenan übte ein Mensch Klavier.

Sie gingen ins kleinste Café am Ort
und rührten in ihren Tassen.
Am Abend saßen sie immer noch dort.
Sie saßen allein, und sie sprachen kein Wort
und konnten es einfach nicht fassen.

2 Wandelt dieses Gedicht in eine Kurzgeschichte um. Beachtet die Gattungsmerkmale.

▶ S. 131
135
137

Echt

Junimond

Die Welt schaut rauf zu meinem Fenster
Mit müden Augen, ganz staubig und scheu
Ich bin hier oben auf meiner Wolke
Ich seh dich kommen
Aber du gehst vorbei

Doch jetzt tut's nicht mehr weh
Nee, jetzt tut's nicht mehr weh
Und alles bleibt stumm
Und kein Sturm kommt auf
Wenn ich dich seh

Es ist vorbei, bye-bye, Junimond
Es ist vorbei, es ist vorbei, bye-bye

Seit tausend Stunden hab ich gewartet
Ich hab sie alle gezählt und verflucht
Ich hab getrunken, geraucht und gebetet
hab dich flussauf- und flussabwärts gesucht

Doch jetzt tut's nicht mehr weh
Nee, jetzt tut's nicht mehr weh
Und alles bleibt stumm
Und kein Sturm kommt auf
Wenn ich dich seh

Es ist vorbei, bye-bye, Junimond
Es ist vorbei, es ist vorbei, bye-bye

Doch jetzt tut's nicht mehr weh,
nee, jetzt tut's nicht mehr weh,
Und alles bleibt stumm
Und kein Sturm kommt auf
Wenn ich dich seh

Es ist vorbei, bye-bye, Junimond
Es ist vorbei, es ist vorbei, bye-bye

3 Beschreibt die Stimmung in diesem Song.

4 DAS ENDE VON ETWAS ...
Sammelt Ideen für eine Kurzgeschichte.
Erstellt einen **Cluster** dazu.

5 a) Jedes Gruppenmitglied schreibt nun eine Einleitung.
b) Tauscht die Einleitungen aus und setzt fort.
c) Wiederholt das, bis zum Schluss.

6 Überarbeitet eure Entwürfe in einer Schreibkonferenz.

7 Legt eine Kurzgeschichtensammlung an mit passendem Umschlag, mit Abbildungen, schön gestalteten Überschriften ...

8 Lyrik im Alltag Alltagslyrik?

8.1 Alles bewegt sich

Georg Heym

Vorortbahnhof (1910)

Auf grüner Böschung glüht des Abends Schein.
Die Streckenlichter glänzen an den Strängen,
Die fern in einen Streifen sich verengen
– Da braust von rückwärts schon der Zug herein.

Die Türen gehen auf. Die Gleise schrein
Vom Bremsendruck. Die Menschenmassen drängen
Noch weiß vom Kalk und gelb vom Lehm. Sie zwängen
Zu zwanzig in die Wagen sich herein.

Der Zug fährt aus, im Bauch die Legionen.
Er scheint in tausend Gleisen zu verirren,
Der Abend schluckt ihn ein, der Strang ist leer.

Die roten Lampen schimmern in Balkonen.
Man hört das leise Klappern von Geschirren
Und sieht die Esser halb im Blättermeer.

1 „Alles bewegt sich" – so die Überschrift dieses Kapitels.
Bewegt sich „alles" in diesem Gedicht von Georg Heym (1887–1912) ?

2 Nennt Bahnhöfe in eurer Umgebung und beschreibt sie. ▶ S. 270

3 Georg Heyms Gedicht von 1910 gehört fast noch in die Frühzeit der Eisenbahn. Was war damals anders?

4 Heute spricht man von „Fahrgästen", von „Kunden" der Bundesbahn.
Von wem spricht das Gedicht Georg Heyms? Vergleicht heute mit damals.

5 a) Schreibt nacheinander alle Verben heraus.
Welche Sinneseindrücke geben sie wieder?
b) Farbeindrücke werden in Verben wie in Adjektiven festgehalten. Benennt sie.

6 Heym benutzt für sein Gedicht über ein „modernes Verkehrsmittel" eine klassische Gedichtform, das **Sonett.** ▶ S. 293
Erklärt diese Gedichtform am Beispiel von „Vorortbahnhof".

7 Welche sprachlichen Besonderheiten fallen euch noch auf? ▶ S. 291 f.
- Bilder, Vergleiche
- Zeilensprünge
- Satz- und Wortstellungen
- …

8 „Vorortbahnhof" ist eines von mehreren „Berlin"-Gedichten Georg Heyms.
Sucht danach (z. B. im Internet) und stellt sie vor. ▶ S. 236

Giacomo Balla:
Geschwindigkeit des Automobils (um 1910)

Filippo Tommaso Marinetti

An das Rennautomobil (1912)

Feuriger Gott aus stählernem Geschlecht,
Automobil, das fernensüchtig
geängstet stampft, in scharfen Zähnen das Gebiss!
Japanisch-fürchterliches Untier, schmiedefeueräugig,
mit Flammen und mit Ölen aufgenährt,
nach Horizonten gierig und nach Sternenbeute,
des Herzens teuflisches Töff-Töff befrei ich dir
und deine riesigen Pneumatiks
zum Tanze auf der Erde weißen Straßen.
Ich lasse den metallnen Zügel los und du
stürmst trunken in befreiende Unendlichkeit! …

1 a) Was meint ihr zu diesem „Rennwagen“-Gedicht?
b) Wird hier Bewegung vermittelt?

2 a) Versucht seinen Inhalt in sachlichen (Aussage-)Sätzen wiederzugeben.
b) Wer ist wohl „ich“ in Vers 10?
c) Welche sprachlichen Besonderheiten fallen euch auf?

3 Versucht das Gedicht in eine **Collage** aus Bild- und Textteilen umzusetzen.

4 Dieses Gedicht des Italieners F. T. Marinetti (1876–1944) gehört zum literarischen **Futurismus.** Informiert euch darüber (Bibliothek, Internet …) und berichtet davon.

5 Schreibt selbst ein Renn- oder Geschwindigkeitsgedicht. Lasst euch durch das Gemälde von Giacomo Balla anregen. Fertigt dazu einen **Cluster** an.

6 Kopiert das Gemälde von G. Balla und malt es weiter.

Ernst Stadler

Fahrt über die Kölner Rheinbrücke bei Nacht (1913)

Der Schnellzug tastet sich und stößt die Dunkelheit entlang.
Kein Stern will vor. Die ganze Welt ist nur ein enger, nachtumschienter Minengang,
Darein zuweilen Förderstellen blauen Lichtes jähe Horizonte reißen: Feuerkreis
Von Kugellampen, Dächern, Schloten, dampfend, strömend … nur sekundenweis …
Und wieder alles schwarz. Als führen wir ins Eingeweid der Nacht zur Schicht.
Nun taumeln Lichter her … verirrt, trostlos vereinsamt … mehr … und sammeln sich …
und werden dicht.
Gerippe grauer Häuserfronten liegen bloß, im Zwielicht bleichend, tot – etwas muss kommen …
o, ich fühl es schwer
Im Hirn. Eine Beklemmung singt im Blut. Dann dröhnt der Boden plötzlich wie ein Meer:
Wir fliegen, aufgehoben, königlich, durch nachtentrissne Luft, hoch […]

1 Welcher Art ist die Bewegung in diesem Gedicht? Führt Textstellen an.

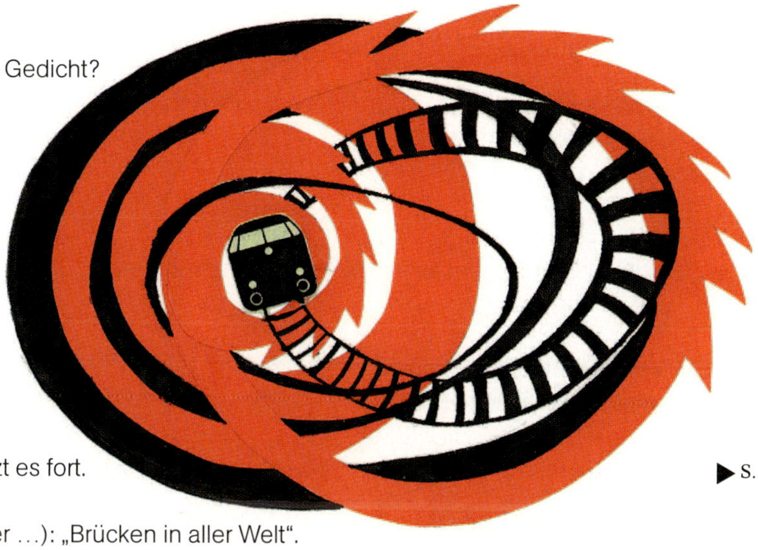

2 Die Zugfahrt wird bildlich einer bestimmten Tätigkeit, einem Arbeitsprozess gleichgesetzt. Welchem?

3 Bereitet den Vortrag dieses Gedichts vor. Am besten auf einer Kopie mit Markierungen für Pausen, Betonungen, Verzögerungen, Beschleunigungen …

4 Das Gedicht ist noch nicht zu Ende. Setzt es fort. ▶ S. 263

5 Gestaltet eine Wandzeitung (Texte, Bilder …): „Brücken in aller Welt“.

Kurt Tucholsky

Augen in der Großstadt (1928)

Wenn du zur Arbeit gehst am frühen Morgen,
wenn du am Bahnhof stehst mit deinen Sorgen:
da zeigt die Stadt dir asphaltglatt
im Menschentrichter Millionen Gesichter:
zwei fremde Augen, ein kurzer Blick, die Braue, Pupillen, die Lider –
was war das?
vielleicht dein Lebensglück ... vorbei, verweht, nie wieder.

Du gehst dein Leben lang auf tausend Straßen;
du siehst auf deinem Gang, die dich vergaßen.
Ein Auge winkt, die Seele klingt;
du hasts gefunden, nur für Sekunden ...
zwei fremde Augen, ein kurzer Blick, die Braue, Pupillen, Lider;
was war das?
kein Mensch dreht die Zeit zurück ... vorbei, verweht, nie wieder.

Du musst auf deinem Gang durch Städte wandern;
siehst einen Pulsschlag lang den fremden andern.
Es kann ein Feind sein, es kann ein Freund sein,
es kann im Kampfe dein Genosse sein.
Es sieht hinüber und zieht vorüber ...
zwei fremde Augen, ein kurzer Blick, die Braue, Pupillen, die Lider.
Was war das?
Von der großen Menschheit ein Stück! Vorbei, verweht, nie wieder.

1 Was bewegt sich in diesem Gedicht?

2 Ist das eigentlich nur ein **Großstadt**gedicht?
An welchen „Schauplätzen" spielt es?

3 Die vorliegende Gedichtfassung entspricht **nicht** K. Tucholskys Original!
Die Verse sind kürzer; z. B.:
Wenn du zur Arbeit gehst
am frühen Morgen,
wenn ...
Versucht das Original zu rekonstruieren. Die **Reime** helfen dabei! ▶ S. 263

4 Dichtet eine Strophe dazu; vielleicht aus der Sicht
- eines Straßenmusikanten,
- eines Rollstuhlfahrers,
- einer Rentnerin,
- einer Politesse.

5 Versucht die Eindrücke dieses Gedichts durch Bilder und Fotos zu illustrieren.

Mascha Kaléko

Großstadtliebe (1933)

Man lernt sich irgendwo ganz flüchtig kennen
Und gibt sich irgendwann ein Rendezvous.
Ein Irgendwas – 's ist nicht genau zu nennen –
Verführt dazu, sich gar nicht mehr zu trennen.
Beim zweiten Himbeereis sagt man sich ‚du'.

Man hat sich lieb und ahnt im Grau der Tage
Das Leuchten froher Abendstunden schon.
Man teilt die Alltagssorgen und die Plage,
Man teilt die Freuden der Gehaltszulage,
… Das Übrige besorgt das Telefon.

Man trifft sich im Gewühl der Großstadtstraßen.
Zu Hause geht es nicht. Man wohnt möbliert.
– Durch das Gewirr von Lärm und Autorasen,
– Vorbei am Klatsch der Tanten und der Basen
Geht man zu zweien still und unberührt.

Man küsst sich dann und wann auf stillen Bänken
– Beziehungsweise auf dem Paddelboot.
Erotik muss auf Sonntag sich beschränken.
… Wer denkt daran, an später noch zu denken?
Man spricht konkret und wird nur selten rot.

Man schenkt sich keine Rosen und Narzissen
Und schickt auch keinen Pagen sich ins Haus.
– Hat man genug von Weekendfahrt und Küssen,
Lässt mans einander durch die Reichspost wissen.
Per Stenografenschrift ein Wörtchen: ‚aus'!

1 a) Was ist das Eigentümliche an dieser „Großstadtliebe" von 1933?
b) Entspricht das eurer heutigen Sicht?

2 Vielleicht wollt ihr das Gedicht „modernisieren"?
Versucht zunächst einmal nur einzelne Wörter, Wendungen auszutauschen (z. B. „Himbeereis" oder „Basen").

3 Das Gedicht „Großstadtliebe" steht hier im Kapitel „Alles bewegt sich" – ist das berechtigt?

4 Untersucht das Gedicht inhaltlich und sprachlich und stellt das Ergebnis (z. B. für interessierte Mitschüler/-innen) ins **Internet** – mit einem persönlichen Kommentar.

▶ S. 291 f.
▶ S. 229 ff.

Freundeskreis

Anna

T & M: Freundeskreis

Pitschpatsch nass floh ich unter das
Vordach des Fachgeschäfts. Vom Himmel goss ein Bach.
Ich schätz, es war halb acht, doch ich war hellwach,
als mich Anna ansah, anlachte.
Ich dachte: Sprich sie an, denn sie sprach mich an.
Die Kleidung, ganz durchnässt, klebte an ihr fest.
Die Tasche in der Hand, stand sie an der Wand.
Die dunklen Augen funkelten wie ’ne Nacht in Asien,
Strähnen im Gesicht nahmen ihr die Sicht.
Mein Herz, das klopft, die Nase tropft, ich schäme mich,
benehme mich dämlich, ’bin nämlich eher schüchtern.
„Mein Name ist Anna“, sagte sie sehr nüchtern.
Ich fing an zu flüstern: „Ich bin Max aus dem Schoß der Kolchose[1].“
Doch so ’ne Katastrophe, das ging mächtig in die Hose.
Mach mich lächerlich, doch sie lächelte: „Ehrlich wahr, Mann?“
Sieh an, Anna war ein HipHop-Fan.

Immer wenn es regnet ...

Sie gab mir ’nen Abschiedskuss, denn dann kam der Bus.
Sie sagte: „Max, ich muss .“ Die Türe schloss. „Was ist jetzt –
Schluss?“ [...]

1 **Kolchose:** Landwirtschaftsbetrieb in der ehemaligen Sowjetunion

1 Wie geht diese HipHop-Liebe weiter? Dichtet eine Fortsetzung.

2 a) Vergleicht mit dem Original.
b) Vergleicht mit „Großstadtliebe“ von M. Kaléko.

▶ S. 264

3 Überlegt euch eine passende Präsentation der HipHop-ANNA!

Reinhard Mey

Über den Wolken (1974)

Wind Nordost Startbahn null-drei.
Bis hier hör ich die Motoren.
Wie ein Pfeil zieht sie vorbei.
Und es dröhnt in meinen Ohren.
Und der nasse Asphalt bebt.
Wie ein Schleier staubt der Regen.
Bis sie abhebt und sie schwebt
Der Sonne entgegen.

Über den Wolken
Muss die Freiheit wohl grenzenlos sein.
Alle Ängste, alle Sorgen,
Sagt man, blieben darunter verborgen
Und dann würde, was hier groß und wichtig erscheint,
Plötzlich nichtig und klein.

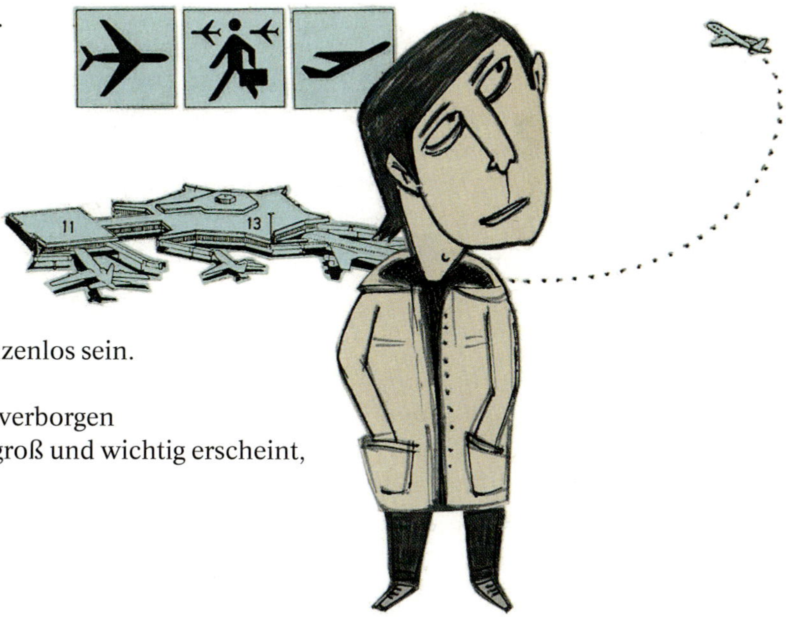

Ich seh ihr noch lange nach.
Seh sie die Wolken erklimmen.
Bis die Lichter nach und nach
Ganz im Regengrau verschwimmen.
Meine Augen haben schon
Jenen winz'gen Punkt verloren.
Nur von fern klingt monoton
Das Summen der Motoren.

Über den Wolken …

Dann ist alles still, ich geh.
Regen durchdringt meine Jacke.
Irgendjemand kocht Kaffee
In der Luftaufsichtsbaracke.
In den Pfützen schwimmt Benzin.
Schillernd wie ein Regenbogen.
Wolken spiegeln sich darin.
Ich wär gerne mitgeflogen.

Über den Wolken …

1 Warum wäre das „Ich" (Z. 30) „gerne mitgeflogen"?
Im Text werden mehrere Gründe genannt.

2 Wie ist dieses Gedicht gereimt? ▶ S. 291

3 a) Wie empfindet ihr die Sprache dieses Gedichts – kunstvoll – kunstlos?
Begründet eure Meinung.
b) In der ersten und in der letzten Strophe steht ein Vergleich. Welche Wirkung hat das?

4 Eigentlich ist „Über den Wolken" ja gar kein Gedicht, sondern ein „Song", zu dem Musik gehört.
Besorgt euch eine CD-Aufnahme des Songs.
Untersucht, welche Rolle Musik und Gesang für die Wirkung dieses Textes haben.

5 Überlegt euch eine wirkungsvolle Ton-Bilder-Präsentation von „Über den Wolken" –
an einem Lyrikabend zum Beispiel.

8.2 Die Entdeckung der Langsamkeit

Bertolt Brecht

Der Radwechsel (1953)

Ich sitze am Straßenrand
Der Fahrer wechselt das Rad.
Ich bin nicht gern, wo ich herkomme.
Ich bin nicht gern, wo ich hinfahre.
Warum sehe ich den Radwechsel
Mit Ungeduld?

▶ S. 16
159

1 Wahrscheinlich wart ihr alle schon einmal in einer ähnlichen Lage wie Bertolt Brecht. Hattet ihr da vergleichbare Empfindungen; andere? Versucht sie in Gedichtform zu bringen.

2 Entwerft Varianten zu „Radwechsel", indem ihr das Schema des Gedichts auf andere Situationen übertragt:

Ich sitze (stehe, liege ...) am (beim, im ...) ...
Der (Die) ...
Ich bin nicht (sehe nicht, tue nicht ...) gern ...
Ich bin nicht gern ...
Warum ...?

Frisurwechsel
Ich sitze beim Frisör
...

Der Themawechsel
Ich sitze in der Schulbank
...

3 Setzt eure Gedichte szenisch um (Standbild, Pantomime, Dialog ...)

Walter Helmut Fritz

Ein Morgen, ... (1964)

Die Straßenbahnen
sind sehr gelb
und fahren
leiser
als gewöhnlich.

Der Zeitungsstand
blüht

in der Dämmerung.
Viele Menschen
sind unterwegs,
sie denken,
das Dasein ist schön.

Wie weich
die Umrisse
der Autos sind.

Der spröde Duft.
Man sollte jetzt

weit gehen können,
denn man geht
über der Erde.

Man sieht
nur eine Ruflänge weit.
Aber seltsam,
dass sich die Jahre
zwischen den Alleebäumen
öffnen.

Die Laternen
brennen
wie hinter der Welt.
Die Radfahrer
haben Mühe,
vorwärts zu kommen:

Ein Morgen,
[...]

1 Was ist an diesem Morgen geschehen?
Ergänzt die Überschrift und einen, zwei Schlussverse. ▶ S. 264

2 Tragt das Gedicht vor.
Macht euch (auf einer Kopie) Markierungen für Betonungen, Pausen …

3 *„Ein Morgen, an dem …“*
Lasst euch von W. H. Fritz zu einem eigenen Gedicht – nicht nur über die Schule! – anregen.

Sarah Kirsch

Im Sommer (1977)

Dünnbesiedelt das Land.
Trotz riesigen Feldern und Maschinen
Liegen die Dörfer schläfrig
In Buchsbaumgärten; die Katzen
Trifft selten ein Steinwurf.

Im August fallen Sterne.
Im September bläst man die Jagd an.
Noch fliegt die Graugans, spaziert der Storch
Durch unvergiftete Wiesen. Ach, die Wolken
Wie Berge fliegen sie über die Wälder.

Wenn man hier keine Zeitung hält
Ist die Welt in Ordnung.
In Pflaumenmuskesseln
Spiegelt sich schön das eigne Gesicht und
Feuerrot leuchten die Felder. R

1 a) Eine ländliche Idylle – oder?
b) Welche Verse und Wörter stören die Harmonie?
Lest genau!

2 Bereitet einen wirkungsvollen Vortrag des Gedichts vor.

Sammelt Schlagzeilen über Umweltgefahren, die ihr während des Gedichtvortrags „einblendet“ (verbal, bildlich …).

Ulla Hahn

```
zwischen weißen Wolkenfischen schleicht ein Jumbo Jet auf Zehen
spitzen Grillen ihre Ohren
schalten in den hohen Wiesen Rasenmäher auf Gesang
nichts und niemand will uns stören
alles jedes uns betören
wenn wirs unter uns beschwören
dass der Himmel offen steht
```

1 Dies ist ein „Gedichtentwurf" der Lyrikerin Ulla Hahn (geboren 1946) aus ihrem Gedichtband „Freudenfeuer" (1985).
   a) Versucht daraus eine „Schlussfassung" herzustellen:
      – Wie lang sollen die Gedichtzeilen sein?
      – Bildet ihr „Strophen"?
      – Wollt ihr Satzzeichen einfügen?
      – Ihr könnt auch bei Groß- und Kleinschreibung eingreifen.
   b) Sucht einen schönen Gedichttitel!

2 a) Vergleicht eure Fassungen. Tragt sie vor. Überarbeitet sie vielleicht.
   b) Vergleicht mit Ulla Hahns Original. ▶ S. 264

3 Vergleicht die beiden „Sommergedichte" von Ulla Hahn und Sarah Kirsch (Stichwort: „Idylle").

8.3 Aufatmen, für einen Moment

Brigitte Werner
an der Ampel (1983)

diese alte Frau
mit den blauen, dicken Strümpfen
in den viel zu großen Schuhen,
die abgeschabte Handtasche
fest im Griff,
den Rücken gebeugt von der Zeit –

dieses kleine, alte Gesicht
mit den gefurchten Feldern
und den lebendigen Augen
unter dem beuligen Hut
auf dem struppigen Haar –
diese alte Frau
in dem steifen braunen Mantel
mit den rührend großen Knöpfen
blickt eine Sekunde
in mein Gesicht -
[…]

1 Die letzte Strophe fehlt! Ergänzt sie.

2 Vergleicht mit dem Original. ▶ S. 264
Sprecht über eure verschiedenen Fassungen.

3 Untersucht die Machart dieses Gedichtes: ▶ S. 291 f.
- Satzbau
- Zeilenlänge (Verse)
- Reim
- Wortarten
- rhetorische Mittel ▶ S. 198

4 Schreibt ein Gedicht über einen Moment
- auf dem Bahnsteig, an der Bushaltestelle,
- im Kino …

Ursula Krechel

Der Anfang des Wochenendes (1977)

Während ich im Supermarkt einer Frau
die Vorderräder des Einkaufswagens
auf die Fersen schiebe, fahre ich auch
meinen Kopf spazieren.
Im Wald der Konservendosen suche ich Blaubeeren
und die Erinnerung an die kleine Lust
auf einen trockenen, dünnen Fichtenast zu treten.
Während du daheim die Kühlschranktür zuschnappen läßt
wieder das kindliche Gefühl
das ich auch beim Aufwachen habe
wenn mich im Traum jemand geschlagen hat.
Freitagnachmittags läppert sich das Glück zusammen
aus prallen Einkaufstüten, aus Flaschen
Kisten, Kartons. Komm!
Wir setzen uns im Flur auf den Teppich
und fliegen mit unseren Hoffnungen davon. R

1 Auch hier eine Begegnung mit einer Frau (V. 1) – wie „an der Ampel" (S. 154).
Aber mit ganz unterschiedlicher Fortsetzung!
Welche Entwicklung nach den ersten drei Versen wäre noch denkbar?

2 „Freitagnachmittags läppert sich das Glück zusammen … " (V. 12)
Wie viel Glück kommt da wohl zusammen? Belegt eure Antwort mit Textstellen.

3 a) Stellt euch vor:
Freitagnachmittag und ihr fliegt weg auf dem „Teppich der Hoffnungen" – wohin? Legt einen Cluster an.
b) Bringt eure Hoffnungen in Gedichtform.
c) Stellt den Gedichtanfang in einem **Standbild** dar.

Rolf Dieter Brinkmann

Einen jener klassischen (1975)

schwarzen Tangos in Köln, Ende des
Monats August, da der Sommer schon

ganz verstaubt ist, kurz nach Laden
Schluß aus der offenen Tür einer

dunklen Wirtschaft, die einem
Griechen gehört, hören, ist beinahe

ein Wunder: für einen Moment eine
Überraschung, für einen Moment

Aufatmen, für einen Moment
eine Pause in dieser Straße,

die niemand liebt und atemlos
macht, beim Hindurchgehen. Ich

schrieb das schnell auf, bevor
der Moment in der verfluchten

dunstigen Abgestorbenheit Kölns
wieder erlosch.

1 „Aufatmen, für einen Moment …" (V. 10)
In welchem Moment wird hier aufgeatmet?

2 Erinnert ihr euch an vergleichbare Momente, wo ihr „aufgeatmet", innegehalten habt?

3 a) Wenn ihr genau hinseht, dann besteht dieses Gedicht eigentlich aus mehreren ganz „normalen" Sätzen! Schreibt sie auf. ▶ S. 284
b) Vergleicht das Gedicht mit der Prosafassung.

4 Schreibt euer persönliches Gedicht zum „Aufatmen, für einen Moment".

5 Nehmt (Stadt-)Geräusche auf, die einen zum Aufatmen bringen können.
Unterlegt damit eure Gedichtpräsentation.

6 Was ist eigentlich ein „klassischer schwarzer Tango" (V. 1 f.)?

Bertolt Brecht

Vergnügungen (1954)

Der erste Blick aus dem Fenster am Morgen
Das wiedergefundene alte Buch
Begeisterte Gesichter
Schnee, der Wechsel der Jahreszeiten
Die Zeitung
Der Hund
Die Dialektik
Duschen, Schwimmen
Alte Musik
Bequeme Schuhe
Begreifen
Neue Musik
Schreiben, Pflanzen
Reisen
Singen
Freundlich sein R

Bertolt Brecht
Berliner Blick aus dem Fenster

1 Wie gefällt euch dieses Gedicht?
Ist das überhaupt ein „Gedicht"?

2 a) „Experimentiert" mit dem Gedicht:
- Ändert die Reihenfolge der Verse.
- Kürzt, verlängert das Gedicht.
- Ändert die Zeilen-/Verslänge.

b) Vergleicht eure verschiedenen Fassungen.

3 a) Schreibt ein eigenes Gedicht mit „Vergnügungen".
b) Oder dichtet dazu:
Wofür ich dankbar bin
Was mich quält
...
c) Fällt euch eine Schlusspointe ein?

4 Ein Gedicht wie „Vergnügungen" kann man mit Papier, Schere, Klebstoff und Pinnwand gut in einer ganzen Gruppe „dichten"!

Aufatmen im Alltag
Lyrikprojekt

Ihr wart im Verlauf dieses Lyrikkapitels so kreativ und dichterisch produktiv, dass es schade wäre, daraus **keine** öffentliche Präsentation zu machen – etwa in Form eines Lyrikabends; oder als Bestandteil eurer großen Abschlussfeier!

▶ S. 241

Alle Aufgaben und Vorschläge mit diesem Piktogramm lassen sich für das Projekt verwenden.
An zwei Gedichtformen – eine alte, ehrwürdige und eine junge – sei hier erinnert:

- das Haiku
- SMS-Lyrik

Plant euer Projekt professionell.
Wer moderiert das Ereignis?

▶ Buch-umschl hinten

9 Mutter Courage und ihre Kinder Die Brücke

9.1 „Mutter Courage“ – eine Hyäne des Schlachtfelds?

„Mutter Courage“, erste Szene, Berliner Ensemble 1949

„Mutter Courage“, letzte Szene

1 Vergleicht die Bilder der Anfangs- und der Schlussszene von Bertolt Brechts Drama „Mutter Courage und ihre Kinder“ (Inszenierung: B. Brecht, Mutter Courage: Helene Weigel). Zu welchem passt der Titel „Mutter Courage“?

2 Stellt Vermutungen darüber an, worum es in diesem Schauspiel geht und wie die Handlung verlaufen könnte.

Bertolt Brecht

Mutter Courage und ihre Kinder (1949)

Der Inhalt

Anna Fierling, genannt Mutter Courage, folgt als „Marketenderin"[1] den Truppen des 30-jährigen Krieges, um ihnen Lebensmittel und Bedarfsgegenstände zu verkaufen. Sie zieht im Frühjahr 1624 mit ihren drei Kindern Eilif, Schweizerkas und der stummen Kattrin ihren Planwagen durch Südschweden, stets auf der Suche nach einem einträglichen Geschäft. Dabei wechselt sie immer wieder das Lager der Krieg führenden Parteien. Vergeblich hofft sie, ihre Söhne vor den Kriegswerbern verbergen zu können: Eilif verliert sie, weil sie sich von einem Feldwebel durch einen Handel ablenken lässt, Schweizerkas wird Zahlmeister des Zweiten Finnischen Regiments. Während Eilif als Bauernschinder zweifelhaften Ruhm gewinnt, rettet Schweizerkas bei einem Überfall der katholischen Partei die Kasse seines Regiments. Er wird gefangen, vors Feldgericht gestellt und erschossen, weil Mutter Courage sich nicht offen zu ihm bekennt und weil sie bei dem Versuch, ihren Planwagen zu verkaufen und mit dem Geld den Sohn auszulösen, zu lange um die Höhe der Auslösesumme feilscht.

1 **Marketenderin:** Händlerin

Mutter Courages Planwagenfahrt

Einige Jahre später scheint nach dem Tod des Schwedenkönigs Gustav Adolf der Krieg beendet zu sein. Mutter Courage fürchtet um ihre Geschäfte. Ein erstes Opfer der Zwischenkriegszeit wird Eilif, der einen Bauernhof überfällt und die Bäuerin tötet. Er wird dafür hingerichtet, obwohl der Krieg inzwischen wieder ausgebrochen ist und die Gesetze des Krieges neu gelten.

Nach weiteren entbehrungsreichen Jahren verliert Mutter Courage auch noch Kattrin: Als ein paar kaiserliche Soldaten einen Bauern zwingen, ihnen einen Schleichweg in die belagerte protestantische Stadt Halle zu verraten, warnt Kattrin die Stadtbewohner durch lautes Trommeln und bezahlt dafür mit ihrem Leben.

Mutter Courage gibt den Bauern Geld für die Beerdigung ihrer Tochter und spannt sich im Winter 1636 wieder vor ihren Planwagen, um Kriegsgeschäfte zu machen und ihren Sohn Eilif zu suchen, von dessen Tod sie nichts weiß.

3 Was könnte Bertolt Brecht bewogen haben, 1939 ein Stück über den Krieg zu verfassen?

4 a) Informiert euch (in einem Geschichtsbuch, Lexikon ...) über den Dreißigjährigen Krieg.
b) Überlegt, warum Brecht den Dreißigjährigen Krieg als historischen Hintergrund seines Stückes wählt. Bezieht in eure Überlegungen die Karte zu „Mutter Courages Planwagenfahrt" mit ein.

Bertolt Brecht

Mutter Courage und ihre Kinder

1

FRÜHJAHR 1624. DER FELDHAUPTMANN OXENSTJERNA WIRBT IN DALARNE TRUPPEN FÜR DEN FELDZUG IN POLEN. DER MARKETENDERIN ANNA FIERLING, BEKANNT UNTER DEM NAMEN MUTTER COURAGE, KOMMT EIN SOHN ABHANDEN.

Landstraße in Stadtnähe
Ein Feldwebel und ein Werber stehen frierend.

DER WERBER: Wie soll man sich hier eine Mannschaft zusammenlesen? Feldwebel, ich denk schon mitunter an Selbstmord. Bis zum Zwölften soll ich dem Feldhauptmann vier Fähnlein[1] hinstelln, und die Leut hier herum sind so voll Bosheit, daß ich keine Nacht mehr schlaf. Hab ich endlich einen aufgetrieben und schon durch die Finger gesehn[2] und mich nix wissen gemacht, daß er eine Hühnerbrust hat und Krampfadern, ich hab ihn glücklich besoffen, er hat schon unterschrieben, ich zahl nur noch den Schnaps, er tritt aus, ich hinterher zur Tür, weil mir was schwant: Richtig, weg ist er, wie die Laus unterm Kratzen. Da gibts kein Manneswort, kein Treu und Glauben, kein Ehrgefühl. Ich hab hier mein Vertrauen in die Menschheit verloren, Feldwebel.

DER FELDWEBEL: Man merkts, hier ist zu lang kein Krieg gewesen. Wo soll da Moral herkommen, frag ich? Frieden, das ist nur Schlamperei, erst der Krieg schafft Ordnung. Die Menschheit schießt ins Kraut im Frieden. Mit Mensch und Vieh wird herumgesaut, als wärs gar nix. Jeder frißt, was er will, einen Ranken Käs aufs Weißbrot und dann noch eine Scheibe Speck auf den Käs. Wie viele junge Leut und gute Gäul diese Stadt da vorn hat, weiß kein Mensch, es ist niemals gezählt worden. Ich bin in Gegenden gekommen, wo kein Krieg war vielleicht siebzig Jahr, da hatten die Leut überhaupt noch keine Namen, die kannten sich selber nicht. Nur wo Krieg ist, gibts ordentliche Listen und Registraturen, kommt das Schuhzeug in Ballen und das Korn in Säck, wird Mensch und Vieh sauber gezählt und weggebracht, weil man eben weiß: Ohne Ordnung kein Krieg!

DER WERBER: Wie richtig das ist!

DER FELDWEBEL: Wie alles Gute ist auch der Krieg am Anfang halt schwer zu machen. Wenn er dann erst floriert[3], ist er auch zäh; dann schrecken die Leut zurück vorm Frieden, wie die Würfler vorm Aufhören, weil

1 **Fähnlein:** Truppeneinheit von ca. 400 Mann
2 **durch die Finger sehen:** nicht genau prüfen
3 **florieren:** wachsen

dann müssens zählen, was sie verloren haben. Aber zuerst schreckens zurück vorm Krieg. Er ist ihnen was Neues.

DER WERBER: Du, da kommt ein Planwagen. Zwei Weiber und zwei junge Burschen. Halt die Alte auf, Feldwebel. Wenn das wieder nix ist, stell ich mich nicht weiter in den Aprilwind hin, das sag ich dir.

Man hört eine Maultrommel[4]. Von zwei jungen Burschen gezogen, rollt ein Planwagen heran. Auf ihm sitzen Mutter Courage und ihre stumme Tochter Kattrin.

MUTTER COURAGE: Guten Morgen, Herr Feldwebel!

DER FELDWEBEL *sich in den Weg stellend:* Guten Morgen, ihr Leut! Wer seid ihr?

MUTTER COURAGE: Geschäftsleut.

Singt:

Ihr Hauptleut, laßt die Trommel ruhen
Und laßt eur Fußvolk halten an:
Mutter Courage, die kommt mit Schuhen
In denens besser laufen kann.
Mit seinen Läusen und Getieren
Bagage[5], Kanone und Gespann –
Soll es euch in die Schlacht marschieren
So will es gute Schuhe han.
Das Frühjahr kommt. Wach auf, du Christ!
Der Schnee schmilzt weg. Die Toten ruhn.
Und was noch nicht gestorben ist
Das macht sich auf die Socken nun.

Ihr Hauptleut, eure Leut marschieren
Euch ohne Wurst nicht in den Tod.
Laßt die Courage sie erst kurieren
Mit Wein von Leibs- und Geistesnot.
Kanonen auf die leeren Mägen
Ihr Hauptleut, das ist nicht gesund.
Doch sind sie satt, habt meinen Segen
Und führt sie in den Höllenschlund.
Das Frühjahr kommt. Wach auf, du Christ!
Der Schnee schmilzt weg. Die Toten ruhn.
Und was noch nicht gestorben ist
Das macht sich auf die Socken nun.

DER FELDWEBEL: Halt, wohin gehört ihr, Bagage?

DER ÄLTERE SOHN: Zweites Finnisches Regiment.

DER FELDWEBEL: Wo sind eure Papiere?

MUTTER COURAGE: Papiere?

DER JÜNGERE SOHN: Das ist doch die Mutter Courage!

DER FELDWEBEL: Nie von gehört. Warum heißt sie Courage?

MUTTER COURAGE: Courage heiß ich, weil ich den Ruin gefürchtet hab, Feldwebel, und bin durch das Geschützfeuer von Riga gefahrn mit fünfzig Brotlaib im Wagen. Sie waren schon angeschimmelt, es war höchste Zeit, ich hab keine Wahl gehabt.

DER FELDWEBEL: Keine Witze, du. Wo sind die Papiere!

MUTTER COURAGE *aus einer Zinnbüchse einen Haufen Papiere kramend und herunterkletternd:* Das sind alle meine Papiere, Feldwebel. Da ist ein ganzes Meßbuch[6] dabei, aus Altötting, zum Einschlagen von Gurken, und eine Landkarte von Mähren, weiß Gott, ob ich da je hinkomm, sonst ist sie für die Katz, und hier stehts besiegelt, daß mein Schimmel nicht die Maul- und Klauenseuch hat, leider ist er uns umgestanden[7], er hat fünfzehn Gulden gekostet, aber nicht mich, Gott sei Dank. Ist das genug Papier?

DER FELDWEBEL: Willst du mich auf den Arm nehmen? Ich werd dir deine Frechheit austreiben. Du weißt, daß du eine Lizenz haben mußt.

MUTTER COURAGE: Reden Sie anständig mit mir und erzählen Sie nicht meinen halbwüchsigen Kindern, daß ich Sie auf den Arm nehmen will, das gehört sich nicht, ich hab nix mit Ihnen. Meine Lizenz beim Zweiten Regiment ist mein anständiges Gesicht, und wenn Sie es nicht lesen können, kann ich nicht helfen. Einen Stempel laß ich mir nicht draufsetzen.

DER WERBER: Feldwebel, ich spür einen unbotmäßigen Geist heraus bei der Person. Im Lager da brauchen wir Zucht.

MUTTER COURAGE: Ich dacht Würst.

DER FELDWEBEL: Name.

MUTTER COURAGE: Anna Fierling.

DER FELDWEBEL: Also dann heißt ihr alle Fierling?

MUTTER COURAGE: Wieso? Ich heiß Fierling. Die nicht.

DER FELDWEBEL: Ich denk, das sind alles Kinder von dir?

4 **Maultrommel:** Musikinstrument
5 **Bagage:** Gepäck; auch: Gesindel
6 **Meßbuch:** Buch mit religiösen Texten für die Messe
7 **umstehen:** sterben, verenden

MUTTER COURAGE: Sind auch, aber heißen sie deshalb alle gleich? *Auf den älteren Sohn deutend:* Der zum Beispiel heißt Eilif Nojocki, warum, sein Vater hat immer behauptet, er heißt Kojocki oder Mojocki. Der Junge hat ihn noch gut im Gedächtnis, nur, das war ein anderer, den er im Gedächtnis hat, ein Franzos mit einem Spitzbart. Aber sonst hat er vom Vater die Intelligenz geerbt; der konnt einem Bauern die Hos vom Hintern wegziehen, ohne daß der was gemerkt hat. Und so hat eben jedes von uns seinen Namen.

DER FELDWEBEL: Was, jedes einen anderen?

MUTTER COURAGE: Sie tun grad, als ob Sie das nicht kennten.

DER FELDWEBEL: Dann ist der wohl ein Chineser? *Auf den Jüngeren deutend.*

MUTTER COURAGE: Falsch geraten. Ein Schweizer.

DER FELDWEBEL: Nach dem Franzosen?

MUTTER COURAGE: Nach was für einem Franzosen? Ich weiß von keinem Franzosen. Bringen Sies nicht durcheinander, sonst stehn wir am Abend noch da. Ein Schweizer, heißt aber Fejos, ein Name, der nix mit seinem Vater zu tun hat. Der hieß ganz anders und war Festungsbaumeister, nur versoffen.

Schweizerkas nickt strahlend, und auch die stumme Kattrin amüsiert sich.

DER FELDWEBEL: Wie kann er da Fejos heißen?

MUTTER COURAGE: Ich will Sie nicht beleidigen, aber Phantasie haben Sie nicht viel. Er heißt natürlich Fejos, weil, als er kam, war ich mit einem Ungarn, dem wars gleich, er hatte schon den Nierenschwund, obwohl er nie einen Tropfen angerührt hat, ein sehr redlicher Mensch. Der Junge ist nach ihm geraten.

DER FELDWEBEL: Aber er war doch gar nicht der Vater?

MUTTER COURAGE: Aber nach ihm ist er geraten. Ich heiß ihn Schweizerkas, warum, er ist gut im Wagenziehen. *Auf ihre Tochter deutend:* Die heißt Kattrin Haupt, eine halbe Deutsche.

DER FELDWEBEL: Eine nette Familie, muß ich sagen.

MUTTER COURAGE: Ja, ich bin durch die ganze Welt gekommen mit meinem Planwagen.

DER FELDWEBEL: Das wird alles aufgeschrieben. *Er schreibt auf.* Du bist aus Bamberg in Bayern, wie kommst du hierher?

MUTTER COURAGE: Ich kann nicht warten, bis der Krieg gefälligst nach Bamberg kommt.

DER WERBER: Ihr solltet lieber Jakob Ochs und Esau Ochs heißen, weil ihr doch den Wagen zieht. Aus dem Gespann kommt ihr wohl nie heraus?

EILIF: Mutter, darf ich ihm aufs Maul hauen? Ich möcht gern.

MUTTER COURAGE: Und ich untersags dir, du bleibst stehn. Und jetzt, meine Herren Offizier, brauchens nicht eine gute Pistolen oder eine Schnall, die Ihre ist schon abgewetzt, Herr Feldwebel.

DER FELDWEBEL: Ich brauch was andres. Ich seh, die Burschen sind wie die Birken gewachsen, runde Brustkästen, stämmige Haxen: warum drückt sich das vom Heeresdienst, möcht ich wissen?

MUTTER COURAGE *schnell:* Nicht zu machen, Feldwebel. Meine Kinder sind nicht für das Kriegshandwerk.

DER WERBER: Aber warum nicht? Das bringt Gewinn und bringt Ruhm. Stiefelverramschen ist Weibersache. *Zu Eilif:* Tritt einmal vor, laß dich anfühlen, ob du Muskeln hast oder ein Hühnchen bist.

MUTTER COURAGE: Ein Hühnchen ist er. Wenn einer ihn streng anschaut, möcht er umfallen.

DER WERBER: Und ein Kalb dabei erschlagen, wenn eins neben ihm stünd. *Er will ihn wegführen.*

MUTTER COURAGE: Willst du ihn wohl in Ruhe lassen? Der ist nix für euch.

DER WERBER: Er hat mich grob beleidigt und von meinem Mund als einem Maul geredet. Wir zwei gehen dort ins Feld und tragen die Sach aus unter uns Männern.

EILIF: Sei ruhig. Ich besorgs ihm, Mutter.

MUTTER COURAGE: Stehen bleibst! Du Haderlump! Ich kenn dich, nix wie raufen. Ein Messer hat er im Stiefel, stechen tut er.

DER WERBER: Ich ziehs ihm aus wie einen Milchzahn, komm, Bürschchen.

MUTTER COURAGE: Herr Feldwebel, ich sags dem Obristen[8]. Der steckt euch ins Loch. Der Leutnant ist ein Freier meiner Tochter.

DER FELDWEBEL: Keine Gewalt, Bruder. *Zu*

8 **Obrist:** Oberst, Offizier

Mutter Courage: Was hast du gegen den Heeresdienst? War sein Vater nicht Soldat? Und ist anständig gefallen? Das hast du selber gesagt.

MUTTER COURAGE: Er ist ein ganzes Kind, ihr wollt ihn mir zur Schlachtbank führen, ich kenn euch. Ihr kriegt fünf Gulden für ihn.

DER WERBER: Zunächst kriegt er eine schöne Kappe und Stulpenstiefel, nicht?

EILIF: Nicht von dir.

MUTTER COURAGE: Komm, geh mit angeln, sagte der Fischer zum Wurm. *Zum Schweizerkas:* Lauf weg und schrei, die wollen deinen Bruder stehlen. *Sie zieht ein Messer.* Probierts nur und stehlt ihn. Ich stech euch nieder, Lumpen. Ich werds euch geben, Krieg mit ihm führen! Wir verkaufen ehrlich Leinen und Schinken und sind friedliche Leut.

DER FELDWEBEL: Das sieht man an deinem Messer, wie friedlich ihr seid. Überhaupt sollst du dich schämen, gib das Messer weg, Vettel! Vorher hast du eingestanden, du lebst vom Krieg, denn wie willst du sonst leben, von was? Aber wie soll Krieg sein, wenn es keine Soldaten gibt?

MUTTER COURAGE: Das müssen nicht meine sein. [...] R

1 a) Sammelt alle Aussagen, die bis zum Auftritt von Mutter Courage (Z. 64) über Krieg und Frieden gemacht werden.
b) Fasst eure Ergebnisse in einem Schaubild zusammen.

2 Erläutert, in welchem Zusammenhang das Lied der Courage (Z. 70–93) mit den vorangegangenen Aussagen zum Krieg steht.

3 a) Erstellt **Standbilder,** in denen ihr die innere Einstellung der Figuren dieser ersten Szene und ihre Beziehung zueinander zum Ausdruck bringt. Ihr überlegt,
- wie die Figuren zueinander postiert sind,
- welche Haltungen sie einnehmen und
- welchen Gesichtsausdruck sie haben.

Verharrt in euren Positionen und Haltungen wie eingefroren.
Jede Figur sagt schließlich in der eingenommenen Haltung, was sie gerade denkt und fühlt.
b) Vergleicht eure Standbilder (anhand von Polaroidfotos).

4 Untersucht und beschreibt die Ausdrucksweise der einzelnen Figuren. Zitiert Textbeispiele. ▶ S. 277

9.2 Eine Szene bearbeiten, proben, analysieren

Bertolt Brecht

Mutter Courage und ihre Kinder

8

[...]

Feldlager

Ein Sommermorgen. Vor dem Wagen stehen eine alte Frau und ihr Sohn. Der Sohn schleppt einen großen Sack mit Bettzeug.

MUTTER COURAGES STIMME *aus dem Wagen:* Muß das in aller Herrgottsfrüh sein?

DER JUNGE MANN: Wir sind die ganze Nacht zwanzig Meilen hergelaufen und müssen noch zurück heut.

MUTTER COURAGES STIMME: Was soll ich mit Bettfedern? Die Leut haben keine Häuser.

DER JUNGE MANN: Wartens lieber, bis Sie sie sehn.

DIE ALTE FRAU: Da ist auch nix. Komm!

DER JUNGE MANN: Dann verpfänden sie uns das Dach überm Kopf für die Steuern. Vielleicht gibt sie drei Gulden, wenn du das Kreuzel zulegst. *Glocken beginnen zu läuten:* Horch, Mutter!

STIMMEN *von hinten:* Frieden! Der Schwedenkönig ist gefallen!

MUTTER COURAGE *steckt den Kopf aus dem Wagen. Sie ist noch unfrisiert:* Was ist das für ein Geläut mitten in der Woch?

DER FELDPREDIGER[1] *kommt unterm Wagen vorgekrochen:* Was schrein sie?

MUTTER COURAGE: Sagen Sie mir nicht, daß Friede ausgebrochen ist, wo ich eben neue Vorräte eingekauft hab.

DER FELDPREDIGER *nach hinten rufend:* Ists wahr, Frieden?

STIMME: Seit drei Wochen, heißts, wir habens nur nicht erfahren.

DER FELDPREDIGER *zur Courage:* Warum solln sie sonst die Glocke läuten?

STIMME: In der Stadt sind schon ein ganzer Haufen Lutherische mit Fuhrwerken angekommen, die haben die Neuigkeit gebracht.

DER JUNGE MANN: Mutter, es ist Frieden. Was hast?

Die alte Frau ist zusammengebrochen.

MUTTER COURAGE *zurück in den Wagen:* Marandjosef! Kattrin, Friede! Zieh dein Schwarzes an! Wir gehn in Gottesdienst. Das sind wir dem Schweizerkas schuldig. Obs wahr ist?

DER JUNGE MANN: Die Leut hier sagens auch. Es ist Frieden gemacht worden. Kannst du aufstehn? *Die alte Frau steht betäubt auf.* Jetzt bring ich die Sattlerei wieder in Gang. Ich versprech dirs. Alles kommt in Ordnung. Vater kriegt sein Bett wieder. Kannst du laufen? *Zum Feldprediger:* Schlecht ist ihr geworden. Das ist die Nachricht. Sie hats nicht geglaubt, daß es noch Frieden wird. Vater hats immer gesagt. Wir gehn gleich heim. *Beide ab.*

MUTTER COURAGES STIMME: Gebt ihr einen Schnaps!

DER FELDPREDIGER: Sie sind schon fort.

MUTTER COURAGES STIMME: Was ist im Lager drüben?

DER FELDPREDIGER: Sie laufen zusammen. Ich geh hinüber. Soll ich nicht mein geistliches Gewand anziehn?

MUTTER COURAGES STIMME: Erkundigen Sie sich erst genauer, vor[2] Sie sich zu erkennen geben als Antichrist. Ich bin froh übern Frieden, wenn ich auch ruiniert bin. Wenigstens zwei von den Kindern hätt ich also durchgebracht durch den Krieg. Jetzt werd ich meinen Eilif wiedersehen.

DER FELDPREDIGER: Und wer kommt da die Lagergaß herunter? Wenn das nicht der Koch vom Feldhauptmann ist!

DER KOCH *etwas verwahrlost und mit einem Bündel:* Wen seh ich? Den Feldprediger!

DER FELDPREDIGER: Courage, ein Besuch!

Mutter Courage klettert heraus.

DER KOCH: Ich habs doch versprochen, ich komm, sobald ich Zeit hab, zu einer kleinen Unterhaltung herüber. Ich hab Ihren Branntwein nicht vergessen, Frau Fierling.

MUTTER COURAGE: Jesus, der Koch vom Feldhauptmann! Nach all die Jahr! Wo ist der Eilif, mein Ältester?

DER KOCH: Ist der noch nicht da? Der ist vor mir weg und wollt auch zu Ihnen.

DER FELDPREDIGER: Ich zieh mein geistliches Gewand an, wartets. *Ab hinter den Wagen.*

MUTTER COURAGE: Da kann er jede Minute eintreffen. *Ruft in den Wagen:* Kattrin, der Eilif kommt! Hol ein Glas Branntwein fürn Koch, Kattrin! *Kattrin zeigt sich nicht.* Gib ein Büschel Haar drüber, und fertig! Herr Lamb ist kein Fremder. *Holt selber den Branntwein.* Sie will nicht heraus, sie macht sich nix ausn Frieden. Er hat zu lang auf sich warten lassen. Sie haben sie über das eine Aug geschlagen, man siehts schon kaum mehr, aber sie meint, die Leut stiern auf sie.

DER KOCH: Ja, der Krieg! *Er und Mutter Courage setzen sich.*

MUTTER COURAGE: Koch, Sie treffen mich im Unglück. Ich bin ruiniert.

DER KOCH: Was? Das ist aber ein Pech.

MUTTER COURAGE: Der Friede bricht mirn Hals. Ich hab auf den Feldprediger sein Rat neulich noch Vorrät eingekauft. Und jetzt wird

1 **Feldprediger:** Soldatengeistlicher

2 **vor:** bevor

sich alles verlaufen, und ich sitz auf meine Waren.

DER KOCH: Wie können Sie auf den Feldprediger hörn? Wenn ich damals Zeit gehabt hätt, aber die Katholischen sind zu schnell gekommen, hätt ich Sie vor dem gewarnt. Das ist ein Schmalger. So, der führt bei Ihnen jetzt das große Wort.

MUTTER COURAGE: Er hat mirs Geschirr gewaschen und ziehn helfen.

DER KOCH: Der und ziehn! Er wird Ihnen schon auch ein paar von seine Witz erzählt haben, wie ich den kenn, der hat eine ganz unsaubere Anschauung vom Weib, ich hab mein Einfluß umsonst bei ihm geltend gemacht. Er ist unsolid.

MUTTER COURAGE: Sind Sie solid?

DER KOCH: Wenn ich nix bin, bin ich solid. Prost!

MUTTER COURAGE: Das ist nix, solid. Ich hab nur einen gehabt, Gott sei Dank, wo solid war. So hab ich nirgends schuften müssen, er hat die Decken von die Kinder verkauft im Frühjahr, und meine Mundharmonika hat er unchristlich gefunden. Ich find, Sie empfehln sich nicht, wenn Sie eingestehn, Sie sind solid.

DER KOCH: Sie haben immer noch Haare auf die Zähn, aber ich schätz Sie drum.

MUTTER COURAGE: Sagen Sie jetzt nicht, Sie haben von meine Haar auf die Zähn geträumt!

DER KOCH: Ja, jetzt sitzen wir hier, und Friedensglocken und Ihr Branntwein, wie nur Sie ihn ausschenken, das ist ja berühmt.

MUTTER COURAGE: Ich halt nix von Friedensglocken im Moment. Ich seh nicht, wie sie den Sold auszahln wolln, wo im Rückstand ist, und wo bleib ich dann mit meinem berühmten Branntwein? Habt ihr denn ausgezahlt bekommen?

DER KOCH *zögernd:* Das nicht grad. Darum haben wir uns aufgelöst. Unter diese Umständ hab ich mir gedacht, was soll ich bleiben, ich besuch inzwischen Freunde. Und so sitz ich jetzt Ihnen gegenüber.

MUTTER COURAGE: Das heißt, Sie haben nix.

DER KOCH: Mit dem Gebimmel könnten sie wirklich aufhören, nachgerad. Ich käm gern in irgendeinen Handel mit was. Ich hab keine Lust mehr, denen den Koch machen. Ich soll ihnen aus Baumwurzeln und Schuhleder was zusammenpantschen, und dann schütten sie mir die heiße Suppe ins Gesicht. Heut Koch, das ist ein Hundeleben. Lieber Kriegsdienst tun, aber freilich, jetzt ist ja Frieden. *Da der Feldprediger auftaucht, nunmehr in seinem alten Gewand:* Wir reden später darüber weiter.

DER FELDPREDIGER: Es ist noch gut, nur paar Motten waren drin.

DER KOCH: Ich seh nur nicht, wozu Sie sich die Müh machen. Sie werden doch nicht wieder eingestellt, wen sollten Sie jetzt anfeuern, daß er seinen Sold ehrlich verdient und sein Leben in die Schanz schlägt[3]? Ich hab überhaupt mit Ihnen noch ein Hühnchen zu rupfen, weil Sie die Dame zu einem Einkauf von überflüssigen Waren geraten haben unter der Angabe, der Krieg geht ewig.

DER FELDPREDIGER *hitzig:* Ich möcht wissen, was Sie das angeht?

DER KOCH: Weils gewissenlos ist, so was! Wie können Sie sich in die Geschäftsordnung von andern Leuten einmischen mit ungewünschten Ratschlägen?

DER FELDPREDIGER: Wer mischt sich ein? *Zur Courage:* Ich hab nicht gewußt, daß Sie eine so enge Freundin von dem Herrn sind und ihm Rechenschaft schuldig sind.

MUTTER COURAGE: Regen Sie sich nicht auf, der Koch sagt nur seine Privatmeinung, und Sie können nicht leugnen, daß Ihr Krieg eine Niete war.

DER FELDPREDIGER: Sie sollten sich nicht am Frieden versündigen, Courage! Sie sind eine Hyäne des Schlachtfelds.

MUTTER COURAGE: Was bin ich?

DER KOCH: Wenn Sie meine Freundin beleidigen, kriegen Sies mit mir zu tun.

DER FELDPREDIGER: Mit Ihnen red ich nicht. Sie haben mir zu durchsichtige Absichten. *Zur Courage:* Aber wenn ich Sie den Frieden entgegennehmen seh wie ein altes verrotztes Sacktuch, mit Daumen und Zeigefinger, dann empör ich mich menschlich; denn dann seh ich, Sie wollen keinen Frieden, sondern Krieg, weil Sie Gewinne machen,

3 **sein Leben in die Schanz schlagen:** sein Leben riskieren

aber vergessen Sie dann auch nicht den alten Spruch: „Wer mitn Teufel frühstücken will, muß ein langen Löffel haben!"

MUTTER COURAGE: Ich hab nix fürn Krieg übrig, und er hat wenig genug für mich übrig. Ich verbitt mir jedenfalls die Hyäne, wir sind geschiedene Leut.

DER FELDPREDIGER: Warum beklagen Sie sich dann übern Frieden, wenn alle Menschen aufatmen? Wegen paar alte Klamotten in Ihrem Wagen?!

MUTTER COURAGE: Meine Waren sind keine alte Klamotten, sondern davon leb ich, und Sie habens bisher auch.

DER FELDPREDIGER: Also vom Krieg! Aha! [...]

R

1 Ordnet die Szene in den Handlungszusammenhang ein (s. S. 160f.).

2 Der Feldprediger nennt Mutter Courage eine „Hyäne des Schlachtfelds" (Z. 192). Welche Einschätzung bringt er damit zum Ausdruck?

3 a) Untersucht die Ausdrucksweise der Mutter Courage. Sammelt sprachliche Auffälligkeiten, die euch für die Figur typisch erscheinen.
b) Welche Wirkung wird durch diese Art der Sprachgestaltung erzielt?

4 Schreibt ein **Rollenprofil** der Mutter Courage.
Ein Rollenprofil ist eine Selbstdarstellung, eine Art Lebenslauf in Ich-Form. Es dient dazu, sich in die Figur hineinzuversetzen und ein möglichst genaues und lebendiges Bild von ihr zu gewinnen. Schauspieler/innen erarbeiten sich solche Rollenprofile für ihre Figuren.
Beachtet beim Schreiben folgende Gesichtspunkte:
- äußere Lebensumstände der Figur
- wichtige Erfahrungen
- Interessen und Vorlieben
- Verhältnis zu den Mitmenschen
- Einstellungen, Absichten und Motive
- Ängste, Sorgen und Sehnsüchte

5 a) Erprobt verschiedene Möglichkeiten der Darstellung dieser achten Szene. Dabei solltet ihr unterschiedliche Rollenverteilungen ausprobieren und euch gegenseitig genau beobachten.
b) Stellt die Variante, die euch besonders gelungen erscheint, dann der Klasse vor.

Episches Theater und V-Effekt

Neben der erzählenden Literatur und der Lyrik ist das **Drama** eine der drei Grundformen der Dichtung. Dramentexte sind in **Dialogform** verfasst und in der Regel für eine Theateraufführung vorgesehen. Die Handlung wird also vor einem Publikum auf der Bühne von Schauspielerinnen und Schauspielern dargestellt. Dazu sind neben dem Sprechtext auch die **Regieanweisungen** und die **Inszenierung** einer Regisseurin oder eines Regisseurs von Bedeutung.

Bei der Untersuchung einer Dramenszene muss man zunächst berücksichtigen, dass es verschiedene Arten von Dramen gibt. Wir unterscheiden hauptsächlich zwischen der **Tragödie,** bei der die Konflikte tragisch enden, und der **Komödie** mit einer heiteren Handlung und einem glücklichen Ausgang.

Die **klassische Form** des Dramas, die schon seit der Antike überliefert ist, weist einen strengen Aufbau in meist fünf Akte auf: Der 1. Akt bietet die Einführung (die **Exposition**), in der die Hauptfiguren vorgestellt werden, in der in Ort, Zeit und Atmosphäre des Stücks eingeführt wird und in der sich die Konflikte anbahnen, die die Handlung bis zum dramatischen Höhepunkt vorantreiben. Am Ende des 3. oder zu Beginn des 4. Akts tritt bei der Tragödie häufig ein Wendepunkt (die **Peripetie**) ein, von der aus die Handlung unaufhaltsam der Katastrophe zustrebt.

Das **epische Theater** Bertolt Brechts verzichtet hingegen auf diese klassische Form des Aufbaus. Die Szenen bauen nicht systematisch aufeinander auf, sondern sind einzelne aneinander gereihte „Bilder". Es ging Brecht nicht darum, dass das Publikum mit den Figuren auf der Bühne mitfühlt, sich passiv in sie hineinversetzt. Vielmehr sollten seine Stücke Einsichten und Erkenntnisse vermitteln und dazu auffordern, die eigene Wirklichkeit zu verändern.
Dieses Ziel hat Konsequenzen für die Gestaltung der Dramentexte: So stellt Brecht in vielen Stücken den Szenen eine kurze Inhaltsangabe voran, sodass das Publikum nicht ungeduldig auf den Schluss wartet, sondern auf Einzelheiten achtet. Oder die Figuren „fallen aus der Rolle" und wenden sich etwa mit einem Kommentar direkt an das Publikum. Oder es werden erklärende Bild- und Texttafeln vorgezeigt. Schließlich können die Schauspieler sogar mit Liedern die Handlung unterbrechen.

All diese Mittel des Brecht'schen Theaters, um kritische Distanz zwischen Bühnengeschehen und Publikum zu schaffen, werden **V**(erfremdungs)-**Effekt** genannt.

1 Sammelt die wichtigsten Informationen zum klassischen Drama und zum epischen Theater von B. Brecht und stellt sie in einem Schaubild dar.

2 Baut selbst „V-Effekte" in die 8. Szene der „Mutter Courage" ein, um die kritische Einstellung gegenüber dem Geschehen zu erhöhen; z. B.:
- Verfasst oder sammelt Texte und Bilder, die an passenden Stellen auf der Bühne projiziert, hochgehalten werden.
  Die Texte und Bilder können die Handlung kommentieren, mit vergangenen oder aktuellen Ereignissen verknüpfen usw.
- Verfasst eine knappe Inhaltsangabe zur 8. Szene, die vor Spielbeginn von einem Erzähler oder einer Erzählerin auf der Bühne vorgetragen wird.
- Wählt eine der Figuren aus und verfasst für sie einen Song, in dem sie dem Publikum von ihrem bisherigen Leben berichtet oder einen Kommentar über eine andere Figur abgibt.

3 Stellt eure Ergebnisse vor und wählt einige aus, die ihr in die Praxis umsetzt.
Organisiert euch in Arbeitsgruppen und übernehmt jeweils eine Aufgabe:
- Kopiert die ausgewählten Bilder und Texte auf Folien und projiziert sie mit Hilfe eines Overheadprojektors.
- Probt den Auftritt des Erzählers/der Erzählerin.
  Überlegt, wie der Text gesprochen werden soll.
  Welche Haltung hat er/sie zum Geschehen in der Szene? Trägt er/sie ein Kostüm?
- Vertont den Liedtext. (Er kann aber auch zu einer euch bekannten Melodie gesprochen oder gesungen werden.)

4 Präsentiert eure Ergebnisse. Legt vorher fest, ob die Szene dazu gespielt oder mit verteilten Rollen gelesen wird.

5 Beschreibt die Wirkung der von euch erarbeiteten V-Effekte.

Analyse einer Dramenszene

Zur Vorbereitung einer **schriftlichen Analyse** einer Dramenszene solltet ihr
a) zunächst euer erstes vorläufiges Textverständnis kurz schriftlich festhalten.
b) In einem zweiten Schritt könnt ihr folgende Aspekte in den Blick nehmen:

Tipps für die Dramenanalyse

1. **Stellung der Szene im Handlungsverlauf**
   - Wo steht die Szene im gesamten Handlungsverlauf?
   - Was ist ihr unmittelbar vorausgegangen?
   - Was folgt der Szene?

2. **Inhalt der Szene**
   - Wovon handelt die Szene?
   - Was sind wichtige Abschnitte (Handlungsschritte)?
   - Was ist das Thema?

3. **Figuren der Szene und ihr Verhältnis zueinander**
   - Was lässt sich über Herkunft, Stand und Vorgeschichte der Figuren sagen?
   - Welche Gedanken, Gefühle, Eigenschaften der Figuren werden deutlich?
   - Was sind ihre offensichtlichen und verborgenen Absichten und Handlungsmotive?
   - Welche typischen Tätigkeiten, Gebärden und Verhaltensweisen zeigen die Figuren und was drücken diese aus?
   - Wie sind die Beziehungen zu anderen Personen?
   - Welche sprachlichen Auffälligkeiten charakterisieren die Personen?

4. **Bedeutung der Szene für die Aussage des Dramas**
   - In welcher Weise wird das Thema des Dramas in der Szene entfaltet?
   - Welche Bedeutung hat die Szene für die Ausgestaltung oder Veränderung des Charakters der Hauptfigur? In welchem Sinne gelangt die Hauptfigur in der Szene in eine bedeutsame Entscheidungssituation?
   - Welche Wirkung erzielt die Szene im Zusammenhang des Dramas?

Wenn ihr eure Untersuchungsergebnisse zusammenhängend ausarbeitet, nennt ihr in der **Einleitung** Autor/-in sowie Titel des Stücks und fasst dessen Inhalt knapp – möglichst in einem Satz – zusammen. Im **Hauptteil** stellt ihr die Ergebnisse eurer Analyse dar und belegt sie mit Zitaten. Dabei könnt ihr die oben aufgeführten Untersuchungsaspekte als Gliederungspunkte nutzen.
Am **Schluss** könnt ihr eine kurze wertende Stellungnahme formulieren.

▶ S. 195 212

1 Bereitet eine schriftliche Analyse der 8. Szene von Brechts „Mutter Courage" (S. 164 ff.) vor.

2 Tauscht eure Ergebnisse aus und überarbeitet sie. ▶ S. 275

9.3 „Die Brücke" – Krieg auf der Leinwand

1 a) Was „verrät" dieses Plakat über den international ausgezeichneten Film des Regisseurs Bernhard Wicki (1959)?
b) Wer kennt den Film? Berichtet darüber.

2 a) Welche Kriegsfilme kennt ihr? Berichtet.
b) Erinnert ihr euch noch an die Plakate?

3 Der **Kriegsfilm** ist ein erfolgreiches „Genre" – warum wohl?

4 a) Definiert „Kriegsfilm".
b) Bereitet ein Kurzreferat über die Geschichte des Kriegsfilms vor oder über einzelne berühmte Kriegsfilme: Im Westen nichts Neues (USA 1930) – Die Brücke am Kwai (Großbritannien 1957) – Ich war neunzehn (DDR 1968) …

Bernhard Wicki

„Die Brücke“ (1959)
Der Inhalt

Sieben Jungen einer bayerischen Kleinstadt werden in den letzten Kriegstagen im April 1945 zum so genannten Volkssturm kommandiert. Ihr Enthusiasmus, ihrem Vaterland zu dienen und die Stadt vor den anrückenden Amerikanern zu verteidigen, kann auch nicht von ihrem Lehrer Stern erschüttert werden, der im Unterricht vorsichtig vor dem Krieg warnt. Darüber hinaus werden einige der Jungen durch zusätzliche Motive dazu veranlasst, den Krieg als Abenteuer zu suchen. **Walter,** der Sohn des Ortsgruppenleiters der Nationalsozialistischen Partei, muss mit ansehen, wie sein Vater zuerst die Mutter wegschickt, um sich ungestört seiner Geliebten zuwenden zu können, und dann vor dem anrückenden Feind feige flieht. **Karls** allein stehender Vater, der als Kriegsverwundeter einen Friseurladen betreibt, geht ein Liebesverhältnis mit seiner Angestellten ein, für die auch Karl schwärmt. Er fühlt sich deshalb ausgegrenzt. **Jürgen,** dessen Vater als Major im Krieg gefallen ist, war von diesem ganz in militärischem Denken erzogen worden. Er kann sich sein Leben nur als Soldat vorstellen und träumt von einer Karriere in der Wehrmacht. Er wird in seiner Haltung von seiner Mutter unterstützt. **Siggi,** Sohn einer Wäscherin, und **Albert,** dessen Vater an der Front seit Wochen vermisst wird, wollen nicht als Drückeberger gelten, ebenso wenig wie **Klaus,** der sich auch nicht durch seine Liebe zu einer Klassenkameradin zurückhalten lässt. Lediglich **Hans,** der bei Alberts Mutter vor dem Bombenhagel und den Schrecken des Krieges in seiner Heimatstadt Zuflucht gefunden hat, äußert Bedenken, Zweifel und auch Angst. Doch als der Einberufungsbefehl eintrifft, zeigt sich auch Hans wie alle anderen Jungen begeistert, während z. B. die Mütter von Siggi und Albert mit Trauer und Entsetzen reagieren. Bereits nach dem ersten Ausbildungstag erhält das Bataillon den Befehl zum Fronteinsatz. Hauptmann Fröhlich, der die Jungen schonen will, beordert sie unter Leitung von Unteroffizier Heilmann zur Bewachung einer Brücke, die von einem Sprengkommando der Wehrmacht sowieso bald zerstört werden soll. Was von der Einsatzleitung als ungefährliche und harmlose Beschäftigung Krieg spielender Jugendlicher geplant ist, erweist sich bald als blutiger Ernstfall. Da der Unteroffizier beim Versuch, Kaffee zu holen, fälschlich als Deserteur von den eigenen Leuten erschossen wird, nehmen die Jugendlichen, nun auf sich allein gestellt, den Kampf auf, um die amerikanischen Truppen aufzuhalten. Während die deutschen Verbände in Panik vor dem anrückenden Feind über die Brücke fliehen, halten die Jungen ihre Stellung und sterben, bis auf Albert, einen sinnlosen Tod.

1 Entwerft anhand der Inhaltsangabe eine Grafik zum **dramaturgischen Aufbau** des Films mit Handlungsverlauf, Spannungskurve usw. ▶ S. 92

2 Erklärt, inwiefern die Handlung als **tragisch** bezeichnet werden kann.

Bernhard Wicki
Die Brücke

An ihrem ersten Tag bei der Armee stattet der um das Wohl der Jungen besorgte Lehrer Stern dem zuständigen Hauptmann Fröhlich einen Besuch ab.

So könnte das Drehbuch zu der Szene ausgesehen haben:

Einstellung	**Kameraposition/Ausschnitt**	**Text/Ton**
1	AUSSEN Froschperspektive: Jungen exerzieren, Soldaten marschieren durchs Bild, Jungen laufen auf die Kamera zu. Hintergrund: Stern tritt im Gebäude ans Fenster.	Befehlston aus dem OFF: Hinlegen!!! – Zurück, Marsch – Marsch!!! Achtung!!!
2	INNEN Nah: Stern blickt aus dem Fenster Schwenk: Stern tritt zum Schreibtisch, an dem Fröhlich sitzt. Ein Adjutant steht daneben. Fröhlich unterschreibt Formulare.	HAUPTMANN FRÖHLICH Entschuldigen Sie bitte. Papierkrieg … LEHRER STERN Bitte sehr.
	Der Adjutant geht.	FRÖHLICH Nehmen Sie doch Platz. (Zum Adjutanten:) Sorgen Sie dafür, dass ich nicht gestört werde.
3	Halbtotale: Beide sitzen im Profil am Schreibtisch/ Gegenlicht	(Zu Stern:) Was führt Sie zu mir? STERN Die Jungs aus meiner letzten Klasse sind in Ihrer Kompanie. FRÖHLICH Ja, ich weiß. STERN Herr Fröhlich, ich … ich komme als Kollege zu Ihnen. Sie sind doch auch Lehrer.

Einstellung	Kameraposition/Ausschnitt	Text/Ton
		FRÖHLICH Ich bin seit fünf Jahren Soldat. (Pause) Sie sind u. k.[1] gestellt? STERN Ja. Mein Herz.
4	Halbnah: Schulterschuss auf Fröhlich	FRÖHLICH Hm. Sagen Sie, Herr Kollege, was für Fächer unterrichten Sie eigentlich?
5	Halbnah: Schulterschuss auf Stern	STERN Englisch, Geschichte, Deutsch.
6	Halbnah: Schulterschuss auf Fröhlich	FRÖHLICH Ich nehme an, dass Sie wegen Ihrer Jungs zu mir gekommen sind.
7	Halbnah: Schulterschuss auf Stern	STERN Ja, ich wollte Sie bitten … (Pause) Ich kann nicht einsehen, dass diese Kinder jetzt zum Schluss noch sinnlos geopfert werden sollen.
8	Halbnah: Fröhlich, der sich zur Kamera beugt	FRÖHLICH Ich habe mich mit Ihren Jungs unterhalten, Herr Stern. Es sind Idealisten. (Zunehmend eindringlicher:) Sie glauben, dass sie für die Verwirklichung von Idealen kämpfen. Sie wollen das Vaterland retten. Sie glauben, was (lauter:) Sie ihnen beigebracht haben, Herr Stern! Hölderlin – Deutsch für Oberklassen: „Die Schlacht/ist unser! Lebe oben, o Vaterland,/ und zähle nicht die Toten! Dir, Liebes,/ist nicht einer zu viel gefallen.“
9	Nah: Stern	
10	Nah: Fröhlich	
11	Nah: Stern	
12	Nah: Fröhlich	
13	Nah: Stern Stern springt auf.	

1 **u. k.:** unabkömmlich

Einstellung	Kameraposition/Ausschnitt	Text/Ton
14	Nah: Fröhlich	STERN Aber, Herr Fröhlich!
15	Halbnah/leicht von oben: Stern Hintergrund: offenes Fenster auf den Kasernenhof mit exzerzierenden Soldaten	Alle diese Ideale: Freiheit, Vaterland, Heldentod sind doch Falschmünzern in die Hände gefallen. Das stimmt doch alles nicht mehr!
16	Nah: Fröhlich	FRÖHLICH Ich habe vor ein paar Tagen die Nachricht bekommen, dass mein Sohn gefallen ist. (Bestimmt:) Was stimmt da nicht?
17	Halbtotale/Profil: Stern stehend, Fröhlich sitzend am Schreibtisch	STERN Entschuldigen Sie! Ich glaube nicht, dass ich nach diesem Krieg weiter mit gutem Gewissen Lehrer sein kann. (Pause) Ich bin eigentlich gekommen
18	Nah/leicht von unten: Stern in die Kamera	… Ich wollte Sie bitten, etwas für meine Jungs zu tun.
19	Nah/leicht von oben: Fröhlich	FRÖHLICH Wie meinen Sie das?
20	Nah/leicht von unten: Stern in die Kamera	STERN Vielleicht haben Sie als Kompanieführer die Möglichkeit, meine Jungs herauszuhalten …
21	Nah/leicht von oben: Fröhlich steht auf.	FRÖHLICH (bestimmt:) Reden Sie keinen Unsinn! Ich darf mir gar nicht anhören, was Sie hier sagen! Ich habe meine Befehle
22	Nah/leicht von unten: Stern in die Kamera Stern wendet sich ab.	und habe danach zu handeln. STERN Herr Hauptmann.
23	Detail: Durchladen eines Gewehrs; dann Fahrt und Zoom über den Tisch auf Halbtotale: Jungen beim Waffenreinigen	Laut klackendes Ladegeräusch

1 Lest oder spielt diesen Dialog mit verteilten Rollen und versucht dabei den Charakter der Figuren durch **Gestik, Mimik, Körpersprache** und **Stimmführung** zum Ausdruck zu bringen.

2 Gebt mit eigenen Worten wieder, worin der Konflikt zwischen Lehrer Stern und Hauptmann Fröhlich besteht.

3 a) Es wird hier von Idealisten und Idealen gesprochen.
Welche Einstellung haben Stern, Fröhlich, die Schüler dazu?
b) Wie denkt ihr darüber?

4 Untersucht die **Schnittfolge der Einstellungen** und die dadurch erzielte Wirkung: ▶ S. 297
- Wie werden die Zuschauer in die Szene eingeführt?
- Wie wird der Konflikt der beiden durch die Art des Schnitts filmisch ausgestaltet?
- Wie wird zur folgenden Szene übergeleitet?

Bernhard Wicki

Die Brücke

Die militärische Lage ist aussichtslos, die vorrückenden amerikanischen Truppen können nur noch stundenweise aufgehalten werden. Oberstleutnant Butov hat den Befehl erhalten, „alles, aber auch alles, was eine Flinte tragen kann", an die Front zu werfen. Mitten in der Nacht spricht er zu den auf dem Hof versammelten Soldaten. Neben ihm stehen sein persönlicher Adjutant Zimmermann und Hauptmann Fröhlich.

OBERSTLEUTNANT BUTOV: Soldaten! Die Amerikaner sind gestern Nachmittag auf breiter Front zum Angriff angetreten. Unser Bataillon ist ab sofort der 336. Volksgrenadierdivision unterstellt. Wir rücken heute Nacht ab. Ich erwarte von den alten Soldaten meines Bataillons, dass sie in dieser Stunde der Bewährung wie immer ihre Pflicht tun. Es ist damit zu rechnen, dass wir spätestens morgen früh Feindberührung haben. Jeder Quadratmeter, den wir jetzt verteidigen, ist ein Stück vom Herzen unserer Heimat. Und wer auch nur einen Quadratmeter deutschen Boden bis zum Letzten verteidigt, der verteidigt Deutschland. Wir sind uns darüber klar, dass die Lage verdammt ernst ist. Aber wir sind Soldaten. Ob wir leben oder sterben, wir müssen vor der Geschichte verantworten, ob wir unsere Pflicht erfüllt haben. Die jungen Soldaten, die ihrem ersten Einsatz entgegensehen, sollen wissen, dass unser Bataillon nur ein Vorwärts kennt, niemals ein Zurück. Unser Bataillon kennt nur: Kampf, Sieg oder Tod. Ich erwarte, dass sich das Vaterland in dieser ernsten Stunde auf euch verlassen kann. Auch für den kommenden Einsatz gilt die Parole: Vorwärts für Führer, Volk und Vaterland!
Lassen Sie die Kompanie wegtreten!

FRÖHLICH: Jawohl, Herr Oberstleutnant!

BUTOV: Zimmermann, Zigarre!
Zimmermann reicht ihm eine Zigarre.

FRÖHLICH: Kompanie wegtreten lassen! Zum Waffen-, Munitions- und Verpflegungsempfang!
Ein Motorradfahrer überbringt Butov eine Nachricht.

BUTOV: Sorgen Se mal dafür, Zimmermann, dass

der Kognak mitkommt. Das wird 'ne wilde Sau, Donnerlittchen! Wo ist mein Wagen? Na los, kümmern Sie sich drum!

ZIMMERMANN: Jawohl, Herr Oberstleutnant.

BUTOV: Was haben Sie denn?

FRÖHLICH: Herr Oberstleutnant, ich habe sieben Rekruten in meiner Kompanie …

BUTOV: Na und?

FRÖHLICH: Durchschnittsalter 16 Jahre. Nicht ausgebildet.

BUTOV: Seit wann Soldat?

FRÖHLICH: Seit heute Morgen. Beim ersten scharfen Schuss fangen die an zu laufen, da läuft die ganze Kompanie mit.

BUTOV: Das fehlte gerade noch!

Der Wagen kommt.
Butov steigt ein.

BUTOV: Zeisler! Zeisler!

ZEISLER: Herr Oberstleutnant.

BUTOV: Na, Mensch, Zeisler, wo bleiben Sie denn? Los doch! Wir müssen weg!

FRÖHLICH: Herr Oberstleutnant, da ist doch die kleine Brücke vor der Stadt …

BUTOV: Die ist nicht mehr wichtig! Erstens haben die Amerikaner schon einen Brückenkopf weiter nördlich und zweitens wird das Ding sowieso gesprengt.

FRÖHLICH: Aber die Brücke muss doch gesichert werden. Wenn das die Jungs übernehmen würden.

BUTOV: Meinetwegen, ja. Stellen Sie die Knaben da hin!

FRÖHLICH: Jawohl, Herr Oberstleutnant!

Der Wagen fährt mit Butov los.

1 Untersucht die Ansprache des Oberstleutnants:
a) Schreibt die eurer Meinung nach zentralen, wichtigsten Wörter (Schlüsselbegriffe) heraus. Könnt ihr sie auf einer **Bedeutungskurve** anordnen?
b) Vergleicht Butovs Ausdrucksweise während und nach seiner Ansprache. ▶ S. 277

2 Schreibt einen **inneren Monolog** eines der Jungen, in dem deutlich wird, was er während der Ansprache denkt und fühlt.

3 Nach dem Krieg schreibt Hauptmann Fröhlich einen **Brief** an Lehrer Stern, in dem er noch einmal auf ihr Gespräch und die weiteren Ereignisse eingeht.

4 Entwickelt für die Szene ein Drehbuch nach dem Vorbild von S. 172–174. Überlegt euch insbesondere, welche Wirkungen ihr mit den **Kamerabewegungen** (Stand, Schwenk, Fahrt, Zoom), den **Kameraperspektiven** (Normalsicht, Frosch-, Vogelperspektive) und den **Einstellungsgrößen** (Totale, … Nah) erzielen wollt. ▶ S. 103

Tipp: Zur Veranschaulichung könnt ihr **Skizzen** zu den im Drehbuch angegebenen Perspektiven und Einstellungsgrößen machen.

5 Seht euch die auf S.175/176 abgedruckte Szene im Film an (51'20"–54'20").
a) Vergleicht die Umsetzung mit euren Drehbuchentwürfen.
b) Welche besondere **(symbolische)** Bedeutung messt ihr der Einstiegseinstellung der Szene zu?
c) Welche Wirkung wird in der Szene durch die **Beleuchtung** erzielt?
d) Diskutiert darüber, ob der Film in **Schwarzweiß** oder in **Farbe** wirkungsvoller ist.

6 a) Sammelt Argumente für ein **Streitgespräch:**
Wie lassen sich die Schrecken des Krieges besser bewusst machen:
– durch ein Theaterstück wie „Mutter Courage", das auf Distanz und kritisches Nachdenken zielt;
– durch einen Film, der einen gefangen nimmt und heftige Gefühle weckt?
b) Inszeniert eine Podiumsdiskussion mit Moderation, Theaterautor/-in und Filmemacher/-in, die sich mit dieser Frage beschäftigen.

10 Sprachkritik

10.1 Regio Call, Highlights und Service Points

Ich habe vielleicht etwas Weltverbesserndes. Mein Leben ist eine giving-story. Ich habe verstanden, dass man contemporary sein muss, das Future-Denken haben muss. Meine Idee war, die hand-tailored-Geschichte mit neuen Technologien zu verbinden. Und für den Erfolg war mein coordinated concept entscheidend, die Idee, dass man viele Teile einer collection miteinander combinen kann. Aber die audience hat das alles von Anfang an auch supported. Der problembewusste Mensch von heute kann diese Sachen, diese refined Qualitäten mit spirit eben auch appreciaten. Allerdings geht unser voice auch auf bestimmte Zielgruppen. Wer Ladyisches will, searcht nicht bei Jil Sander. Man muss Sinn haben für das effortless, das magic meines Stils.

1 Was sagt ihr zu dieser Äußerung?
Begründet eure Meinung.
Welche Wirkung erhofft sich Jil Sander wohl mit ihrer Ausdrucksweise?

2 a) Versucht die Äußerung von J. Sander umzuformulieren.
b) Vergleicht eure Fassungen untereinander und mit dem „Original".

3 Der Einfluss der englischen/amerikanischen Sprache auf das Deutsche ist unüberhörbar/-sehbar: **Anglizismen** bzw. **Amerikanismen** hören und gebrauchen wir täglich.
a) Teilt euch in Gruppen und sucht Beispiele aus Bereichen wie Werbung, Sport, Politik, Elektronik, Wirtschaft …
b) Wie beurteilt ihr diesen Trend zum **DENGLISCH** (= Deutsch + Englisch)?
Berücksichtigt dabei folgende Artikel:

Gegen die „Anglizismenflut“

In Köln ist ein „Bürgerforum Deutsche Sprache“ an die Öffentlichkeit getreten

Flugblätter für die Reinhaltung der deutschen Sprache verteilte Dietmar Kinder in der Bergheimer Fußgängerzone.

Gegen eine Sprache, in die Rätsel eingebaut sind, wendet sich das „Bürgerforum Deutsche Sprache e. V.“: „German Call“, „Global Call“, „T-Vote Call“ – zu viele Anglizismen. „Millionen Menschen“, so heißt es in der Satzung des 1997 gegründeten Vereins, würden durch die „vermehrt um sich greifende Anglizismenflut“ im eigenen Land ausgegrenzt.

Etwa 130 Menschen sind bis jetzt dem Kölner Verein beigetreten, der sich am Samstagnachmittag mit einer Pressekonferenz vorstellte. In Zusammenarbeit mit dem Dortmunder „Verein zur Wahrung der deutschen Sprache e. V.“ soll mittels Öffentlichkeitsarbeit und „Satire“ dieser Form der „Sprachverhunzung“ ein Ende gesetzt werden. Zum Beispiel erhält jetzt das Kaufhaus Boecker den „Kölner Sprachmüllmann des Jahres“ für Werbeprospekte mit besonders hohem Englisch-Anteil im Text. Den Grund für die Verarmung der deutschen Sprache durch Ersatzwörter wie „Power“ und „Ticket“ sieht der Verein im „Imponiergehabe einiger weniger in den Schaltzentren des Fernsehens und der Werbeindustrie“, die durch ihr „anbiederndes“ und „unterwürfiges“ Verhalten auch das Ansehen der Deutschen im Ausland schädigten. Ausdrücklich weist man darauf hin, dass man sich als unpolitische Vereinigung versteht, Extremisten, gleich welcher Art, sind nicht erwünscht. [...]

Sprachdummheit trifft man in der Tat häufig genug an und sie überschreitet die Grenzen unbedachter oder vorsätzlicher Verwendung angloamerikanischen Wortmaterials oder dessen, was man dafür hält. Es scheint aber weniger allgemein der Mangel an sprachlichem Feingefühl zu sein, der die Vereinsmitglieder stört, als eben der Einfluss der „Sprache des Dollars“ in Deutschland. Sie sehen ihn im internationalen Vergleich als einmalig an.

Ulrike Janssen

4 Würdet ihr euch einem solchen Verein anschließen? Erörtert die Gründe und Gegengründe.

Dieter E. Zimmer

Das kann man auch anders sehen! Neudeutsch

Die deutsche Sprache wäre um vieles dürftiger ohne [...] die heute einströmenden Anglizismen. – Oft wird das englische Wort importiert, weil es keine deutsche Bezeichnung für den betreffenden Sachverhalt gibt und die Übernahme einfacher ist als die Neuerfindung und Durchsetzung eines deutschen Pendants; oder weil die Übersetzung zu umständlich klänge (so hat vielleicht noch die *Betriebsleitung,* aber kaum noch die *Betriebsleitungstechnik* eine Chance neben dem *Management);* oder weil die Wörter zu Bereichen gehören, in denen Englisch die internationale Verkehrssprache ist, etwa beim Luftverkehr, der dem Neudeutschen das *Ticket* und das *Gate,* den *Piloten* und den *Jet* und das *Cockpit,* das *Einchecken* und die *Airline* beschert hat – oder weil den deutschen Äquivalenten, wo sie vorhanden sind, etwas fehlt, nämlich die Markierung „jung, modern, schwungvoll", die Importen aus Amerika automatisch anhaftet. [...]

Einige Fachgebiete etablierten sich so rasch, dass die sprachliche Eindeutschung nicht nachkam, zum Beispiel die elektronische Datenverarbeitung. Gerade noch hat die *Schnittstelle* das *Interface* verdrängt, der *Bildschirm* „die" *Screen,* der *Absturz* „den" *Crash,* der *Rechner* aber nicht mehr „den" *Computer* (eigentümlich, welches grammatische Geschlecht wir diesen englischen Substantiven zuteilen, die in ihrer Heimat allesamt Neutren sind). [...]

Manche dieser Sprachimporte sind in der Tat nur modische Protzereien. Andere sind hochwillkommene Bereicherungen. Bleiben werden die einen wie die anderen.

5 Worin sieht Dieter E. Zimmer die Ursachen für die Verwendung von Anglizismen im Deutschen?

6 Vergleicht die Position Dieter E. Zimmers mit dem Standpunkt des Bürgerforums (S. 178). Setzt euch mit beiden Sichtweisen kritisch auseinander.

Unverständlich

Zur Gründung des „Bürgerforums Deutsche Sprache", über die Sie berichteten, kann ich nur gratulieren. Die Geltungssucht etlicher Werbefachleute und Gernegroße ist mir schon lange ein Dorn im Auge. Was soll ein braver Bürger ohne Englischkenntnisse anfangen? Versteht etwa jeder Formulierungen wie new Outfit, simply the best, ever so casual (zur Aussprache fragen Sie Ihren Lehrer oder die Verkäuferin)? Oder: All you need is (!) Jeans! Auf zum Volkshochschulkurs: „How go I round with New-German"!

Fritz Wagner, Hennef

Reader – rieder

Als rieder von ihrem njuspäpa muss ich dem Verfasser des Beitrags über die Sprache zustimmen. Nein, die Medien sind nicht schuld an der Verflachung und Amerikanisierung der deutschen Sprache! Es sind die kids, die geil auf entertainment und fun in future points joggen, um dort im internet zu surfen oder live events zu erleben. Die wissen doch auch nicht mehr, was ein Schwätzchen ist, nein, die halten nur noch ... Also vor zwei Wochen hätte ich noch gesagt: „Dä Nubbel is et schuld."[1] Aber jetzt weiß ich es besser: Es sind die Kinder, oder?

Dr. Gudrun Körner, Leverkusen

1 **Dä Nubbel ...:** scherzhafte Ausrede im Sinne von „Der Weihnachtsmann ist schuld."

Telefonrechung – unverständlich

Als ich meine Telefonrechnung für März kontrollieren wollte, dachte ich, mich tritt ein Pferd. Wo früher City-Verbindung, Region 50, Fernverbindungen stand, lese ich nun City Call, German Call, Regio Call, 10 Plus usw. Erst nach Anruf bei der Telekom konnte ich meine Rechnung nachvollziehen. Eine Rechnung in Kölsch hätte ich ja verstanden, aber dieses Esperanto halte ich für überzogen.

Dieter Heinen, Köln-Rath

7 Habt ihr ähnliche Erfahrungen gemacht wie diese Leserbriefschreiber/-innen? Nennt Beispiele.

8 Schreibt selbst einen Leserbrief zum Thema „Denglisch“ bzw. „Anglizismen/Amerikanismen“. ▶ S. 48 ff.

9 „Absolutely unterwegs. Eine Amerikanerin in Berlin“
So heißt ein Buch der Sängerin und Unterhaltungskünstlerin Gayle Tufts.
Schreibt einen witzigen, **satirischen** Text zu „Denglisch“. ▶ S. 75
Oder gestaltet einen Sketch.

10.2 Wörter und Unwörter

Mord-Hunde wüten auf Schulhof

Volkan (6) totgebissen – wer stoppt endlich diese Killermaschinen?

Seine Mitschüler werden die Todesschreie des kleinen Volkan K. (6) nie vergessen. Sie verstummten erst, als der tobende Kampfhund sich in den Kopf des Jungen verbiss – und nicht mehr losließ. Zwei dieser Mord-Hunde haben gestern auf einem Schulhof in Hamburg entsetzlich gewütet. Mit der Beißkraft von zwei Tonnen zerfleischte ein Pitbull den Jungen vor den Augen seiner entsetzten Mitschüler. Trauer und Fassungslosigkeit in ganz Deutschland. Und die Frage: Wer stoppt endlich diese Killermaschinen!

1 a) Was wisst ihr über das Thema „Kampfhunde“? Sprecht darüber.
b) Wird das Problem in der Öffentlichkeit – Politik, Medien … – angemessen behandelt?

2 a) Mit welchen Wörtern werden die gefährlichen Hunde in dem Zeitungsartikel bezeichnet?
b) Schreibt Worterklärungen („Definitionen“) zu den drei Bezeichnungen. Vergleicht eure Ergebnisse.
c) Findet ihr die drei Bezeichnungen für die gefährlichen Hunde „gerecht“, angemessen? Diskutiert darüber.

Wörter passen unterschiedlich genau zu ihrem Gegenstand:

Hund
Killermaschine
Mordhund
Kampfhund
gefährlicher Hund
scharfer Hund

Manche Wörter sind neutral („Hund"), andere haben **Nebenbedeutungen** („Konnotationen" = Mit-Bezeichungen), eher positive („scharfer Hund") oder negative („Killermaschine").

▶ S. 277 298

Atom-Verseuchung verheimlicht!

Radioaktive Verstrahlung in Japan

Offener Brief über radioaktive Abfälle in Deutschland

Wohin mit bundesdeutschem Atommüll?

3 a) Welche unterschiedlichen Bezeichnungen werden hier für dieselbe Sache verwendet?
b) Welche Wirkung auf die Leserschaft kann das haben?

4 Worüber wird in der Öffentlichkeit gerade heftig diskutiert? Beim Sport ..., in der Politik ..., der Wirtschaft ...?
- Sucht euch ein interessantes Thema aus.
- Untersucht, mit welchen **Wörtern** Befürworter und Gegner über die Sache reden.

Unwort des Jahres

Seit 1991 gibt es die Aktion „Unwort des Jahres" in der Bundesrepublik:

Die Aktion „Unwort des Jahres" will für mehr sachliche Angemessenheit und Humanität im öffentlichen Sprachgebrauch werben. Zu diesem Zweck sollen jährlich einzelne Wörter oder Formulierungen aus der aktuellen öffentlichen Kommunikation, welche die Erfordernisse sachlicher Angemessenheit und humanen Miteinanders besonders deutlich verfehlen, öffentlich gerügt werden. Dabei wird der deutlichste sprachliche Missgriff als „Unwort des Jahres" gekennzeichnet, aber auch weitere Wörter und Formulierungen können als „Unwörter" gerügt werden. In Betracht kommen alle Felder der öffentlichen Kommunikation (Politik, Verwaltung, Wirtschaft, Wissenschaft ...).
Die Rügen verstehen sich in erster Linie als Anregung zu mehr sprachkritischer Reflexion.

Eine Zensurabsicht liegt der Aktion fern. Für die Aktion ist wesentlich, dass jeweils die ganze Sprachgemeinschaft aufgerufen wird, sich an der Unwort-Wahl zu beteiligen. Jeder Bürger und jede Bürgerin kann Vorschläge machen.

Unwort des Jahres 1999

Kollateralschaden

„Kollateralschaden" wurde aus insgesamt 1063 Vorschlägen von 1865 Einsenderinnen und Einsendern ausgewählt. Dieser in deutschen Medien nur halb übersetzte Begriff aus der Nato-offiziellen Berichterstattung über den Kosovo-Krieg vernebelt auf doppelte Weise die Tötung vieler Unschuldiger durch Nato-Angriffe.
„Kollateralschaden" lenkt mit seiner imponierenden Schwerverständlichkeit vom schlimmen Inhalt dieser Benennung ab und verharmlost – auch und gerade wenn man den Begriff wörtlich nimmt – die militärischen Verbrechen in diesem nicht erklärten Krieg als belanglose Nebensächlichkeit („collateral damage" = Randschaden).
Nach Meinung der Jury treibt „Kollateralschaden" die vielfältigen Versuche auf die Spitze, das Vorgehen auf dem Balkan in ein freundlicheres Licht zu rücken. Dazu gehört u. a. auch, Bombardements zu „Luftschlägen" und den Krieg insgesamt zum bloßen Kosovo-„Konflikt" herunterzuspielen. Dazu passt weiterhin dass Vertreibungen als „Völkerverschiebung" umschrieben werden.

5 a) Warum wurde „Kollateralschaden" zum „Unwort des Jahres 1999" erklärt?
b) Seid ihr mit der Wahl einverstanden?

6 Sprecht auch über die Nebenbedeutungen („Konnotationen") der anderen kritisierten Wörter.

1991 ausländerfrei
1992 ethnische Säuberung
1993 Überfremdung
1994 Peanuts
1995 Diätenanpassung
1996 Rentnerschwemme
1997 Wohlstandsmüll
1998 sozial verträgliches Frühableben
2000 national befreite Zone

- *(angebliche) Folge von Einwanderung*
- *rechtsextremistischer Begriff für Gebiete ohne Ausländer (2-mal)*
- *Erhöhung der Bezüge*
- *tödliche Folge von Therapieentzug*
- *Arbeitsunwillige/-fähige*
- *Bevölkerungswachstum alter Menschen*
- *(gewaltsame) Vertreibung*
- *Bezeichnung für gering geachtete (finanzielle) Mittel*

7 Hier die Liste aller „Unwörter des Jahres" seit 1991.
a) Übernehmt gruppenweise die einzelnen „Unwörter" und stellt sie
- mit ihren (Neben-)Bedeutungen („Konnotationen"),
- mit den Sachverhalten, auf die sie sich beziehen, der Klasse vor.

b) Versucht sachlich angemessenere Wörter zu finden.

8 Beteiligt euch an der Aktion „Unwort des Jahres 20…": www.unwortdesjahres.org

9 Gibt es in eurer Klasse Ausdrücke/Formulierungen, die ihr als beleidigend und unangemessen empfindet? Ihr könnt sie auflisten in einer „Aktion Unwort der Klasse …"!

10.3 Muttersprache und Männerwitz

Edward Hopper: Sonne in einem Café (1958)

▶ S. 263

1 Um welche Situation geht es auf den beiden Abbildungen?

2 Denkt euch eine kleine Szene zu einer der beiden Abbildungen aus:
- Was geht der Situation voraus?
- Wie entwickelt sich die Szene?
- Was spielt sich in den Köpfen der Beteiligten ab?
- Was sprechen sie?
- Was geschieht anschließend?

3 a) Spielt eure Szenen vor. Vielleicht könnt ihr Videoaufzeichnungen machen.
b) Vergleicht eure Darstellungen:
- Welche Gemeinsamkeiten stellt ihr fest; welche Unterschiede?
- Gibt es Übereinstimmungen/Unterschiede im „männlichen" und „weiblichen" Verhalten …,
- … dem sprachlichen Verhalten?

4 Ihr könnt auch eine kleine Geschichte zu der Szene schreiben; etwa aus der Ich-Perspektive. ▶ S. 289

France de Lagarde

Die Bewerbung

„Ich komme auf Ihre Anzeige, Madame."
„Fein", sagte die Personalchefin, „nehmen Sie Platz. Wie heißen Sie?"
„Batier, Bernhard Batier."
„Herr oder Herrlein?"
„Herr."
„Und Ihr Geburtsname?"
„Duplat."
„Herr Batier, ich muss Ihnen leider sagen, dass wir zur Zeit wenig an verheirateten Männern interessiert sind. In Frau Palonceaus Abteilung, wo der Posten frei ist, sind bereits mehrere Angestellte auf Vaterschaftsurlaub. Natürlich, junge Ehepaare möchten gern Kinder haben, aber die Abwesenheit junger Väter ist eben doch ein Problem für den Geschäftsablauf."
„Ja, das verstehe ich, wir haben schon zwei Kinder und wollen keine mehr. Im Vertrauen gesagt –" (Herr Batier errötete und senkte die Stimme), „ich nehme die Pille."
„Gut, dann also weiter. Was haben Sie für eine Schulbildung?"
„Ich habe die mittlere Reife und einen Handelsschulabschluss mit Stenografie und Maschinenschreiben. Ich hätte gern das Abitur gemacht,

aber wir waren vier Kinder daheim und meine Eltern wollten, dass die Mädchen studieren, was ja auch ganz natürlich ist."
„Wo waren Sie zuletzt beschäftigt?"
„Ich habe nur gelegentlich gearbeitet, um mehr Zeit für die Kinder zu haben."
„Was macht Ihre Frau beruflich?"
„Sie ist Werkmeisterin in einer Metallbaufirma. Aber sie bereitet sich auf die Ingenieurprüfung vor, damit sie später die Nachfolge ihrer Mutter antreten kann, die das Unternehmen gegründet hat."
„Nun kehren wir wieder zu Ihnen zurück. Wie sind Ihre Gehaltsvorstellungen?"
„Ja, wissen Sie ...
„Wenn ich Sie recht verstehe, hat Ihre Frau eine gute Position und Sie arbeiten eigentlich nur nebenbei, für die Extras sozusagen, nicht wahr? Taschengeld für Kleidung und Ähnliches, was eben junge Männer so haben möchten. 700 Euro können wir Ihnen als Anfangsgehalt bieten, dazu ein 13. Monatsgehalt, Kantinenessen zu 2 Euro und eine Prämie für regelmäßiges Erscheinen. Unsere Frau Direktor hat diesen Bonus eingeführt. Sie findet, das hebt die Arbeitsmoral der Belegschaft und hält die Leute davon ab, dass sie wegen jeder Kleinigkeit fehlen. So könnten wir bei unseren Herren die Abwesenheitsquote um die Hälfte senken. Aber freilich gibt es immer einige, die zu Hause bleiben, weil das Baby angeblich Husten hat. Wie alt sind denn Ihre Kinder?"
„Sechs und vier Jahre. Beide gehen zur Schule. Ich hole sie jeden Tag nach Dienstschluss ab, bevor ich die Einkäufe erledige."
„Und wenn sie mal krank sind?"
„Dann kümmert sich ihr Großvater um sie. Er wohnt bei uns in der Nähe."
„Ausgezeichnet, haben Sie vielen Dank, Herr Batier. Sie werden in den nächsten Tagen von uns hören."
[...]

5 Was meint ihr zu Karikatur und Text?
Wie wirkt das auf euch?

6 a) Mit welchen (sprachlichen) Mitteln wird diese Wirkung erzielt?
b) Wie nennt man einen solchen Text?

▶ S. 69 ff.

7 a) Was ist die Absicht des Textes (und der Karikatur)?
b) Wie steht ihr zur angesprochenen Problematik? Diskutiert darüber.

Französischer Männerwitz? Oh là là!

PARIS, 9. Januar (ap). Den französischen Sprachwächtern geht die Grammatik offenbar vor Gleichberechtigung. In einem Brief an Staatspräsident Jacques Chirac protestieren die Sprachhüter der Académie Française gegen die Bezeichnung „Madame la ministre" (Frau Minister), die die Frauen im Kabinett für sich in Anspruch nehmen. In korrektem Französisch laute es nun mal „le ministre" und folglich auch „Madame le ministre", wenden sie ein. Das bei der Anrede vorausgeschickte „Madame" oder „Monsieur" müsse zur Unterscheidung der Geschlechter genügen, erklärt die Académie.
Schließlich gebe es auch Frauen in ihren Reihen. Die seien ihrer Verdienste wegen als „académiciens" (Akademiker) aufgenommen worden, nicht als „académiciennes" (Akademikerinnen). *(1998)*

8 Solche Probleme gibt es in Deutschland nicht – oder doch?
Belegt eure Meinung mit Beispielen.

An alle Lehrer und Schüler ...

An alle Lehrer und Lehrerinnen, Schüler und Schülerinnen …

An alle Lehrkräfte und Schüler/-innen

An alle Lehrer/-innen und Schüler/-innen

9 a) Wie werdet ihr, wie werden eure Lehrer/-innen an eurer Schule angesprochen?
b) Welche Variante findet ihr am besten?

10 Macht eine Umfrage dazu an eurer Schule: *„Männliche und weibliche Anreden?“*
- Wen wollt ihr alles befragen?
- Welche Fragen wollt ihr im Einzelnen stellen?
- Welche Beispiele gebt ihr an (Berufsbezeichnungen …)?
- Soll schriftlich oder mündlich geantwortet werden?

Grundgesetz Artikel 3

(1) Alle Menschen sind vor dem Gesetz gleich.

(2) Männer und Frauen sind gleichberechtigt.

(3) Niemand darf wegen seines Geschlechtes, seiner Abstammung, seiner Rasse, seiner Sprache, seiner Heimat und Herkunft, seines Glaubens, seiner religiösen oder politischen Anschauungen benachteiligt oder bevorzugt werden.

(3) Keine Frau und kein Mann darf wegen seines oder ihres Geschlechts, seiner oder ihrer Abstammung, Rasse, Sprache, Heimat und Herkunft, seines oder ihres Glaubens, seiner oder ihrer religiösen oder politischen Anschauungen benachteiligt oder bevorzugt werden.

(3) Niemand darf wegen des Geschlechts, der Abstammung, der Rasse, der Sprache, der Heimat und Herkunft, des Glaubens, der religiösen oder politischen Anschauungen benachteiligt oder bevorzugt werden.

11 Welche der drei Varianten von (3) findet ihr am besten? Begründet eure Meinung.

Tipp Weitere Anregungen zum Thema „Er-sie – Sprache und mehr“ bietet u. a. das **Internet.** ▶ S. 236

11 Grammatiktraining

11.1 Satzbau und Textbau

Das „europäische“ Haus

Nicht nur der einzelne Satz hat einen bestimmten Bau; auch jeder Text ist inhaltlich und formal sinnvoll zusammengefügt.

Auf einer ersten Ebene ist die **Satzreihe,** die aus selbstständigen Hauptsätzen besteht, zu unterscheiden vom **Satzgefüge,** das aus mindestens einem Hauptsatz und einem Gliedsatz zusammengefügt ist. ▶ S. 284

Eine wichtige Rolle spielen auch satzverknüpfende Wörter („Partikeln“) wie **Konjunktionen** und **Adverbien:** Sie verdeutlichen den Sinnzusammenhang eines Textes. ▶ S. 280

Vorläufer von Mark und Pfennig

Wenn spätestens Ende Februar 2002 der **Pfennig** dem **Cent** weicht, verschwindet aus den Portmonees der Deutschen eine Münze, mit der sie schon im frühen Mittelalter bezahlt haben. Damals war der Pfennig noch eine Silbermünze und er wog zunächst 1,7 Gramm. Im 12. Jahrhundert enthielt er noch 1 Gramm, um das Jahr 1500 nur noch 0,1 Gramm Silber. Der **Groschen** wurde als große (französisch: gros) Silbermünze im Wert von 12 Pfennigen geprägt. Obwohl im Jahr 1873 abgeschafft, hat sich sein Name bis heute für das Zehnpfennigstück gehalten. Der **Kreuzer** bekam seinen Namen vom Doppelkreuz auf der Vorderseite der Münze. Der **Heller** geht auf Schwäbisch Hall zurück und er war bis zur Einführung der Mark als kleinste Münzeinheit einen halben Pfennig wert. Der **Gulden,** ab dem 14. Jahrhundert im Süden Deutschlands und im Rheinland verbreitet, war die erste Goldmünze Europas. Sein Gegenstück aus Silber, der **Taler,** wurde 1524 zum Reichstaler und Vorbild für die Münzen in vielen anderen Ländern, etwa für den Dollar. Die heutige **Mark** feierte am 21. Juni 1948 Geburtstag, wurde also im Jahr 1998 50 Jahre alt.

1 a) Was ist Thema dieses Artikels?
b) Versucht den Artikel in einzelne Sinnabschnitte zu gliedern. (Macht auf einer Folie Absätze).

2 a) Untersucht den Satzbau des Textes: ▶ S. 284
- Hauptsätze
- Satzreihen
- Satzgefüge

b) Welche Wörter verbinden die Sätze miteinander?

Wer darf am Euro teilnehmen?

Laut EU-Vertrag bestimmt der Europäische Rat[1] diejenigen Mitgliedsstaaten, welche die notwendigen Voraussetzungen für die Einführung des Euro erfüllen. Wie bei anderen Entscheidungen des Rates, die auch mit qualifizierter Mehrheit erfolgen, steht jedem Land eine bestimmte Anzahl von Stimmen zur Verfügung. Größere Länder haben mehr Stimmen als kleinere: Insgesamt kommen 87 Stimmen zusammen. Um einen Beschluss mit qualifizierter Mehrheit zu fassen, braucht der Europäische Rat 62 Stimmen. Die Zahl ist gut gewählt – wie man auch rechnet: Um eine Entscheidung treffen zu können, müssen mindestens acht Länder an einem Strang ziehen. Denn selbst wenn sich die sieben größten Länder zusammentun, reicht das nicht. Sie bringen es nur auf 58 Stimmen, brauchen also mindestens noch die Unterstützung eines anderen Landes, das zumindest vier Stimmen in die Waagschale wirft. Umgekehrt können aber auch die vermeintlich kleinen Mitgliedsstaaten keine erfolgreiche Koalition bilden: Jene elf Länder, die jeweils nur einstellige Stimmrechte besitzen, kommen zusammen nur auf 47 Stimmen, brauchen also noch die Voten von zwei der vier großen Länder mit zehn Stimmen.
In der Praxis spielte diese Stimmenarithmetik allerdings keine Rolle, denn der Europäische Rat entschied einstimmig über die Euro-Teilnehmer.

Die Verteilung der Stimmen

Deutschland	10 Stimmen
Frankreich	10 Stimmen
Italien	10 Stimmen
Großbritannien	10 Stimmen
Spanien	8 Stimmen
Belgien	5 Stimmen
Griechenland	5 Stimmen
Niederlande	5 Stimmen
Portugal	5 Stimmen
Österreich	4 Stimmen
Schweden	4 Stimmen
Dänemark	3 Stimmen
Finnland	3 Stimmen
Irland	3 Stimmen
Luxemburg	2 Stimmen

1 **Europäischer Rat:** Versammlung der Staats- und Regierungschefs und des Präsidenten der Europäischen Kommission; legt die allgemeinen politischen Zielvorstellungen der EU fest.

3 Wovon handelt der Text? Beantwortet er die Titelfrage?

4 Untersucht den Satzbau des Textes: ▶ S. 284
- Hauptsätze (Satzreihen)
- Satzgefüge (Gliedsätze, Relativsätze, Infinitivsätze)

5 a) Versucht Teile des Textes umzuformulieren:
- andere Wörter (Austauschprobe)
- kürzere Sätze (Weglassprobe)
- zusätzliche Erläuterungen (Erweiterungsprobe)
- neue Satzverbindungen
- andere Formulierungen

b) Vergleicht eure verschiedenen Fassungen: Wo seht ihr Verbesserungen?

6 *Grenzenlos europäisch?*
Deutsche, Italiener, Belgier –
die Nationalitäten scheinen an Bedeutung zu verlieren …

a) Nehmt in einem kurzen Text Stellung zu der Frage im Titel.

b) Überprüft eure schriftliche Stellungnahme nach
- Gliederung,
- Wortwahl,
- Satzbau und -länge.

▶ S. 275

Robert Schuman

Robert Schuman darf man wohl als den wichtigsten Europäer in der Geschichte bezeichnen. Er war es, der durch seine historische Erklärung zur Gründung der Montanunion (1951) ein großes, gemeinsames und friedliches Europa erst ermöglicht hat …

- 29.6.1886 Geburt in Clausen (Luxemburg)
- Eltern: Jean-Pierre Schuman (Lothringer Zollbeamter) und Eugenie (Luxemburgerin)
- Abitur am deutschen Gymnasium in Metz
- Studium u.a. Jura, ökonomische Politik in Bonn, München, Berlin und Straßburg
- unmittelbar nach Ende des 1. Weltkrieges Mitglied des Stadtrates von Metz
- Abgeordneter der Nationalversammlung für das Departement Moselle (mit Ausnahme der Zeit des 2. Weltkriegs bis 1962)
- 1945 Präsident des Finanzausschusses der Nationalversammlung
- 1946 Finanzminister
- 1947–52 zunächst Ministerpräsident, dann Außenminister
- 9. Mai 1950 „Historische Erklärung" zur Neustrukturierung Europas (damit Grundsteinlegung für die europäische Einigung)
- 19.3.1958 Präsident des Europaparlaments und Ehrentitel „Vater Europas"
- 1960 Ernennung zum Ehrenpräsidenten (beide Ehrungen sind bis heute nur ihm zuteil geworden)
- 4.9.1963 Tod in Scy-Chazelles bei Metz

7 *Am 29. Juni 1886 erblickt(e) …*

Verfasse ein Kurzporträt Robert Schumans:
- Präsens oder Präteritum
- Abwechslung in Wortstellung, Satzbau, -länge und -verknüpfung

8 Gibt es auch **Frauen,** die sich um Europa verdient gemacht haben? Informiert möglichst anschaulich und lebendig über sie.

Der Europatag

Der Europatag der Europäischen Union – 9. Mai – erinnert an das Ende aller Kriege.	Die Kriege wurden von den Mitgliedsstaaten geführt.
Die Staats- und Regierungschefs der Mitgliedsstaaten legten den Europatag der Europäischen Union auf ihrem Gipfeltreffen fest.	*Das Gipfeltreffen fand 1985 in Mailand statt.*
Manch einer stellt sich die Frage …	Warum wird gerade am 9. Mai gefeiert?
Tatsächlich wissen es nur wenige europäische Bürger …	*Europa als Gemeinschaft wurde am 9. Mai 1950 geboren.*
Dies war ein Zeitpunkt …	Zu diesem Zeitpunkt war ganz Europa über den drohenden Ausbruch eines 3. Weltkriegs beunruhigt.
An diesem Tag wurde in Paris die internationale Presse im Uhrensaal des französischen Außenministeriums zusammengerufen.	*Die Presse sollte eine Erklärung von höchster Bedeutung entgegennehmen.*
Der französische Außenminister Robert Schuman gab eine Erklärung ab.	Die Erklärung ließ einen ehrgeizigen Plan erkennen.
Der Weltfriede sollte dadurch gesichert werden …	*Frankreich, Deutschland und weitere Beitrittsländer legen ihre wirtschaftliche Grundproduktion zusammen und setzen eine hohe Behörde ein.*
Die Regierungschefs haben 1985 auf ihrem Gipfeltreffen beschlossen …	Der 9. Mai wird künftig als Europatag gefeiert; denn alles hat am 9. Mai 1950 angefangen.
Jeder europäische Staat verpflichtet sich zu Frieden und Solidarität.	*Der Staat entscheidet frei und demokratisch; er will der Europäischen Union beitreten; Frieden und Solidarität bilden den Grundstein für das gemeinsame europäische Haus.*

9 Schreibt einen kurzen informierenden Artikel über den **„Europatag"**.

a) Fügt dabei einfach Sätze und Satzteile aus den beiden Spalten geschickt zusammen.

b) Wer will, kann eigene Informationen hinzufügen.

c) Vergleicht eure Ergebnisse.

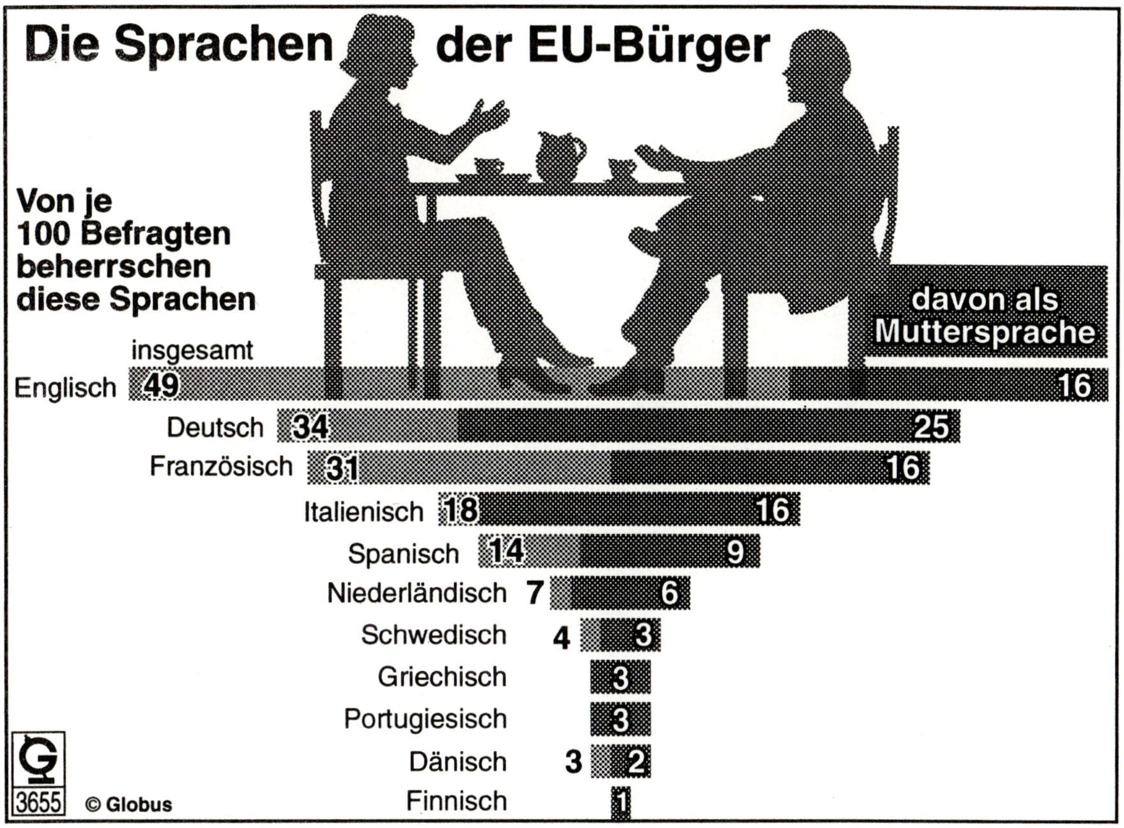

10 a) Welche europäische Sprache hat die meisten aktiven Sprecher/-innen?
b) Welche Sprache wird von den meisten Europäern verstanden?

Seitdem Deutschland wieder vereint und Österreich der EU beigetreten ist ist Deutsch die am weitesten verbreitete Muttersprache in der Europäischen Union. An zweiter Stelle folgen Englisch dann Französisch und Spanisch. Das Bild ändert sich allerdings wenn man nicht nach der Muttersprache fragt sondern danach welche Fremdsprachen die Unionsbürger beherrschen. Hier rangiert Englisch klar auf Platz 1 da jeder dritte EU-Bürger Englisch als Fremdsprache spricht. Vergleichsweise wenige Unions-Europäer über 15 Jahre nämlich 9 Prozent beherrschen dagegen Deutsch als Fremdsprache weil Deutsch als schwierig gilt. Auf die Frage welche Sprache neben der eigenen am nützlichsten ist wählte die überwiegende Mehrheit der Befragten Englisch. Auf Platz 2 folgt wie man erwartet Französisch.

(Quelle: Europäische Kommission)

11 Legt eine Folie über den Text und tragt die fehlenden Kommas ein. Legt dazu fest:
- Wo stoßen Haupt- und Gliedsatz aufeinander?
- Wo wird etwas aufgezählt?
- Wo wird eine Erklärung eingefügt?

▶ S. 285

Weil man kennt es nicht anders …

Leserbriefe

Jetzt wird es also auch schon gedruckt: „Weil: Alle wollen das so sehr" an Stelle von: „… weil das alle so sehr wollen". Der Doppelpunkt vermag die Sprachsünde nicht zu verbrämen, die Vertauschung der Satzglieder im Kausalsatz nämlich. In der gesprochenen Sprache kommt man kaum noch bei der eigenen Sekretärin dagegen an, zumal die E-Medien von Anfang an dabei waren, etwa Carmen Thomas, Küppersbusch und andere: „Weil – wir müssen jetzt Nachrichten machen!" Von den Medien des geschriebenen Wortes dürfte man allerdings erwarten, dass wenigstens sie nicht das schlechte Deutsch auch noch gedruckt verbreiten. Auch wenn andere Sprachen den Kausalsatz anders aufbauen, rechtfertigt das nicht die Aufgabe spezieller Charakteristika unserer Sprache auch und gerade im Satzbau.

Wolf-Dietrich Kubeth, Rechtsanwalt, Köln-Mitte

Montags las ich: „Der Präsident würdigte die frühere Angestellte des Bundesstaates Arkansas, die ihn in politische Schwierigkeiten gebracht hatte, keines Blickes." Eine solche Wort-Rochade ist für mich zu Wochenbeginn schwer verdaulich. Da würdigt der Präsident Frau Jones durch den Nebensatz hindurch so lange, dass das Auge stutzend zurück an den Anfang des Satzes springt, um zu prüfen, ob dort nicht „würgte" statt „würdigte" steht, was allemal mehr Sinn machen würde. Erst 31 lange Silben später folgt auf die „Würdigung" das erlösende „keines Blickes". Bitte nicht am Montagmorgen!

Paula Kuppers, Bergisch Gladbach

1 Worüber ärgern sich die beiden Leserbriefschreiber? Könnt ihr ihre Probleme nachvollziehen?

2 W.-D. Kubeth spricht beim *weil*-Satz von einem „speziellen Charakteristikum unserer Sprache" – was meint er damit? ▶ S. 285

3 Macht Korrekturvorschläge für die kritisierten Sätze.

Weil, es geht doch!

von Eike Christian Hirsch

„Trotzdem, man tut es." Das ist ein hochmoderner Satz, so spricht man heute. Zwar, die alte Grammatik erlaubte es nicht. Dennoch, wir haben uns alle daran gewöhnt. An unserem Mustersatz ist uns Sprachfreunden zunächst auffällig, dass schon nach dem ersten Wort ein Komma steht. Dies setzen wir, weil wir das „trotzdem" als einen eigenen Satz empfinden, der Widerspruch ankündigt und dann den Hauptsatz einleitet: „Man tut es." Dieser Restsatz hat dann die uns am meisten vertraute Wortfolge: Subjekt – Prädikat – Objekt. Nach alter Vorschrift hätte unser Satz lauten müssen: „Trotzdem tut man S. 280 es." Steht nämlich ein Adverb am Anfang, so muss die uns vertraute Wortfolge vertauscht werden zu „tut man es". Aber gerade das tut man heute nicht mehr. [...]

Dennoch, diese Vereinfachung hat sich nicht überall durchgesetzt. Nur bei Adverbien, die einen Widerspruch ankündigen (trotzdem, zwar, dennoch, freilich) oder ein Ergebnis einleiten (tatsächlich, sicher), lieben wir diesen Satzanfang und fahren dann mit der vertrauten (und hier nicht erlaubten) Wortfolge fort. Bei anderen Adverbien ginge uns das noch gegen den Strich. Ich nenne dafür drei Beispiele: „Gelegentlich sie braucht noch Hilfe." „Wahrscheinlich er kommt gar nicht." „So der Koffer wird zu schwer."

Das waren Hauptsätze. Noch konsequenter vereinfachen wir einige Relativsätze. ▶ S. 285 Es gibt Leute, die vermeiden hier jede Umstellung der Wörter. (Nach der alten Regel müsste es heißen: „die hier jede Umstellung der Wörter vermeiden.") An diesen Relativsätzen fällt uns nichts mehr auf: „Da waren viele Zuschauer, die wurden alle nass." Oder: „Ich habe dem einen Brief geschrieben, der kam zurück." Es gibt aber auch Relativsätze, bei denen wir wünschen noch die Umstellung (bei diesem zum Beispiel auch.) Aber der Trend ist da, der erlaubt uns das.

Am erfolgreichsten ist er in Nebensätzen, ▶ S. 285 f. die mit „weil" beginnen. Hier findet sich heutzutage in gesprochenen Sätzen fast nur noch die Stellung, „weil man kennt es gar nicht mehr anders". Für diese neuen „weil"-Sätze haben wir auch eine besondere Rechtfertigung, denn der Zwillingsbruder des „weil", das „denn", verlangte immer schon die vertraute Reihenfolge, „denn man kannte es gar nicht anders". [...]

Sollen wir dem Zug zur Vereinfachung denn nun nachgeben?

4 a) In diesem Text wird auf drei Auffälligkeiten im Satzbau hingewiesen. Nennt sie.
b) Schreibt alle Beispiele für ungewöhnlichen Satzbau heraus. Achtung: Einige sind „versteckt"!
c) Probiert Formulierungsvarianten aus.
Welche zieht ihr vor?

5 Wie beantwortet ihr die Schlussfrage von E. Ch. Hirsch?

11.2 Zitieren – Fremdes achten

Ulrich Bliesener

Mit vielen Zungen

Die Neuordnung Europas wird notwendig zu einer Neuorientierung des Fremdsprachenunterrichts führen. Fremdsprachenkenntnisse werden zu einer Schlüsselqualifikation werden, die nicht nur wenigen vorbehalten bleiben darf, sondern *allen* Menschen vermittelt werden muss. [...]

Fremdsprachenunterricht als interkulturelle Erziehung

Wenn das neue europäische Haus durch kulturelle Vielfalt charakterisiert ist und diese kulturelle Vielfalt sich vor allem in den unterschiedlichen Sprachen manifestiert[1] und artikuliert[2], dann muss die *Grundmaxime*[3] *jeglicher Sprachenpolitik eine Intensivierung des Sprachunterrichts und eine Ausweitung des Sprachenangebots* sein, die der sich sprachlich artikulierenden kulturellen Vielfalt Rechnung trägt. Die Beschränkung auf eine gemeinsame Sprache als lingua franca[4] würde langfristig gesehen die kulturelle Vielfalt einebnen. Die Forderung der Mehrsprachigkeit ist darum nicht eine bildungspolitische Marotte[5], sondern eine begründete Forderung, der alle für Bildung Verantwortlichen sich verpflichtet fühlen sollten. [...]
Reiner Sprachunterricht allein reicht aber nicht aus, um junge Leute für Europa fit zu machen. Hinzu kommen muss eine *entsprechend andere Gewichtung der Inhalte*. Wenn Verständigung wichtig ist, dann muss man die Vorbedingungen kennen, unter denen die Gesprächspartner sich mitteilen. Das heißt aber nichts anderes, als dass man wissen muss, welche Wertvorstellungen, welche Strukturen, Denkweisen und Verhaltensformen für den Partner verpflichtend und bestimmend sind. Nicht Institutionen, Einrichtungen sind primär wichtig, sondern Lebensplanung, individuelle Organisation des Lebens in der Familie, Formen des Zusammenlebens im Beruf, Einstellungen – weil sie Hinweise darüber geben, was die Zusammenarbeit zwischen verschiedenen Nationalitäten befördert und was sie erschwert. Kurz: Notwendig ist eine *interkulturelle Erziehung*, die Inhalte der traditionellen Landeskunde ergänzen muss. Der Schüler lernt dabei Grundsätzliches: Er lernt Fragestellungen und Haltungen erkennen, die von seinen möglicherweise abweichen, und er lernt die sprachlichen Zeichen erkennen und verstehen, in denen sich solche Haltungen ausdrücken. Außerdem relativiert er seine eigenen Überzeugungen, indem er über sich selbst und seine Lebensplanung und Lebensvorstellungen vergleichend reflektiert.

1 **manifestieren:** sichtbar werden
2 **artikulieren:** zum Ausdruck bringen
3 **Maxime:** Grundsatz
4 **lingua franca:** Verkehrssprache eines großen, verschiedene Sprachen umfassenden Raumes, z. B. Englisch als internationale Handelssprache
5 **Marotte:** Schrulle, verschrobene Angewohnheit

1 Fasst den Text zusammen:

a) Nehmt eine Folie und markiert zentrale Begriffe und Kernstellen. Markiert sparsam, so behaltet ihr den Überblick!

b) Erschließt den Text inhaltlich, indem ihr mit Hilfe entsprechender Zitate **Thema, These** und **Argumentation** sichtbar macht. Achtet auf die korrekte Zeichensetzung beim Zitieren. ▶ S. 212

Thema: ...

Leitgedanke des gesamten Textes: „Fremdsprachenkenntnisse werden zu einer Schlüsselqualifikation werden, die [...] allen Menschen vermittelt werden muss.“ (Z. 3 ff.).

Hauptthese des Textauszugs: ...

Argumentation: ...

Zur Wiedergabe fremder Gedanken gibt es verschiedene Möglichkeiten:

1. direktes, ungekürztes **Zitat:**
   Bliesener stellt fest: „Die Neuordnung Europas wird notwendig zu einer Neuorientierung des Fremdsprachenunterrichts führen." (Z. 1ff.)
2. gekürztes **Zitat:**
   Bliesener stellt heraus, dass „die Neuordnung Europas [...] notwendig zu einer Neuorientierung des Fremdsprachenunterrichts" führt (Z. 1ff.).
3. umschreibende **Paraphrase:**
   Nach Auffassung Blieseners verändert das neuorientierte Europa auch den Fremdsprachenunterricht.

Rentner rechnen mit jedem Euro

Immer mehr deutsche Senioren auf Mallorca leben in Armut. Hohe Lebenshaltungskosten

Palma de Mallorca • Im Ferienparadies Mallorca leben immer mehr deutsche Rentner in armseligen Verhältnissen. Dies berichtet die Wochenzeitung „Die Zeit" in ihrer jüngsten Ausgabe unter Berufung auf den deutschen Konsul Peter-Christian Haucke.

Eine zunehmende Zahl von Deutschen auf der Insel stecke in finanziellen Schwierigkeiten und werde zu Sozialfällen. „Immer häufiger erfahren wir von älteren Menschen, die in völliger Armut leben oder in armseligen spanischen Altenheimen dahinsiechen", berichtete der Konsul. Auf der Mittelmeerinsel leben nach offiziellen Angaben etwa 50 000 Deutsche.

Die Ursachen für die Armut unter deutschen Rentnern sind Haucke zufolge vielfältig. Ein Teil der Deutschen sei schon vor längerer Zeit als Aussteiger auf die Baleareninsel gekommen. Da sie weder Beiträge in die spanische noch in die deutsche Rentenkasse einzahlten, stünden sie nun ohne Absicherung da. Außerdem seien die Lebenshaltungskosten auf Mallorca in den vergangenen Jahren explosionsartig gestiegen.

Grundnahrungsmittel kosteten oft mehr als in Deutschland. „Selbst wer mit einer deutschen Durchschnittsrente auf die Baleareninsel kommt, kann finanzielle Probleme bekommen", sagte Konsul Haucke.

Soester Anzeiger 22. 02. 01

2 In diesem Artikel wird der deutsche Konsul P.-Ch. Haucke auf zweierlei Weise zitiert – wie nämlich? ▶ S. 281

3 a) - Übertragt die wörtlichen Zitate in indirekte Rede.
- Gebt die indirekte Rede wörtlich wieder.

b) Vergleicht die beiden Fassungen.

Jeder zwölfte Jugendliche alkoholkrank

Forscher: Karneval für labile Jugendliche gefährlich

4 Was meint ihr zu diesem Problem?

Der Jugendpfarrer Christian Palentien am Zentrum für Kindheits- und Jugendforschung der Universität Bielefeld meint dazu in einem Interview:

In Deutschland sind bis zu 8 % aller Jugendlichen zwischen 12 und 18 Jahren alkoholabhängig und damit behandlungsbedürftig. Die Tendenz steigt.

Heranwachsende sind vor allem dann stark gefährdet, wenn zum Beispiel der Karneval seinem Höhepunkt zutreibt und dabei Alkohol in Strömen fließt.

Das Risiko ist für Jugendliche dann besonders groß, wenn sie merken, dass ihre „Flucht" in die Droge Alkohol Erfolg hat. Das trifft auch zu, wenn es sich nur um einen Abend oder wenige Tage handelt.

Darin liegt die größte Gefahr der so genannten „tollen Tage".

Es sind oftmals labile Jugendliche, die bereits das ganze Jahr der Karnevalssaison oder einem anderen Ereignis entgegenfiebern.

Sie können die Gelegenheit, ihrem Alltag mit Alkohol zu entfliehen, kaum mehr abwarten.

Dieser Kreislauf mündet nicht selten in eine Sucht- und Drogenkarriere.

Die jüngsten Untersuchungen zeigen, dass der Alkoholkonsum bei Jugendlichen immer eine Vorgeschichte hat.

5 Schreibt einen (Zeitungs-)Artikel: *„Jeder zwölfte Jugendliche alkoholkrank".*
Verwendet dazu die Äußerungen von Ch. Palentien in indirekter Rede; so könnt ihr einleiten:
Ch. Palentien stellt heraus … / meint … / bekräftigt …/ macht deutlich … / kritisiert … / findet … / schlägt vor …
Damit kann euer Artikel enden:

Regierungsvertreter aus 51 europäischen Ländern haben unterdessen gestern in Stockholm verstärkte Anstrengungen im Kampf gegen den Alkoholkonsum Jugendlicher angekündigt. Bei der Konferenz waren neue Zahlen vorgelegt worden, wonach in Europa pro Jahr mehr als 55 000 Jugendliche durch Alkoholfolgen ums Leben kommen. Bei jungen Männern zwischen 15 und 29 Jahren sei jeder vierte Todesfall alkoholbedingt.

6 a) Formuliere deine Meinung zum Thema „Jugend und Alkohol" in kurzen Sätzen.
b) Dein/e Banknachbar/-in teilt sie in indirekter Rede der Klasse mit.

11.3 Nur Rhetorik? – (M)ein europäisches Haus

Als Meinungsforscher Jugendliche fragten, wie sie über Europa denken, kam heraus: „Die Wahrnehmung Europas ist prinzipiell freundlich." Was will man mehr! Frieden, freies Reisen, Staatsgrenzen, die keine große Bedeutung mehr haben, unverkrampftes Treffen mit Gleichaltrigen aus Nachbarländern und sogar eine gemeinsame Währung.
Europa wird gerne mit einem Haus verglichen, in dem es viele Wohnungen gibt. Sie gehören denjenigen, die darin wohnen, und ihre Besitzer bestimmen zunächst einmal selbst, wie es in ihren vier Wänden aussehen soll. Aber um bestimmte Dinge müssen sich natürlich die Bewohner gemeinsam kümmern. Alle zusammen sollten zum Beispiel dafür sorgen, dass es nicht durchs Dach regnet oder das Fundament Schaden nimmt. Auch Regeln für ein vernünftiges Zusammenleben sind nötig, eine Hausordnung, auf die sich die Bewohner verständigen müssen. Schließlich brauchen sie eine Hausverwaltung, die die Gemeinschaftsaufgaben ausführt und dafür sorgt, dass die beschlossenen Vereinbarungen auch eingehalten werden.

1 Wie sollte das „Haus Europa" aussehen, in dem du dich wohl fühlst?
- Notiere deine Einfälle.
- Schreibe einen persönlichen Text mit möglichst vielen anschaulichen Beispielen, Vergleichen; mit Ausrufen, herausfordernden Fragen; vielleicht auch Zitaten …
  Hier ein paar Anregungen, so genannte **rhetorische** (wirkungsvolle) **Mittel:**

Europa bringt uns grenzenlose Freiheit – Europa bringt uns einander näher!	Mehrere Sätze beginnen mit demselben Wort.	**Anapher**
Sehnsucht nach Sonne und Süden; Luft und Liebe	Zwei oder mehrere Wörter beginnen mit demselben Anlaut.	**Alliteration**
Armes, reiches Europa!	Gegensätzliches wird einander gegenübergestellt.	**Antithese**
Europa – ein Paradies?	Ein absichtlich „unvollständiger“ Satz	**Ellipse**
Und der Müll? Leider kein deutsches, ein europäisches, ein weltweites Problem!	Aussagen, die sich steigern	**Klimax**
Zwei Deutsche – gegensätzlich in Herkunft und Überzeugung, gegensätzlich im Handeln.	Gleichartige Satzteile werden parallel angeordnet.	**Parallelismus**
Redet man so über Nachbarn? Verfolgen wir nicht alle das gleiche Ziel?	Provozierende Frage, deren Antwort eigentlich klar ist	**Rhetorische Frage**
Ganz Europa rollt über unsere Autobahnen!	Etwas nicht Lebendiges wird wie eine Person behandelt.	**Personifikation**
Europa – weltoffenes Haus oder verrammelte Burg?	Sprachliches Bild	**Metapher** ▶ S. 278
Vorurteile sind Mauern im Kopf.	Bild von großer Allgemeingültigkeit	**Symbol**
Leben wie Gott in Frankreich; feurig wie eine Spanierin	Bildliche Formulierung mit *wie*	**Vergleich** ▶ S. 278

Urlaub in Spanien? Wenn die Preise stimmen, feine Sache! Überhaupt der Tourismus – wie groß und schön ist Europa, wie vielgestaltig, wie unverwechselbar! Und wie schön ist es, das alles ohne Pass und Papierkram erleben zu können.

In Europa ist man stolz darauf, Deutscher zu sein, Engländer zu sein, Franzose zu sein, Italiener zu sein, kein Deutscher zu sein, kein Engländer zu sein, kein Franzose zu sein, kein Italiener zu sein. *(Kurt Tucholsky)*

Der europäische Haushalt ist ein Fass ohne Boden. Und am Jahresende bekommen wir alle die Quittung.

Besonders mein Magen sagt ja zu Europa: Was Europa bekommt, bekommt auch uns Deutschen.

Milchseen und Fleischberge breiten sich in Europa aus. Diese Überschüsse kennen kein Pardon.

Der Mann von Welt zahlt sowieso mit Plastikgeld. Gut für die Banken, schlecht für den Bürger.

„Uns ist nicht bange, dass die wirkende Zeit nicht ein geeintes Europa mit einem wieder vereinigten Deutschland in seiner Mitte bringen wird. Wir wissen nicht, wie es geschehen, wie das unnatürlich zweigeteilte Deutschland wieder eins werden soll. Es ist uns dunkel und wir sind auf den Glauben angewiesen, dass die Geschichte schon Mittel und Wege finden wird, das Unnatürliche aufzuheben und das Natürliche herzustellen: ein Deutschland, als selbstbewusst dienendes Glied eines in Selbstbewusstsein geeinten Europas.“ *(Thomas Mann, 1953)*

Um es mit Heinrich Heine zu sagen: „Denk ich an Deutschland in der Nacht, dann bin ich um den Schlaf gebracht.“ Zugegeben, oft kommen solch schlaflose Nächte nicht vor, aber immer öfter. Ein Albtraum in Müll – eine dicke Schicht von Joghurtbechern und Milchkartons legt sich übers Land.

Wer selbst im Glashaus sitzt, darf der sich über künstliche Tomaten und Gurken aus Spanien aufregen?

Der Wohlstand, der Zugewinn an Freiheit und Fortschritt, der Friede der letzten Jahrzehnte – das alles versteht sich in Europa nicht von selbst.

2 Nehmt Stellung zu diesen Europa-Sätzen!

3 In diesen unterschiedlichen Äußerungen verstecken sich verschiedene rhetorische Mittel. Wer findet sie mit Hilfe der Liste auf S. 198?

4 Äußert mehr zu „Europa“ – aber rhetorisch wirkungsvoll!

5 „Europa“ lässt sich gut „künstlerisch“ fassen: in Geschichten, Gedichten, Satiren, Sketchen, Bildern, Fotos … Hier ein „sagen“-haftes Beispiel:

PRINZESSIN EUROPA WAR SO SCHÖN, DASS SICH SOGAR GÖTTERVATER ZEUS IN SIE VERLIEBTE. ER WOLLTE SIE UNBEDINGT FÜR SICH GEWINNEN UND AUS IHRER HEIMAT IN PHÖNIZIEN, DEM HEUTIGEN LIBANON, NACH GRIECHENLAND BRINGEN. DAZU WANDTE ER EINE LIST AN: ALS EUROPA EINMAL MIT IHREN FREUNDINNEN AM STRAND SPIELTE, VERWANDELTE ER SICH IN EINEN JUNGEN, WEISSEN STIER, DER PLÖTZLICH BEI DEN MÄDCHEN ERSCHIEN UND DIE AUFMERKSAMKEIT DER PRINZESSIN AUF SICH ZOG. SIE SPIELTE MIT IHM UND VERSUCHTE AUCH AUF IHM ZU REITEN. IN DIESEM AUGENBLICK TRABTE DER STIER ZUM NAHEN MEER UND SCHWAMM MIT DER PRINZESSIN QUER DURCH DAS MITTELMEER NACH KRETA. DORT STAND ZEUS PLÖTZLICH ALS JUNGER MANN VOR IHR. ALS SEINE GELIEBTE GEBAR EUROPA DREI SÖHNE. UNSER KONTINENT ERHIELT IHREN NAMEN UND BIS HEUTE VERWENDEN KÜNSTLER GERNE DAS BILD AUS DER SAGE: EUROPA REITET AUF DEM STIER.

6 Wie sieht eure Version der Sage von „Europa und der Stier“ aus – romantisch, märchenhaft, fetzig …?

12 Rechtschreibtraining

12.1 Tipps zum Rechtschreiben

Das Wörterbuch nutzen

Was ist eigentlich ein... Webscout?

Meine Aufgabe besteht darin, Webtouren zu bauen. Dazu stelle ich eine ganze Reihe von Links zu einem bestimmten Thema zusammen. Ein Beispiel: Ich baue eine Tour mit dem Thema „Stuttgarter HipHop“. Der User geht einfach auf den Link und „fliegt“ durch unsere Tour, die ihn zu vielen *interes*••• Seiten führt. Webscouts müssen auch kleine Beschreibungen der ausgesuchten Seiten liefern. Vorher muss ich hierfür *recherch* •••, Websites finden und entscheiden, ob sie geeignet sind oder nicht.

Wie bist du zu dem Job gekommen?

Durch meinen Job beim Radio war klar, dass ich gern *redakt*••• arbeiten möchte. Die neuen Medien haben mich jedoch besonders gereizt.

Warum arbeitest du als Webscout?

Weil's Spaß macht und ich mein Hobby – also Internet-Surfen – mit dem Job verbinden kann. Wenn ich mal wieder stundenlang im Netz bin, brauche ich jetzt nicht mehr darüber nachzudenken, wie viel das wohl wieder kosten wird. Toll ist es auch, in einem jungen Team zu arbeiten. Das ist eine sehr lockere, *kolleg*••• *Atmos*••• .

Haben es Frauen in Internet-Jobs schwerer?

Nein. Für mich war es sehr leicht, bei den Netzpiloten einen Job zu bekommen. Wenn man die entsprechenden Vorkenntnisse hat, steht man den Jungs in nichts nach. Bei uns herrscht ein *relat*••• ausgeglichenes Geschlechterverhältnis. Im Moment sind sogar alle Praktikanten in der Redaktion weiblich.

Ist Webscout ein Beruf für Quereinsteiger?

Ja. Man sollte jedoch einige Voraussetzungen erfüllen: Sehr gute Internet-Kenntnisse, eine schnelle Auffassungsgabe, Englisch-Kenntnisse, ein bisschen computertechnisches Wissen sowie *journali*••• Erfahrung.

Sabine S.

1 Findet ihr die Tätigkeit eines Webscouts interessant?

2 Wie lauten die unvollständigen kursiv gesetzten Wörter?
Schreibt sie auf. Schlagt gegebenenfalls im Wörterbuch nach.

3 Schlagt im „Deutschbuch“ eine beliebige Seite auf. Notiert zehn schwierig zu schreibende Wörter, die der/die Banknachbar/-in im Wörterbuch nachschlagen soll. Seitenzahl notieren!

4 Ergänzt mit dem Wörterbuch folgende Wörter:
Insa*e, Mittelma*, *ellofan, zu*h/Hause* sein, St*ngelchen, struktur*ren, assozi*ren

Der Apostroph

Ein gutes **Rechtschreibwörterbuch** enthält nicht nur eine alphabetische Liste zigtausender Wörter, sondern auch die **Regeln** für ihre richtige Schreibung und anschauliche Beispielwörter.

1 Es folgen fünf Gruppen mit Beispielen, wann ein **Apostroph** gesetzt werden muss (oder kann).
a) Versucht aus den Beispielen die entsprechende Apostrophregel abzuleiten:
Man setzt einen Apostroph, wenn …

- Ein einz'ger Augenblick kann alles umgestalten.
- 's ist schon spät.
- Das Wasser rauscht', das Wasser schwoll …

- So 'n Quatsch!
- Nimm 'ne andere Flasche.
- Sie saß auf'm Stuhl.
- Wir gehen auf'n Markt.

- die Nöstlinger'schen Jugendromane (*auch:* die nöstlingerschen J.)
- der Ohm'sche Widerstand (*auch:* der ohmsche Widerstand)

- D'dorf (*für:* Düsseldorf)
- Ku'damm (*für:* Kurfürstendamm)
- Lu'hafen (*für:* Ludwigshafen)
- M'gladbach (*für:* Mönchengladbach)

- Ines' Geburtstag
- Karl Marx' Schriften
- Siegfried Lenz' Erzählungen

b) Vergleicht eure Regelvorschläge mit den Apostrophregeln in eurem Wörterbuch.
c) Sucht zu den Apostrophregeln weitere Beispiele.

2 Vergleicht mit dem Apostroph im Englischen.

Abkürzungen mit oder ohne Punkt

3 a) Entscheidet, ob bei folgenden Abkürzungen ein Punkt stehen muss oder nicht:

usw m TÜV dM Pkw Dr NO aD ff Co

b) Wie lauten die entsprechenden Regeln im Wörterbuch dazu?

Tipp **zu Wörterbüchern**

Ein gutes Wörterbuch ist mehr als eine alphabetische Liste von Wörtern.
Es enthält auch
- Angaben zum Genus, der Flexion, Herkunft und Bedeutung;
- Rechtschreibregeln mit anschaulichen Wortbeispielen.

Getrennte Verben

Rasterfahndung im Internet

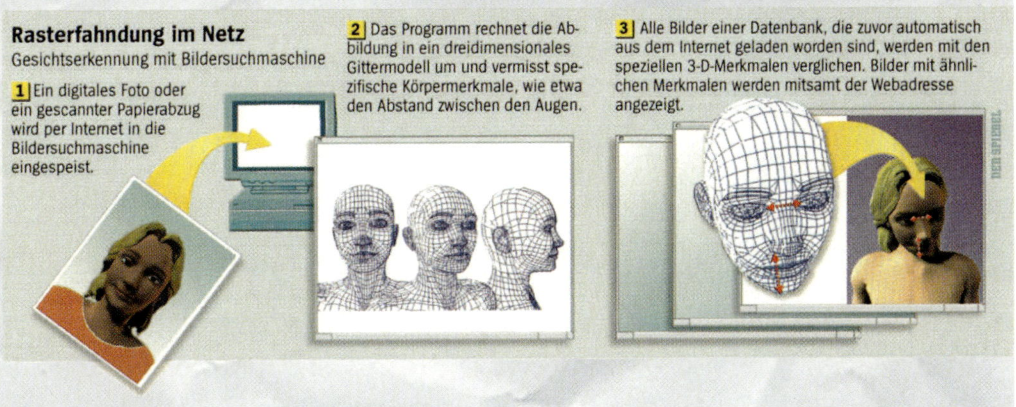

Jahr für Jahr verschwinden Kinder, allein in Deutschland sind es 30000. Die meisten büxen nur kurz aus und kommen bald wieder heim, doch mehr als 800 gelten derzeit als **lange vermisst.** Ängstlich fragen sich ihre Eltern: Leben sie noch? Sind sie womöglich Pornoproduzenten in die Hände gefallen?

Tag für Tag, so will die schottische Firma Actis **sicher festgestellt** haben, tauchen 20000 neue Angebote mit pornografischem Material im Internet auf. Was, wenn auf einer dieser Seiten das Bild eines **verzweifelt gesuchten** Kindes zu sehen ist? Lässt es sich aus der Bilderflut exakt herausfiltern, lässt sich das Opfer so rasch wiederfinden?

An diese Hoffnung klammert sich die Schweizer Kinderhilfsorganisation Fredi. Sie setzt ein neues Fahndungswerkzeug ein: die erste vollautomatische Bildersuchmaschine der Welt. […]

Die Cobion-Software kann, was man sich vor kurzem noch schwer vorstellen konnte: Während ihre konventionellen Vorfahren das Internet nach einem Wort genau durchkämmen, wird die Cobion-Datenbank mit einem eingescannten Passfoto gefüttert. Das Bild wird aufwändig umgerechnet in ein dreidimensionales Modell, die spezifischen Proportionen zwischen Augen, Kinn, Nase und Mund werden mathematisch **exakt erfasst.** Nach einem mehrstündigen Suchlauf spuckt die Suchmaschine dann Bilder aus, auf denen Menschen zu sehen sind, die dem gesuchten ähneln.

„Wir bringen den Rechnern das Sehen bei!“ Stolz sagt das Carsten Werner, 30, Mitgründer der Firma Cobion. Er leitet die achtköpfige Abteilung für Software-Entwicklung. Ihr Ziel: eine Suchmaschine, die ein beliebiges Gesicht im Internet schnell auffinden kann, unabhängig von Hintergrund, Beleuchtung oder Aufnahmewinkel.

1 a) Aus welchen Wortarten bestehen die fett gedruckten Verbindungen? ▶ S. 279
b) Sucht weitere Verbindungen dieser Art heraus.

2 Überprüft die **Steigerbarkeit** des ersten Wortes in der Verbindung.

3 Formuliert eine Rechtschreibregel zu den untersuchten Verbverbindungen:
Verbindungen aus ... und ... werden ..., wenn ...

Harrys Höhenflug

„Muggels“, wie Uneingeweihte in Harry Potters Zauberersprache heißen, können wohl ∗∗, was sich vorvergangenes Wochenende in den Buchläden der USA und Großbritanniens ∗∗. Schlag Mitternacht öffneten am Samstag, dem ersten Verkaufstag des vierten Bandes von Joanne K. Rowlings Saga um den Zauberlehrling Harry, viele Händler ihre Geschäfte – und erlebten danach einen beispiellosen Ansturm.

Zu Tausenden drängten die Fans – oft Harry-like und ∗∗ in die Läden. Sie wollten die ersten Exemplare ∗∗. Viele der Kinder und Jugendlichen hatten vor den Läden ∗∗, um ja nicht ∗∗. Aber auch Erwachsene standen in den Schlangen – um ihren Sprösslingen die Nachtruhe zu sichern oder um sich selbst mit dem Lesestoff zu versorgen, dem man ∗∗ kann.

∗∗ S. Reggio von Barnes & Nobles: „Die Aufregung übertrifft alles, was wir je erlebt haben!“

860 000 Exemplare hat der größte Buchhändler der USA bis Sonntagabend ∗∗ – einmalig in der 127-jährigen Firmengeschichte. Insgesamt ging das Buch am ersten Wochenende knapp drei Millionen Mal über amerikanische Ladentische. Es sei damit der „schnellste Bestseller aller Zeiten“, jubelt das Magazin „Newsweek“.

4 a) Bildet passende Verbindungen aus diesen Adjektiven und Verben und setzt sie sinnvoll in die Textlücken:

erfolgreich	kampiert	leicht	wundersam
geheimnisvoll	auszugehen	begreifen	verkauft
rasch	kostümiert	leer	erfreut
schwer	abspielte	verfallen	lange
ergattern	stöhnte		

Schreibt die Sätze in euer Heft.

b) Äußert euch schriftlich über Harry Potter. Verwendet möglichst Verbindungen aus Adjektiv und Verb.

Eine Woche ohne Handy?

Eine Woche totale Enthaltsamkeit – würde das der Lebensqualität **zugute kommen**? Man müsste sich nicht mehr mit jedem auseinander setzen, der plötzlich anruft und die eigenen Pläne **durcheinander bringt.** Die ständigen E-Mails und SMS haben wirklich **überhand genommen.** Doch ein dänischer Pädagoge rät, dass für jedes Kind ab 12 Jahren ein Mobiltelefon **vorhanden sein** sollte, um es nicht aus dem Freundeskreis auszuschließen. In Amerika scheint jegliches Gefühl für taktvollen Umgang miteinander **abhanden gekommen** zu sein. Die Hersteller von Mobiltelefonen sind inzwischen so besorgt, dass sie Benimmkampagnen für Handybesitzer gestartet haben!

Adverb (mehrteilig)	Verb
zugute	*kommen*

▶ S. 280

5 a) Tragt die übrigen Verbverbindungen in die Tabelle ein.
b) Nennt selbst weitere Beispiele!
Überprüft die richtige Schreibung mit dem Wörterbuch.

6 Formuliert eine Rechtschreibregel zu diesen Verbverbindungen:
Verbindungen aus …

Fragen vom Fließband

Nervös nestelt Moderator Jörg Pilawa an seinem SILBRIGSCHIMMERNDEN Anzug. Noch schnell ein kleiner Scherz zum Saalpublikum, dann zählt der Aufnahmeleiter den Countdown zum Start der Sendung. Seit Dienstag vergangener Woche präsentiert der SAT.1-Mann die erste TÄGLICHGESENDETE Live-Quizshow im deutschen Fernsehen.
In welcher US-Stadt steht das Empire State Building? Welche Hundedame flog 1954 ins All? Banal bis KNIFFLIGGESTELLTE Fragen haben Hochkonjunktur auf dem Bildschirm, seit ausgerechnet ein Amüsierkonzept von vorgestern Rekordquoten einfuhr: Bis zu zwölf Millionen Zuschauer feierten beim RTL-Quiz „Wer wird Millionär?“ mit Günther Jauch die Wiedergeburt des TV-Dinosauriers – jetzt mit Hightech-Effekten und ÜPPIGANGESETZTEN Geldgewinnen. Insgesamt 2,7 Millionen Mark haben Jauchs Kandidaten bislang abgeräumt.
Quizantworten müssen JURISTISCHABGESICHERT sein und die vermögenswirksamen Quizaufgaben verlangen Schutz gegen mögliche Betrüger und Hacker.
Fragezeichen wie am Fließband: Ein bunt gemischtes Häuflein aus zehn Redakteuren denkt sich tagein, tagaus die bis zu 60 Aufgaben für jede SAT.1-„Quiz Show“ aus. „Man braucht einen Computer, einen Brockhaus und viele Zigaretten“, beschreibt Redaktionsleiter Dieter Borgstedt, 34, scherzhaft den kuriosen Job. Die Quizexperten durchforsten Zeitungen und Fachliteratur, Lexika und Suchmaschinen im Internet nach KNIFFLIGARRANGIERTEM Fragestoff.

7 Wie werden die Großbuchstaben-Wörter geschrieben: getrennt – zusammen? Schreibt sie mit dem Satz richtig heraus. (Schlagt vielleicht im Wörterbuch nach.)

8

die Heiligsprechung	*heilig sprechen*
der Müßiggang	
die Fertigstellung	
das Heimlichtun	
die Richtigstellung	

a) Formt alle Nomen in getrennte Verbgruppen um.
b) Verwendet die Verbgruppen in Sätzen.

9 a) Die Adjektive, die vor den Verben in Aufgabe 7 und 8 stehen, haben ganz bestimmte Endungen – welche?
b) Formuliert eine Rechtschreibregel zu diesen Verbverbindungen:
Adjektive auf … und Verben werden …

10 Bildet sinnvolle Verbgruppen und verwendet sie in einem Satz:

kritisch	*machen*
fertig	*denken*
freudig	*kleiden*
freundlich	*bringen*
ruhig	*begrüßen*
modisch	*betrachten*
leserlich	*grüßen*
logisch	*gefährden*
deutlich	*tun*
heimlich	*bleiben*
gesundheitlich	*schreiben*

Tipp **Verben getrennt schreiben**

1. Eine Verbindung aus **Adjektiv** + **Verb** wird getrennt geschrieben, wenn das Adjektiv **steigerbar** ist.
schnell?fahren → ***schneller*** *fahren* → *schnell fahren*

2. Mehrteilige Adverbien + Verben werden getrennt geschrieben:
beiseite legen, vorwärts kommen, miteinander reden

3. Adjektive auf **-ig, -lich** und **-isch** werden vom folgenden Verb immer getrennt geschrieben:
*freud**ig** begrüßen, krit**isch** betrachten, höf**lich** fragen*

Nominalisierungen

Oma ist auch schon drin

In seinem Altenheim wollte H. Gabel nicht länger im Dunkeln tappen. Mit einer Telefonleitung seilte er sich ab. Ins Internet: „Den ganzen Tag war ich im Netz", erinnert sich der heute 83-Jährige. „Dadurch habe ich wieder zu denken angefangen. Das dort zu Findende hält mich auf dem Laufenden." Mit weit reichenden Folgen. „Das Netz hält mich immer noch fit", erzählt er heute. „Besonders gern durchforste ich Yahoo oder Fireball nach neuen Sites." Dabei entdeckt er natürlich auch viel Unnötiges und wenig Durchdachtes. Die Lieblingsangebote des ehemaligen Postboten und Hobby-Imkers: alles über Bienen, Biologie und Religionen. Außerdem mailt und chattet er regelmäßig mit seinem 15-jährigen Enkel Hakim, der in Großbritannien lebt. So lernt er auch etwas auf Englisch zu schreiben.

Senioren kommen langsam, aber gewaltig: Menschen über 50 sind inzwischen die relativ am stärksten wachsende Altersgruppe im Internet. Machten die Genannten vor fünf Jahren gerade drei Prozent der Onliner aus, stellen sie inzwischen 18 Prozent. „Diese Gruppe wird wohl weiter am stärksten zunehmen, weil die Angesprochenen am meisten Zeit und Geld haben", glaubt Mary Furlong, Chefin der amerikanischen Senioren-Plattform www.thirdage.com. Ländliche Abgeschiedenheit und altersbedingte Immobilität sind keine Hürden mehr für den Einzelnen beim Kontakt mit Freunden, Kindern oder Enkeln.

Die 77-jährige Ingeborg Backhaus packte vergangenes Jahr der Ehrgeiz: „Früher habe ich immer gedacht, das Internet ist nur etwas für Jüngere. Selbst meine Enkel mit elf und 15 Jahren sind online, da wollte ich nicht mehr ausgeschlossen sein. Wenn man nicht Bescheid weiß, heißt es gleich: die Alten!" Inzwischen schreibt sie täglich zwei Stunden E-Mails – „weil es schnell geht und billig ist".

Die Hemmschwelle für viele Alte bleibt jedoch groß: „Die Senioren hatten vor dem Ausscheiden aus dem Beruf im Allgemeinen nicht mehr mit dem Computer zu tun", erklärt Annette Scholl vom Kuratorium Deutsche Altershilfe. Initiativen versuchen deshalb, die Distanz zum jungen Medium zu überbrücken.

1 a) Sucht zu den folgenden Wörtern die Nominalisierungen in diesem Artikel: ▶ S. 288

dunkel einzeln unnötig alt englisch jünger

b) Schreibt sie mit Begleiter – Artikel, Präposition, Mengenangabe – heraus. ▶ S. 279 f.

◇ Suche noch fünf weitere Nominalisierungen in dem Artikel.

Tipps zur Nominalisierung

Adjektive und Verben/Partizipien können als Nomen gebraucht – **nominalisiert** – werden. Dann schreibt man sie **groß.** Meist erkennt man sie am vorangehenden Begleiter (Artikel, Präposition, Mengenangabe …):
*jung und alt → **bei J**ung und **A**lt beliebt; suchend → **die S**uchenden; angesprochen → **viele A**ngesprochene*

Das gilt auch für feste Wortgruppen:
*allgemein → **im** (= in dem) **A**llgemeinen; laufend → auf **dem L**aufenden sein*

2 a) Kombiniert die Adjektive mit passenden Begleitern (Nominalisierung!)
b) Gebraucht die Nominalisierungen in Sätzen.

das gut gelb
bei im schwierig unsicher rücksichtslos
wesentlich schlimm
der viel rot heiß auffällig
nichts ernst süß

3 a) Sucht zu den Partizipien passende Begleiter und nominalisiert sie:
folgende, angesprochen, (zuletzt) genannt, findend, durchdacht, gewollt, geworden, nachstehend
b) Bildet Sätze mit den Nominalisierungen.

4

zum beim den auf dem aus dem ins aufs im

schwarz gut alt trocken beste rein kurz arg trüb dunkel voll ganz laufend

bringen geben tappen ziehen bleiben fischen sein schöpfen sitzen gehen treffen wenden liegen

a) Kombiniert nominalisierte Wendungen:
aus dem Vollen schöpfen
b) Gebraucht die Wendungen in Sätzen.

TV-Produktion

Galaktisches Abenteuer

Ungläubig lauschten die Studiobosse in Hollywood den beiden Medienunternehmern aus Bayern, die Ideen von einer deutschen Zukunftsserie ** gaben; so einer Art „Krieg der Sterne“, nur eben made in Germany.
Auf dem „Ice Planet“ soll sich eine Truppe junger Wissenschaftler des Angriffs schauriger Aliens erwehren und ganz nebenbei das Rätsel der Menschheit knacken, denn alles solle sich ** wenden.
Die vielteilige Sciencefictionreihe werde für reißenden Absatz in der ganzen Welt ** sorgen. Außerdem scheint man sich ** zu sein, dass die Spielzeugmonster die Kinderzimmer erobern werden. Es soll gezeigt werden, dass Deutschland in puncto Technik nicht ** tappt.
In einem Interview gab der TV-Produzent H. **, dass er schon als Kind davon geträumt habe. Er wollte schon immer ** gehen und nach Möglichkeit ** schöpfen.
Für die Spezialeffekte hat die TV-Firma einige Mitarbeiter des „Krieg der Sterne“-Regisseurs George Lucas gewinnen können. Mit ihnen will man voll ** treffen.

5 Füllt die Textlücken mit den passenden Nominalisierungen:
im Dunkeln • aus dem Vollen • zum Besten • aufs Ganze • zum Guten • zum Besten • bei Groß und Klein • ins Schwarze • im Klaren

Infinitivsätze, Partizipialsätze und das Komma

Schule des Hörens

In der Klangwelt unseres Alltags gibt **es** immer weniger Möglichkeiten, differenziert zu hören. Das Visuelle, wie aus wissenschaftlichen Veröffentlichungen zu entnehmen ist, dominiert im Zeitalter des Fernsehens!
Technischer Lärm überlagert einzelne Alltagsklänge und -geräusche immer mehr. „Droht" trotzdem einmal Stille im Alltag, dann empfinden dies viele Menschen als unangenehm und suchen **danach,** eine Geräuschkulisse herzustellen. Auf diese Weise entstehen Hörgewohnheiten und das Radio wird zur alltäglichen „Hintergrundgeräuschtapete". Es läuft bei Alltagsbeschäftigungen mit und bringt uns **dazu,** unbewusst zu konsumieren.
Das eigentlich sehr empfindliche Sinnesorgan „Gehör" verliert an Sensibilität, nimmt nicht mehr bewusst wahr und das führt **dazu,** alltäglichen Wahrnehmungszusammenhang allmählich auszublenden.

1 Stimmt ihr den Beobachtungen in diesem Artikel zu?

2 a) Legt eine Folie über den Text und unterstreicht die Infinitivsätze. ▶ S. 286
b) Unterstreicht im zweiten Infinitivsatz das Subjekt grün und das Prädikat rot. ▶ S. 283
Welche Position nimmt der Infinitivsatz ein?

3 Formuliert eine Rechtschreibregel zur Kommasetzung bei Infinitivsätzen.
Berücksichtigt dabei die hinweisenden Wörter **es, danach** usw., die auf die Infinitivsätze hinweisen; und berücksichtigt 2 b):
Wird auf einen Infinitivsatz mit ..., dann ...

Zukunft des Wohnens

Das vernetzte Haus

Digitale Küchengeräte und mehr

Familie S. hat mit ihren zwei Kindern in dem Schweizer Dorf Hünenberg das in seiner Art erste Zukunftshaus der Welt bezogen. Vater S., unter 70 Familien ausgewählt, verspricht sich vom ungewöhnlichen Leben in diesem Haus eine „Horizonterweiterung im Bereich der Computer- und Kommunikationstechnik".
Im Garten mäht ein vollautomatischer Rasenmäher das Gras, exakt die Länge des Rasens schneidend. Der Brotkasten, die Feuchtigkeit des Inhalts regulierend, sorgt für Brötchen, die länger frisch bleiben. Jeder der vier Bewohner, sein persönliches Duschprogramm abrufend, kann individuell brausen.
So, von der Idee getragen, den Menschen das Leben leicht zu machen, wird eine funktionale Technik erprobt.
Das Zuhause der Familie S. ist ein Paradies für Hightech-Verrückte, vom Keller bis unter das Dach vernetzt.

4 Möchtet ihr in einem solchen Haus wohnen?

5 Schreibt den Artikel ab.
Markiert alle Satzteile mit einem Partizip (*ausgewählt, schneidend*).

6 Wo schieben sich die Partizipialsätze zwischen Subjekt und Prädikat? Markiert sie.

7 Ein Partizipialsatz wird durch ein hinweisendes Wort angekündigt. Markiert es.

8 Zwei Partizipialsätze nehmen dieselbe Position ein. Markiert sie.

9 Formuliert eine Rechtschreibregel zur Kommasetzung bei Partizipialsätzen; geht dabei auf ihre mögliche Position ein:
Partizipialsätze, die..., werden ...

Tipps zum Komma bei Infinitiv- und Partizipialsätzen

1. Wird auf einen Infinitiv-/Partizipialsatz mit Wörtern wie **es, darüber, dazu, so** hingewiesen, trennt man ihn durch Komma ab:
   Nadine dachte gar nicht **daran,** *ihre Lieblings-CD zu verleihen.*
   So, *über die Freundin enttäuscht,* musste Denis sein Taschengeld opfern.

2. Tritt ein Infinitiv-/Partizipialsatz zwischen Subjekt und Prädikat eines anderen Satzes, wird er zwischen zwei Kommas gesetzt:
   Er, *um die Quizshow sehen zu können,* blieb lange auf.
   Sie, *vor Müdigkeit eingeschlafen,* verpasste den Gewinner.

3. Wird eine Partizipialgruppe am Satzende nachgetragen, wird sie durch Komma abgetrennt:
   Nach 20-minütiger Suche im Internet schaltete sie den PC wütend aus,
   über das magere Ergebnis enttäuscht.

Marie im Internet

Marie rechnete nicht sehr damit etwas zu ihrem Thema im Internet zu finden. So ohne besondere Hoffnung zu haben schaltete sie ihren Computer ein und versorgte eine Suchmaschine mit ihrem Stichwort.
Sie verbrachte ziemlich viel Zeit damit die beste Website zu recherchieren. Dennoch ohne den Mut zu verlieren machte sie weiter und entdeckte manches Interessante angenehm überrascht.
Marie ohne auf Zeit und Geld achtend ließ sich vieles ausdrucken. Zuletzt mit den wichtigsten Informationen versorgt stellte sie den PC ab.

10 a) Schreibt den Text ab und setzt alle Kommas.
b) Erklärt die Kommas mit den voranstehenden Regeln.

Zitieren und Zeichensetzung

▶ S. 194

SCHULE UND COMPUTER

Der Computer ist im Zeitalter der neuen Technologien auch in die Schule eingezogen. Das Internet wird von Schüler/-innen vor allem zur Informationsbeschaffung benutzt. Nach Bill Gates sollte „der Informationen-Highway in der Lage sein, zum Verständnis zwischen Angehörigen verschiedener Nationen beizutragen […].“ (Bill Gates: Der Weg nach vorn. Hamburg 1995, S. 393 f.)

Das bedeutet für die Schule z. B. Kommunikation mit Schüler/-innen unterschiedlicher Nationen mittels der Internetdienste, E-Mails und Newsgroups. Durch die Nutzung entsteht „ein weltweites Informationsgeflecht, dessen Wachstumsgeschwindigkeit atemberaubend ist.“ (Ralf Wimmers, Margit Fischbach: Schule im Informationszeitalter. Lehrer-Kursbuch Internet. Berlin 2000, S. 14)
Dies ist ein revolutionärer Vorgang, der mit der Erfindung des Buchdrucks vor mehr als 500 Jahren durch Gutenberg vergleichbar ist. Der schulische Einsatz von Computern birgt zwar noch technische Probleme, die aber nicht davon abhalten dürfen, „sich mit den vielfältigen Möglichkeiten und Chancen […] auseinander zu setzen.“ (ebenda, S. 18)

Schon 1999 forderte der damalige Bundespräsident Roman Herzog: „[…] Computer gehören in jedes Klassenzimmer!“ (Roman Herzog: Rede auf dem Deutschen Bildungskongress am 13. April 1999 in Bonn. http://www.bundespräsident.de/n/nph-b/reden/de/990413.htm)

1 Teilt ihr die Meinung des Artikels über die Bedeutung der neuen Medien? Sprecht darüber.

2 Der Artikel zitiert verschiedene Fachleute und Quellen.
Wie wird zitiert? Achtet auf
- Groß-/Kleinschreibung,
- Vollständigkeit der wiedergegebenen Sätze,
- Komma, Punkt, Klammern und andere Satzzeichen.
- Was gehört alles zur Quellenangabe: Autor(en), …?

Tipps zum Zitieren

Wörtlich übernommene fremde Textauszüge, **Zitate,** müssen in **Anführungszeichen** gesetzt werden. Die Zitatquelle folgt mit genauer Seitenangabe in Klammern:

Die Medienpädagogin M. Fischbach schreibt dazu: „Der Umgang mit Suchmaschinen will geübt […], die wichtigsten Suchstrategien sollten bekannt (sein)."
(M. Fischbach: Schule im Informationszeitalter. In: R. Wimmers: Lehrer-Kursbuch Internet. Berlin 2000, S. 17)

Ausgelassene Textstellen kennzeichnet man durch „[…]".
Einzelne selbst eingefügte Wörter stehen in runden Klammern: „… (sein) …".
Quellenangaben aus dem **Internet** sehen so aus:

Bleuel, Jens: Zitieren von Quellen im Internet. 21.12.1996. Online im Internet: URL: http://ourworld.composerve.com/homepages/jbleuel/ip-zit.html [Stand 10.01.1999]

Ist Chatten gefährlich?
Der Psychologe André Hahn hat an der Berliner Humboldt-Universität Chat-Sucht erforscht.
Auf die Frage, ob Chatten gefährlich sei, antwortet er:
Bei den rund zwei Prozent Chat-Süchtigen dreht sich ihr Chatten
Der Chat-Süchtige hat u. a.
Nach Hahn ist der Chat-Raum „eine umgekehrte soziale Welt", in der
Wer feststellt, dass er chatsüchtig ist, sollte

3 a) Ergänzt diesen Bericht um wörtliche Zitate aus dem Interview mit André Hahn auf Seite 264.
b) Notiert am Ende die Quellenangabe:
Alle Zitate aus:

E. M. Oehrens, D. Glaaps, R. Gier und B. Güntzel-Linger haben ein Buch „Videogeschichten" geschrieben, das 1994 in Remscheid erschienen ist; auf S. 30 steht folgendes Interview:

Fragen an den Drehbuchautor Peter Steinbach

Was ist eine gute Geschichte?
STEINBACH: Meine Geschichten haben alle einen Anfang, eine Mitte und ein Ende. Eine Geschichte muss spannend sein. Das Wichtigste ist, dass die Leute gerne im Kino oder vorm Fernseher sitzen bleiben und in die Geschichte eintauchen. Als Drehbuchautor schaue ich mir Filme häufig daraufhin an, wie sie handwerklich gemacht sind. Aber wenn ich eine wirklich gute Geschichte sehe, vergesse ich das und bin am Ende glücklich, dass ich sie erzählt bekommen habe. Eine gute Geschichte muss mich berühren, sie muss in mir

Emotionen wecken, Freude auslösen oder mich zum Weinen bringen. Früher gab es im Orient Märchenerzähler, die saßen an der Ecke. Die Leute, die vorbeikamen, blieben stehen und hörten zu, obwohl sie den Anfang gar nicht mitbekommen hatten. Eine Geschichte muss so gut sein, dass man, auch wenn man sie nicht von Anfang an gehört hat, dabeibleibt und sich dafür interessiert.

Recherchieren Sie Ihre Themen?

STEINBACH: Recherche ist das Wichtigste bei allem. Selbst wenn man eine gute Idee hat, benötigt man Hintergrundinformationen über die Situation seiner Figuren, über gesellschaftliche und politische Zusammenhänge. Man muss herausfinden: Was sind das für Leute und in welcher Zeit spielt die Geschichte? Wenn man etwas falsch darstellt, wenn Details nicht stimmen, dann steigt der Zuschauer aus. Für die erste „Heimat“, die ich zusammen mit dem Regisseur Edgar Reitz geschrieben habe, lasen wir, um an historische Fakten zu gelangen, in alten Zeitungen. Für die Bearbeitung der biografisch-literarischen Vorlage zum Film „Herbstmilch“ habe ich die Autorin aufgesucht. Ich bin zu Anna Wimschneider gefahren, wir waren eine Woche zusammen, haben Saft eingekocht und Äpfel geerntet, sind spazieren gegangen, und sie hat mir viel mehr aus ihrem Leben erzählt, als in dem Buch stand. Neben solchen Drehbüchern, an denen ich konkret arbeite, trage ich immer Geschichten mit mir herum, die ich zwar augenblicklich nicht umsetzen und schreiben kann, für die ich aber, sofern es sich gerade ergibt, nebenher recherchiere.

4 *Auf die Frage, was eine gute Geschichte sei, antwortete Peter Steinbach:*

Fasst die Antwort des Drehbuchautors
- mit eigenen Worten zusammen;
- verwendet auch die indirekte Rede mit dem Konjunktiv;
- wählt treffende wörtliche **Zitate** aus.

▶ S. 195
212

5 „Recherchieren Sie Ihre Themen?“
Gebt die Antwort P. Steinbachs wieder wie in Aufgabe 4.

6 Wie lautet die genaue Quellenangabe zu allen Zitaten von P. Steinbach?
Alle Zitate aus:

7 Von der Bestsellerautorin **Faye Kellermann** konnte man im Herbst 2000 ein Exklusivinterview im Internet lesen. Präzisiert die folgende Quellenangabe:
KellermannFayeExklusivinterviewOktober2000URLhttpwwwkrimiforumdeDatenbankInterviewsfi000053htmlStand041200

Fremdwörter

TV-Kritik

Die Frotzel-Gala

Von Andreas Sünder

Diese Show war wie der FC Bayern: entweder man liebte oder hasste sie. Wie der deutsche Fußballrekordmeister polarisierte die Party zum 100-jährigen Bestehen des Münchner Clubs das Publikum. Fans werden jedes Detail der Gala gierig aufgesogen haben. Und während erbitterte Gegner des Liga-Krösus wohl gar nicht erst eingeschaltet haben, dürfte dem neutralen Publikum während der um 40 Minuten überzogenen, knapp dreistündigen Show irgendwann die Puste ausgegangen sein. Denn diese ultimativen Lobhudeleien auf den „FC Hollywood" stellten selbst die „Zimmer frei"-Würdigungen in den Schatten. Keine Frage – die FC-Bayern-Spezis Thomas Gottschalk und Günther Jauch sind gute Einzelspieler (dementsprechend ihre Gage). „Der heilige Franz von Assisi war in Ordnung, der heilige Franz von Giesing (Beckenbauer, Anm. d. Red.) auch", frotzelte Gottschalk mit der Bayern-Anhängerin Schwester Erdmute. Aber die beiden Moderatoren sind auch ein gut eingespieltes Team. Ihre verbalen Doppelpässe um Anekdötchen und Neckereien trafen oft ins Schwarze. Einige Male aber schossen sie wie Amateure übers Ziel hinaus, auch wenn sie die Lacher des Fanblocks auf ihrer Seite hatten. Die mehrfachen Anspielungen auf den Alkohol- und Nikotinkonsum des Ex-Spielers Mario Basler waren jedenfalls stark abseitsverdächtig – keine faire Aktion, eher eine Blamage.

1 a) Schreibt die Fremdwörter aus dieser Fernsehkritik einzeln auf Karteikarten (mindestens 15).
b) Schlagt jedes Wort in einem (Fremd-)Wörterbuch nach und notiert:
Herkunft – Artikel – Plural – Bedeutung – weitere interessante Informationen.

2 Verwendet jedes Fremdwort in einem sinnvollen Zusammenhang.
Benutzt dazu die Rückseite der Karteikarte.

3 Bei „Club" habt ihr bestimmt einen besonderen (Rechtschreib-)Hinweis bekommen.
Notiert auch diese Information.

4 a) Sucht Wörter mit folgenden Endungen aus der TV-Kritik:
-ieren, -iv, -or, -age, -eur, -tion
b) Sucht weitere Beispiele. Ordnet sie in einer Tabelle.

Tipps zu Fremdwörtern

Fremdwörter erkennt man meistens an der Aussprache und Schreibung:
Regisseur, Fan

Manche Fremdwörter passen sich der deutschen Rechtschreibung an:
Club** → **Klub**; **Photo** → **Foto

Nomen mit der Endung **-y** wird bei der Pluralbildung ein **-s** angehängt:
*Party → Party**s**; Handy → Handy**s***

Im Zweifelsfall immer im (Fremd-)Wörterbuch nachschlagen!

Doppelschreibungen

1

Mayonnaise	–	Majonäse	existentiell	–	existenziell
Portemonnaie	–	Portmonee	Exposé	–	Exposee
Chicoree	–	Schikoree	Coupé	–	Kupee
Necessaire	–	Nessessär	chic	–	schick
potentiell	–	potenziell	Facetten	–	Fassetten

a) Welchen Genus (Artikel) haben die Nomen unter diesen Fremdwörtern?
b) Welche Schreibung bevorzugt ihr? Warum?

2 a) Überprüft, ob bei diesen Wörtern eine Doppelschreibung möglich ist:
Theater, Fantasie, Bluejeans, Strophe, Jogurt,
Geographie, Atmosphäre, Friseur, Athlet,
Nougat, Delphin, Thunfisch
b) Schreibt sie in euer Heft.

Typische Endungen

1 a) Welche Verben auf **-ieren** passen zu folgenden Endungen:
etwas schmücken – ärztlich eingreifen – etwas herstellen – logisch zusammensetzen – etwas verändern – etwas gut planen – sich für etwas gut eignen – an der Börse Gewinne zu erzielen suchen – mit Bildern gestalten
b) Bildet zu den Verben die entsprechenden Nomen mit der Endung **-tion.**

2 a) Diktiert euch Adjektive mit der Endung **-iv:**
akt... – n... – al... – i... – k... – p... – ag... – l... – at...

b) Verwendet die Adjektive im Zusammenhang:
die aktive Teilnahme an der Diskussion

3

-eur	-or
Chauffeur	*Multiplikator*
Dompteur	*Katalysator*
Stuckateur	*Professor*
...	...

a) Übernehmt die Liste in euer Heft und sucht weitere Beispiele. Schlagt bei unbekannten Wörtern die Bedeutung nach.
b) Bildet zu jedem Maskulinum das Femininum.
c) Wählt fünf Wörter aus und schreibt Beispiele aus ihrer Wortfamilie auf: *Chauffeur, chauffieren ...*

Pluralbildung

1 a) Welche Fremdwörter im Plural verbergen sich hinter diesen Bedeutungen:
feine Damen (4.) – Freizeitbeschäftigungen (2.) – gesellige Feiern (4.) – mobile Telefone (6.) – (mehrere) Neugeborene (5.) – (ein paar) Rüpel (1.)

b) Die bezifferten Buchstaben in den gefundenen Wörtern ergeben – in der richtigen Reihenfolge – ein weiteres Fremdwort im Plural.

VORSICHT FEHLER!

Leserbriefe
Seven day scrub cream für das peeling

Englisch für Verbraucher, zusammengestellt von Heidi K. aus Remscheid

Geweckt werde ich mit einem Song von Sasha: „If You Believe". Ich dusche mit meinem Bath and Shower Gel, die Haare erhalten eine Wäsche mit Shampoo und anschließend eine Haarkur! Nach dem Baden benutze ich Body Balm, damit die Haut schön weich bleibt.

Dem Gesicht muss man schon etwas mehr Pflege zukommen lassen, deshalb day scrub cream für das peeling, danach zur Beruhigung clarifying lotion, Feuchtigkeit durch dramatically different moisturizing lotion und dann endlich mein super-balanced Make-up. Jetzt noch eye liner, eye shadow, Wimperntusche und lip gloss. Fertig.

Während ich das Frühstück vorbereite, rasiert sich mein Mann mit dem Protector 3D und benutzt anschließend sein aftershave balsam.

Nach dem Frühstück mit Toast, Marmelade und Kaffee wird die Spülmaschine angestellt. Wir benutzen die bequemen Ultra Tabs.

Was ziehe ich heute an? Jeans, T-Shirt, Jeanshemd und meine neue Outdoor-Jacke.

Kaum im Büro angekommen, erhalte ich die Info, dass im Showroom die Heizung nicht läuft und in einer Stunde ein Meeting stattfinden soll!

Während der Pause wird Zeitung gelesen. Die Beilagen sind immer heiß begehrt und werden ausgetauscht. Heute bietet die Bahn an: Städte-Hit - Shopping - Business - Sightseeing mit der City Night Line.

Saturn versucht uns zu ködern mit: Spice up your life.

Dann taucht noch ein Multimedia-Magazin „Computer & Co." auf, das uns coole organizer anbietet.

T-Online offeriert Shopping und Surfen im Internet - kinderleicht. Ich bin stark interessiert, habe aber noch Probleme mit Teledat Fast Ethernet USB mit T-DSL, obwohl einfache Plug-&-Play-Installation über die USB-Schnittstelle versprochen wird.

Nach der Arbeit kurz zum Einkaufen in den Supermarkt - im Basement. Aus der Convenience Theke schnell was eingepackt und ab nach Hause.

Nach einem langen Arbeitstag entspanne ich vor dem Fernseher. Bei fast der Hälfte der gezeigten Werbung wieder mehr oder weniger coole englischsprachige Texteinlagen (die ich übrigens gar nicht alle verstehe). Besonders ärgert mich die

neue Werbung von Maggi mit ihren Chicken-Wings, Potato fries usw.
Sollte ich das eine oder andere englische Wort falsch geschrieben haben – egal, meine Schulzeit liegt schon ziemlich lang zurück und ich bin leider nicht mehr so fit. Vielleicht mache ich demnächst noch mal einen Kurs, wenn die VHS anbietet „Englisch für Verbraucher".
Man will ja schließlich up to date sein.

1 Was bezweckt Heidi K. wohl mit ihrem Leserbrief? Welche Meinung habt ihr? ▶ S. 75

2 Heidi K. weist am Ende ihres Leserbriefs auf mögliche Rechtschreibfehler hin.
Überprüft mit einem modernen (Fremd-)Wörterbuch – lest den Abschnitt „Fremdwörter-Schreibung" – die Schreibung der verwendeten Fremdwörter. Achtet besonders auf
- Groß-/Kleinschreibung,
- Zusammen-/Getrenntschreibung, Bindestrich,
- Artikelwahl.

3 a) Schreibt die Fremdwörter heraus – nach sinnvollen Sachgruppen geordnet:
Kosmetik – Werbung – Büro – ... – Sonstige
b) Ergänzt eigene Beispiele.

Fachwörter

Schneller mit Schüssel

WWW muss nicht mehr für „weltweites Warten" stehen, denn das Internet kommt jetzt per Satellit auf Touren. Noch ist das neue Tempo allerdings teuer

Endlich hat das Warten ein Ende. Keine 15 Sekunden nachdem Uta K. auf „*Download*" geklickt hat, ist die rund fünf *Megabyte* große Videodatei auch schon da. „Ladevorgang beendet", meldet der PC und beginnt mit dem Abspielen des *Filmclips*. „Mit *ISDN* hätte ich mindestens eine Viertelstunde warten müssen", schätzt die 32-Jährige. Seitdem die *Webdesignerin* aus Düsseldorf per Satellit mit dem *Internet* verbunden ist, rauschen die Daten mit *Highspeed* auf ihre Festplatte. „Ein Luxus, der sich vor allem bei Speicher fressenden Fotodateien, *MP3-Musik* und Videos bemerkbar macht."

Normalerweise stellen besonders umfangreiche *Multimediadateien* die Geduld der Onliner auf die Probe. *Modem* und ISDN sind klare Grenzen gesetzt: Übertragungsgeschwindigkeit von 56 000 beziehungsweise 64 000 *Bit* pro Sekunde sind das Maximum. Wer mehr Tempo für seine Daten will, muss auf Alternativen ausweichen.

1 Lest den Text und klärt alle Fachwörter; besonders die kursiv gedruckten.

2 a) Diktiert euch den Artikel.
b) Kontrolliert besonders die Schreibung der Fachwörter.
c) Verwendet die Fachwörter in anderem sprachlichem Zusammenhang.

Tipps zu Fachwörtern

Die meisten Fachwörter im Bereich „neue Medien“ sind englischen Ursprungs.
Um sie richtig zu schreiben, kann man verschiedene Informationsquellen befragen:

- Fremdwörterbücher
- die Glossare von PC-Handbüchern
- Computer-Lexika

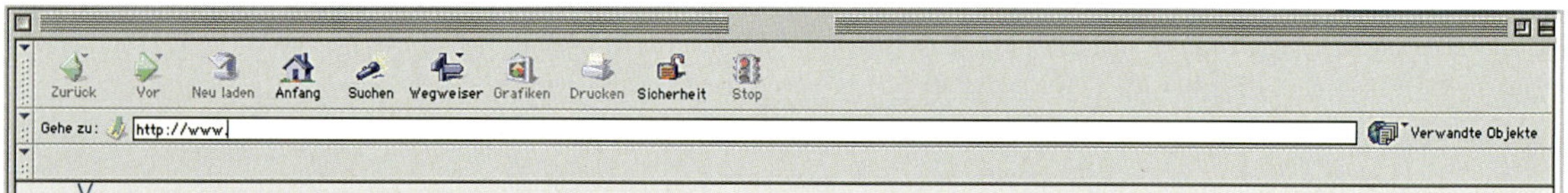

- Ein Lesezeichen, das die Adresse einer angewählten www-Seite speichert, sodass sie beim nächsten Mal schneller aufgerufen werden kann *(8 Buchstaben)*
- Ein Computerprogramm zur Anwahl und Bedienung eines Online-Dienstes *(7 Buchstaben)*
- Internetfunktion für den Zugriff auf spezielle Server *(6 Buchstaben)*
- zueinander passend, einem bestimmten System angepasst *(10 Buchstaben)*
- Der Online-Knigge – Benimmregeln fürs Internet *(10 Buchstaben)*
- Ein Dienstleister, der Zugang zum Internet verschafft *(8 Buchstaben)*
- Kleine Programme, die das Computersystem negativ beeinflussen *(5 Buchstaben)*
- Grafisches Zeichen, das an der PC-Tastatur „zusammengebaut“ wird *(8 Buchstaben)*

3 Welche PC-Fachwörter verbergen sich hinter diesen Definitionen?
Achtet auf korrekte Schreibung!

WWW.JULIA.DE

Julia möchte demnächst in einem Computershop arbeiten. Sie informiert sich regelmäßig über neue Software-Angebote für Textverarbeitung und fertigt ihre Hausaufgaben häufig an ihrem neuen Computer an. Früher hatte sie ständig Konvertierungsprobleme, wenn sie am PC ihrer Mutter arbeiten wollte, da ihr das neueste Update fehlte. Nun ist das Programm voll kompatibel.
Julias Computer ist bestens ausgestattet: Neben dem 19 Zoll (19“) großen Monitor stehen Lautsprecherboxen und neben der Tastatur liegt eine Maus auf einem mehrfarbigen Mauspad.
Ihr ganzer Stolz ist der Internetanschluss! Sie surft und chattet sehr gern, beachtet aber einen angemessenen Zeitrahmen, da sie sich an den Kosten beteiligen muss. Ihren Freunden schickt sie regelmäßig E-Mails.
Sie denkt nun über das Deponieren einer eigenen Homepage nach.

4 Führt mit dem Text ein Eigendiktat durch.

12.2 Übungen zu Fehlerschwerpunkten

Die eigenen Fehler finden

POST IT!

Leserbriefcharts

VORSICHT FEHLER!

Selamun Allaikum
Mein Freund ist Türke und hat wirklich andere Probleme als sich mit dem Deutschen Battle-Style zu beschäftigen. Er kann sich echt nicht mit den Texten im deutschen HipHop identifiziren!
Die Eltern aller seiner Freunde sind in den sechzigern nur mit einem Koffer in der Hand her gekommen und mußten mit fünf Familien eine Wohnung teilen. Deutschland hat genug Ghetos oder soziale Brennpunkte. Wer in Hamburger Ghetos war wie z. B. Wilhelmsburg oder Neuwiedenthal, der weiß, wovon er spricht. Keiner denkt an die.
Um junge Türken mit Deutschrap zu begeistern, braucht man ein (türkisches) Vorbild dass über deren Probleme rappt. Das gibt es jedoch noch nicht. Da ist z. B. Frankreich viel Fortgeschrittener. Afrob und Max vom Freundeskreis sind auf dem richtigen Weg. Warum war Cartel denn so erfolgreich?
Der Deutschrap fährt inhalltlich auf der falschen Schiene. Schade eigentlich.

Janina aus Hamburg

1 Dieser Leserbrief hätte vor dem Abdruck noch einmal korrigiert werden müssen – er enthält verschiedene Rechtschreibfehler!

a) Korrigiert die Fehler. Arbeitet dabei mit folgender Tabelle in eurem Heft:

Fehlerschwerpunkt	Anzahl	richtige Schreibweise
Groß- und Kleinschreibung	*3*	
s-Laute	*2*	
Fremdwörter	*2*	
Zusammen- und Getrenntschreibung	*2*	
Zeichensetzung	*1*	

b) Schreibt den korrigierten Leserbrief von Janina in euer Heft.

Tipps für fehlerlose Texte

Überprüfe den Entwurf deines Textes
- mit zeitlichem Abstand;
- indem du ihn von hinten nach vorn durchgehst;
- mit dem Wörterbuch in der Hand;
- indem du ihn jemandem zum Lesen gibst;
- mit folgender Checkliste:
  - ❑ Groß- und Kleinschreibung
  - ❑ Zusammen- und Getrenntschreibung
  - ❑ Fremdwörter
  - ❑ **s**-Laute
  - ❑ schwierige Laute wie **d** oder **t**, **g** oder **k**, **f/v/ph** oder **pf**, **e** oder **ä**
  - ❑ Zeichensetzung

→→→Laptop statt Ranzen?

→→→→→→→→→→ Überdeutlich hat es die Bundeswissenschaftsministerin jüngst gefordert: Selbst in Grundschulen soll demnächst der Laptop den Ranzen ersetzen. Die neuen Techniken, insbesondere auch den Umgang mit dem Internet, sollen die Kinder sehr früh schon lernen. Rund 80 Milliarden sollen dafür aufgebracht werden, teils vom Staat, teils von Sponsoren. Der Diskussionsbedarf ist groß …

2 Schreibt einen Leserbrief zu dieser Zeitungsmeldung.
Korrigiert euren Entwurf, bevor ihr ihn ins Reine schreibt.

▶ S. 50
▶ S. 275

Zusammenschreiben

Überraschungseier

Programmierer haben einen undankbaren Job. Sie grübeln *monatelang* in Großraumbüros über neue Funktionen für gute, *bahnbrechende* Software, tippen Befehle ein, lösen *bitterernst* Probleme, haben *supergroßen* Zeitdruck – und wenn das Programm fertig ist, dankt es ihnen niemand.
Wissen Sie beispielsweise, wer „Windows 95" geschrieben hat? Oder wer „Tomb Raider" programmierte? Keiner kennt die Namen der Schöpfer und doch sind sie die *extraklugen* Drehbuchschreiber der Software-Szene.
Da ist es kein Wunder, dass sich die Autoren *stundenlang* einen Weg überlegt haben, wie sie doch noch zu *ruhmvoller* Anerkennung kommen können. Und zwar mit „Easter eggs", also Ostereiern. Das klingt komisch, aber so heißen die kleinen Gags, die Programmierer *freudestrahlend* in ihrer Software verstecken. Der Weg zu diesen *geheimnisvollen* Späßen ist nie ausgeschildert und manche „Easter eggs" liegen *wochenlang*, ja sogar *jahrelang* im dichten Bitgestrüpp herum, bis sie jemand findet.

1 Seid ihr schon einmal auf ein solches PC-Überraschungsei gestoßen? (Meist müssen dazu mehrere Tasten gleichzeitig gedrückt werden.)

2 Der Text enthält mehrere *kursive* Zusammensetzungen aus

super-/bitter-/extra- + Adjektiv	Nomen + Adjektiv/Partizip

a) Übertragt die Tabelle mit den passenden Zusammensetzungen aus dem Text in euer Heft.
b) Sucht weitere Beispiele.

Tipps für zusammengesetzte Adjektive

1. Mit verstärkenden Wörtern wie **bitter-, super-, extra-, hyper-** werden Adjektive zusammengesetzt:
   bitterböse, superschlau, extrafein, hypervorsichtig

2. Eine Wortgruppe mit **Nomen** wird mit einem folgenden Adjektiv/Partizip zusammengeschrieben, wenn dabei Wörter wegfallen:
   viele Monate lang → monatelang
   sich eine Bahn brechend → bahnbrechend
   einige Stunden lang → stundenlang
   vor Freude strahlend → freudestrahlend

3 a) Wie lauten die zusammengesetzten Adjektive zu folgenden Nomengruppen + Adjektiv?

wie ein Messer + scharf
wie ein Haus + hoch
einen Finger + breit
gegen Kälte + empfindlich
mehrere Kilometer + lang
wie eine Tomate + rot
bis zum Knie + lang

b) Verwendet die Adjektivzusammensetzungen in sinnvollen Sätzen.

4 a) Bildet aus folgenden Nomen + Adjektiv zusammengesetzte Adjektive:

Welt
Begeisterung
Bedeutung
Freude
Gaumen

erquickend
fähig
bringend
bekannt
voll
strahlend

b) Verwendet die Zusammensetzungen in sinnvollen Sätzen.

Training Kommasetzung

Filmwelt: „Vergiss Amerika"

Ein gottverlassenes Kaff im Osten, das nahe an der polnischen Grenze liegt. Eine Region, die nach der Wende langsam ihr Herz verliert. Drei junge Menschen, die ihres erst noch finden müssen.

Da ist Benno (Roman Knizka), ohne den gar nichts geht, weil er immer eine verrückte Idee hat und ständig die Klappe zu weit aufreißt. Dass gleich wieder etwas passiert, signalisiert das Blitzen in seinen Augen. Dann David (Marek Harloff), der stiller Beobachter ist. Da er sich gern von Benno antreiben lässt, fragt er sich manchmal, wann sein Leben eigentlich losgeht.

Schließlich kommt dazu Anna (Franziska Petri), die blond ist und frech grinst.

„Vergiss Amerika" beginnt in dem Moment, als ihre Träume noch groß und bunt sind und die Zukunft auf sie wartet. Weil sie ein Star werden möchte, will Anna auf die Schauspielschule gehen. Benno plant einen Handel mit amerikanischen Oldtimern und David möchte Fotograf werden. Aber noch haben sie alle Zeit der Welt, sodass sie an der alten Eisenbahnbrücke sitzen und träumen können ...

Fortsetzung siehe nächste Seite

1 a) Unterstreicht auf einer Folie alle Nebensätze in dieser Filmkritik. ▶ S. 285
b) Kreist alle Konjunktionen und Relativpronomen ein.
c) Wo stehen die Nebensätze im Satzgefüge?

Tipps zum Komma in Satzgefügen

Gliedsätze – mit einer Konjunktion am Anfang und dem gebeugten Verb am Ende – werden durch Komma(s) vom übergeordneten Hauptsatz abgetrennt: ▶ S. 285
Als *Gutenberg den Buchdruck erfand, begann der erste Schritt ins Medienzeitalter.*
Vernetzte Computer machen es möglich, ***dass*** *Menschen aus aller Welt miteinander kommunizieren.*

Dieselbe Kommaregel gilt für **Relativsätze** mit den Relativpronomen **der, die, das** am Anfang: ▶ S. 285
Teleworker, ***die*** *„online" mit ihrem Arbeitgeber verbunden sind, werden immer zahlreicher.*

2 „Vergiss Amerika" – Fortsetzung:

Natürlich ist es Benno ...	... denn bald geht alles schief.
Er erobert ihr Herz ...	... die zu jeder Zeit spielen könnte.
David schaut zu und fragt sich ...	... weil er sie sehr beeindruckt hat.
Schwierige Zeiten stehen aber erst bevor ...	... der hier gezeigt wird ...
Der Film ... ist kein konventionelles Sozialdrama.	... der Anna ins kalte Wasser wirft und hinterherspringt.
Es geht um eine Geschichte des Erwachsenwerdens ...	... ob er immer nur zweite Wahl sein wird.

Bildet Satzgefüge und Relativsätze.
Achtet auf die Kommasetzung.

Tour YYY Reisen

Hotelsuche im Cyberspace

Individualisten organisieren ihren Urlaub lieber selbst – Tour YYY Reisen hilft bei der Suche nach der passenden Herberge! Ob Luxushotel, günstige Pension, schickes Apartment, großzügiges Ferienhaus oder schnuckeliger Landgasthof: Der neue internationale Hotelführer listet 300 000 Unterkünfte in 200 Ländern teilweise mit Fotos auf. Ferienhungrige suchen nach Reiseziel, Land, Typ, Hotelkette, Kategorie, Lage oder Preisspanne.
Ganz Schnelle buchen direkt im Internet. Der Hotelführer informiert über Zimmerausstattung, die Lage des Hauses, Meeresblick, Zusatzangebote sowie Zimmerpreise. Wer außerdem wissen will, ob an der Rezeption außer Französisch, Englisch, Spanisch und Italienisch auch Deutsch gesprochen wird, ob er seinen Hund mitbringen kann oder welche Sportmöglichkeiten das Haus bietet, schlägt nach unter ***.

1 Schreibt alle Sätze mit Aufzählungen heraus. Markiert die Kommas in Rot.

Tipp **für das Komma bei Aufzählungen**

Ein Komma steht zwischen aufgezählten Wörtern und Wortgruppen; es sei denn, sie werden durch **und, oder, sowie** miteinander verbunden.

VORSICHT FEHLER!

Pommes, Partys und PCs

Die Jugendlichen des neuen Jahrtausends verkörpern die totale Mediengeneration. Sie surfen per Internet in 90 Sekunden um die Welt telefonieren in der Schule mit dem Handy zappen durch das Leben stehen ständig unter Strom. Sie haben große Angst, im Leben etwas zu verpassen. Dieses Leben darf auf keinen Fall langweilig eintönig kontaktarm und ereignislos sein. Trotzdem haben sie das Gefühl, dauernd zu spät zu kommen. Sie nutzen alle Medien gleichzeitig: Fernsehen Radio Videofilme CDs Computer Bücher – alles wird parallel gebraucht nichts wird ausgelassen. In die gleiche Zeit wird immer mehr hineingepresst und untergebracht. Die Kinder des neuen Jahrtausends sind überall auf der Welt, aber nirgendwo zu Hause.

2 a) Zwischen den vielen Aufzählungen in diesem Artikel fehlen die Kommas. Setzt sie ein (Folie benutzen!).

b) Vergleicht untereinander: Habt ihr 11 Kommas gesetzt?

3 Nehmt schriftlich Stellung zu dem Artikel. Dabei könnt ihr auch Aufzählungen verwenden.

12.3 Einstellungstest

▶ S. 256

Viele Firmen legen großen Wert auf korrekte Rechtschreibung und testen sie mit mehr oder weniger schwierigen und absichtlich fehlerhaften Wortlisten.
Auch wenn man viele dieser Wörter im praktischen (Berufs-)Leben vielleicht kaum wieder schreiben muss,
- ist es gut, die Art der Testaufgaben kennen zu lernen und zu üben;
- sollte man über die **Regeln** nachdenken, die den Schreibungen zu Grunde liegen.

Dies wollen wir hier üben.

1 Geografie
2 tödlich
3 wohlweislich
4 Jogurt
5 Kanonne
6 Atmospere
7 Sattelit
8 Galoprennbahn
9 existentiell
10 Filliale
11 Synpathie
12 Katalisator
13 potenziell
14 Tunfisch
15 Karosserie
16 Labürinth
17 Rhythmus
18 Metode
19 Wagabund
20 Theke

1 Welche Wörter sind falsch geschrieben?
Schreibt sie mit ihrer Nummer korrekt in euer Heft.
Bearbeitungszeit: max. fünf Minuten!
Kontrolliert euch anschließend selbst mit dem Wörterbuch.

▶ S. 265

2 a) Sucht zum Fremdwort links die passende Worterklärung rechts: ▶ S. 265

Honorar
Rabatt
Exempel
Nonsens

Preisnachlass

Unsinn

Vergütung

Beispiel

b) Welchen Artikel haben die Fremdwörter?

3 Zusammen oder getrennt? – Klein oder groß?
Nur **eine** Variante ist richtig!

a) Schreibt sie mit Zahl und Buchstabe – z. B.: *1 b)* – heraus. ▶ S. 265
Bearbeitungszeit: max. fünf Minuten!

1
a) Ich fahre Rad und du fährst auto.
b) Ich fahre rad und du fährst Auto.
c) Ich fahre Rad und du fährst Auto.
d) Ich fahre rad und du fährst auto.

2
a) Wir können daraus nicht schlussfolgern, dass es fehlgeschlagen ist.
b) Wir können daraus nicht schlussfolgern, dass es Fehlgeschlagen ist.
c) Wir können daraus nicht schluss folgern, dass es Fehl geschlagen ist.
d) Wir können daraus nicht schluss folgern, dass es fehl geschlagen ist.

3
a) Ich habe ähnliches bei ackerbautreibenden Völkern erlebt.
b) Ich habe Ähnliches bei Ackerbautreibenden Völkern erlebt.
c) Ich habe Ähnliches bei Ackerbau treibenden Völkern erlebt.
d) Ich habe ähnliches bei ackerbau treibenden Völkern erlebt.

4
a) Ich will im besonderen erwähnen, dass es das Beste ist, wenn wir auseinandergehen.
b) Ich will im Besonderen erwähnen, dass es das Beste ist, wenn wir auseinander gehen.
c) Ich will im besonderen erwähnen, dass es das beste ist, wenn wir auseinandergehen.
d) Ich will im besonderen erwähnen, dass es das beste ist, wenn wir auseinander gehen.

5
a) Wir sahen gesternabend eine hervorragende Balletttänzerin.
b) Wir sahen gestern abend eine hervor ragende Balletttänzerin.
c) Wir sahen gestern Abend eine hervorragende Balletttänzerin.
d) Wir sahen gestern Abend eine hervor ragende Balletttänzerin.

b) Schlagt in einem Wörterbuch den Regelteil unter
- Getrennt- und Zusammenschreibung,
- Groß- und Kleinschreibung

auf und sucht die passenden Regeln und Beispiele zu den fünf Textaufgaben.

c) Erläutert die verschiedenen Rechtschreibfälle mit Regeln und Beispielen vor der Klasse.

4 Nur eine der fünf Schreibweisen ist jeweils richtig. ▶ S. 265

a) Schreibt sie mit Zahl und Buchstabe – z. B.: *7a* – heraus:

1
a) Gutmüthigkeit
b) Guthmütigkeit
c) Gutmütigkeit
d) Gutmüdigkeit
e) Gutmüdichkeit

2
a) endgültich
b) entgültig
c) endtgültig
d) endgültig
e) endgültik

3
a) Revormvorschlag
b) Reformvorschlak
c) Refornvorschlag
d) Reformvorschlag
e) Reform Vorschlag

4
a) ein einzelnes paar Socken
b) ein einzelnes Paar Socken
c) ein einzelnes Paarsocken
d) ein Einzelnes Paar Socken
e) ein Einzelnes paar Socken

5
a) Es geschah im Dunkel der nacht.
b) Es Geschah im dunkel der Nacht.
c) Es geschah im dunkel der Nacht.
d) Es geschah im Dunkel der Nacht.
e) Es geschar im Dunkel der Nacht.

b) Versucht bei jedem Beispiel zu erklären oder die Regel zu finden, warum es richtig/falsch ist:

Tipps
- Verwandtes Wort?
- Genaue Aussprache?
- Wortverlängerung und Aussprache?
- Signalwörter für Großschreibung (Artikel, Präposition ...)?

5 Übt im Partnerdiktat mit folgendem Lückentext.
Die einzusetzenden Wörter findet ihr im Lösungsteil auf S. 265.

Die 26-jährige Meike Graben hat nach der ? eine Ausbildung zur ? gemacht. Sie wollte danach noch etwas ? und fing eine weitere Ausbildung als ? an. Diese brach sie nach zwei Jahren ab und war eine ? arbeitslos, bis sie ? im Büro eines Betreuungsvereins einen neuen ? fand.

6 Komma oder nicht?

a) Schreibt die Nummer jedes Satzes in euer Heft und macht für jedes richtige Komma ein ☑, für jedes falsche Komma ein ☒.

Bearbeitungszeit: max. fünf Minuten!

▶ S. 266

1 Für eine verbindliche Antwort □ wäre ich Ihnen zu Dank verpflichtet.

2 Sie sattelte das Pferd □ und ritt nach Hause.

3 Er sang □ und sang immer tiefer □ bis es nicht mehr weiter ging.

4 Bei Vertragsabschluss ist es am sichersten □ alle Vereinbarungen schriftlich festzuhalten.

5 Im Zusammenhang mit der steigenden Kriminalität nehmen die Verdächtigungen □ insbesondere was Ausländer anbetrifft □ beträchtlich zu.

6 Der Mannheimer Drehorgelmann □ von Hause aus mit der Rechtschreibung auf Kriegsfuß □ machte sein Instrument zu □ schloss den Wagen ein □ und fühlte den unwiderstehlichen Drang □ ein Bier trinken zu müssen □ oder wenigstens □ in einem Gasthaus einzukehren.

7 Ohne es zu wollen □ kam sie der Lösung des Rätsels fast schon auf die Spur □ als sie durch das Telefon abgelenkt wurde.

8 Er fuhr □ ohne zu gucken □ geradewegs mit seinem schönen neuen Fahrrad □ in die Hecke.

9 Für eine baldige Zusage □ wäre ich Ihnen sehr verbunden.

10 In der Bundesregierung hält sich leider niemand □ nicht einmal der Bundeskanzler □ für kompetent □ eine Prognose zu wagen.

11 Bei Vertragsabschluss ist es am besten □ sich alle gewünschten Zusätze schriftlich bestätigen zu lassen.

12 Die unmittelbare Nähe des Meeres □ garantiert immer eine frische Brise □ und verspricht bei starker Hitze Kühlung.

13 In Zusammenhang mit den steigenden Produktionszahlen □ können auch die inländischen Unternehmen □ allen voran unsere Firma □ größere Aufträge verbuchen.

14 Wir hoffen sehr □ nun allseits Unterstützung zu finden.

b) Versucht zu erklären, warum in den Sätzen ein Komma steht, warum nicht (Regelteil in einem Wörterbuch!).

Tipps

- Aufzählung
- Komma vor **und, oder**
- Infinitivsatz (mit hinweisendem Wort)
- Einschub, Nachtrag

13 www.weltweit lernen.de

13.1 Einfach lossurfen?

Erste Schritte im Netz

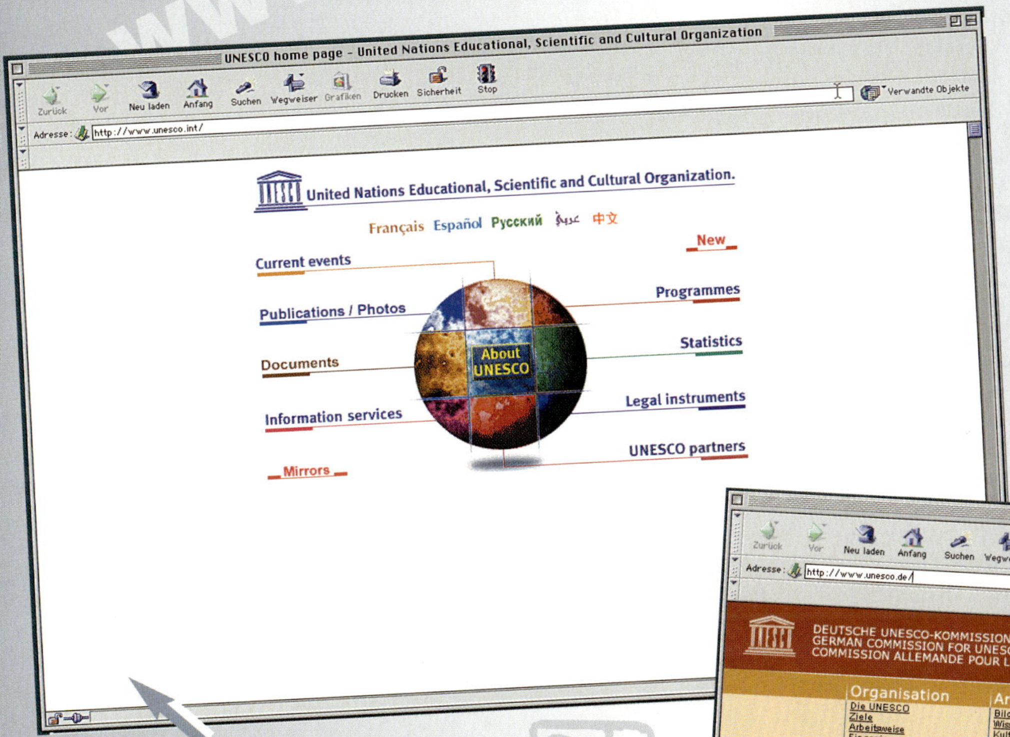

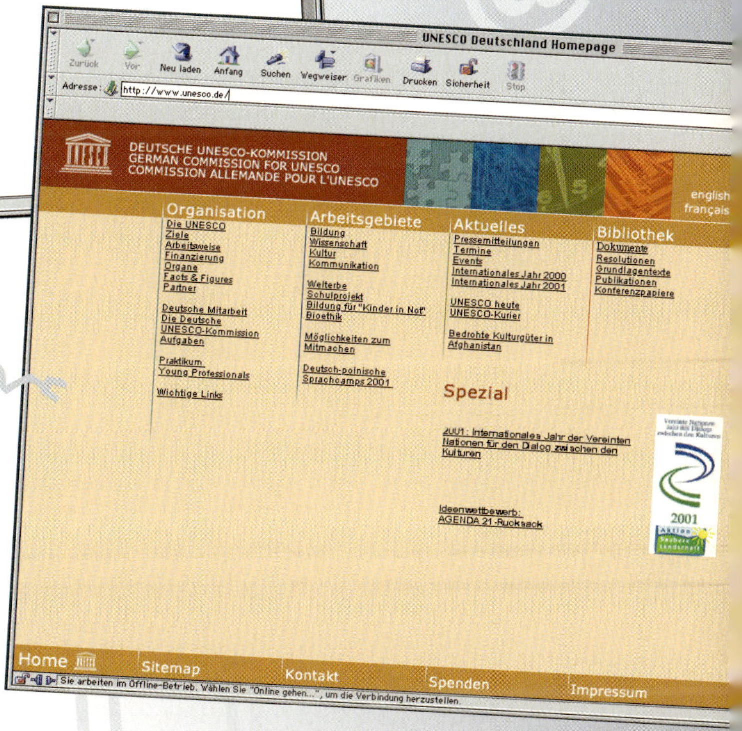

1 a) Beschreibt, was auf diesen Internetseiten der **Unesco** zu sehen ist.
b) Vergleicht, wie die Seiten aufgebaut sind.

2 a) Gebt an, wozu diese Internetseiten dienen.
b) Man nennt solche Seiten „Homepages“. Erklärt den Fachausdruck.

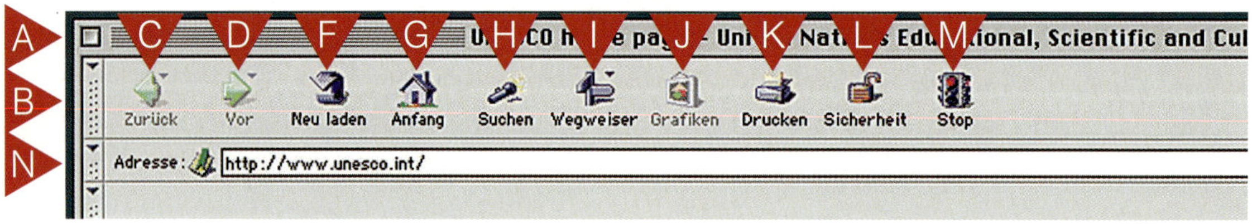

1 a) Was ist ein **Browser?**

b) Ordnet den Buchstaben auf der Browserleiste die jeweiligen Funktionen (Bedeutungen) zu.

Hilfe **für Netz-Neulinge**

- Gebt ins Adressenfeld www.unesco.de ein.
- Drückt (OK) oder die **Return**-Taste.
- Wenn ihr jetzt mit dem Mauszeiger über die Unesco-Homepage fahrt, verwandelt er sich manchmal in eine Hand:
- Klickt den **Link** an!

2 Erklärt, was das **Internet** ist. ▶ S. 270

3 Erstellt ein Schaubild, aus dem hervorgeht, wie das Internet funktioniert.

Adressen im Internet müssen bis auf Punkt und Schrägstrich, ja bis auf die Buchstabenzwischenräume einem exakten Schema folgen:

http://www.unesco.de

http://	www.	unesco	.de
hyper**t**ext **t**ransfer **p**rotocol	**w**orld **w**ide **w**eb	hostname	top level **domain**

4 a) Das Kürzel **.de** am Ende der Adresse (des „Domain-Namens") ist der Ländercode für „**De**utschland". Andere Ländercodes findet ihr unter **www.web.de**/„Erweiterte Suche".

Hilfe

... com = Kürzel für **kom**merzielle Anbieter
... int = **int**ernationale Organisationen

5 Das Zentrum jeder Internet-Adresse ist der **hostname,** der eigentliche „Name"; z. B. ein Eigenname, ein Firmenname oder ein Fantasiewort. Wie lauten wohl die Adressen der **Uno,** der **Unicef,** des **Bundestages** oder eines euch bekannten **Kaufhauses?** Notiert die Adressen so, wie sie eurer Meinung nach lauten könnten.

Die Sprache im Netz

PC gebootet und Browser gestartet – *alles klar?*

Von **Wolfgang Plum** *und* **Nicolas Rieger**

„So, PC gebootet, DFÜ aufgerufen, Passwort eingegeben, dann Dial-In gemacht, Browser gestartet. E-Mail-Service eingecheckt ... Wie war das Log-In gleich? Ach ja ... Mann, jetzt will das Teil wieder nicht. So, endlich. Keine Mails da, also in den Chat. Wer hat 'nen Tipp für eine AGP-Grafikkarte, weil der neue 3D-Shooter wieder nicht läuft? Dann diese Frage auf dem Message-Board posten und morgen wieder nachsehen. Na ja, nach einer Stunde dann auch mal wieder ausloggen, weil's sonst zu teuer wird."

So würde jemand, der sich im Internet auskennt, in etwa einen Gang ins Netz beschreiben. Jedenfalls jemand, der so häufig in Chats ist, dass er sich dieses Fachdeutsch/Fachenglisch angewöhnt hat.

In letzter Zeit kommen immer häufiger Diskussionen wegen dieser Vermischung auf. Was es für Vorteile und Nachteile gibt, ob das so bleiben kann, ob etwas geändert werden sollte. Die meisten sind dagegen, oft mit guten Gründen; die aber wiederum von Leuten, die dafür sind, mit mindestens ebenso guten Gründen widerlegt werden.

Doch wie erklärt sich das Ganze? Es wird unter anderem daran liegen, dass die Computer aus den USA kommen. Daher gibt es viele Begriffe, die im Deutschen einfach übernommen wurden, wie etwa CD-ROM oder RAM. Oft sind diese Begriffe einfacher auszusprechen als ihre deutschen Übersetzungen. [...] Mit der Zeit gewöhnen sich viele Leute daran und benutzen und verstehen diese Begriffe, als hätten sie schon immer so gesprochen.

Genau diese Entwicklung breitet sich über das Internet aus, hauptsächlich über Chats, in denen jeder Benutzer direkt sieht, was der andere schreibt. (Auch „Chat" hat sich längst eingebürgert; jeder der sich im Internet auskennt, weiß, was es ist.) [...]

Deutsche Fachbegriffe sind oft schwer auszusprechen, weil sie zum Teil wortwörtlich aus dem Amerikanischen übersetzt worden sind. Oft werden diese Fachbegriffe dann auch noch einmal abgekürzt, so wird etwa „Computerprogramm" zu „Programm" und dann zu „Progg".

Das Ganze ist einfach ein Phänomen, das das Internet mit sich bringt, weil die meisten Seiten im Internet englisch sind. Und das sind oft auch noch die, die mehr deutsche Surfer anziehen. Der Grund ist der höhere Informationsgehalt. Natürlich gibt es auch gute deutsche Seiten, doch die meisten Innovationen dieser Art kommen eben aus Amerika.

Hauptsächlich nutzen Menschen bis etwa 23 Jahre diese Sprache, die häufig auch Eingang in die Umgangssprache findet, wieder ins Internet gelangt, ausgeweitet wird – ein Kreislauf! [...]

Collegium-Josephinum-Schule Bonn, Klasse 8a

1 Wie wird hier das Entstehen einer eigenen Internet-Sprache erklärt? Sucht die Begründungen heraus.

2 Erklärt alle Fachausdrücke.

3 a) Sprecht darüber, ob ihr schon Probleme mit der Internet-Sprache hattet.
b) Haltet ihr die hier beschriebene Sprache des Internets für sinnvoll? ▶ S. 177 ff. 278

4 Erstellt eine alphabetische Definitionen-Liste (ein „Glossar") wichtiger Internet-Fachwörter.

Was kann das Internet?

1 a) Was kann man im Internet und mit dem Internet alles machen? Erstellt einen Cluster.
b) Wofür nutzt ihr das Internet?

Sieben von zehn Internet-Nutzern wollen online unterhalten werden; so eine Studie von www.cyberdialogue.de.

Anteil von Internet-Nutzern, die auf entsprechende Entertainment-Websites zugreifen:

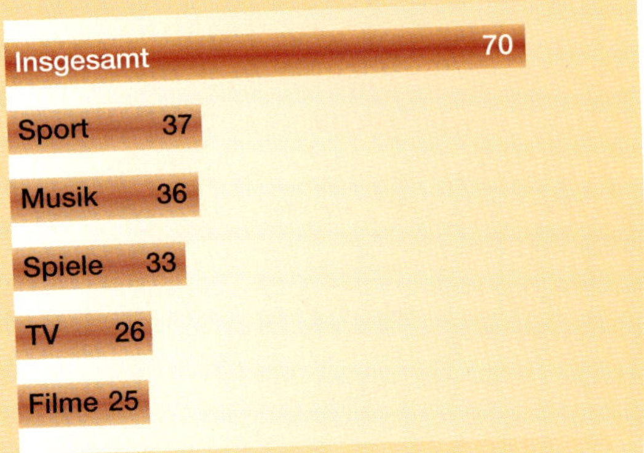

Internet ist wichtiger als Fernsehen

Aber Zurückhaltung bei der Glaubwürdigkeit von Netz-Informationen

Für Online-Nutzer in den USA ist das Internet ein wichtigeres Informationsmedium als das Fernsehen oder das Radio. Das ist das Ergebnis einer Studie der University of California in Los Angeles (UCLA), das jetzt der Öffentlichkeit vorgelegt wurde.
Mehr als zwei Drittel der Onliner (67,3 Prozent) bezeichneten das weltweite Computernetz bei ihrer Informationsbeschaffung als „wichtig" oder „extrem wichtig". Das Fernsehen schnitt mit 53,1 Prozent und das Radio mit 46,8 Prozent deutlich schlechter ab. [...] Besser schnitten nur Bücher (73,1 Prozent) und Zeitungen (69,3 Prozent) ab.
Wer das Internet nicht nutzt, setzt seine Prioritäten anders: Nur jeder vierte Nicht-Nutzer bezeichnete das Internet als wichtiges Informationsmedium, an der Spitze standen auch hier Bücher und Zeitungen.
Bei der Bewertung der Glaubwürdigkeit von Informationen, die über das Netz verbreitet werden, sind selbst Nutzer des Internets eher vorsichtig. So glaubt nur etwa jeder zweite Onliner, dass die meisten Informationen glaubwürdig sind, bei den Nicht-Surfern sind es mit knapp 30 Prozent deutlich weniger. 37,7 Prozent der Surfer gehen zumindest davon aus, dass etwa die Hälfte der Informationen im Web glaubwürdig ist.

heu

Die Studie im Netz.
www.ucla.edu

2 Berichtet ausführlich über den Inhalt dieser beiden Meldungen.
- Welche Rolle spielt das Internet im Unterhaltungsbereich?
- Wie wird die Glaubwürdigkeit des Internets beurteilt?
- Die Prozentzahlen in den beiden Meldungen gehen auf Umfragen zurück: Welche Fragen wurden wohl gestellt?

3 Deckt sich das hier übers Internet Gesagte mit euren Erfahrungen? Sprecht darüber.

4 Fertigt auch zu dem zweiten Artikel ein Schaubild an.

5 Macht eine Umfrage in der Schule ... über das Internet.
- Was wollt ihr wissen?
- Wie müsst ihr fragen?
- ...

Anruf der Woche

„Netz nervt!“ Borris Brand (39), ehemaliger Programmchef von ProSieben, hält die Internet-Euphorie für „große Schaumschlägerei“.

HÖRZU: *Sind Sie ein Spielverderber? Was haben Sie gegen das Internet?*

BORRIS BRANDT: In manchen Teilen mag es ja noch ganz informativ sein, doch selbst da ist es überflüssig informativ. Oft finden Sie nur das, wonach Sie nicht gesucht haben. Vor allem aber ist das Netz überhaupt nicht unterhaltsam. Da blinken irgendwelche bunten Banner in der Gegend herum – das ist total langweilig.

HZ: *Die Nutzerzahlen steigen doch ständig, gerade bei jungen Leuten ist das Internet „in“.*

BRANDT: Es gibt Studien, die belegen, dass die Teens nur halb so lange online sind wie Erwachsene, dass sie also keineswegs alle viereckige Augen haben. Offenbar finden die Kids das Internet stinklangweilig. Wenn überhaupt, dann gehen die meisten von ihnen nur zum Chatten ins Netz. Das ist eine Form der Kommunikation, die wirklich gut funktioniert. Aber die ganz normalen Sachen, die man in seiner Freizeit macht – Fernsehen, Musik hören, ins Kino gehen –, die finden im Netz nicht statt. Der Unterhaltungswert ist ganz gering. Dafür tummeln sich so viele Deppen im und um das Netz, dass es nur noch nervt.

HZ: *Aber es ist doch so viel die Rede von einer Verschmelzung von TV und Internet. Kommt da nicht noch viel Interessantes auf uns zu?*

BRANDT: Ich hoffe es. Derzeit herrscht eine allgemeine, große Hilflosigkeit. RTL ist im Internet nur deshalb so erfolgreich, weil sie da die Zuschauer förmlich auf ihre Seite prügeln. […]

HZ: *Im Internet kann ich jederzeit alles abrufen. Das ist doch sehr praktisch.*

BRANDT: Im Gegenteil. Dieses „Alles-immer-Prinzip“ ist langweilig. Es ist überhaupt nicht spannend, wenn ich immer alles gucken kann. Da werden sich ganz schnell Leute etablieren müssen, die sich mit Unterhaltung auskennen. Leute, die eine gewisse Routine haben – die mit gesundem Menschenverstand den ganzen Müll mal sichten und ihn bei bestimmten Angeboten rausschmeißen. […]

HZ: *Wo ist in ihren Augen derzeit das Grundproblem im Netz?*

BRANDT: Die Chancen des Mediums werden viel zu wenig genutzt. Sender und Verlage nutzen das Internet nur als Verlängerung des Bestehenden und als zusätzliche Auswertungsquelle. Da soll dann der Spielfilm auch noch im Internet gezeigt werden. Das ist doch eigentlich nicht fair. Das Netz hat so viele Möglichkeiten, aber im Moment ist es, als hätte man das Fernsehen erfunden, könnte aber nur den Ton hören.

HZ: *Nerven Sie denn nur die Inhalte?*

BRANDT: Nein, vor allem nerven komplizierte, überfrachtete Seiten, die für Technik-Freaks, aber nicht für normale Nutzer entworfen wurden.

HZ: *Was wollen Sie im Internet anders machen?*

BRANDT: Wirklich neue, netzspezifische Inhalte bieten. […]

6 Teilt ihr die Ansicht von B. Brandt über das Internet?

7 a) Aus welchen Gründen findet B. Brandt das Internet langweilig?
b) Was kritisiert er am Internet?

8 „Ist das Internet langweilig?“ Führt eine Diskussion darüber. ▶ S. 267
- Notiert euch Thesen und Argumente für und gegen das Internet. ▶ S. 41
- Bildet zwei Beobachtergruppen, die Wichtiges schriftlich festhalten.
- Führt die Diskussion durch.
- Sprecht darüber, welche Thesen und Argumente besonders überzeugend waren.

Stille Post

Mit einer Internet-Aktion will Susan van der Leent-Sturhan Untertitel für Gehörlose im Fernsehen durchsetzen

Und so sieht das „Internet" aus: Zwei Hände, Mittelfinger abgespreizt, bewegen sich sanft drehend aufeinander zu, bis sich die Spitzen der Finger treffen.
„E-Mail" geht so: Daumen und Zeigefinger der rechten Hand bilden einen Kreis, dann bewegt sich die Hand schnell auf die andere zu. Wird von der am Gelenk gepackt, dabei öffnet sich der Fingerkreis, und man kann fast sehen, wie die Mail quer durch den Raum fliegt, an der Tür abprallt und direkt in dem strahlenden Gesicht der gehörlosen 21-jährigen Susan landet. [...]
Dass sich im Internet eine neue Kommunikationswelt für sie aufgetan habe, weist Susan zunächst von sich. Früher, da habe es Fax gegeben. Und ein Bildtelefon habe sie auch. Aber E-Mail hat für Gehörlose unbestreitbare Vorteile! Erstens wird gelesen und nicht gehört. Zweitens fällt im schlampig geschriebenen E-Mail-Talk Susans eklatante Rechtschreibschwäche nicht so auf. Drittens kann man bei der Elektro-Post jeden Halbsatz mit digitalen Gebärden, den „Emoticons", untermauern: :–(((steht dann für „richtig schlechte Laune", :–))) für „Hochstimmung". [...]
Seit etwa einem Jahr betreibt Susan die viel besuchte Internet-Site www.planetdeaf.de, eine Gedankenbörse für Gehörlose [...]
Das Internet soll Susan nun auch bei der Verwirklichung ihres größten Vorhabens helfen: der kompletten Untertitelung aller Fernsehfilme. „Überall" – entschiedene Handzeichen begleiten diesen Vortrag – „können Gehörlose mehr untertitelte Filme im Fernsehen sehen als in Deutschland."

Um für IPU (Initiative pro Untertitel) 500 000 Unterschriften zu sammeln und sie schließlich ins Parlament zu bringen, will Susan auf ihrer neuen Webpage einen Mitgliederbereich einrichten. [...]

Stefen Draf

Site des Gehörlosen-Bundes:
- www.gehoerlosen-bund.de

Institut für Gebärdensprache:
- www.sign-lang.uni-hamburg.de

Deutsche Abteilung des internationalen Gehörlosen-Forums:
- www.deafworldweb.org/int/de

Kontakt für Gehörlose:
- www.taubenschlag.de

Bonn – Mit Hilfe des Internets und einer Kamera im Schulklassenzimmer wird krebskranken Kindern und Jugendlichen während des langen stationären Aufenthalts der visuelle Kontakt zu ihrer Schule ermöglicht. Die Universität Bonn hat dieses Projekt ins Leben gerufen, um die psychosoziale Situation der Kinder zu verbessern. Die Kinder können auf diese Weise von ihrem Krankenbett aus am Schulalltag bzw. am Geschehen in der Klasse teilhaben und bleiben enger mit dem Klassenverband verbunden.

•••• www. im Dunkeln ••••

„Ich hole mir alle Informationen aus dem Internet, seien es nun aktuelle Nachrichten oder etwa ein Artikel aus GEO", erzählt der blinde Michael, denn er will nach einem Universitätsstudium in die Politik gehen. „Vor 30 Jahren wäre das für einen Blinden noch kaum möglich gewesen", sagt er, denn Blindsein bedeutet in erster Linie informationsbehindert zu sein. Neuerdings gibt es Tageszeitungen (Frankfurter Rundschau) und Magazine (Der Spiegel) als akustische „elektronische Zeitung" per digitales Abonnement bei „Die Welt online" sogar kostenlos.

9 a) Gebt Susans Auffassung über das Internet wieder.
b) Wofür will sie das Internet nutzen?

10 Beschreibt möglichst genau, welche Bedeutung das Internet für Gehörlose, Blinde, Kranke und andere Personengruppen haben kann.

Ich bekomme lieber Briefe als E-Mails …

1 a) Versendet eine Nachricht – einmal als Brief/Postkarte und einmal als E-Mail.
b) Registriert alle Gemeinsamkeiten und Unterschiede
- der Vor- und Nachbereitung,
- des Schreibvorgangs,
- des Schreibens selbst (Rechtschreibung, Aufbau, Stil),
- der aufgewendeten Zeit.

2 Organisiert eine Umfrage (im Internet): „Ich schreibe lieber Briefe als E-Mails – du auch?"

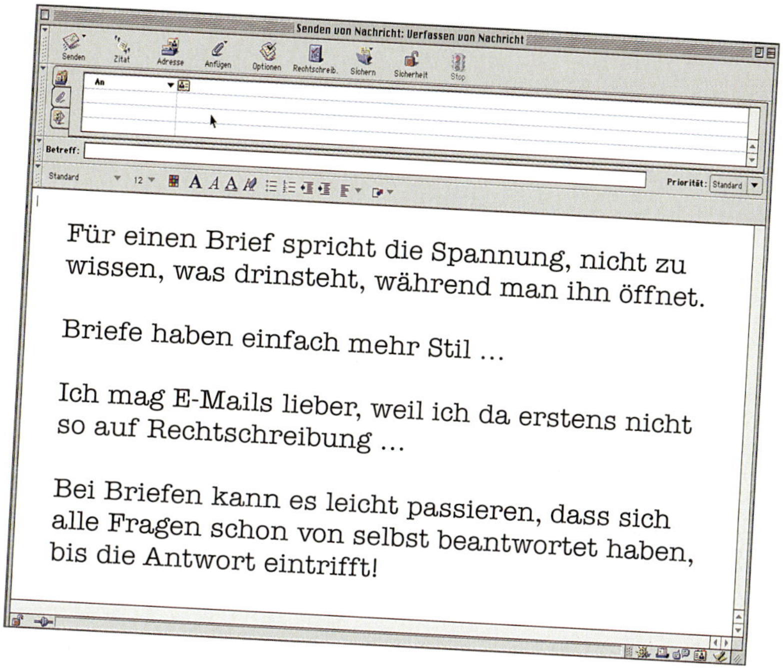

3 „Brief oder E-Mail?" Diskutiert darüber.

4 Verwendet ihr in euren E-Mails Smileys **:-)** bzw. Emoticons **:-I**? Erstellt eine Liste mit Smileys/Emoticons und ihren Bedeutungen.

5 Gutes Benehmen im Internet – die Netiquette

Abc Schreiben Sie mit Groß- **und** Kleinbuchstaben. Wer nur großschreibt, D E R S C H R E I T !

Verschicken Sie nichts, was andere als Datenballast empfinden könnten; etwa ohne Vorwarnung riesige Dateien.

! Fassen Sie sich kurz.

a) Was meint ihr zu diesen Regeln?
b) Im Internet findet man weitere Regeln dieser Art!
c) Stellt eine Liste mit sinnvollen Netiketten zusammen.
d) Könnt ihr das Wort, die Wortbildung „Netiquette" erklären?

6 a) Überlegt euch, bei welchen Institutionen ihr Informationsmaterial über die Unesco bekommen könnt.
b) Schreibt E-Mails, in denen ihr um Informationen und Material bittet.

7 a) Informiert euch auch über andere Kommunikationsmöglichkeiten im Netz; erprobt sie: Mailing-Lists, Newsgroups, Chats, Diskussionsforen …
b) Tauscht eure Erfahrungen aus.

13.2 Recherchieren und Informieren im Netz

fireball, altavista und andere Suchmaschinen

1 a) Stellt zusammen, was ihr über die **Unesco** wisst.
Nutzt auch die Homepages dieser Organisation. ▶ S. 229
b) Fasst eure Kenntnisse über die Unesco in einem Merktext zusammen.

2 Beantwortet folgende Fragen über die Unesco mit dem **Internet:**
- Seit wann gibt es die Unesco?
- Welche Ziele hat die Unesco?
- Was bedeutet „Welterbe"?
- Nennt Organe der Unesco.
- Welche Partner hat die Unesco?

Hilfe Im Internet müsst ihr nicht alleine suchen – ihr könnt dazu auch **Suchdienste** beauftragen:

Suchmaschinen
www.fireball.de
www.altavista.de
www.lycos.de

Kataloge
www.dino-online.de
www.yahoo.de
www.web.de

Metasuchmaschinen
www.metager.de
www.metacrawler.de

www.suchfibel.de
informiert über Suchmaschinen!

3 Probiert verschiedene Suchdienste aus.
Gebt im Eingabefeld „Unesco" ein.

Hilfe für die Netz-Recherche

Die Informationsfülle im Internet ist sehr groß. Leider ist es nicht ganz einfach, schnell zu treffenden Suchergebnissen zu kommen.
Damit ihr keine teure Zeit online vergeudet, solltet ihr eine **Suchstrategie** entwickeln:
- Wonach genau wollt ihr suchen?
- Gebt möglichst eindeutige, präzise Suchbegriffe ein.
- Zu welcher Kategorie (Oberbegriff) gehört euer Suchbegriff?
- Wo (in Deutschland, in der ganzen Welt ...) und was (Texte, Bilder...) wollt ihr suchen?

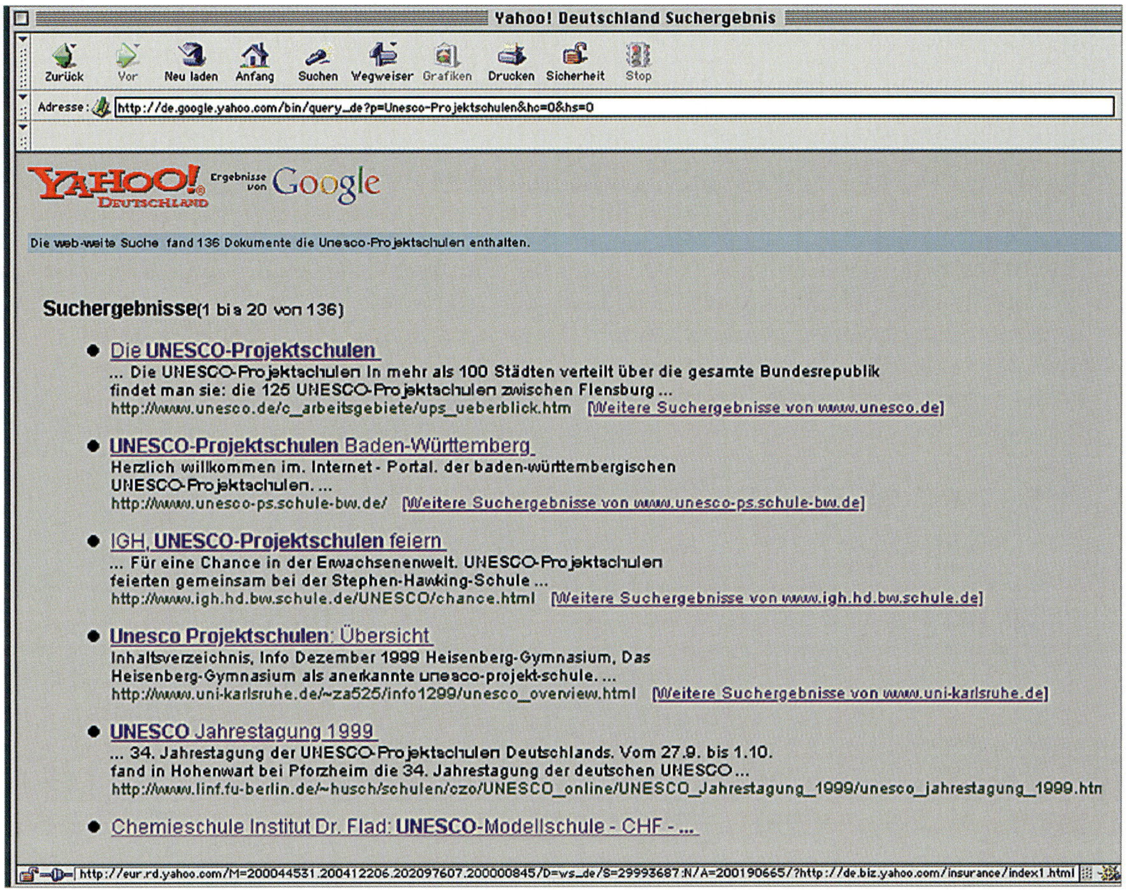

4 So sieht das Suchergebnis zum Stichwort **Unesco-Projektschulen** bei **YAHOO!** aus.

a) Sucht selbstständig unter diesem Stichwort im Internet.
Protokolliert, welche einzelnen Schritte ihr unternehmt.

b) Vergleicht eure Ergebnisse. Wer ist wie am weitesten gekommen?

Hilfe Speichert eure Suchergebnisse! Das könnt ihr offline lesen und prüfen.

5 a) Ein Experiment zur Verbesserung der Netz-Suche:

- Gebt bei **www.altavista.de** *Zollverein* ein.
  Wie viele Suchergebnisse erhaltet ihr?
- Gebt *Zeche Zollverein*, dann *„Zeche Zollverein"* ein.
- Gebt *+Weltkulturerbe+Zeche+Zollverein* ein.

b) Beschreibt, was das kleine Experiment ergeben hat.

Hilfe Noch mehr **Informationsquellen** im Netz:

Lexika	TV-Archive	Zeitungsarchive
www.weltchronik.de	www.ard.de	www.stern.de www.spiegel.de www.zeit.de

Texte und Hypertexte

Was ein **Text** in einem Buch ist, wissen wir – aber ein **Hyper**text im Internet?

UNESCO-Projektschulen

Link

In mehr als 100 Städten, verteilt über die gesamte Bundesrepublik, findet man sie: die 125 UNESCO-Projektschulen zwischen Flensburg und Überlingen am Bodensee, zwischen Heinsberg und Frankfurt an der Oder. Weltweit sind es rund 6000 in 164 Ländern. Sie sind ganz „normale" Schulen mit einem kleinen, aber feinen Unterschied: Auf dem Stundenplan stehen die Einhaltung der Menschenrechte, kulturelle und Umweltbildung und der gerechte Ausgleich zwischen Arm und Reich. Ob Grund- oder berufsbildende Schule, Gymnasium oder progressiver Schulversuch, staatliche Regelschule oder Privatschule – jeder Schultyp des deutschen Bildungssystems ist als UNESCO-Projektschule vertreten. Die Aktionen, Projekte und Ideen sind bunt und vielfältig.

Die Grundsätze

Nicht jede Schule erhält die Bezeichnung „UNESCO-Projektschule". Die Voraussetzung hierfür ist die Verpflichtung zur kontinuierlichen Mitarbeit im UNESCO-Schulnetz. Die Schule muss glaubhaft machen, dass sie das Ziel der UNESCO – die Erziehung zu internationaler Verständigung und Zusammenarbeit in all ihren schulischen und außerschulischen Bereichen – aktiv unterstützt.

Die UNESCO-Projektschulen orientieren sich an folgenden Grundsätzen:

- Sie schaffen ein grenzüberwindendes Netzwerk von Schulen aller Schulstufen, -arten und -formen in Zusammenarbeit mit den
- Sie sind offen für neue Ideen und vernachlässigte Themen und nehmen Impulse von Schüler/-innen, Lehrkräften und Eltern auf. Sie kooperieren mit anderen Schulen, Bildungseinrichtungen, Kommunen und interessierten Personen oder Organisationen in der Region.
- Sie versuchen die Ziele der UNESCO mit ihren Mitteln zu verwirklichen. Im Bewusstsein der Einen Welt setzen sie sich für eine Kultur des Friedens ein: Umsetzung der Menschenrechte, Bekämpfung der Armut und des Elends, Schutz der Umwelt und Toleranz gegenüber anderen.
- Sie beteiligen sich am internationalen

Link

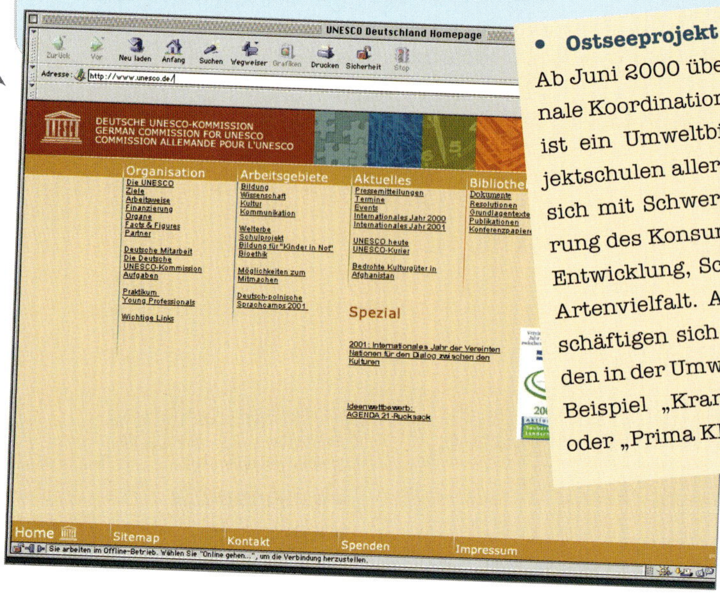

- **Ostseeprojekt**

Ab Juni 2000 übernimmt Deutschland die internationale Koordination dieses Projektes. Das Ostseeprojekt ist ein Umweltbildungsprogramm der UNESCO-Projektschulen aller Ostsee-Anrainerstaaten und befasst sich mit Schwerpunktthemen der Agenda 21: Änderung des Konsumverhaltens, Förderung nachhaltiger Entwicklung, Schutz der Atmosphäre, Erhaltung der Artenvielfalt. Auf internationalen Ostsee-Camps beschäftigen sich die Schüler/-innen mit neuen Methoden in der Umwelterziehung. Projektthemen sind zum Beispiel „Kranichschutz", „Wasseruntersuchungen" oder „Prima Klima". www.b-s-p-org

1 Was unterscheidet diesen „Hypertext“ von einem „normalen“ Text?

2 Versucht den Fachausdruck **Hypertext** zu „übersetzen“, zu erklären.

3 Welcher Bildschirm öffnet sich wohl beim Anklicken von UNESCO-Projektschulen (Z. 3)?

4 a) Erklärt den Fachbegriff **Hyperlink** oder einfach **Link.**
b) Was ist die Funktion eines Links in Hypertexten?

5 Der Bildschirmtext „UNESCO-Projektschulen“ enthält drei (Hyper-)Links.
a) Überlegt, an welchen Stellen man noch andere Links setzen könnte.
b) Entwerft die entsprechenden Texte dazu!

6 a) Sucht euch ein interessantes Arbeitsgebiet der Unesco aus.
b) Holt Informationen darüber ein.
c) Verfasst einen Hypertext über das Unesco-Arbeitsgebiet.

Hilfe für Hypertexter

- Entwerft zuerst die STARTseite.
- Auf die Startseite gehören die wichtigsten Informationen im Überblick.
- Am nutzerfreundlichsten sind exakt **bildschirmlange** Texte!
- Überlegt, zu welchen Wörtern ihr zusätzliche Informationen liefern wollt.
- Markiert diese Wörter als **Hyperlinks.**
- Macht euch mit Hilfe einer Schemazeichnung (z. B. auf einer Wandzeitung) klar, wie eure Link-Texte, -Grafiken und -Abbildungen mit der Startseite und untereinander verknüft sind:

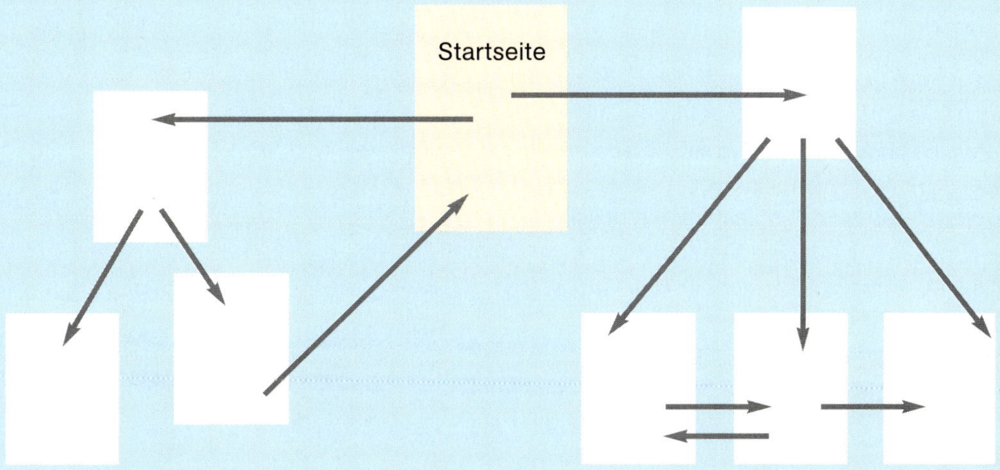

13.3 www.unesco.Projekt

1 Informiert euch im Internet über Projekte von UNESCO-Schulen.

2 a) Legt eine **Mind-Map** zu den verschiedenen Arbeitsgebieten von UNESCO-Schulen an´ (Menschenrechte, interkulturelles Lernen ...).
b) Ordnet die einzelnen Projekte den Arbeitsbereichen zu.

3 An welchem dieser Projekte wollt ihr euch beteiligen? Habt ihr eine eigene UNESCO-Projektidee?

4 Plant, bearbeitet und präsentiert – auf der Schul-Homepage? – euer UNESCO-**Projekt.** Versucht dabei in allen Phasen das Internet so gut wie möglich einzusetzen.

▶ Buch-umschlag hinten

5 Ende gut, Internet gut? Geht bei eurer abschließenden Projekt-**Kritik** besonders der Frage nach: Wo war uns das Internet nützlich, wo weniger?

14 Ende und Anfang

14.1 Rund um den Schulabschluss

1 Welche Vorstellungen und Wünsche habt ihr zum Schulabschluss?

2 Sprecht über die Illustration und die vier „Hyperlinks“.

3 Wollt ihr die Linkliste ergänzen?

Das Organisationsbüro

Für ein gemeinsames Fest der gesamten Jahrgangsstufe empfiehlt sich die Einrichtung eines **Organisationsbüros,** wo alle Abläufe koordiniert werden und alle Fäden zusammenlaufen. Zwei oder drei Schüler/-innen aller Parallelklassen sollten hier vertreten sein.

Tipp: Verschafft euch über die Klassensprecher/-innen ein Meinungsbild über die verschiedenen Abschlusswünsche in den Parallelklassen.

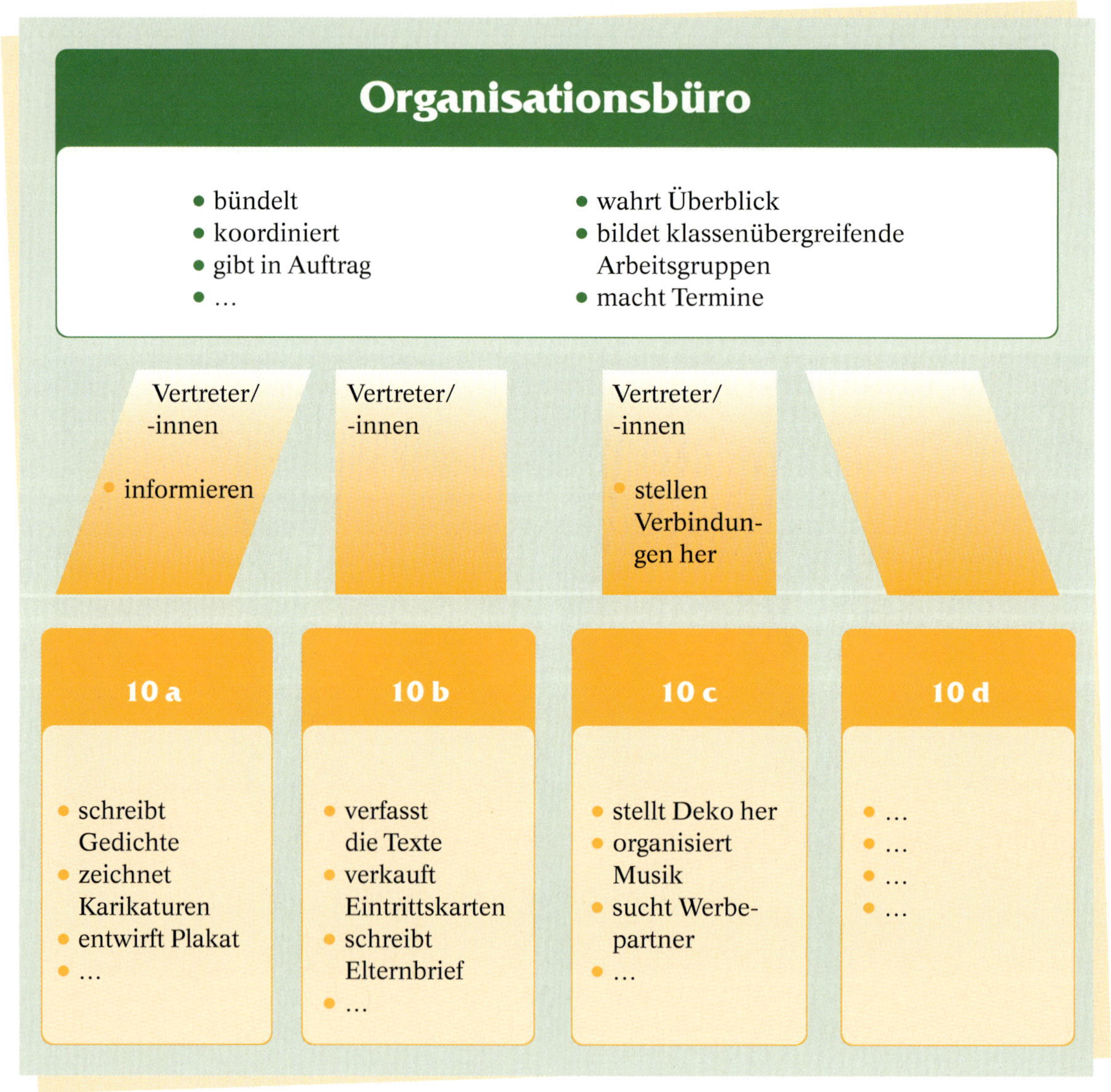

1 Beschreibt und ergänzt dieses **Organigramm** mit euren Worten.

2 Beugt möglichen Problemen der Zusammenarbeit vor, indem ihr sie ansprecht und Verbesserungsvorschläge macht.

Feiern ist schön, macht aber Arbeit

ARBEITSPLAN

Abschlussfeier

BEREICH	VERANTWORTLICH	HINWEISE
Veranstaltungsort	Mathias, 10b Abdellah, 10a	– Elternbrief schreiben – Schüler 9. Jahrgang als Bedienung – Partyservice beauftragen
Plakate/Einladungen	im „Grafikbüro“ arbeiten Ines und Ralf, 10a; Jörg, 10d; Sevda und Cathrin, 10c	
Eintrittskarten		
Sponsoring		Dekoration von Kunstgruppen erstellen; Grünpflanzen als Leihgaben; Sitzordnung/Tanzfläche?
Aufbau/Abbau	5 Schüler pro Klasse	
Licht/Musik		Gibt es Schüler mit elterlichem Betrieb? Buchhandlungen befragen
Essen und Getränke	Eltern und Förderverein Herr ???/ Frau ???	Schulband um Musikeinlage bitten; Schulchor? Ehemalige an der Musikanlage?
Kasse/Abrechnung		Hausmeister nach Aulabelegung fragen; bei fremdem Veranstaltungsort Termin möglichst 9–12 Monate vorher
Programmgestaltung		Karten als Werbeträger nutzen
Moderation	Katja, 10a; Naima, 10b; Annika, 10c	„Programmheft“ für den eigentlichen Abend nicht vergessen!

1 Die „Hinweise“-Spalte ist leider durcheinander geraten!

2 Habt ihr Ergänzungen, andere Vorschläge?

Projekt(wochen)ideen für die Abschlussfeier

Moderation

- Warum nicht einmal als Flugkapitän/-in (plus Crew) durch den Abend lotsen oder als Moderator einer Millionen-Mark-Show?
- Bedenkt sorgfältig den „Ohröffner" des Abends für die Grundstimmung!

1 Überlegt euch einen geeigneten Handlungsrahmen (Theater, Zirkus, Flugreise …)

2 Entwerft Start- und Zwischenmoderationen.

Sponsoring

- **Wen** sprecht ihr an? — Buchhandlungen …
- Welche Werbeflächen bietet ihr an? — Abschlusszeitung …
- Wie geht ihr auf die Leute zu? — Brief, persönlich
- Was bringt mehr Geld? — Klassenfete

1 Ergänzt diese Liste.

2 Entwerft einen Standardbrief.

3 Trainiert ein Sponsorengespräch.

Programm

Eine musikalische Zeitreise …

1 Mixt ein Band mit den Top-Titeln eurer Geburtsjahre bis heute.

Hardware

- Hier geht es um „Auf- und Abbau", „Licht- und Musikanlage", „Speisen- und Getränkeversorgung"!
- Bezieht eure Eltern ein!

– Ich bringe für das Büfett der Abschlussfeier … mit.
– In der Zeit von … bis … Uhr stehe ich für den Getränkeservice zur Verfügung.
– Ich spende … Euro für die Speisen.

1 Entwerft einen vollständigen Elternbrief.

Liebe Anstaltsleitung, liebe Freigänger

Eine originelle Abschlussrede ist gar nicht einfach!
Wie wäre es einmal mit einer **Parodie?** ▶ S. 73

1. Schritt
- Denkt euch einen mit der Schule vergleichbaren Handlungsrahmen aus: Theater, Zirkus, Geisterbahn …

2. Schritt
- Erstellt eine Liste mit wichtigen Wörtern und Wendungen der Schulsprache.
- Sucht dazu Entsprechungen in eurer „Parallelwelt“:

Klassenräume aufschließen	–	*Zellen öffnen*
Strafarbeit	–	*Zwangsarbeit*
...	–	*Höchststrafe*
nachsitzen	–	*...*

3. Schritt
Notiert Teile einer „normalen“ Abschlussrede und übertragt sie in die „Parallelwelt“:

Liebe Lehrerinnen und Lehrer – Liebe Schließerinnen und Schließer

Tipp „Parallele Abschlussreden“ sind auch möglich in einer Fachsprache, in Jugendsprache, in Reimform …

Aber auch eine „normale“ Abschlussrede will gut bedacht sein!

Anrede

- Bringe dein Verhältnis zu deinem Publikum zum Ausdruck:
  Liebe ...; Sehr ge-/verehrte ...
- Welche Reihenfolge wählst du?

Ohröffner

- Provozierende These
- Zitat
- Überraschende Frage
- Interessanter „Fall“

Gliederung

- Dreischritt: Ohröffner – Hauptteil – Schluss
- Folgen deine Gedanken einer erkennbaren Ordnung?
- Stelle deinen wichtigsten Gedanken deutlich heraus!

Rausschmeißer

- nachdenkliche Frage
- Zitat
- Appell
- Rückgriff auf den Anfang

Vortrag

- Bilde kurze, einfache Sätze.
- Vermeide ausgefallene Fach- und Fremdwörter.
- Versuche rhetorische Mittel einzusetzen.
- Gliedere durch Redepausen.
- Wechsle ab im Redetempo und in der Lautstärke.
- Blick dein Publikum an.

1 a) Entwerft eine Abschlussrede.
b) Überarbeitet den Entwurf (Schreibkonferenz). ▶ S. 275

2 Übt den Vortrag.

Abschlusszeitung

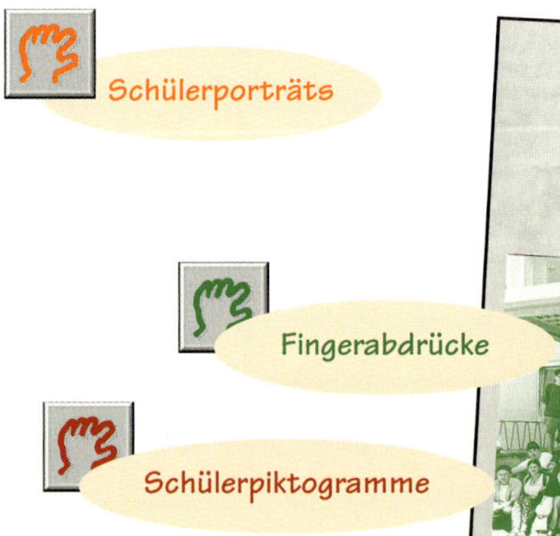

Tipp

Wenn ihr eine klassenübergreifende Abschlusszeitung plant, veranstaltet mindestens **10 Monate vor Redaktionsschluss** das erste Treffen!

1 Führt klassenweise ein Brainstorming über originelle Beiträge durch.

2 Das Redaktionsteam der Abschlusszeitung muss sich möglichst früh über seine Aufgaben klar werden.
Ergänzt die Hinweise auf dem Flipchart.

Gedichtbiografie

Perfekt?
gezeugt geboren gewimmert
getrunken gelallt gespielt
gelernt gekuscht geschlagen
...... gelebt

- Dichtet (un)gereimte Porträtgedichte.
  Anlässe:
  eine Schulstunde
  ein Tagesablauf
  die Schulzeit

Lehrerpiktogramme

- Versucht eure Lehrer/-innen oder auch euch selbst durch Piktogramme zu charakterisieren.

Klassen-Abc

- Kommentiert euer Klassenfoto mit Adjektiven, Nomen oder Verben in alphabetischer Reihenfolge.

Schülerporträt

Name:	Nina Caritz
Geburtsdatum:	30. Mai 1987
Zukunftspläne:	Abitur schaffen und danach studieren und bloß nicht so schnell heiraten.
Hobbys:	Freunde treffen, abends weggehen, essen, lesen, schwimmen, reiten
Lieblingsbeschäftigung während des Unterrichtes:	Essen.
Statement zur Klasse:	Ist gar nicht so schlimm.
Danksagung:	Ich danke Frau Brinkmann, dass sie mir während des Praktikums so geholfen hat.
Lieblingslehrer:	Viele Lehrer sind ganz in Ordnung.
Statement über die Parallelklassen:	Vor allem mag ich die 10b. Da hab ich klasse Freunde gefunden.
Lebensmotto:	„Peace all over the world."

Tipp Da das Redaktionsteam alle Hände voll zu tun hat, sollten alle Beiträge möglichst fehlerfrei abgeliefert werden. Überarbeitet am besten in **Partnerarbeit** oder **Schreibkonferenzen.** ▶ S. 275

14.2 Acht Stationen zum Vorstellungsgespräch

Du hast eine Einladung zum **Vorstellungsgespräch** bekommen – prima!
Der Stellenanbieter hat deine Bewerbungsunterlagen studiert und ist zu dem Ergebnis gekommen, dass du möglicherweise die beste Besetzung bist.
Das Vorstellungsgespräch dient dazu, in die engere Wahl gekommene Bewerber/-innen persönlich kennen zu lernen. Der hier gewonnene Eindruck ist oft entscheidend für eine Zu- oder Absage!

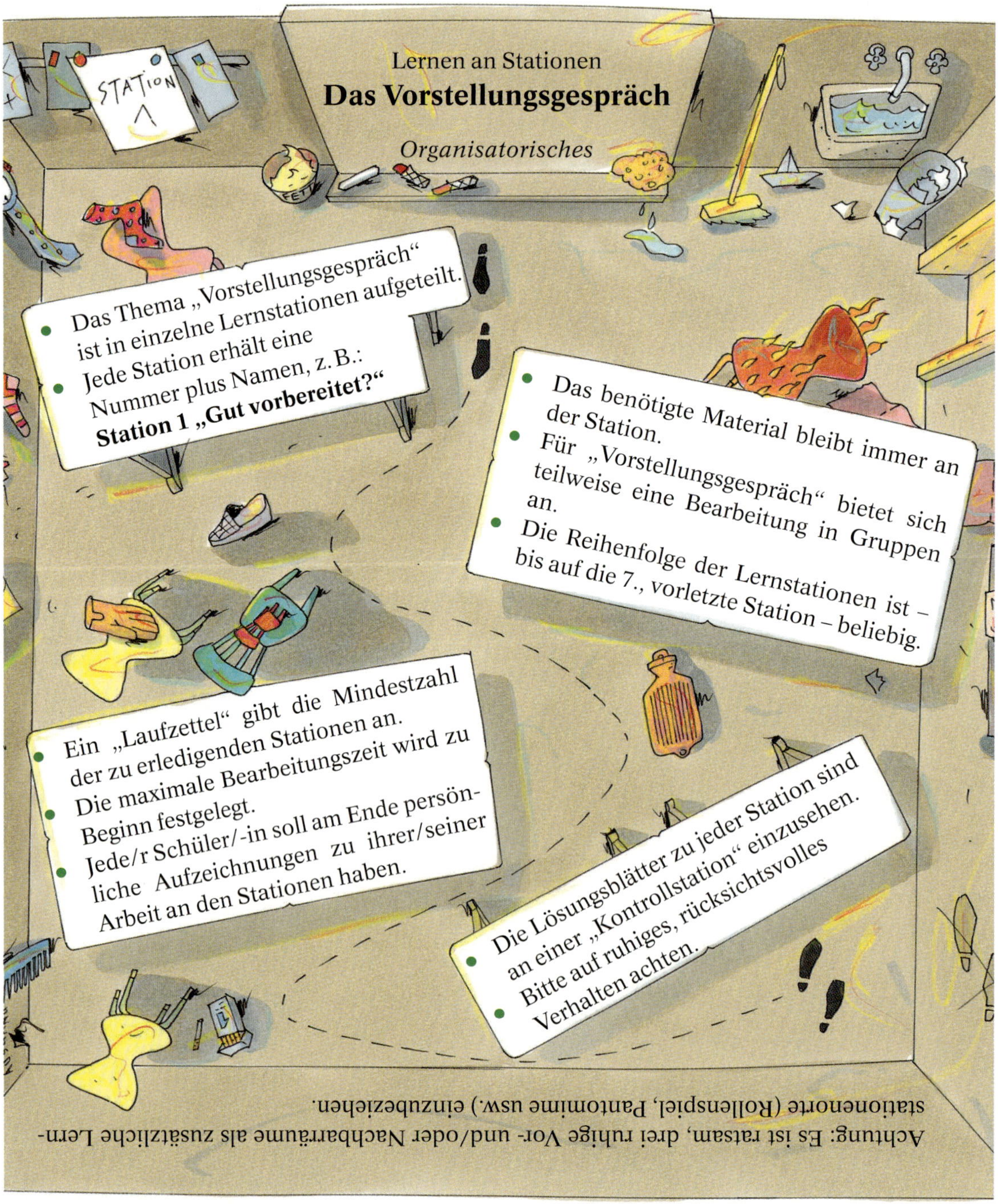

Laufzettel „Vorstellungsgespräch"

Name:

Lernstationen (mind.: 6 von 8!)	Mitläufer/-in	Gesehen von/am...
1 „Gut vorbereitet?"		
2 Der persönliche Kontakt		
3 Standbild im Sitzen		
4 „Dressed for success"		
5 Die Gesprächsraute		
6 Firmen – Fragen – Favoriten		
7 „Heißer Stuhl"		
8 Im Assessment-Center		

- Schreibe die Ergebnisse an den einzelnen Stationen in dein Deutschheft.
- Wenn du fertig bist mit einer Lernstation, vergleiche deine Ergebnisse mit dem Lösungsblatt an der Kontrollstation. Lass dir deine Stationsarbeit auf dem Laufzettel abzeichnen.
- Vergiss nicht die Namen deiner Lernpartner/-in („Mitläufer/-in") anzugeben.

Station 1: „Gut vorbereitet?"

An dieser Station erfährst du, was du **vor** dem Vorstellungsgespräch beachten solltest.

1 Ich gönne mir ausreichend Schlaf,
2 Obwohl mir der Weg zum Vorstellungsort gut bekannt ist,
3 Ich plane die Anreise so zeitig,
4 Ich wähle angemessene Kleidung,
5 Damit sich die Nervosität nicht noch steigert,
6 Ohne die Presse aufmerksam verfolgt zu haben,
7 Ich fühle mich gründlich vorbereitet,
8 Auf dem Notizblock, den ich mitnehme, stehen vorbereitete Fragen,
9 Ich habe mich vorher gründlich über den Betrieb informiert,
10 Das Inserat und meine Bewerbungsunterlagen nehme ich zum Vorstellungstermin mit,

... dass ich nicht mit Verspätung eintreffen werde. A
... um ausgeruht zum Vorstellungstermin zu erscheinen. B
... fahre ich ihn vor dem Termin noch einmal ab. C
... weil ich viele Fragen und Antworten schon einmal in Gedanken und Worten durchgespielt habe. D
... in der ich mich aber auch wohl fühle. E
... vermeide ich aufputschende Mittel wie Kaffee. F
... die ich selbst im Gespräch stellen will. G
... kann ich auf Fragen zu tagespolitischen Ereignissen nicht antworten. H
... nachdem ich sie noch einmal sorgfältig durchgelesen habe. I
... um mein Engagement gerade für diesen Ausbildungsplatz begründen zu können. J

1 Ordne die Teilsätze einander richtig zu.

2 Notiere dir die Sätze, die du in deiner Vorbereitung bisher vernachlässigt hast.

3 Vergleiche deine Ergebnisse mit dem Lösungsblatt an der Kontrollstation. ▶ S. 266

Station 2: Der persönliche Kontakt

An dieser Station lernst du, in Begrüßungssituationen aufmerksamer zu sein. Das Miteinanderbekanntmachen ist eine bedeutsame Form der „Präsentation" – der eigenen Person nämlich!

1 Spielt den ersten persönlichen Kontakt mit dem/der zuständigen Betriebsangehörigen; möglicher Ablauf: geschlossene Bürotür – Anklopfen – Begrüßung – Vorstellen – Platz nehmen

2 Beobachteraufgaben:
- (Zu) zaghaftes/(zu) selbstbewusstes Auftreten?
- Wer ergreift die Initiative (beim Reden, Platznehmen …)?
- Begrüßung mit/ohne Handschlag?
- Blickkontakt?
- Lautstärke, Hast, Verständlichkeit?
- Wortwahl?

3 Wechselt die Rollen.

Station 3: Standbild im Sitzen

Neben der Gesprächsebene („verbale Ebene") vermittelt die Körperhaltung in Verbindung mit Mimik und Gestik („nonverbale Ebene") Botschaften, die für den Gesprächspartner von Interesse sein können. An dieser Station lernst du, bewusster mit den Körpersignalen umzugehen.

1 Deute die Körpersignale der abgebildeten Personen: Was drücken sie aus?

2 Versucht pantomimisch die Gefühle von Teilnehmenden an Vorstellungsgesprächen darzustellen.
- Versucht folgende Grundhaltungen zum Ausdruck zu bringen:
  Zuversicht – Konzentration – Aufmerksamkeit – Überheblichkeit
  Gelassenheit – Ausgeglichenheit – Nervosität – Langeweile …
- Setzt eine Beobachtergruppe ein.

3 Haltet die gelungenste Gefühlsdarstellung im Foto fest.
- Verfasst „Gefühlssteckbriefe":

UNSICHER
Augen: *halb geschlossen*
Mimik: *Mund zusammengepresst*
Gestik: *spielt mit Hemdknopf*
Blick: *abgewandt*
Körperhaltung: *verschlossen, in sich zusammengesackt*
…: *…*

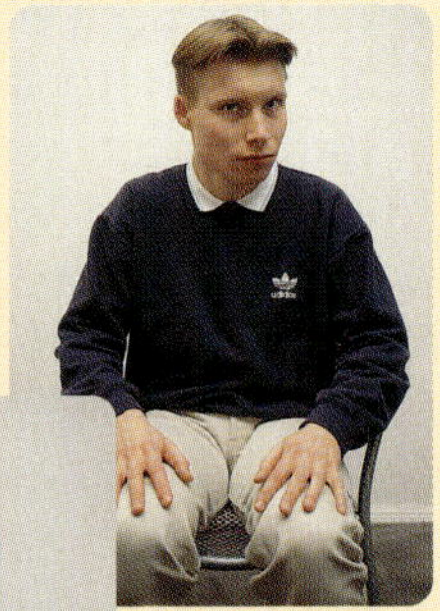

Station 4: „Dressed for success“

Diese Station gibt dir Auskunft darüber, wie du dich **während** des Gesprächs (nicht) verhalten solltest.

saubere Fingernägel / gepflegtes Äußeres / NERVÖSES GEZAPPEL / gekämmte Haare / Mundgeruch (Knoblauch, Alkohol) / starkes Parfüm / Blickkontakt halten / Dreitagebart tragen / niemanden ansehen / Passivität / kräftiger Händedruck / öfter mal lächeln / mit dem Stuhl wippen / informiert sein über das Unternehmen / entspannt sein / Freizeitkleidung / Zigarettenschachtel in der Hemdtasche / aufrechte Haltung / ausgefranste Jeans / auf der Stuhlkante sitzen / Unterlagen im Original dabei haben / durchsichtige Bluse / Modeschmuck in Mund oder Nase / Fragen stellen / eingeschaltetes Handy am Gürtel / freundlich verabschieden / Arme stets verschränkt / schmutzige Schuhe

1 Sortiere die Begriffe in einer Positiv-Negativ-Liste.

2 Ergänze die Liste.

3 Vergleiche deine Ergebnisse mit dem Lösungsblatt an der Kontrollstation. ▶ S. 266

Station 5: Die Gesprächsraute

Den normalen Ablauf eines Vorstellungsgesprächs lernst du an dieser Station kennen.

Auch wenn jedes Vorstellungsgespräch im Detail anders verläuft:

- In der Regel beginnt es mit einer kleinen „Aufwärmphase“.
  Begrüßung, gegenseitige Vorstellung und eher unverbindliche Themen (Anreise usw.) lockern die Atmosphäre auf. Fragen zum Lebenslauf und zur Schulbildung schließen sich an. Die persönliche Situation (Elternhaus, Familie, Wohnort …) kann angesprochen werden.
- Der Kern des Vorstellungsgesprächs wird von den Fragen des/der Firmenangehörigen nach den Motiven für die Berufswahl ausgefüllt. In dieser Phase geht es um deine persönlichen Stärken und Schwächen, um Leistung und Berufsanforderungen. Hier vor allem heißt es Interesse und Engagement zeigen!
- Eventuell entwickelt sich das Gespräch weiter von Fragen zum allgemeinen Tagesgeschehen bis hin zu Freizeit und Hobbys.

- Oft erhält der/die Bewerber/-in die Gelegenheit, selbst Fragen zu stellen. Diese Chance sollte wahrgenommen werden! Nicht nur um das persönliche Interesse zu dokumentieren, sondern auch um noch offene Fragen über den Ausbildungsplatz beantwortet zu bekommen.
- Zum Schluss wird das weitere Vorgehen besprochen und Abschied genommen.

1 Wie lauten die **Schlüsselbegriffe** für die einzelnen Phasen eines Vorstellungsgesprächs?

2 Veranschauliche Aufbau und Inhalte eines Vorstellungsgesprächs in einer „Gesprächsraute“.

3 Vergleiche deine Ergebnisse mit dem Lösungsblatt an der Kontrollstation. ▶ S. 266

◇4 Welche Gesprächsphase macht dir noch am meisten Sorge?

Station 6: Firmen – Fragen – Favoriten

An dieser Station erfährst du etwas darüber, was Betriebe mit bestimmten typischen Fragen herausfinden wollen.

1 Warum haben Sie gerade diesen Beruf gewählt? Welche anderen Berufe hatten Sie noch im Blick?

2 Warum bewerben Sie sich gerade bei uns?

3 Welche Vorteile hat der Beruf in Ihren Augen? Was ist eher ein Nachteil?

4 Welche Schulfächer liegen Ihnen, welche Schulfächer bereiten Ihnen Probleme? Und warum?

5 Was haben Sie nach Ihrer Ausbildung beruflich vor?

6 Was machen Sie in Ihrer Freizeit am liebsten? Sind Sie in einem Verein oder in einer Gruppe?

A *Ob du deine Stärken und Schwächen einschätzen kannst.*

B *Wofür du dich interessierst und ob du dich für etwas engagierst.*

C *Ob du dir Gedanken über deine berufliche Zukunft machst.*

D *Ob du dich über die Praxis in deinem Wunschberuf informiert hast.*

E *Ob du dir Gedanken gemacht hast, welche Berufe zu dir passen. Und warum sie zu dir passen.*

F *Ob du dich über den Betrieb informiert hast.*

1 Ordne den Fragen eine passende Absicht zu.

2 Vergleiche deine Ergebnisse mit dem Lösungsblatt an der Kontrollstation. ▶ S. 266

◇3 Was würdest du „im Ernstfall“ auf diese Fragen antworten? Mach dir Notizen.

Station 7: „Heißer Stuhl"

An dieser Station probt ihr den Ernstfall.

1 Formuliert Fragen, die ihr als **Personalchef/-in** stellen würdet.

2 Überlegt euch als **Bewerber/-in**
- mögliche Antworten auf typische Firmenfragen, ▶ S. 252
- Fragen, die ihr selbst stellen wollt.

3 a) Spielt ein Vorstellungsgespräch vom Anklopfen an der Bürotür bis zur Verabschiedung. ▶ S. 250
b) Beobachtungsaufgaben:
- nonverbale Ebene: Körperhaltung, Mimik, Gestik, Blickkontakt
- verbale Ebene: Lautstärke, Wortwahl, Qualität der Antworten/Fragen

4 Bewertet eure Vorstellungsgespräche.

Tipp Macht Videoaufnahmen!

Station 8: Im Assessment-Center

An dieser Station erfahrt ihr etwas über ein Auswahlverfahren in der **Gruppe**.

Im Unterschied zu einem Einzelgespräch werden bei einem Assessment-Center[1] (AC) gleich mehrere Kandidat/-innen eingeladen. Geschulte Beobachter (des Unternehmens) verfolgen das Verhalten der Teilnehmenden bei verschiedenen Übungen und in unterschiedlichen Situationen:

- Gruppendiskussion
- Rollenspiel
- Kurzvortrag

Die Übungsthemen hängen nicht immer direkt mit dem angestrebten Beruf oder der Firma zusammen!

1 **to assess:** bewerten, beurteilen

1 Was kann man in einem Gruppengespräch über jemanden erfahren, das aus einem Einzelgespräch nicht hervorgeht?

2 a) Erstellt eine Liste mit Eigenschaften und Verhaltensweisen von Bewerber/-innen, die für eine Firma von besonderem Interesse sein könnten.
b) Ordnet den Eigenschaften die entsprechende AC-Übungsform zu.

Bewerberauswahl in einer Casting-Agentur – ein Spiel?

1 Informiert euch über die Aufgaben von Casting-Agenturen.

2 Würdest du gerne/nicht gerne bei einer „Seifenoper“ mitwirken? ▶ S. 85 ff.

3 Beschreibt typische Charaktere, die in den „Skateboarders“ auftreten könnten.

Von den zahlreichen Bewerbungen, die in der Casting-Agentur eintreffen, kommen nur wenige in die Endausscheidung. Die Bewerber/-innen werden eingeladen, fotografiert und im Assessment-Center beobachtet.

Name: Wilander
Vorname: Pascal

Schulabschluss: Gesamtschule 10. Klasse (1 Jahr wiederholt)
Noten: mittelmäßig; Deutsch und Musik: sehr gut
Bewerbungsunterlagen: außergewöhnlich kreativ, perfektes Anschreiben; Theaterpraktikum
Hobbys: Lesen, Theater, Kino, Schlagzeug
Beobachtungen im AC: eher zurückhaltend, engagiert, gutes Ausdrucksvermögen, sehr selbstständig, Taktgefühl, manchmal zu passiv

Name: Kochmann
Vorname: Susanne

Schulabschluss: Hauptschule Klasse 10
Noten: Musik und Sport sehr gut; Rest eher unspektakulär; Deutsch: ausreichend.
Bewerbungsunterlagen: schöne formale Gestaltung; kreativ; Praktikum: Werbeagentur
Hobbys: Klettern, Tanzen, Singen in einer Band
Beobachtungen im AC: freundlich, gutes Sozialverhalten, reagiert schnell, belastbar, initiativ, umsichtig, leichter Hang zu Umgangssprache/Dialekt

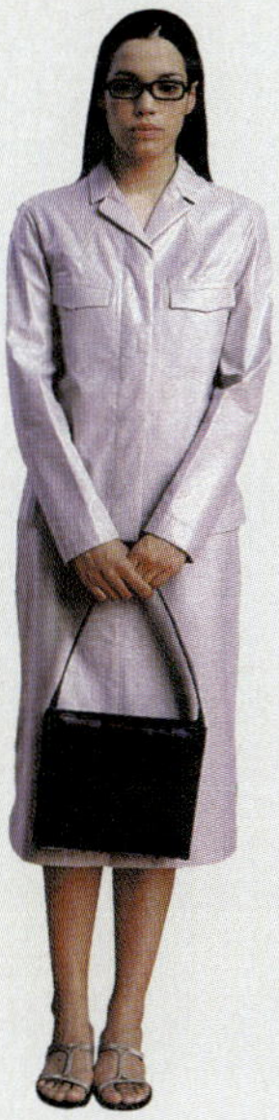

Name: Somser
Vorname: Karin

Schulabschluss: Realschule Klasse 10
Noten: alle im Bereich gut und befriedigend
Bewerbungsunterlagen: übersichtlich, ordentlich, guter Gesamteindruck
Hobbys: Sport, Klavierspielen, Tanzen, Theater-AG
Beobachtungen im AC: schlagfertig, selbstsicher, redegewandt, spontan, Improvisationstalent; etwas streng

Name: Rüwod
Vorname: Frank

Schulabschluss: Gesamtschule 10. Klasse
Noten: im mittleren Bereich. Sport: überragend gut
Bewerbungsunterlagen: knappes Bewerbungsschreiben nach Vorlage, flüchtige Aufmachung, Tippfehler
Hobbys: viele Sportarten; Trainer: Jugendfußball; Animateur: Ferienlager
Beobachtungen im AC: ziemlich nervös; aufgeschlossen, belastbar, schnelle Auffassungsgabe, kontaktfreudig, teilweise übereifrig

4 Jede Tischgruppe hat die Aufgabe, einen Personenvorschlag für die „Skateboarders" zu erarbeiten. Wer ist der/die Richtige?

a) Vergleicht dazu aufmerksam die vier „Steckbriefe".
b) Begründet eure Auswahlentscheidung.

14.3 Berufsstart

Einstellungstests im Test – Kurzvorträge

Viele große, aber auch mittelständische Betriebe führen **Einstellungstests** durch, um die am besten geeigneten Bewerber/-innen zu ermitteln.

1 Welche Erfahrungen habt ihr mit Einstellungstests? ▶ S. 225

2 a) Tragt Fragen und Themen zusammen, die euch im Zusammenhang mit Einstellungstests interessieren.
b) Formuliert Themen für **Kurzvorträge** (8–10 Minuten) über interessante Aspekte von Einstellungstests.

Tipp „Testtrainer" gibt es im Buchhandel. Kostenloses Material stellen viele Banken, Versicherungen, Sparkassen, das Arbeitsamt zur Verfügung.

„Wenn alles schläft und eine/r spricht" – dann kann es leider auch ein/e referierende/r Schüler/-in sein!
Damit es euch nicht so geht, folgen hier vier nützliche Vortragsübungen:

Übung 1: Drei-Minuten-Karikatur

1 Wählt eine Karikatur aus.
Haltet nach kurzer Vorbereitungszeit ohne schriftliche Notizen einen dreiminütigen Vortrag darüber.
Gliedert ihn, indem ihr die Karikatur nacheinander *beschreibt, erklärt* und *kommentiert.*

Übung 2: Stichwort-Spickzettel

Notizen auf nummerierten Karteikarten für euren Kurzvortrag zum Einstellungstest (vgl. S. 256, 2) haben verschiedene Vorteile:

- Ihr formuliert freier.
- Ihr bleibt in der richtigen Reihenfolge.
- Ihr habt das Publikum im Blick.
- Euer Vortrag wird lebhafter und sicherer.

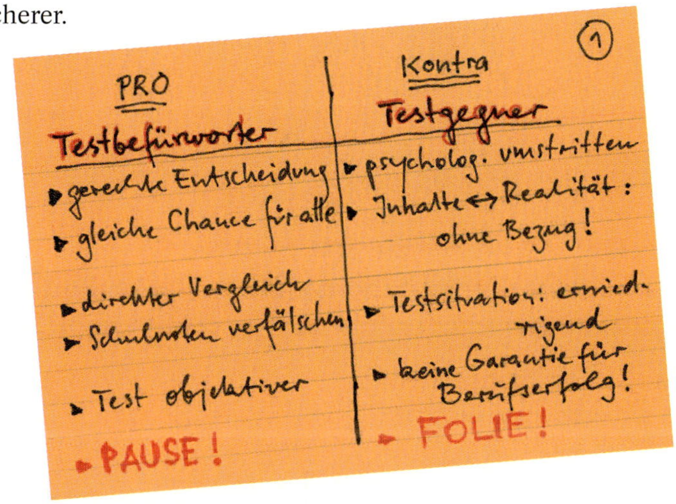

Tipp
- Notiert „Regieanweisungen“ farbig.
- Notiert wichtige Textstellen – z. B. Anfangssatz, Überleitung zum Hauptteil, Schlusssatz – wortwörtlich.

2 a) Prüft und ergänzt oder korrigiert diese Karteikarte.
b) Nutzt sie als Grundlage eines Redebeitrags.

Übung 3: Hilfreich zur Hand – das Handout

Unter „Handout" versteht man ein Material zum Vortrag, das die Zuhörenden ausgehändigt bekommen (die Gliederung des Vortrags, Folien, Literaturangaben, wichtige Zitate, Zusammenfassung …).

Thema: Leistungs-/ Konzentrationstest

Ziele: Getestet werden sollen Ausdauer, Belastbarkeit, Konzentrationsfähigkeit, Sinn für Ordnung und Sorgfalt.

Beispiel:

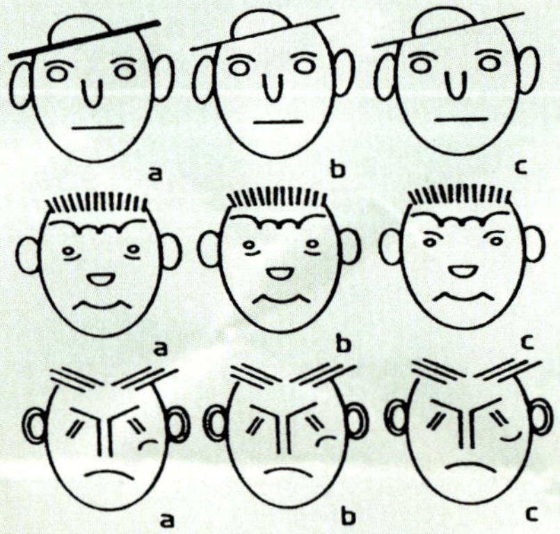

Kritik: Unrealistisch!

Aber: „Übung macht den Meister!"

Ratgeber

Testtraining – Gehirnjogging

- Testsicherheit; Erfahrung im Umgang mit Tests
- Erkennen von Teststrategien und Lügenfallen

- *Sei pünktlich!*
- *Ruh dich vorher aus!*
- *Nimm keine Medikamente!*
- *Bleib gelassen!*
- *Keiner ist so cool, wie er aussieht!*

- Erfahrung mit Stress und Zeitkontrolle
- Vertrautsein mit verschiedenen Aufgabentypen

- *Arbeit zügig, aber konzentriert!*
- *Werde nicht nervös, wenn andere schneller sind!*

- Umgang mit der eigenen Testangst

3 Vergleicht die beiden Handouts. Was gefällt euch, was nicht?

4 **Wann** sollte ein Handout ausgeteilt werden?

Übung 4: Lampenfieberlöscher

Zum Gelingen eines Vortrags gehören nicht nur gute Argumente – auch die Sprechweise, die Körper„sprache“ und die „Höhe“ des Lampenfiebers tragen dazu bei!

Sei sparsam mit Fremdwörtern.

Akzeptiere dein Lampenfieber.

Sprich mehr im Aktiv, nicht im Passiv.

Schau die Zuhörenden an.

Geh vorher an die frische Luft.

Sprich in kurzen, einfachen Sätzen.

Zapple nicht herum.

Lies nicht ab.

Sei pünktlich.

Achte auf deine Hände.

Übe mit deinen Spickzetteln.

Mach kurze Pausen.

Vermeide langweilige Wiederholungen.

Fasse eine positive Einstellung.

Lächle ab und zu.

Sprich das Publikum direkt an.

Mach eine Generalprobe.

Nimm dich auf Video oder Kassette auf.

Bemühe dich um eine abwechslungsreiche Stimme.

Bereite den Vortrag gut vor.

Atme regelmäßig und tief.

Verschlucke keine Silben.

Sprich laut und deutlich.

Präge dir wichtige Sätze besonders gut ein.

Verändere Lautstärke und Redegeschwindigkeit.

Trainiere Lampenfiebersituationen.

Überlege dir überraschende Formulierungen.

5 Gestaltet einen optisch reizvollen „Ratgeber Kurzvortrag“.
Sortiert dazu diese Tipps in die Sparten „Sprache“, „Körpersprache“ und „Lampenfieber“.

Neustart mit Ausbildungsvertrag

Wer alle Hürden bei der Suche nach einem Ausbildungsplatz überwunden hat, dem winkt ein Ausbildungsvertrag:

Antrag auf Eintragung

in das Verzeichnis der Berufsausbildungsverhältnisse zum nachfolgenden

Berufsausbildungsvertrag

Bitte die gelben Felder mit Schreibmaschine oder in Druckschrift ausfüllen

Zwischen dem Ausbildenden (Ausbildungsbetrieb) **und der/dem Auszubildenden** männlich [X] weiblich [ ]

Ausbildungsbetrieb: Firma Helmut Werres, Eichendorffweg 27, 53121 BONN
Tel.-Nr.: 0228 - 62004

Verantwortlicher Ausbilder: Herr/Frau: Herr Schubert geb. am: 07.05.57

Name, Vorname: Schneider, Adrian
Straße, Haus-Nr.: Am Pütz 69
PLZ: 53115 Ort: Bonn
Geburtsdatum: 22.04.1987 Geburtsort: Bonn
Staatsangehörigkeit: dt.
Gesetzl. Vertreter[1]: Eltern [X] Vater [ ] Mutter [ ] Vormund [ ]
Namen, Vornamen der gesetzl. Vertreter: Schneider, Friedrich
Straße, Hausnummer: s.o.
PLZ Ort: s.o.

Achtung – kompletten Satz an die IHK einsenden, nicht trennen; Achtung – bitte mit Unterschrift auf der Rückseite dieses Blattes.

wird nachstehender Vertrag zur Ausbildung im Ausbildungsberuf: FLIESENLEGER
mit der Fachrichtung/dem Schwerpunkt, nach Maßgabe der Ausbildungsordnung[2]) geschlossen. —

Betrieblicher Unterricht ja [ ] Ausbildungs-Einrichtung: Lehrbüro [ ] Lehrecke [X] Lehrwerkstatt [X] Sonstige [ ] Anzahl Fachkräfte im Ausbildungsberuf: 9

Vom Auszubildenden besuchte Schulen[5]) zuletzt: 40 Gesamtschule Bonn-Bad Godesberg Abgangsklasse: 10 abgeschlossen mit[6]): 2 davor[5]):

Berufsfeld[7]): Zuständige Berufsschule: Bonn-Duisburg

A Die Ausbildungszeit beträgt nach der Ausbildungsordnung 36 Monate.
Die vorausgegangene Berufsausbildung/Vorbildung:
wird mit ____ Monaten angerechnet, bzw. es wird eine entsprechende Verkürzung beantragt.

Das Berufsausbildungsverhältnis beginnt am (Tag Monat Jahr) 01 09 02 endet am (Tag Monat Jahr) 31 08 05

B Die Probezeit (§ 1 Nr. 2) beträgt 3 Monate.[3])

C Die Ausbildung findet vorbehaltlich der Regelungen nach D (§ 3 Nr. 12) in ____ und den mit dem Betriebssitz für die Ausbildung üblicherweise zusammenhängenden Bau-, Montage- und sonstigen Arbeitsstellen statt.

D Ausbildungsmaßnahmen außerhalb der Ausbildungsstätte (§ 3 Nr. 12) (mit Zeitraumangabe) ____

E Der Ausbildende zahlt dem Auszubildenden eine angemessene Vergütung (§ 5); diese beträgt zur Zeit monatlich brutto:

*				
im	1. Ausb.-Jahr	2. Ausb.-Jahr	3. Ausb.-Jahr	4. Ausb.-Jahr

Bitte hier den Tarifbereich eintragen ➡ ____

Soweit Vergütungen tariflich geregelt sind, gelten mindestens die tariflichen Sätze.

* Bitte Währung angeben

F Die regelm. tgl. Ausbildungszeit (§ 6 Nr. 1) beträgt 8 Std.[4]).

G Der Ausbildende gewährt dem Auszubildenden Urlaub nach den geltenden Bestimmungen. Es besteht ein Urlaubsanspruch

Im Jahr	2002	2003	2004	2005	20
Werktage					
Arbeitstage	9	27	27	18	

H Sonstige Vereinbarungen

1) Vertretungsberechtigt sind beide Eltern gemeinsam, soweit nicht die Vertretungsberechtigung nur einem Elternteil zusteht. Ist ein Vormund bestellt, so bedarf dieser zum Abschluß des Ausbildungsvertrages der Genehmigung des Vormundschaftsgerichtes.

2) Solange die Ausbildungsordnung nicht erlassen ist, sind gem. § 108 Abs. 1 BBiG die bisherigen Ordnungsmittel anzuwenden.

3) Die Probezeit muß mindestens einen Monat und darf höchstens drei Monate betragen.

4) Das Jugendarbeitsschutzgesetz sowie für das Ausbildungsverhältnis geltende tarifvertragliche Regelungen und Betriebsvereinbarungen sind zu beachten.

5) Zuletzt besuchte Schule (zutr. Ziff. eintr.)
05 Hauptschule
10 Sonderschule
20 Realschule
30 Gymnasium
35 Oberstufenzentrum
40 Gesamtschule
51 Berufsvorbereitungsjahr BVJ
52 Berufsgrundschuljahr
53 Berufsfachschule
57 Fachoberschule
59 Sonst. berufl. Vollzeitschulen
80 Hochschule/Fachhochschule
90 Sonstige Schule

6) Schulabschluß (zutr. Ziff. eintr.)
1 Hauptschulabschluß
2 Qualifizierter Hauptschulabschluß
3 Mittlerer Bildungsabschluß
4 Fachhochschulreife
5 Hochschulreife
6 Hochschulabschluß
8 Sonstiger Abschluß
9 Ohne Abschluß

7) Bei Berufsgrundschuljahr bzw. Berufsfachschule bitte besuchtes Berufsfeld eintragen.

Unterschrift auf der Rückseite nicht vergessen!

1 Tauscht euch über diesen teilweise ausgefüllten Vertrag aus.

Tipp: Die Industrie- und Handelskammern stellen direkt oder im Internet vollständige Formulare zur Verfügung!

Lösungen zu Seite 16

Bertolt Brecht
Herr Keuner und die Flut

Herr Keuner ging durch ein Tal, als er plötzlich bemerkte, dass seine Füße in Wasser gingen. Da erkannte er, dass sein Tal in Wirklichkeit ein Meeresarm war und dass die Zeit der Flut herannahte. Er blieb sofort stehen (,) um sich nach einem Kahn umzusehen, und solange er auf einen Kahn hoffte, blieb er stehen. Als aber kein Kahn in Sicht kam, gab er diese Hoffnung auf und hoffte, dass das Wasser nicht mehr steigen möchte. Erst als ihm das Wasser bis ans Kinn ging, gab er auch diese Hoffnung auf und schwamm. Er hatte erkannt, dass er selber ein Kahn war.

Fortsetzung von Seite 27

Jorge Luis Borges
Das Wesentliche

„[…] verrückter, als ich es gewesen bin,
ich würde viel weniger Dinge so ernst nehmen.
Ich würde nicht so gesund leben.
Ich würde mehr riskieren, würde mehr reisen,
Sonnenuntergänge betrachten, mehr
bergsteigen,
mehr in Flüssen schwimmen.
Ich war einer dieser klugen Menschen,
die jede Minute ihres
Lebens fruchtbar verbrachten;
freilich hatte ich auch Momente
Der Freude, aber wenn ich noch
einmal anfangen könnte, würde
Ich versuchen, nur mehr gute Augenblicke
zu haben.
Falls du es noch nicht weißt, aus diesen
besteht nämlich das Leben;
Nur aus Augenblicken; vergiss nicht
den jetzigen.
Wenn ich noch einmal leben könnte,
würde ich von Frühlingsbeginn
An bis in den Spätherbst hinein
barfuß gehen. Und ich würde mehr mit
Kindern spielen, wenn ich das Leben
noch vor mir hätte.
Aber sehen Sie … ich bin 85 Jahre alt
und weiß, dass
Ich bald sterben werde."

Fortsetzung von Seite 79

[…]
Gegenüber dem Versicherungsgebäude befand sich ein Kino. Hinter dem Kino befand sich ein großer Parkplatz. Auf dem großen Parkplatz befanden sich viele große Wagen. Vor den Wagen befanden sich Parkuhren, die sechzig Minuten Maximalzeit vorschrieben. Aus dem Kino kamen fast pausenlos Leute herausgeeilt, warfen Münzen in die Parkuhren und eilten zurück.
Bei Einbruch der Dunkelheit ging mir das Benzin aus. Ich fuhr zu einer Tankstation, und während der Tank gefüllt wurde, fragte ich nach der Toilette. Dort erkletterte ich das Fenster, durchkroch eine Art Schacht, gelangte ins Magazin, stahl mich durch die Hintertür hinaus und befand mich in einem engen, dunklen, nach Leder riechenden Raum. Es war mein Wagen, den die erfahrenen Tankstellenwärter dort abgestellt hatten.
Ihr hämisches Grinsen reizte meinen tief verwundeten orientalischen Stolz.
„Was können Sie sonst noch mit dem Wagen machen?", fragte ich. „Lassen Sie hören!"
Das Angebot kam prompt und sachlich:
„Ölwechsel – zehn Minuten. Überholen – eine halbe Stunde. Lackieren – eine Stunde."
„Lackieren Sie ihn grasgrün und wechseln Sie das Öl."
Ungesäumt startete ich in Richtung Blumenfeld. Ich schlug ein scharfes Tempo an, denn der Zettel, den man mir an der Tankstelle in die Hand gedrückt hatte, trug folgenden eindeutig präzisierten Text: „Wenn Sie nicht pünktlich nach der vereinbarten Zeit von 1.10 Uhr (das war handschriftlich eingetragen) Ihren Wagen holen, wird er in unserem eigens hierfür konstruierten Parkofen verbrannt."
Da ich schon lange nicht trainiert hatte, geriet ich leider sehr bald außer Atem. Ich bestieg ei-

nen Bus und nahm an der Endstation ein Taxi zu Dr. Blumenfeld. Als ich dort anlangte, waren 42 Minuten vergangen, sodass ich sofort umkehren musste. Ich kam gerade zurecht, wie die Tankstellenwächter sich anschickten, die erste Kanne Kerosin über meinen grasgrünen Wagen zu schütten.
Jetzt gab es nur noch eine Möglichkeit und ich war entschlossen, sie auszunützen: Ich fuhr mit meinem eigenen Wagen vor Dr. Blumenfelds Haus und ließ ihn krachend auf einen Laternenpfahl aufprallen. Erlöst entstieg ich dem Blechschaden und begab mich in die Ordination.
Gerade als Dr. Blumenfeld mit der Behandlung fertig war, ertönte von unten zorniges Hupen. Durchs Fenster sah ich, dass es von einem Wagen kam, der dicht hinter dem meinen stand. Ich sauste hinunter. Ein anderer von Dr. Blumenfelds Patienten empfing mich zornschnaubend: „Was bilden Sie sich eigentlich ein, Sie? Glauben Sie, diese Laterne gehört nur Ihnen?"
Ich musste ihm Recht geben. Selbst in Amerika können sich nur die Reichsten der Reichen den Luxus einer eigenen Parklaterne leisten.

Fortsetzung von Seite 110

[…] sich an ruhige, unauffällige Mädchen heranmachte, die kaum Verwandte oder Freunde hatten. Bald heiratete er sie und kaufte sie hoch in eine Lebensversicherung ein, und dann – es ist furchtbar! Carol war seine richtige Frau, und sie arbeiteten immer nach dem gleichen Plan. Dadurch ist man ihnen eigentlich auf die Spur gekommen. Die Versicherungsgesellschaften schöpften Verdacht. Er pflegte mit seiner neuen Frau jeweils einen ruhigen Seebadeort aufzusuchen. Dann erschien die andere Frau und alle miteinander gingen schwimmen. Bei dieser Gelegenheit wurde die Frau ermordet, Carol zog die Kleider der Ermordeten an und fuhr im Boot mit ihm zurück. Nachdem sie Nachforschungen nach der so genannten Carol angestellt hatten, verließen sie den Ort, und sobald sie das Dorf hinter sich hatten, zog sich Carol in aller Hast ihr flammend rotes Kleid wieder an und schminkte sich in grellen Farben. Darauf kehrte sie in das Dorf zurück und fuhr mit ihrem eigenen Wagen davon. Sie hatten natürlich ausfindig gemacht, in welcher Richtung die Strömung floss, und suchten sich einen entsprechenden Badeplatz an der Küste aus, wo dann der vermeintliche Tod stattfand. Carol spielte die Rolle der Frau: Sie ging zu einem einsamen Strand, legte die Kleider der Frau auf einen Felsen und verschwand in ihrem geblümten Kattunkleid. Später wartete sie seelenruhig an irgendeinem Ort, bis ihr Mann sich mit ihr treffen konnte.
Als sie die arme Margery töteten, muss wohl ziemlich viel Blut auf Carols Badeanzug gespritzt sein, und da er rot war, haben die beiden es nicht gemerkt, wie Miss Marple schon andeutete. Aber als sie ihn zum Trocknen über das Balkongeländer gehängt hatten, musste anstatt Wasser natürlich Blut aus ihm heraustropfen.
Joyce schauderte. „Ich sehe es noch vor mir."
„Aber natürlich!", rief Sir Henry. „Ich erinnere mich jetzt sehr gut an den Fall. Der Mann hieß in Wirklichkeit Davis. Es war mir ganz entfallen, dass Dacre einer seiner vielen angenommenen Namen war. Die beiden waren ein unbeschreiblich gerissenes Paar. Ich war damals so erstaunt darüber, dass niemand hinter diesen Personenwechsel kam. Aber wie Miss Marple schon sagte, stechen Kleider wohl mehr ins Auge als Gesichter. Der Plan war sehr gut ausgeheckt. Obwohl wir Verdacht gegen Davis hegten, war es nicht leicht, ihn zu überführen, denn er schien immer ein unanfechtbares Alibi zu haben."
„Tante Jane", sagte Raymond, während er ihr einen bewundernden Blick zuwarf, „wie bringst du es nur immer fertig? Du hast ein so friedliches Leben geführt und doch scheint dich nichts zu überraschen."
„So viele Dinge ähneln sich auf dieser Welt", erwiderte Miss Marple. „Da war zum Beispiel Mrs. Green. Sie trug fünf Kinder zu Grabe – und alle waren versichert. Da schöpfte man natürlich Verdacht."
Sie schüttelte den Kopf.
„Auch in einem Dorf gibt es viel Niedertracht und Abscheuliches. Ich hoffe, dass ihr lieben jungen Leute niemals zu spüren bekommt, wie schlecht die Welt in Wirklichkeit ist."

Kapitel 7 – Kurzgeschichten

S. 142

Edward Hopper (1882–1967)
Realistischer Maler, der meist typische amerikanische Motive mit Menschen in handlungsarmen Situationen malt (Bars, Hotelzimmer, Hochhausbüros, Theater, Straßen). Das Leben in der Großstadt ist dabei häufig Schauplatz eines hintergründigen Geschehens. Durch schlichte, fast strenge Kompositionselemente, ungewöhnliche Ausschnitte und vor allem durch den variationsreichen Einsatz von Licht schafft Hopper in seinen Bildern eine intensive Atmosphäre, welche die Gemütszustände der abgebildeten Personen unterstreicht.

Kapitel 8 – Lyrik

Fortsetzung S. 147

Ernst Stadler
[…] übern Strom.
O Biegung der Millionen Lichter, stumme Wacht,
Vor deren blitzender Parade schwer die Wasser abwärts rollen. Endloses Spalier,
zum Gruß gestellt bei Nacht!
Wie Fackeln stürmend! Freudiges Salut von Schiffen über blauer See! Bestirntes Fest!
Wimmelnd, mit hellen Augen hingedrängt!
Bis wo die Stadt mit letzten Häusern ihren Gast entlässt.
Und dann die langen Einsamkeiten. Nackte Ufer. Stille. Nacht. Besinnung. Einkehr. Kommunion.
Und Glut und Drang
Zum Letzten, Segnenden. Zum Zeugungsfest.
Zur Wollust. Zum Gebet. Zum Meer.
Zum Untergang.

S. 148

Kurt Tucholsky
Augen in der Großstadt

Wenn du zur Arbeit gehst
am frühen Morgen,
wenn du am Bahnhof stehst
mit deinen Sorgen:
da zeigt die Stadt
dir asphaltglatt
im Menschentrichter
Millionen Gesichter:
Zwei fremde Augen, ein kurzer Blick,
die Braue, Pupillen, die Lider –
Was war das? vielleicht dein Lebensglück …
vorbei, verweht, nie wieder.

Du gehst dein Leben lang
auf tausend Straßen;
du siehst auf deinem Gang,
die dich vergaßen.
Ein Auge winkt,
die Seele klingt;
du hasts gefunden,
nur für Sekunden …
Zwei fremde Augen, ein kurzer Blick,
die Braue, Pupillen, die Lider;
Was war das? kein Mensch dreht die Zeit zurück …
Vorbei, verweht, nie wieder.

Du mußt auf deinem Gang
durch Städte wandern;
siehst einen Pulsschlag lang
den fremden Andern.
Es kann ein Feind sein,
es kann ein Freund sein,
es kann im Kampfe dein
Genosse sein.
Es sieht hinüber
und zieht vorüber …
Zwei fremde Augen, ein kurzer Blick,
die Braue, Pupillen, die Lider.
Was war das?
Von der großen Menschheit ein Stück!
Vorbei, verweht, nie wieder.

Fortsetzung von S. 150

Anna

[...] Es goss.
Ich ging zu Fuß, bin konfus, fast gerannt.
Anna nahm mein' Verstand. Ich fand
an Anna allerhand.
Manchmal lach ich darüber, doch dann
merk ich wieder, wie es mich trifft.
Komik ist Tragik in Spiegelschrift.
A-N-N-A, von hinten wie vorne,
dein Name sei gesegnet.
Ich denk an dich, immer wenn es regnet.

Fortsetzung von S. 152

Walter Helmut Fritz
Ein Morgen, an dem frischer Schnee fällt

[...]
an dem frischer Schnee
fällt.

S. 154

Ulla Hahn
Sommergras

Zwischen weißen Wolkenfischen
schleicht ein Jumbo Jet auf Zehen
spitzen Grillen ihre Ohren
schalten in den hohen Wiesen
Rasenmäher auf Gesang
Nichts und niemand will uns
stören alles jedes uns betören
wenn wirs unter uns
beschwören dass der Himmel
offen steht.

Fortsetzung von S. 154

Brigitte Werner

[...]
und unser Lächeln
flattert wie eine Fahne
durch den Raum
zwischen ihr und mir

Lösung zu Seite 212

„Eine umgekehrte soziale Welt“
Der Psychologe André Hahn hat an der Berliner Humboldt-Universität Chat-Sucht erforscht

Focus: Ist Chatten gefährlich?
Hahn: Nein, auf keinen Fall. Es bringt Menschen in Kontakt und wirkt der Vereinsamung entgegen. Aber wie überall, so auch hier: Manche Opfer sind nicht in der Lage, ihr Chat-Verhalten zu kontrollieren.
Focus: Wie viele Menschen sind betroffen?
Hahn: Wir fanden heraus, dass rund zwei Prozent aller Internet-User chatsüchtig sind, rechnen also derzeit mit rund 300 000 Betroffenen. Sie sind im Schnitt 35 Stunden pro Woche online, ihr Chatten dreht sich zum allergrößten Teil um Beziehungen: flirten, Freundschaften knüpfen, Online-Cliquen gründen. Besonders von Chat-Sucht betroffen sind junge Männer unter 18, allein stehende Frauen ab 30 sowie Arbeitslose.
Focus: Je einsamer jemand ist, desto gefährdeter?
Hahn: Das kann man so sagen.
Focus: Was unterscheidet einen Viel-Chatter von einem Chat-Süchtigen?
Hahn: Nach unseren Erfahrungen fünf Kriterien. Erstens: Der Betroffene denkt nur noch ans

Chatten. Zweitens: Er hat Entzugserscheinungen. Wenn er nicht chatten kann, wird er nervös, angespannt, aggressiv. Drittens: Er muss seine Dosis immer weiter erhöhen. Viertens: Er kann sich nicht beherrschen, überschreitet immer wieder seine selbst gesetzten Grenzen. Fünftens: Er vernachlässigt Job und Familie, sein Leben leidet unter der Sucht.
Focus: Wie kann eine so harmlose Tätigkeit wie Chatten zur Sucht werden?
Hahn: Der Chat-Raum ist eine umgekehrte soziale Welt. Wenn ich in eine Kneipe gehe, kann ich mich nicht einfach an irgendeinen Tisch setzen und losreden. In einem Chat-Raum wird die Kontaktaufnahme geradezu erwartet. Man kann ohne Ansehen der Person Leute kennen lernen. Das ist faszinierend.
Focus: Wenn jemand feststellt, dass er chatsüchtig ist – was sollte er tun?
Hahn: Er sollte zunächst versuchen, sich selbst aus dem Sumpf zu ziehen, und sein Verhalten analysieren, also aufschreiben, was er wann macht und wie er sich dabei fühlt. Und sich dann nach den Zusammenhängen und Gründen fragen. Das ist der erste Schritt gegen den Selbstbetrug.
Focus: Und wenn das nicht hilft?
Hahn: Dann sollte er Kontakt zu einer Selbsthilfegruppe oder zu einem Therapeuten aufnehmen. Ich empfehle eine Verhaltenstherapie. In zehn Sitzungen sollte das Problem behoben sein.
Focus: Was können Eltern und Lebenspartner von Chat-Süchtigen tun?
Hahn: Falsch wäre es, das Problem zu ignorieren. Eltern sollten klare Grenzen setzen und die Online-Zeit ihrer Kinder beschränken. Lebenspartner sollten sich maximal bemerkbar machen und den Leidensdruck auf den Betroffenen erhöhen. Nur so kann er zur Einsicht gebracht werden.

Focus 35/2000, S. 170

Kapitel 12.3 – Einstellungstest

Lösung zu S. 225

Aufgabe 1

5. Kanone
6. Atmosphäre
7. Satellit
8. Galopprennbahn
10. Filiale
11. Sympathie
12. Katalysator
16. Labyrinth
18. Methode
19. Vagabund

Lösungen zu S. 226

Aufgabe 2

Honorar	=	Vergütung
Rabatt	=	Preisnachlass
Exempel	=	Beispiel
Nonsens	=	Unsinn

Aufgabe 3

1c; 2a; 3c; 4b; 5c

Lösungen zu S. 227

Aufgabe 4

1c; 2d; 3d; 4b; 5d

Aufgabe 5

Wörter für das Lückendiktat:
mittleren Reife – Verwaltungsfachangestellten – anderes probieren – Arbeitstherapeutin – Zeit lang – schließlich – Arbeitsplatz

Lösungen zu S. 228

1. ☒ (einfache Satzglieder ohne Komma)
2. ☒ (Aufzählung mit und ohne Komma)
3. ☒☒☑ (Aufzählung mit und ohne Komma; Gliedsatz mit K.)
4. ☑ (Infinitivsatz mit hinweisendem es)
5. ☑☑ (Einschub mit Komma)
6. ☑☑(Einschub) ☑ (Aufzählung) ☒ (Aufzählung mit und ohne K.) ☒ (einfacher Infinitivsatz ohne K.) ☒ (Aufzählung mit oder ohne K.) ☒ (einfaches Satzglied ohne K.)
7. ☑ (Infinitivsatz mit hinweisendem es) ☑ (Gliedsatz mit K.)
8. ☒☒ (einfacher Infinitivsatz ohne K.) ☒ (einfaches Satzglied ohne K.)
9. ☒ (einf. Satzglied ohne K.)
10. ☑☑(Einschub mit K.) ☒ (einf. Infinitivsatz ohne K.)
11. ☑(Infinitivsatz mit hinweisendem es mit K.)
12. ☒☒ (einf. Satzglieder und Aufzählung mit und ohne K.)
13. ☒ (einf. Satzglied ohne K.) ☑☑(Einschub mit K.)
14. ☒ (einf. Infinitivsatz ohne K.)

Kapitel 14.2 – Vorstellungsgespräch

Station 1 (S. 249):
1-B / 2-C / 3-A /4-E / 5-F / 6-H / 7-D / 8-G / 9-J / 10-I

Station 4 (S. 251):

Positiv	*Negativ*
saubere Fingernägel	nervöses Gezappel
gepflegtes Äußeres	Mundgeruch
gekämmte Haare	starkes Parfüm
Blickkontakt halten	Dreitagebart tragen
kräftiger Händedruck	niemanden ansehen

Positiv	*Negativ*
öfter mal lächeln	Passivität
informiert sein über den Betrieb	mit dem Stuhl wippen
entspannt sein	Freizeitkleidung
aufrechte Haltung	Zigarettenschachtel in der Hemdtasche
Unterlagen im Original dabei haben	ausgefranste Jeans
Fragen stellen	auf der Stuhlkante sitzen
freundlich verabschieden	durchsichtige Bluse
	Modeschmuck in Mund und Nase
	eingeschaltetes Handy am Gürtel
	Arme stets verschränkt
	schmutzige Schuhe

Station 5 (S. 251 f.):
Aufwärmphase
Begrüßung/Vorstellung/Anreise

Kernphase
Fragen zu Lebenslauf, Schulbildung
Fragen zu Motiven der Berufswahl;
persönlichen Stärken und Schwächen;
Leistung und Berufsanforderungen …
Fragen zu politischem Tagesgeschehen, Freizeit, Hobbys
Eigene Fragen des Kandidaten/der Kandidatin

Schlussphase
Weiteres Vorgehen, Verabschiedung

Station 6 (S. 252):
1-E / 2-F / 3-D / 4-A / 5-C / 6-B

1 Sprechen und Schreiben

1.1 Mündlicher und schriftlicher Sprachgebrauch

▶ S. 277

Mündlicher und schriftlicher Sprachgebrauch unterscheiden sich vor allem in **Satzbau, Tempus** und **Ausdrucksmöglichkeiten:** Der Satzbau ist im **mündlichen Sprachgebrauch** in der Regel einfacher, häufiger werden Sätze unterbrochen, wenn der Sprecher merkt, dass sein Gegenüber verstanden hat, was er sagen will. Der Hörer reagiert unmittelbar auf das Gehörte, sodass der Sprecher merkt, wo etwas unklar geblieben ist und wo er noch genauer erklären muss. Der Sprecher hat überdies die Möglichkeit, mit Gesten, Gesichtsausdruck und Betonung seine Informationen zu begleiten. Vergangenes wird im mündlichen Sprachgebrauch häufiger durch die Verwendung des **Perfekts** ausgedrückt.
Im **schriftlichen Sprachgebrauch** kommt es vor allem auf den exakten und eindeutigen Ausdruck an, da der Leser nicht unmittelbar nachfragen kann, wenn ihm etwas unklar bleibt. Die Sätze sind meist umfangreicher, grammatisch korrekter und müssen logisch widerspruchsfrei aufgebaut sein. Vergangenes wird in der Regel durch das **Präteritum** ausgedrückt.

1.2 Diskutieren, Appellieren, Argumentieren/Erörtern

▶ S. 31

In **Diskussionen,** in denen gegensätzliche Interessen vertreten werden, bemühen sich die Beteiligten darum, den Gang des Gesprächs zu bestimmen. Dabei lassen sich grob zwei Formen der **Beeinflussung** unterscheiden, die sich oft überschneiden:
Man kann versuchen, die anderen zu **überzeugen,** indem man sich an ihre Vernunft wendet und Argumente anführt; beim **Überreden** dagegen wendet man sich eher an das Gefühl der anderen, man spricht z. B. ihr Mitleid an oder droht gar (versteckt).

Zur Vorbereitung von Diskussionen sollte man die vorher zusammengetragenen Informationen aufbereiten, z. B. durch Karteikartensammlungen oder Schaubilder. Das ist besonders bei Diskussionsformen nützlich, die nach bestimmten Regeln ablaufen, wie z. B. die **Podiumsdiskussion** oder die **Debatte.**

▶ S. 33

Will man jemanden besonders dringlich beeinflussen, dann nennt man das **Appellieren.** Appelliert wird zum Beispiel in Reden, auf Plakaten oder in der Werbung.

▶ S. 41

Beim **Argumentieren** versuchst du, deine Meinung überzeugend zu begründen. Du stellst eine These auf, etwa in Form einer Behauptung, einer Empfehlung, eines Urteils.
Deine Thesen versuchst du durch **Argumente** (Begründungen) zu stützen und durch **Beispiele** (Belege oder Zitate) zu veranschaulichen. Argumente können sein: Fakten (Tatsachen), Grundsätze, Expertenaussagen.

Die Qualität der Argumente entscheidet darüber, ob eine These überzeugend wirkt. Zum Beispiel muss man sich vor falschen **Verallgemeinerungen** von einem Einzelfall auf alle denkbaren Fälle hüten.
Ein Argument muss **partnerbezogen** sein: Nicht jedes Argument passt gleich gut für jede Adressatin, jeden Adressaten.
Die Eignung und die Überzeugungskraft eines Arguments kann man prüfen, wenn man sich fragt: Was spricht dagegen? So kann man Gegenargumente gleich in die eigene Argumentation einbeziehen und zu entkräften versuchen. Argumente sind wirkungsvoller, wenn man sie in eine **sinnvolle Reihenfolge** bringt und geschickt miteinander verknüpft.

Die **schriftliche Form einer Argumentation,** in der du die Gründe für eine These und deren Gegengründe abwägst und dir so eine eigene Meinung zu bestimmten Problemen bildest, nennt ▶ S. 44 man **Erörterung.** Eine Erörterung kann sich auf einen vorgegebenen Text beziehen (**textgebundene** Erörterung, s. S. 265), sie kann aber auch selbstständig entwickelt werden (**freie** Erörterung). Die freie Erörterung wird in mehreren Schritten erarbeitet:

1. Schritt: Stoffsammlung
Um zunächst alle Ideen zu sammeln, eignet sich besonders das **Brainstorming:** Man schreibt in die Mitte eines großen Blattes das Thema und kreist es ein; auf dem Blatt verstreut und ungeordnet schreibt man dann alles auf, was einem dazu in den Sinn kommt (Stichworte!).

Man kann auch einen **Cluster** anlegen. Dabei nimmt man schon eine vorläufige Ordnung vor: Man schreibt zu einem Stichwort weitere, die zu ihm passen, und verbindet diese Wörter zur Verdeutlichung des Zusammenhangs durch Linien miteinander.
Die **Mind-Map** geht noch einen Schritt weiter: Sie „hierarchisiert" die Stichwörter, d. h., die Stichwörter werden von innen (Thema) nach außen immer konkreter (Beispiel: Thema „Rauchen" → gesundheitliche Gefahren → Lungenerkrankungen). Mit der Mind-Map hat man schon wesentlich für die **Gliederung** der Erörterung vorgearbeitet.

2. Schritt: Den Aufbau planen

Einleitung	Mögliche Inhalte: – ein aktuelles Ereignis/ eine aktuelle Diskussion – ein historischer Fall – eine geschichtliche Entwicklung/eine neue Tendenz – Definition eines zentralen Begriffs aus der Themenstellung Zum Ende der Einleitung hin Zuspitzung auf die Frage, um die es geht.
Hauptteil	Pro- und Kontra-Argumente in getrennten Abschnitten: Pro-Argumente (Argument zur These) ↓ Pro-Argument ↓ … Überleitung Kontra-Argument (Argument zur Gegenthese) ↓ Kontra-Argument ↓ … In jedem Fall sollte die Reihenfolge der Argumente steigernd sein: die schwächeren Argumente zuerst, die stärksten am Ende.
Schluss	Mögliche Inhalte: – die eigene Position mit kurzerBegründung (aber kein neues Argument!) – begründete Feststellung, dass man sich nicht für eine Position entscheiden kann – Hinweis auf weiteren Klärungsbedarf …

3. Schritt: Einleitung und Schluss konzipieren
Einleitung und Schluss sollten jeweils nicht mehr als ein Fünftel der gesamten Erörterung ausmachen.

4. Schritt: Die Erörterung verfassen
Bei der schriftlichen Ausarbeitung einer Erörterung kommt es besonders auf die genaue Formulierung der These, die Wahl überzeugender Argumente und die Stützung der Argumente durch anschauliche Beispiele, Belege usw. an.

Ob eine Äußerung die Funktion einer These hat oder die eines Arguments, hängt von der Stellung im gedanklichen Zusammenhang ab.

Wichtig ist der **gedankliche** und **sprachliche Zusammenhang** der Erörterung, und zwar auf zwei Ebenen:
- sprachliche Verknüpfung zwischen Thesen und Argumenten mit Hilfe von Konjunktionen wie „denn", „weil"...; Adverbien wie „daher", „deshalb"...,
- sprachliche Verknüpfung zwischen größeren Sinnabschnitten, z. B. mit Hilfe von Ausdrücken wie „außerdem", „ferner", „auf der anderen Seite", „ ein weiterer Gesichtspunkt ist", „daraus folgt"...

Ferner ist es im Hinblick auf die Sprache und die Wahl der Argumente wichtig, sich die **eigene Absicht** und den **Adressaten** bewusst zu machen.

Eine **textgebundene Erörterung** besteht aus zwei Teilen:
- Zunächst analysiert man einen vorgegebenen Text: Man fasst die behandelte Problemstellung zusammen und stellt die zentralen Thesen mit ihren Argumenten dar.
- Dann bezieht man selbst Stellung zu dem aufgeworfenen Problem: Man prüft die Argumente des Textes kritisch und führt eigene (Gegen-)Argumente an. In diesem zweiten Teil geht man genauso vor wie bei der freien Erörterung.

Bausteine		**Beispiele**	
These ↓	Behauptung Wertung Empfehlung/Forderung	„Es ist sinnvoll, als Schüler/-in einen längeren Aufenthalt im Ausland anzustreben." (= Wertung)	„Das Recht auf freie Meinungsäußerung muss auf jeden Fall gewahrt bleiben." (= Forderung)
Argument ↓	Faktenargument Wertargument Berufung auf eine Autorität	„Dort kann man eine fremde Sprache viel besser lernen als in der Schule." (= Faktenargument)	„Es gehört zu den Grundrechten, die jedem von der UN-Menschenrechtskonvention garantiert werden." (= Faktenargument, verbunden mit Berufung auf eine Autorität [UN])
Beispiel Beleg Zitat	Damit ein Argument überzeugend wird, sollte man es durch genauere Erläuterungen weiter entfalten. Dabei können als Stütze auch wieder Argumente (gewissermaßen „Argumente zweiter Ordnung") verwendet werden. Besonders wirkungsvoll sind gute Beispiele, Belege, Zitate oder der Hinweis auf mögliche Folgen.	„Die Beherrschung von Fremdsprachen ist heutzutage in vielen Berufen eine selbstverständliche Forderung." (= Argument zweiter Ordnung mit implizitem Hinweis auf Folgen) „Vor allem im Journalismus, aber auch in Politik und Wirtschaft sind Fremdsprachenkenntnisse unerlässlich." (= Beispiele)	„Jeder demokratische Staat hat sie in seiner Verfassung verankert." (= Beleg)

1.3 Beschreiben, Erklären, Informieren

Wenn man etwas **beschreibt** (Personen, Bilder, Gegenstände), kommt es auf die **Genauigkeit** der Beobachtung und der Darstellung an. Jemand, der das Beschriebene nicht kennt, muss es sich danach vorstellen können.
Die **Reihenfolge,** in der man die Hauptmerkmale und die Einzelheiten beschreibt, sollte durchdacht sein (bei Bildern z. B. zuerst vom Gesamteindruck oder auch vom Hauptmotiv sprechen und dann Details erwähnen). Einzelne Bereiche sollten zusammenhängend beschrieben werden (bei Personen z. B. nicht zuerst über die Haarfarbe, dann über die Schuhgröße, dann wieder über die Haarlänge schreiben).
Treffende Adjektive (z. B. Wangen: eingefallen, blass, pausbäckig, gerötet, faltig) und Vergleiche („wendig wie eine Gazelle“) sorgen für **Anschaulichkeit.** Bei der Wortwahl sollte auch darauf geachtet werden, dass die Verben „haben“ und „sein“ nicht zu oft verwendet werden.
Zweck (z. B. Fahndung, Erinnerung, Porträt) und **Adressat** entscheiden, welche Angaben zu einer Person gemacht werden und welcher Schreibstil jeweils angemessen ist (z. B. nüchtern, sachlich, ausführlich, ausschmückend, gefühlvoll).
Bei **Vorgangsbeschreibungen** ist es wichtig, die einzelnen Schritte in der richtigen Reihenfolge, genau und vollständig, aber auch knapp und sachlich nicht nur zu beschreiben, sondern auch zu **erklären.** Die Verwendung von Fachbegriffen ist dabei meist sinnvoll. Man muss sich den Vorgang vorstellen und ihn unter Umständen selbst wiederholen können (z. B. Bastelanleitung, Regeln im Sport, Rezepte).
Funktionsweisen eines **Gegenstandes** müssen verständlich, detailgenau und vollständig erklärt werden (Gebrauchsanweisung, Anleitungstext, Spielerklärung).
Beschreibungen werden normalerweise im **Präsens** verfasst.

▶ S. 62

1.4 Referieren

Informationen einholen
Informationen über unterschiedlichste Sachbereiche sind durch Zeitschriften, Bücher, CD-ROMs, Videofilme, Interneteinträge zu erhalten. Dazu benutzt man verschiedene Hilfsmittel, die eine schnelle Orientierung ermöglichen:
Leihbüchereien verfügen über so genannte Kataloge, entweder in Karteiform oder als Datei im Computer, die allen Besuchern zugänglich sind. Neben dem alphabetischen Katalog, der die Autoren oder Herausgeber aller vorhandenen Werke alphabetisch auflistet, ist vor allem der Schlagwortkatalog für die thematische Suche wichtig.
In **Buchhandlungen** (oft auch in Bibliotheken) liegt das **V**erzeichnis aller **l**ieferbaren **B**ücher (VLB) aus. Es ist alphabetisch aufgebaut und kombiniert Autoren und Schlagwörter.
Hier erfährt man, welche Bücher oder Medien im Handel sind (vergriffene, d. h. nicht mehr lieferbare Bücher sind hier nicht aufgenommen!).
Im **Internet** helfen so genannte Suchmaschinen weiter. Das sind Hilfsmittel, die je nach Einstellung weltweit oder in bestimmten Ländern nach Einträgen zu einem bestimmten Stichwort oder einer Kombination suchen und sie auf dem Bildschirm anzeigen.

Verarbeitung der Informationen
1. Leitfragen erstellen
Wonach willst du suchen, was interessiert am Thema besonders, worüber muss informiert werden?

2. Informationen auswerten
Beim Auswerten wendest du die üblichen Textbearbeitungsmethoden an: Kerninformationen markieren, am Rand zusammenfassen, Zitate

exzerpieren (wörtlich herausschreiben), Informationen mit eigenen Worten zusammenfassend wiedergeben.

3. Eine Gliederung erstellen („roter Faden")
Die Informationen, die im Hauptteil zum Vortrag kommen sollen, ordnest du nach sachlichen Gesichtspunkten an; berücksichtige dabei Vorwissen oder Interesse der Zuhörer/-innen.

4. Einleitung und Schluss
Die Einleitung muss das Interesse der Zuhörenden wecken; dazu kann sie z. B.
- einen für das Thema typischen Gegenstand vorweisen,
- eine überraschende statistische Aussage über das Thema machen,
- eine persönliche Bemerkung der Referierenden zum Thema enthalten,
- auf die Erwartungen der Zuhörenden eingehen,
- einen Fachbegriff aus dem Themenbereich erwähnen und erklären.

Der Schluss sollte die zentralen Informationen des Hauptteils zusammenfassen und eine persönliche Stellungnahme enthalten. Geschickt ist ein abschließendes Anknüpfen an die Einleitung.

Präsentation vorbereiten
1. Vortragskarten erstellen
Referate sollen frei vorgetragen werden. Die ausformulierte Fassung kann dabei eher hinderlich sein. Besser ist eine Zusammenstellung der wichtigsten Stichworte auf Karteikarten. Dabei sollte man auf eine große, gut lesbare Schrift achten. Verschiedene farbige Markierungen verhelfen zu einer schnellen Orientierung (Zitate, Kernwörter, Anschauungsmaterial).

2. Anschauungsmaterialien auswählen
Informationen nur für die Ohren werden wesentlich schlechter behalten als solche, die man auch sehen kann. Daher solltest du überlegen, an welchen Stellen du Bilder, Schaubilder an der Tafel oder auf dem Tageslichtprojektor, Hör- oder Filmbeispiele einfügen willst.
Achtung: Nicht übertreiben!

Tipps für freies Vortragen
Für die **Vortragenden:**
- Schachtelsätze vermeiden,
- Pausen einlegen,
- Wiederholungen einfügen,
- Redetempo und Lautstärke wechseln,
- Blickkontakt mit dem Publikum halten,
- durch Körpersprache das Gesagte unterstreichen (Haltung, Gestik, Mimik beachten).

Für die **Zuhörenden:** aktiv zuhören, d. h.
- den Blickkontakt mit der/dem Vortragenden halten,
- Zustimmung (und Ablehnung) durch Haltung, Mimik (und Gestik) ausdrücken,
- den Vortrag nicht durch voreilige Fragen unterbrechen.

1.5 Berichten und Protokollieren

Wie über ein Geschehen **berichtet** wird, hängt vom **Adressaten** und vom **Zweck** ab.
Texte, die z. B. Polizei, Feuerwehr, Gericht oder auch Versicherungen zur Rekonstruktion eines Geschehens dienen, müssen knapp und präzise darüber informieren. Solche Texte werden **sachlich** abgefasst, das heißt, sie enthalten keine unwichtigen, ablenkenden Informationen, keine Gefühle und Wertungen.
Texte, die aus einer persönlichen Perspektive einem Bekannten (z. B. Freund/Freundin) oder Unbekannten (z. B. Zeitungsleserin/Zeitungsleser) von einem Geschehen berichten, dürfen durchaus auch Gedanken, Gefühle sowie spannungssteigernde Ausdrücke und Wertungen enthalten. Dabei gehen berichtende, erzählende und beschreibende Passagen häufig fließend ineinander über.

Zur Verwendung der Berichtform in den Medien (z.B. Zeitungsbericht): siehe S. 295.

▶ S. 36

Eine Form des Berichtens ist das **Protokollieren.** Willst du über den genauen Verlauf z. B. eines naturwissenschaftlichen Experiments berichten, musst du ein **Verlaufsprotokoll** anfertigen, konzentrierst du dich eher auf die Ergebnisse z. B. einer Diskussion, schreibst du ein **Ergebnisprotokoll.** Hierfür gibt es eine feste äußere Form:

- Protokollkopf (Titel der Veranstaltung, Datum, Uhrzeit, Ort, Anwesende, Protokollant, Thema),
- Gliederung des Hauptteils in Tagesordnungspunkte (TOP 1, TOP 2 ...),
- Datum und Unterschrift.

Ein Ergebnisprotokoll kann man sachlogisch strukturieren, d. h., man kann verschiedene Aussagen zu einem Themenaspekt zusammenfassen, auch wenn sie in der Diskussion zeitlich getrennt waren.
Ein Ergebnisprotokoll ist außerdem deutlich kürzer als ein Verlaufsprotokoll.
Tempus des Ergebnisprotokolls ist das Präsens, das Verlaufsprotokoll steht im Präteritum.
Die Beiträge einzelner Teilnehmenden werden in der indirekten Rede wiedergegeben (Konjunktiv!).
Diese Form eignet sich auch für Stundenprotokolle.

1.6 Bewerbungsschreiben und Lebenslauf

Für Bewerbungsschreiben und Lebenslauf sollte man folgende Punkte beachten:

Äußeres
- Weißes Papier, einseitig beschreiben, DIN A4
- Ränder links und rechts (3 cm)
- Sauberkeit, keine Flecken usw.
- Zeugnisse und Nachweise neu und gut lesbar kopiert
- Alle Unterlagen in einem Klemmordner oder Schnellhefter in der Reihenfolge: Bewerbungsschreiben, Lebenslauf, Zeugniskopien
- Bewerbungsfoto (am besten vom Fotografen!)
- Großer Umschlag, ausreichend frankieren

Aufbau und Inhalt des Bewerbungsschreibens
- Anschreiben: Name, Adresse, Ort und Datum, Empfängeranschrift
- Bezugszeile: „Bewerbung zum ...“/„Ihr Angebot vom ...“
- Anrede (wenn bekannt: zuständige Person in der Personalabteilung, sonst „Sehr geehrte Damen und Herren, ...“)
- Text mit der Begründung, warum man für diese Stelle geeignet ist und warum man sich bei diesem Unternehmen bewirbt
- Übersichtliche Gliederung in Absätze
- Bitte um ein Vorstellungsgespräch
- Grußformel („Mit freundlichen Grüßen“)
- Unterschrift
- Anlagen

Vollständigkeit des Lebenslaufs
- lückenloser Lebenslauf, in der Regel tabellarisch: persönliche Daten (Name, Anschrift, Geburtsdatum, -ort, Eltern, Geschwister), Schulbildung, eventuell Praktika, Ferienjobs, Aushilfstätigkeiten
- Besondere Kenntnisse (Computer, außerschulische Kurse, Sprachkenntnisse, eventuell Hobbys)
- Ort, Datum, Unterschrift
- Foto rechts oben leicht angeklebt, Name und Adresse auf der Rückseite

Sprachlicher Ausdruck
- Satzbau klar und abwechslungsreich
- Präzise und angemessene Formulierungen
- Unnötige Wiederholungen und Füllwörter vermeiden

▶ S. 287

Rechtschreibung
- Anredepronomen 3. Person Plural in allen Fällen großschreiben („Sie“/„Ihr“/„Ihnen“ ...)
- Nomen und Nominalisierungen großschreiben
- Zusammen- und Getrenntschreibung im Wörterbuch (z. B. Duden) überprüfen
- Fremdwörter im Wörterbuch oder Fremdwörterlexikon überprüfen

Zeichensetzung

▶ S. 285

- Alle Sätze/Satzgefüge mit Punkt beenden
- Kommagrundregel 1: Im Satzgefüge trennt das Komma Haupt- und Nebensätze.
- Kommagrundregel 2: Bei einer Aufzählung trennt das Komma die einzelnen Glieder (Wörter, Wortgruppen, Sätze) voneinander, wenn sie nicht durch „und“ bzw. „oder“ verbunden sind.
- Kommagrundregel 3: Das Komma trennt im Satz alles ab, was den normalen grammatischen Ablauf unterbricht (Einschübe, Voranstellungen, Nachträge).

1.7 Erzählen und Schildern

Erzählen

Wenn man schriftlich oder mündlich erzählen will, ist es wichtig, sich einen **Erzählaufbau** zu überlegen. Zuerst einmal kann man Ideen sammeln und sie ungeordnet aufzeichnen, dann aber sollte man sich eine Reihenfolge überlegen, in der man den Erzählstoff darbieten will:
- Was könnte als **Einleitung** dienen, mit der man in die Geschichte einführt? Oder soll sie unvermittelt beginnen und direkt in eine Szene versetzen, in der man sich dann allmählich zurechtfinden muss?
- Wie soll der **Hauptteil** aufgebaut werden: Was soll der **Höhepunkt** der Geschichte sein und wie soll die **Spannung** bis dahin entwickelt werden?
- Soll die Geschichte einen abgerundeten **Schluss** haben oder unvermittelt abbrechen und damit offen enden?

Geht es darum, einen **Erzählkern auszugestalten,** sollte man auf Folgendes achten: Man lässt die Atmosphäre einer Geschichte deutlich werden – durch genaue, anschauliche Schilderungen, in denen man möglichst viele Sinneseindrücke wiedergibt und intensivierende Wiederholungen verwendet. Man wählt eine Erzählperspektive aus, die den Leser/-innen oder Hörer/-innen das Geschehen nahe bringt, z. B. einen Ich-Erzähler, der das Geschehen miterlebt (hat). Man lässt von den Figuren durch genaue Darstellung ihres Äußeren und Inneren (Gedanken, Gefühle) sowie durch Rückblenden auf ihre Vorgeschichte ein lebendiges Bild entstehen. Man verwendet Spannung erzeugende Stilmittel, wie zum Beispiel die wiederholte Andeutung von Ereignissen, Vorgängen.

Schildern

Wenn man schildert (abgeleitet von „Schilderer“ = Maler), versucht man mit Worten zu „malen“, mit Sprache ein stimmungshaltiges Bild zu entwerfen. Adjektive, Vergleiche und vor allem treffende Verben machen den geschilderten Sachverhalt besonders anschaulich.
Im Unterschied zum eher nüchternen Beschreiben will das Schildern dem Publikum etwas eindringlich nahe bringen, sie in eine Handlung oder eine Situation „hineinziehen“. Dabei wird in besonderer Weise die Fantasie angeregt.

1.8 Kreatives Schreiben

Automatisches Schreiben ist ein Verfahren, fließend Assoziationen aufzuschreiben. Ohne den Stift abzusetzen und über das Geschriebene nachzudenken, wird ca. zehn Minuten durchgeschrieben. So kann man an Unbewusstes, Rätselhaftes, Zufälliges gelangen. Wenn die Gedanken nicht mehr fließen, wird die Schreibbewegung durch Kringel auf dem Papier fortgesetzt, bis aus den Kringeln wieder Wörter werden. Satzbau, Zeichensetzung und Rechtschreibung sind beim Schreibprozess zunächst nebensächlich; der Text kann später überarbeitet werden.

Erzählstrukturen verändern: Mit den vorgegebenen Elementen eines Textes kann man experimentieren, indem man
- die Reihenfolge der Handlungsschritte ändert,
- eine Handlung vom Ende her erzählt,
- eines der Grundelemente Personen, Ort, Zeit, Handlung unerwartet durch ein fantastisches Element ersetzt.

Zeilen umbrechen: Zunächst werden in einem Text alle entbehrlichen Füllwörter gestrichen. Von dem ursprünglichen Text soll nur wenig Wortmaterial übrig bleiben. Nun wird die erste Zeile auf ein neues Blatt geschrieben. Sie sollte nur aus einigen Wörtern bestehen und ein Schlüsselwort enthalten. Nun folgt darunter die nächste Zeile ... Schließlich kann man mit weiteren sprachlichen Umstellungen experimentieren: Weglassen, Umstellen, Ergänzen von Wörtern.

Den Stil eines Textes verändern: Durch Variation des Stils kann man ein und dasselbe Erlebnis in unterschiedlicher Form darstellen. Je nach beabsichtigter Wirkung verändert man z. B. Erzählperspektive, Wortwahl, Satzbau oder Tempusgebrauch.
Dabei kann man
- einzelne Episoden aus einer veränderten Sicht erzählen oder
- den Text in eine andere Textsorte umwandeln (Bericht, Krimi, Dialog, Gedicht ...).

Satirisches Schreiben ▶ S. 69 ff.

Sprachmusterverschiebung: Ein Vorgang oder ein Sachverhalt wird sprachlich in einen ungewohnten Rahmen gerückt, z. B. wird der Besuch einer Disko mit Wörtern wiedergegeben, die aus dem Bereich der Zierfischzucht stammen. Indem in einem Text durchgängig immer wieder Wortmaterial aus einem sachfremden Bereich verwendet wird, ergibt sich eine satirische Wirkung.

Rollenwechsel: Bei einem Handlungs- oder Gesprächsablauf werden die gesellschaftlichen Rollen (z. B. Vater und Tochter) vertauscht. Gezielt verwechselt werden sowohl Mentalität (Denkweise), Normen (Wertmaßstäbe) und Verhaltensweisen als auch Sprachgewohnheiten. Dadurch werden die Lesenden auf Distanz zu den vertauschten Rollen gebracht und gewinnen einen Reflexionsspielraum.

Reduktionstext/Der fremde Blick: Beim Schreiben stellt man sich vor, dass einem nur ein beschränkter Wortschatz (z. B. der eines kleinen Kindes) zur Verfügung steht, sodass alles mit einfachen Worten umschrieben werden muss. Der reduzierte Wortschatz ergibt dann einen „fremden Blick" auf die Dinge.

Schreiben zu Bildern
Gedankenprotokoll: Man vertieft sich in eine Bildsituation und achtet dabei genau auf die Blicke und Gesten der Figuren. In der Vorstellung, im Bildraum anwesend zu sein, beobachtet man die übrigen Bildfiguren aus nächster Nähe und notiert Vermutungen darüber, weshalb sie sich in dieser Bildsituation befinden.

Prosaskizzen: Jede/r schreibt zu je einer ausgewählten Bildfigur einen inneren Monolog, in dem die Figur ihre Wünsche, Erwartungen, Ängste ausdrückt. Passagen aus den verschiedenen Texten werden dann abwechselnd so kombiniert, dass ein neuer Text entsteht, in dem die Gedanken spannungsvoll nebeneinander stehen.

Variante: Als Beobachter/-in einer Bildsituation schreibt man aus der Ich-Perspektive, wie die Bildfiguren Kontakt miteinander aufnehmen. Auch der Einfluss der Körpersprache auf die Kommunikation wird beachtet. Der Ich-Erzähler lässt auch Erinnerungen einfließen, die durch das Beobachtete in ihm ausgelöst werden.

Vorgeschichten und Dialoge zu Bildsituationen entwickeln: Eine im Bild dargestellte Situation könnte eine Vorgeschichte haben, aus der sich eine Erzählung entwickeln lässt. Man gibt jeder Bildfigur einen Namen und notiert, was sie denken könnte. Schließlich lässt man die Figuren miteinander in ein Gespräch über ihre Situation treten.
Um ein besonders lebendiges sprachliches Bild mit eindringlicher Atmosphäre entstehen zu lassen, sollten Gedanken und Gefühle (aus der Ich-Perspektive) genau geschildert werden. Dabei sind besonders die Sinneswahrnehmungen wichtig: Sehen, Hören, Spüren, Riechen und Schmecken.

Eine Bildsituation in einen Handlungsablauf wandeln: Für jeden Gegenstand oder jede Figur eines Bildes kann man sich mögliche zurückliegende oder noch bevorstehende Ereignisse ausdenken und diese schließlich in Verbindung miteinander bringen. Dazu kann man zunächst einen Bogen Transparentpapier über ein Bild legen und darauf alle Elemente des Bildes an der Stelle, an der sie durchscheinen, mit einem kurzen Kommentar bezeichnen. Aus dem Wortmaterial werden dann Sätze entwickelt und schließlich verknüpft man die Ereignisbereiche zu einer Handlung.

Filmdialog: Das Bild wird wie ein Standfoto aus einem Film wahrgenommen: Zunächst wird ein Exposé (eine Handlungsskizze) zu diesem Film verfasst. Dann wird zu der Filmszene, der das Standfoto entnommen ist, ein dramatischer Dialog mit Regieanweisungen geschrieben.

Kurzgeschichte: Das Bild wird als Illustration des Wendepunkts einer Kurzgeschichte wahrgenommen: Zunächst werden in einem Brainstorming Eindrücke zum Bild gesammelt. Dann werden Ideen zu schicksalhaften Ereignissen, die der dargestellten Situation vorausgegangen sein könnten, entwickelt. Die Kurzgeschichte wird schließlich aus der Perspektive eines allwissenden Erzählers geschrieben. ▶ S. 290

Gleichzeitiges Malen und Schreiben: Das Malen kann zu Ideen für das Schreiben führen und umgekehrt kann der Text wieder Einfälle für das Bild anregen: Das Bild wird als Ausschnitt einer umfassenderen Situation wahrgenommen und malerisch ergänzt, wobei man z. B. die Fotokopie eines Bildes auf ein Blatt Zeichenpapier klebt und es in die eigene Bildgestaltung integriert. Gleichzeitig mit dem Malprozess wird eine Geschichte zum Bild entwickelt. Dabei malt und schreibt man immer abwechselnd.

1.9 Texte überarbeiten

Beim Überarbeiten eines Textes ist die Distanz so notwendig wie das Abstandnehmen beim Malen. Schwächen sind oft erst aus der Leserperspektive erkennbar. Deshalb solltet ihr Kleingruppen bilden, in denen ihr eure Texte austauscht und gemeinsam die Textüberarbeitung durchführt (Schreibkonferenz):

- Jede/r markiert mit Kreisen und Ziffern im fremden Text, wozu sie/er etwas bemerken möchte.
- Am Rand oder auf einem anderen Blatt werden nun zur entsprechenden Stelle unter den Ziffern Fragen, Ergänzungen, Kommentare geschrieben.
- Anschließend erhält jede/r die Notizen der anderen zum eigenen Text und kann auswählen, welche Vorschläge sie/er bei der Überarbeitung berücksichtigt. (Mit dem Computer lassen sich die Texte leichter überarbeiten!)

Die folgende Übersicht gibt Anregungen zur Überarbeitung von Texten und hebt die wichtigsten Gesichtspunkte hervor:

Leitfragen zur Textüberarbeitung

Inhalt
- Ist gut verständlich, worum es geht?
- Werden Personen, Schauplätze und Vorgänge anschaulich, präzise usw. beschrieben?
- Gelingt es, Interesse am Thema zu wecken?
- Sind klare Schwerpunkte gesetzt oder gerät das Thema häufiger aus dem Blick?

Aufbau/Gliederung
- Ist der Text übersichtlich gegliedert, z. B. nach Einleitung, Hauptteil und Schluss?
- Stimmt die Reihenfolge der Gliederungsschritte?
- Enthält der Text Widersprüche oder Ungereimtheiten?
- Sind die einzelnen Schritte wirkungsvoll auf die Leser/-innen bezogen? Regt beispielsweise die Einleitung zum Weiterlesen an?

Sprachlicher Ausdruck (Stil)
- Ist die Wortwahl abwechslungsreich, genau, anschaulich, angemessen usw.?
- Entsprechen die verwendeten Bilder und Vergleiche der gewählten Textart?
- Ist der Satzbau klar und abwechslungsreich?
- Lässt sich der sprachliche Ausdruck durch Ersetzen, Umstellen, Weglassen oder Erweitern verbessern?
- Werden unnötige Wiederholungen und Füllwörter vermieden?

Rechtschreibung/Zeichensetzung/ Grammatik
- Ist der Text einwandfrei im Hinblick auf Tempus, Modus (Indikativ und Konjunktiv), Wortstellung, Satzbau usw.? ▶ S. 280 ff.
- Sind Rechtschreibung und Zeichensetzung fehlerfrei? ▶ S. 285 287
- Sind eine persönliche Lernkartei, ein Merkheft o. Ä. hinzugezogen worden?

Reinschrift
- Ist die äußere Form sinnvoll und ansprechend (Rand, Kopf des Textes usw.)?
- Ist die Schrift gut lesbar? Sind nachträgliche Korrekturen vermieden?
- Ist die Abschnittsgliederung klar markiert (Absätze, Leerzeilen)?
- Entspricht das Layout dem Zweck des Textes (Klassenzeitung, Wandzeitung usw.)?

2 Nachdenken über Sprache, Rechtschreibung

2.1 Kommunikation und Sprachfunktionen

Stark vereinfacht funktioniert Kommunikation so, dass ein **Sender** einem **Empfänger** bestimmte Signale übermittelt. Wenn es sich bei diesen Signalen um sprachliche Äußerungen handelt, kann man ihnen drei **Sprachfunktionen** zuordnen, von denen meist eine überwiegt, oft erkennbar an Wortwahl und Satzbau:

1. **Information** (= darstellende Funktion): Gegenstände, Personen, Vorgänge, Sachverhalte werden dargestellt; z. B. durch: Aussagesätze, Adverbiale, Adjektive, Zahlen, Daten, Fakten, Beschreibungen, Berichte, Fragen und Antworten usw.
2. **Aufforderung** (= appellative Funktion): Es wird zum Handeln, Denken, Mitmachen aufgefordert; z. B. durch: Imperative, Anredepronomen, Ausrufezeichen, elliptische (verkürzte) Sätze, rhetorische Mittel usw.
3. **Ausdruck** (= expressive Funktion): Gefühle, Hoffnungen, Proteste werden ausgedrückt; z. B. durch: Ausrufe, Ich-Aussagen, Wertungswörter („toll“), Bekenntnisse usw.

▶ S. 140

In Gesprächen werden nicht nur Inhalte vermittelt **(Inhaltsebene der Kommunikation)**. Darüber hinaus spielt es auch eine Rolle, welche Beziehung die Kommunikationspartner zueinander haben, welche Absichten sie verfolgen, welche Erwartungen sie voneinander haben und in welcher Situation das Gespräch stattfindet **(Beziehungsebene der Kommunikation)**.

▶ S. 140

Im Gespräch kann die Beziehungsebene einer Aussage neben der Betonung besonders durch die Wahl der Satzart (Aussage, Frage, Ausruf) und bestimmte „Abtönungspartikeln" (z. B. „doch", „nur", „ja", „eben") zum Ausdruck gebracht werden.

▶ S. 139

Die meisten Alltagsgespräche laufen nahezu automatisch ab. Wir sprechen und reagieren oftmals, ohne über das Gesagte nachzudenken. So hat man mitunter das Gefühl, nicht verstanden zu werden oder aneinander vorbeizureden. Missverständnisse, Verletzungen und Streit kann man vermeiden, wenn man sich bewusst macht, welche Intentionen, Interessen und Gefühle das Gesprächsverhalten beeinflussen.

2.2 Deutsch und seine Varianten

Die Hochsprache und ihre Varianten

In einer Sprachgemeinschaft werden neben der Standard- oder Hochsprache unterschiedliche Sprachvarianten verwendet.

Die **Hochsprache** (auch: **Standardsprache, Schriftsprache**) ist die allgemein verbindliche Form einer Sprache, wie sie in der Öffentlichkeit – vor allem in den Medien – gebraucht wird.

Der alltägliche mündliche Sprachgebrauch – die **Umgangssprache** – orientiert sich an der Hochsprache, wendet ihre Regeln und Normen aber nicht streng an. Typisch für die Umgangssprache sind kurze und einfache, aber auch unvollständige Sätze.

Landschaftliche Sprachformen bezeichnet man als **Dialekt** oder Mundart. Zu den deutschen Dialekten zählen u.a. das Kölsch, die hessisch-fränkischen Mundarten, das Bairische, das Sächsische sowie das Schwäbisch-Alemannische.

Die besondere Ausdrucksweise junger Leute wird als **Jugendsprache** bezeichnet.

Fachsprachen enthalten besondere Wörter und Formulierungen, die typisch für bestimmte Berufsgruppen sind (Juristen, Ärzt/-innen usw.).

▶ S. 217

2.3 Wort und Bedeutung

Umgang mit Begriffen

Begriffe dienen der Erfassung und Ordnung der Wirklichkeit. Sie stehen zueinander in einem Über- und Unterordnungsverhältnis (Begriffspyramide).

Oberbegriffe dienen als Sammel- und Ordnungsbegriffe, z. B. „Werkzeug", „Tier" …

Unterbegriffe verhalten sich zu ihnen wie konkrete Beispiele („Hammer", „Zange"; „Hund", „Katze").

Mehrdeutigkeit von Wörtern

Viele Wörter haben mehr als eine Bedeutung.

Derartige „Teekesselchen" **(Homonyme)** lösen sich immer durch den Zusammenhang auf, in dem sie verwendet werden:

Flügel: a) Instrument, b) Vogelschwinge.

Die im Wörterbuch aufgeführten Inhalte eines Wortes sind seine **sachliche, denotative Bedeutung.** Die mit ihm oft verbundenen Erfahrungen, Empfindungen, Assoziationen sind seine positive oder negative Mitbedeutung, die **konnotative Bedeutung.** Sie ist weniger verbindlich als die denotative Bedeutung.

▶ S. 181
298

Bildlicher Sprachgebrauch
Eine **Metapher** bringt Vorstellungen aus verschiedenen Bereichen zusammen:

„Eine Blume *blüht auf.*“	aufblühen	„Die Mannschaft *blühte* in der zweiten Halbzeit *auf.*“
Bildspender: Natur ⟶	**Übertragung** ⟶	**Bildempfänger:** Sport
Assoziationen: in frischen Farben strahlen – Frühling und Sommer – neue Kraft – saftiges Grün.		Die Spieler erstarken, sind wieder frisch, voller Kraft, bringen neue Stimmung.

Eine besondere Form der Metapher ist die **Personifikation:** Ein Tier, ein Gegenstand o. Ä. werden vermenschlicht, z. B.: „Gelassen stieg die Nacht an Land.“

Bei einem **Vergleich** werden zwei verschiedene Vorstellungen durch „wie“ miteinander verknüpft, z. B.: „Die Menschen sind *wie* grober bunter Sand.“

▶ S. 177

2.4 Aspekte der Sprachkritik

Da wir in vielen Situationen die Wahl zwischen verschiedenen Ausdrucksmöglichkeiten haben, lohnt es sich, einen kritischen Blick darauf zu richten, wie die Wirklichkeit sprachlich vermittelt wird. Schon bei der **Wahl der Wörter** haben wir oftmals verschiedene Alternativen. Man achte deshalb etwa auf die Verwendung von

- **Synonymen** (bedeutungsverwandten Wörtern): Armut, Elend, Not …
- **Antonymen** (Gegenwörtern): Armut – Reichtum, Wohlstand …
- **Redewendungen:** arm, aber glücklich; arm, aber sauber …
- **Konkreta/Abstrakta:** Haus/Behausung; Kuss/Liebe; der Freund/Freundschaft …
- **Fremdwörtern/Lehnwörtern:** Interface, Laptop, Hobby …
- **Neologismen** (Wortneubildungen): faxen …
- **Modewörtern:** sich outen, mega-in …
- **politischen Leitbegriffen:** soziale Gerechtigkeit, freie Marktwirtschaft; z. T. ideologisch besetzte Begriffe: Ausbeutung …
- **Phrasen – Stereotypen – Klischees** (schematische Wortgruppen und Bilder): nichts für ungut; der kleine Mann; der Mittelstand …

Weitere Untersuchungsgesichtspunkte sind z. B. **sprachliche Trends** wie die Verbreitung von englischem bzw. amerikanischem Wortgut **(Anglizismen):** Oft wird das englische Wort importiert, weil es keine deutsche Bezeichnung für den betreffenden Sachverhalt gibt oder weil die Übersetzung zu umständlich klänge („Management“ statt „Betriebsleitungstechnik“) oder weil die Wörter zu Bereichen gehören, in denen Englisch die internationale Verkehrssprache („Ticket“, „Gate“) oder Fachsprache („Computer“ statt „Rechner“) ist. Manche Anglizismen sind allerdings nur modische Fragwürdigkeiten etwa aus Fernsehen und Werbeindustrie („City Center“).

▶ S. 177 231

Techniken der Abwertung und Diffamierung, z. B. „Dienstmädchen“ statt „Kinderpflegerin“, „Putzhilfe“ und „Kinderbetreuerin“; „Softi“, „Weichei“; „Karriereweib“, „Quotenfrau“; „Penner“, „Schnorrer“ … statt „Arme“; „Asylanten“ statt „Asyl Suchende“ oder „Asylberechtigte“: Hier handelt es sich ggf. auch um einen politischen Kampfbegriff (vgl. „Asylantenflut“ oder „Asylantenansturm“), besonders wenn das Wort in Beziehung gebracht wird zu anderen negativ besetzten „-ant“-Wörtern wie „Simulant“, „Querulant“, „Intrigant“ oder „Sympathisant“.

▶ S. 181

Techniken der Beschönigung (Euphemismen), Aufwertung und Verharmlosung: „Energielücke“; „Nuklearbrennstoff“ – „Brennmaterial“ – „Brennstäbe“; „Entsorgungspark“ – „Entsorgung“; „Vorkommnis“ – „Störfall“; „Atomschild“; „Wohnpark“; „Müllverbrennung“ als „thermische Entsorgung“.

Political Correctness:
Die öffentliche Meinung bewirkt sprachliche Veränderungen: die Bezeichnung „Afroamerikaner“ an Stelle von „Schwarzer“ oder gar „Neger“; hierher gehören auch geschlechtsausgewogene Bezeichnungen wie „StudentIn“, „Student/in“ oder „Student und Studentin“ statt nur „Student“.

▶ S. 183 ff.

2.5 Wortarten

Nomen (Substantiv): Personen und andere Lebewesen, Dinge und Vorgestelltes werden durch Nomen (Substantive) bezeichnet: „Jutta“, „Kind“, „Ameise“, „Stuhl“, „Schönheit“.

Jedes Nomen hat ein grammatisches Geschlecht **(Genus)**, das man an seinem Artikel (Begleiter) erkennen kann:
Ein Nomen ist entweder **Maskulinum** (männlich), z. B. „*der* Löffel“, oder **Femininum** (weiblich), z. B. „*die* Gabel“, oder **Neutrum** (sächlich), z. B. „*das* Messer“.

Das grammatische Geschlecht muss mit dem natürlichen Geschlecht nicht übereinstimmen; so kann „*das* Kind“ sowohl einen Jungen als auch ein Mädchen bezeichnen.

Nomen haben einen **Singular** (Einzahl): „*das* Kind“; meistens haben sie auch einen **Plural** (Mehrzahl): „*die* Kinder“.

In Sätzen erscheinen Nomen immer in einem bestimmten **Kasus** (grammatischer Fall).
Der Kasus ist meist am Artikel des Nomens zu erkennen und manchmal auch an der Endung des Nomens. Im Deutschen gibt es vier Kasus, die man durch Fragen ermitteln kann:
Der **Nominativ** antwortet auf die Fragen „Wer …?“ oder „Was …?“: „*Wer* rettete den Jungen? – *Die Feuerwehrleute* retteten den Jungen.“ – „*Was* hat zuerst nicht funktioniert? – *Eine Drehleiter* …“
Nach dem **Genitiv** fragt man „Wessen …?“: „*Wessen* Drehleiter funktionierte nicht? – Die Drehleiter *der Feuerwehrleute* …“
Mit der Frage „Wem …?“ ermittelt man den **Dativ:** „*Wem* dankten die Eltern für die Rettung? – Die Eltern dankten *den Feuerwehrleuten* …“
Den **Akkusativ** erhält man auf die Fragen „Wen …?“ oder „Was …?“: „*Wen* haben die Anwohner benachrichtigt? – *Die Feuerwehr*…“ – „*Was* haben die Feuerwehrleute repariert? – Die Feuerwehrleute haben *die Drehleiter* …“
Wenn man ein Nomen und seinen Artikel in einen Kasus setzt, nennt man das **Deklinieren.**

Artikel (Begleiter) stehen in demselben Kasus wie die Nomen, die sie begleiten. Man unterscheidet die **bestimmten** Artikel „der, die, das“ und die **unbestimmten** „einer, eine, eines“.

Adjektive (Eigenschaftswörter) dienen dazu, Personen, Dinge usw. genauer zu beschreiben. Man benutzt hierfür die Grundform des Adjektivs, den **Positiv**, z. B. „alt“. Will man zwei Dinge oder Personen miteinander vergleichen, so braucht man den **Komparativ** des Adjektivs: „Melanie ist *älter* als Anne.“ Bei Vergleichen zwischen mehreren Dingen oder Personen kann man das Adjektiv noch weiter steigern

und den **Superlativ** bilden: „Von den drei Schwestern ist Maria *am ältesten*."
Man kann die meisten Adjektive steigern, aber es gibt Ausnahmen wie „einzig" oder „tot".
Steht ein Adjektiv als **Attribut** vor einem Nomen, stimmt es mit ihm in Kasus, Genus und Numerus überein („der *spannende* Film").
Als **adverbiale Bestimmungen** bleiben Adjektive unflektiert. („Der Reporter berichtete *spannend.*")

Pronomen (Stellvertreter) können an Stelle eines Nomens oder einer Wortgruppe mit Nomen gebraucht werden.
Wörter wie „ich, du, er/sie/es" sind **Personalpronomen.**
Wörter wie „meine, deine, seine" usw. heißen **Possessivpronomen** (besitzanzeigende Pronomen).
Das **Reflexivpronomen** (rückbezügliches Pronomen) bezieht sich meist auf das Subjekt des Satzes, z. B.: „Er beeilt *sich*."
Demonstrativpronomen (hinweisende Pronomen) sind Wörter wie „dieses" oder „jene", mit denen man auf etwas zeigt oder hinweist.
Indefinitpronomen (unbestimmte Pronomen) sind Wörter wie „etwas", „einige", „viel", mit denen man ungefähre Mengenangaben macht.
Interrogativpronomen wie „wer", „was", „welche/r" leiten Frage- und Ausrufesätze ein.
Relativpronomen wie „der", „die", „das" leiten Nebensätze (Relativsätze) ein.

Bei der Verwendung von Pronomen muss man besonders darauf achten, dass immer deutlich ist, worauf sich das Pronomen **bezieht.** Sonst kann es zu Missverständnissen kommen: „Die Zoobesucher freuten sich über die Affen. *Sie* lausten sich gegenseitig."

Präpositionen sind Wörter wie „in", „auf", „nach", „vor". Sie drücken oft ein örtliches (*vor* dem Haus) oder zeitliches (*vor* einer Stunde) **Verhältnis** aus. Die Präposition steht vor einem Nomen (mit oder ohne Begleiter) oder einem Pronomen. Sie bestimmt den Kasus des nachfolgenden Worts oder der Wortgruppe *(auf dem Fahrrad; nach kurzer Zeit; bei ihm)*.

Konjunktionen sind unflektierbare Wörter, die Sätze und Teile von Sätzen miteinander verknüpfen. Man unterscheidet
- **nebenordnende Konjunktionen,** z. B. „und", „oder", „aber". Sie verbinden Wörter, Wortgruppen und Sätze, die grammatisch gleichrangig nebeneinander stehen;
- **unterordnende Konjunktionen,** z. B. „weil", „da", „obwohl", „wenn", „als", „nachdem", „dass". Sie leiten Gliedsätze ein und verbinden sie mit übergeordneten Hauptsätzen.

Adverbien (Umstandswörter, Singular: das Adverb) geben an, wann etwas geschieht („immer", „morgens"), wo („draußen", „überall"), wie („gern", „ziemlich"), warum („darum", „nämlich"). Adverbien sind unveränderbar.

Verben (Tätigkeitswörter) geben an, was ist, was geschieht oder was jemand tut, z. B. „haben", „regnen", „gehen".
Wenn wir Verben in Sätzen verwenden, bilden wir aus dem **Infinitiv** (Grundform) des Verbs meist die **Personalform**, z. B.: „gehen – er geht".
Setzt man Verben in die verschiedenen Personalformen, nennt man dies **konjugieren.**
Die Befehlsform des Verbs ist der **Imperativ.** Er kann an Einzelne oder an mehrere Personen gerichtet sein: „Geh(e)!" – „Geht!"

Verben sagen uns, *wann* das im Satz Mitgeteilte passiert. Sie lassen sich in verschiedene **Tempora** (Zeitformen) setzen:
Mit dem **Präsens** können wir ausdrücken, dass etwas in der Gegenwart geschieht: „Ich *lese* gerade." Im Präsens stehen auch solche Aussagen, die immer gelten, z. B.: „Ferien *machen* Spaß."
Mit dem **Futur** können wir auf Zukünftiges verweisen: „Ich *werde* ans Meer *fahren*." Häufig benutzen wir Zeitangaben, um die Zukunft anzuzeigen, die Verbform kann dann im Präsens bleiben, z. B.: „*Morgen fahre* ich ans Meer."
Vergangenes wird in mündlichen Erzählungen meist im **Perfekt** ausgedrückt („ich *habe gesehen*", „ich *bin gegangen*"), bei schriftlichen Erzählungen und Berichten steht meist das **Präteritum** („ich *ging*", „ich *sah*").

In beiden Fällen wird bei Vorzeitigkeit das **Plusquamperfekt** verwendet. Es handelt sich dabei um eine nur in Beziehung zu einem anderen Tempus zu gebrauchende Zeitform. Sie ist daher hauptsächlich in Satzgefügen (Haupt- und Gliedsatz) zu finden; z. B.: „Nachdem wir *gegessen hatten*, gingen wir spazieren." – „Wir *waren* gerade *eingeschlafen*, als das Gewitter losbrach." Das Plusquamperfekt wird gebildet aus dem Präteritum der Hilfsverben „haben" oder „sein" (ich hatte/ich war) und dem Partizip Perfekt des Vollverbs (gegessen/eingeschlafen).

Aktiv und Passiv sind zwei Verbformen zur Unterscheidung von Handlungen und Vorgängen. Man kann sie in den verschiedenen Zeitstufen benutzen:

	Aktiv	**Passiv** „werden" + Partizip II (Perfekt) des Verbs
Präsens	„Sonja *sucht* das Heft."	„Das Heft *wird* (von Sonja) *gesucht.*"
Perfekt	„Sonja *hat* das Heft *gesucht.*"	„Das Heft *ist* (von Sonja) *gesucht worden.*"
Präteritum	„Sonja *suchte* das Heft."	„Das Heft *wurde* (von Sonja) *gesucht.*"
Funktion	Der Blick richtet sich auf die handelnden Personen und ihr Tun.	Der Blick wird auf den Vorgang gerichtet.

Der Modus (Plural: die Modi) **des Verbs**
Indikativ und Konjunktiv
Einfache Aussagen, z. B. eigene Tatsachenfeststellungen oder Meinungsäußerungen, werden im **Indikativ** verfasst. Zum Beispiel kann eine Politikerin sagen:

> Der Zeitungsbericht hat sehr übertrieben.

Diese Äußerung kann nun in unterschiedlicher Form von den Medien wiedergegeben werden:

1. in wörtlicher, **direkter** Rede:

   > Die Politikerin sagte: „Der Zeitungsbericht hat sehr übertrieben."

   Mit den Verben des Sprechens *(sagen, behaupten…)* oder der sinnlichen und geistigen Wahrnehmung *(hören, vermuten, hoffen…)* leitet man diese direkte Redewiedergabe ein. Man erkennt sie in schriftlichen Texten an den Anführungszeichen oder im Gespräch an einem Wechsel in der Tonlage.
2. in **indirekter Rede**
   – in einem **dass-Satz:**

   > Die Politikerin sagte, *dass* der Zeitungsbericht sehr übertrieben hat.

   – ohne *dass*, aber im **Konjunktiv:**

   > Die Politikerin sagte, der Zeitungsbericht *habe* sehr übertrieben.

3. Bei einem **Zitat** wird nur ein Teil der fremden Äußerung wörtlich und in Anführungszeichen in den eigenen Satz eingebaut:

   > Die Politikerin hielt den Zeitungsbericht für *„sehr übertrieben"*.

Die Modi: Indikativ und Konjunktiv (Singular: der Modus)

Die Politikerin sagte: „Ich *denke* nicht an eine Beschwerde."	Wörtliche Rede im **Indikativ**
↓ Redewiedergabe	
Die Politikerin sagte, sie *denke* nicht an eine Beschwerde.	Indirekte Rede im **Konjunktiv I**

Wenn der Konjunktiv I nicht vom Indikativ zu unterscheiden ist, wählt man als Ersatz den **Konjunktiv II:**

Sie ergänzte: „Auch meine Kollegen *denken* nicht an weitere Maßnahmen." — Wörtliche Rede im **Indikativ**

Redewiedergabe ↓

Sie ergänzte, auch ihre Kollegen ~~*denken*~~ nicht an weitere Maßnahmen. — Indirekte Rede im **Konjunktiv II,** weil Konjunktiv I = Indikativ

↑ *dächten*

Indikativ	**Konjunktiv I**	**Konjunktiv II**
ich denke	ich denke	ich dächte
du denkst	du denkest	du dächtest
er/sie/es denkt	er/sie/es denke	er/sie/es dächte
wir denken	wir denken	wir dächten
ihr denkt	ihr denket	ihr dächtet
sie denken	sie denken	sie dächten

Wenn sich weder Konjunktiv I noch Konjunktiv II vom Indikativ unterscheiden, nimmt man die Ersatzform **würde:**

Die Politikerin schloss: „Wir machen kein Aufheben davon."

Redewiedergabe ↓

Die Politikerin sagte, sie ~~*machen*~~ (Konjunktiv I = Indikativ) kein Aufheben davon.

↑ ~~*machten*~~ (Konjunktiv II = Präteritum)

↑ **würden** kein Aufheben davon machen.

Konjunktiv-Ersatz **würde**

Den Konjunktiv-Ersatz **würde** gebraucht man auch bei seltenen, ungewohnt klingenden Konjunktivformen:

Wenn wir heute ~~*wettschwömmen*~~, läge ich bestimmt vorn!

↑ *wettschwimmen* **würden**

Konjunktiv II und Zweifel an fremden Äußerungen
Konjunktiv II in der Redewiedergabe kann auch benutzt werden, um **Zweifel oder Kritik** an der wiedergegebenen fremden Äußerung auszudrücken:
Reporter:

Die Politikerin behauptet, der Zeitungsbericht *hätte* sehr übertrieben.

(Der Reporter sieht das nicht unbedingt auch so!)

Konjunktiv II, Unwahrscheinliches und schwer erfüllbare Wünsche
Den Konjunktiv II kann man auch verwenden um etwas nur Vorgestelltes, wenig Wahrscheinliches auszudrücken: „*Wäre* ich ein Vogel, dann *flöge* ich übers Meer."

Außerdem kann man mit dem Konjunktiv II schwer erfüllbare Wünsche ausdrücken: „Ach, *gewänne* ich doch eine Million!"
Seltene Konjunktive umschreibt man mit **würde:** „Ach, wenn ich doch eine Million gewinnen *würde.*"

2.6 Satzglieder

Ein Satz setzt sich aus verschiedenen **Satzgliedern** zusammen. Ob ein einzelnes Wort oder eine ganze Wortgruppe ein Satzglied bildet, erkennt man daran, dass man Satzglieder innerhalb eines Satzes umstellen kann, ohne seinen Sinn zu verändern. Wir nennen dieses Verfahren **Umstellprobe.**

| Die Feuerwehrleute | retteten | den Jungen. |

| Den Jungen | retteten | die Feuerwehrleute. |

Der Kern des Satzes ist das **Prädikat.** Prädikate werden durch Verben gebildet. Es gibt einteilige Prädikate (z. B. „Sie *retteten* ihn") und zweiteilige Prädikate: „Sie *haben* ihn *gerettet.*" Der Teil des Prädikats, der im Aussagesatz nach dem ersten Satzglied steht, ist die Personalform des Verbs: „Sie *haben* ihn gerettet."

Um die weiteren Satzglieder im Aussagesatz zu bestimmen, stellen wir vom Prädikat ausgehend Fragen. Die erste Frage lautet: „Wer ...?" oder „Was ...?", die Antwort darauf ist das **Subjekt,** die wichtigste Ergänzung zum Prädikat: „*Wer* hat ihn gerettet? – *Sie* haben ihn gerettet."

Subjekt und Prädikat sind eng miteinander verbunden. Sie stimmen in der Person (1., 2. oder 3. Person) und im Numerus (Singular oder Plural) überein.

Mit „Wen ...?" oder „Was ...?" erfragen wir das **Akkusativobjekt:** „*Wen* haben sie gerettet? – Sie haben *ihn* gerettet."

Mit „Wem ...?" fragen wir nach dem **Dativobjekt:** „*Wem* dankte er?" – „Er dankte *dem Beamten.*"

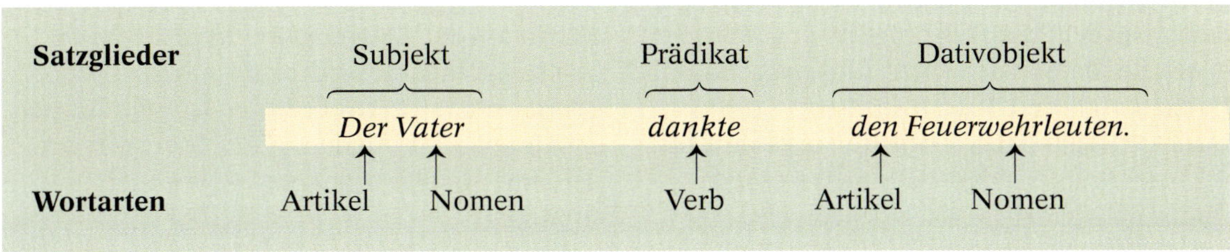

Das **Genitivobjekt** wird nur noch selten gebraucht. Wir erfragen es mit „Wessen ...?“. „*Wessen* erinnerte er sich? – Er erinnerte sich *des Vorfalls.*“

Satzglieder, die man mit den Fragen „Wann ...?“, „Warum ...?“, „Wie ...?“, „Wo ...?“ ermittelt, heißen **adverbiale Bestimmungen** oder auch Adverbialien (Singular: das Adverbiale). Sie geben die näheren Umstände eines Geschehens oder einer Handlung an (daher auch die Bezeichnung „Umstandsbestimmung“).

Man unterscheidet
- **adverbiale Bestimmungen der Zeit:** „Wann treffen wir uns? – Wir treffen uns *am Montag.*“
- **adverbiale Bestimmungen des Ortes:** „Wo ...? – Wir sehen uns *in der Schule.*“
- **adverbiale Bestimmungen des Grundes:** „Warum ...? – *Wegen des Regens* kamen wir nicht nach Hause.“
- **adverbiale Bestimmungen der Art und Weise:** „Wie ...? – Er folgte uns *neugierig.*“

Adverbiale Bestimmungen können gebildet sein
- aus einem Adjektiv: „Er lief *schnell* weg.“
- aus einem Adverb: „Wir führen *morgens* unseren Hund aus.“
- aus Präposition + Nomen: „Wir sehen uns *an diesem Abend.*“
- aus einem Gliedsatz: „Wir trafen uns, *als es dunkel wurde.*“

Attribute sind immer **Teil eines Satzglieds,** also keine selbstständigen Satzglieder. Sie stehen vor oder hinter ihren **Bezugswörtern** (z. B. Nomen) und bestimmen sie näher. Als Attribute kommen u.a. vor:
- Adjektive („*neue* Bücher“) und adjektivisch gebrauchte Partizipien („*spielende* Kinder“),
- Pronomen („*unsere* Schule“) und Zahlwörter („*drei* Äpfel“),
- Nomen im Genitiv („die Abfahrt *des Zuges*“),
- Nomen mit Präposition („ein Mann *mit Hut*“),
- Adverbien („die Häuser *dort*“).

Eine Form des Attributs ist auch die **Apposition:** „Herr Schäfer, *unser Lehrer,* organisierte mit uns den Basar.“ Die Apposition ist in ihrem Kern stets ein Nomen („Lehrer“). Sie folgt dem Bezugswort („Herr Schäfer“) und steht im gleichen Kasus wie das Bezugswort (hier: Nominativ).

2.7 Satzarten

Wir reden und schreiben in Sätzen. Je nachdem, ob wir etwas aussagen, fragen oder jemanden auffordern wollen, verwenden wir einen **Aussage-, Frage-** oder **Aufforderungssatz.**
In der gesprochenen Sprache erkennen wir die Satzart an der Stimmführung, in der geschriebenen Sprache an den **Satzschlusszeichen:** Punkt, Frage- und Ausrufezeichen.
In vielen Situationen verwenden wir aber zum Auffordern auch Frage- oder Aussagesätze: „Gibst du mir mal das Buch?“ oder: „Du könntest endlich aus dem Weg gehen.“
Hinter einem Fragesatz verbirgt sich manchmal auch eine Aussage: „Machen wir nicht alle Fehler?“
Wie die Sätze gemeint sind, schließen wir aus dem Tonfall oder aus dem Zusammenhang.

Die **Satzreihe** reiht selbstständige **Hauptsätze** aneinander. Sie werden manchmal nur durch Kommas voneinander getrennt: „Das Plakat war fertig, es sollte sofort aufgehängt werden.“ Meist werden sie jedoch durch **Konjunktionen** miteinander verbunden: „Gutenberg war verschuldet, doch er arbeitete weiter an seiner Erfindung.“

Ein **Satzgefüge** ist zusammengesetzt aus einem **Hauptsatz** und einem **Gliedsatz** (Nebensatz): „Bläschen *steigen* hoch, *weil* Luft *entweicht.*“

Der Hauptsatz ist selbstständig. Die Personalform des Verbs steht an 2. Stelle.
Der Gliedsatz (Nebensatz) ist vom Hauptsatz abhängig und unselbstständig. Die Personalform des Verbs steht am Ende, am Anfang steht ein Bindewort, eine **Konjunktion.**
Haupt- und Gliedsatz werden durch ein **Komma** getrennt:

Satzgefüge	**Hauptsatz**	+	**Gliedsatz**
	Bläschen *steigen* hoch,		*weil* Luft *entweicht.*
Signale	Verb an 2. Stelle ↑ Komma ↑		Konjunktion ↑ Verb am Ende ↑

Gliedsätze erfüllen verschiedene Aufgaben für ihre Hauptsätze. Deshalb beginnen sie mit unterschiedlichen **Konjunktionen** (Bindewörtern):
„Es fing an zu regnen, *als* wir ins Boot stiegen."
„Man kann die Luftbläschen deutlich sehen, *wenn* das Wasser blau ist."
„Ich füge Tinte hinzu, *sodass* das Wasser blau wird."
„Die Luftbläschen sind gut zu erkennen, *weil* das Wasser blau gefärbt ist."
„Man färbt das Wasser blau, *damit* die Luftbläschen gut zu sehen sind."

dass-Sätze
Auch die Konjunktion **dass** leitet Gliedsätze ein mit dem gebeugten Verb am Ende:
„Ina sagt, *dass* ihr das Buch *gefällt.*"
Wenn Unsicherheit über ss oder s besteht, hilft die Probe mit „welches": Lässt sich „da?" **nicht** durch „welches" ersetzen, gilt **ss**-Schreibung:

Ich weiß, **dass** sie eingetroffen ist.
↑
~~*welches*~~

Relativsätze
Der Relativsatz ist ein Nebensatz, der sich auf ein bestimmtes Nomen im Hauptsatz bezieht und es näher bestimmt:
Geri ist **ein Girl,**
↑
das mir gut gefällt.

Der Relativsatz beginnt mit einem **Komma,** dann folgt **der, die** oder **das**; das sind hier **Relativpronomen.**
Wenn du bei **das** unsicher bist, ob s oder ss, mache die Probe mit „welches": Lässt sich „da?" durch „welches" ersetzen, schreibe **das** mit einfachem *s:*
Geri ist ein Girl, **das** mir gefällt.
↑
welches

2.8 Zeichensetzung

▶ S. 222

Komma-Grundregel bei Satzgefügen:
Satzgefüge aus selbstständigen Hauptsätzen und unselbstständigen Gliedsätzen (Nebensätzen) werden durch ein Komma getrennt.
Den Gliedsatz erkennt man an der einleitenden Konjunktion (dem Bindewort und dem gebeugten Verb am Ende):
„Das Buch wird weitergereicht, *weil* es sehr spannend *ist.*"
„*Wenn* das Buch spannend *ist*, wird es von vielen gelesen."
„Das Buch, *wenn* es spannend *ist*, wird von vielen gelesen."

Relativsätze:
„Ich gab dem Jungen, *der Popcorn verkaufte,* zwei Mark."

dass-Sätze
Auch die Konjunktion **dass** leitet einen Gliedsatz (Nebensatz) mit dem gebeugten Verb am Ende ein und hat immer ein Komma bei sich: „Ich vermute, *dass* du das Buch noch nicht gelesen *hast*."
Bei Unsicherheit über *ss* oder *s* hilft die Probe mit „welches": Lässt sich „da?" **nicht** durch „welches" ersetzen, gilt **ss**-Schreibung:
„Ich weiß, **dass** sie da ist."
↑
~~welches~~

▶ S. 209 **Infinitivsätze/-konstruktionen**
Normalerweise müssen Infinitivsätze **nicht** durch ein Komma abgetrennt werden: „Sie hoffte *das Buch zum Geburtstag zu bekommen.*"
Ein Komma steht allerdings, wenn durch ein **hinweisendes Wort** auf den Infinitivsatz Bezug genommen wird: „Er rechnete ***damit,*** *das Buch geliehen zu bekommen.*"
Man **kann** Infinitivsätze auch durch ein Komma abtrennen, wenn man die Gliederung des Satzes deutlich machen oder Missverständnisse vermeiden will:
„Sie bat ihren Nachbarn (,) mit verletzenden Worten zurückhaltend zu sein."
„Sie bat ihren Nachbarn mit verletzenden Worten (,) zurückhaltend zu sein."

▶ S. 209 **Partizipialsätze/-konstruktionen**
Normalerweise müssen **satzwertige Partizipien nicht** durch ein Komma abgetrennt werden: *„Auf sie zugehend* winkte er mit der Hand."
Kommas stehen allerdings,
- wenn die Partizipgruppe am Satzende steht: „Keinen Bezug zum ‚Fax' hat das lateinische ‚fax', *die ‚Fackel' bezeichnend.*"
- wenn durch hinweisende Wörter auf die Partizipgruppe Bezug genommen wird: „So, *ein Faxgerät benutzend,* erleichtert man sich die Kommunikation."

Partizipgruppen **können** durch Komma abgetrennt werden, wenn man die Gliederung des Satzes verdeutlichen will: „Das lateinische ‚fax' hat (,) *die Fackel bezeichnend (,)* keinen Bezug zum ‚Fax'."

Durch **Kommas** abgetrennt werden auch:
- Teilsätze in der **Satzreihe** (Hauptsatz + Hauptsatz): „Wir betraten das Haus, es war nichts zu hören." – „Ich dachte lange nach, aber der Titel des Buches fiel mir nicht ein." ▶ S. 284
- Wörter und Wortgruppen in **Aufzählungen:** „Die Schüler tragen einen *bequemen, weiten* Umhang." – „Du wolltest doch früh *nach Hause kommen, Aufgaben machen, dann Tennis spielen.*"
- **Appositionen:** „Oskar, *der freundliche Polizist,* konnte den Fall lösen." ▶ S. 284
- **Orts- und Zeitangaben:** „Köln, *den 10. September 1999*"
- **Nachgestellte Erläuterungen:** Sie werden oft mit Wörtern wie *nämlich, und zwar, vor allem, das heißt (d. h.), zum Beispiel (z. B.)* eingeleitet: „Das römische Schulrelief wurde in der Eifel ausgegraben, *und zwar* im Jahre 1884."
- **Anreden:** „Heiko, gib mir bitte das Buch bald zurück."

Achtung: Vor den Konjunktionen **und** und **oder** steht kein Komma: „Heute, morgen *oder* übermorgen muss sie anrufen!"
Ist die Satzkonstruktion lang und unübersichtlich, k a n n man zur Verdeutlichung ein Komma vor **und** und **oder** setzen: „Wer hat denn heute Morgen um 5 Uhr bei uns geklingelt**(,)** oder hast du so gut geschlafen, dass dir das entgangen ist?"

Anführungszeichen
Anführungszeichen stehen vor und hinter einer **wörtlich wiedergegebenen Äußerung:** ▶ S. 212
Sokrates sagte: „Ich weiß, dass ich nichts weiß."
Anführungszeichen stehen vor und hinter **zitierten Überschriften,** Titeln von Büchern, Filmen, Gedichten, Namen von Zeitungen u. Ä.: *Die „Süddeutsche Zeitung" enthält jeden Tag auf der ersten Seite eine Glosse mit dem Titel „Streiflicht".*
Anführungszeichen dienen zur **Hervorhebung** einzelner Wortteile, Wörter oder Textteile (z. B. Sprichwörter, Fachwörter): *Das Sprichwort „Geteiltes Leid ist halbes Leid" tröstet nicht immer.*

Eine Anführung innerhalb einer Anführung wird durch **halbe Anführungszeichen** deutlich gemacht: *„Gehen wir doch ins Kino, heute läuft ‚Der Untergang der Titanic' zum letzten Mal."*

Wörtliche Rede
Die wörtliche Rede steht in **Anführungszeichen.** Man muss besonders auf **Schlusspunkt** und **Kommas** achten:
- Bei nachgestelltem Begleitsatz:
  „Warum so spät?", fragte er.
  „Ich hab den Bus verpasst!", rief sie.
  „Das sagst du jedes Mal", meinte er da nur.
  Achtung: Komma nie vergessen, aber den Schlusspunkt weglassen!
- Bei eingeschobenem Begleitsatz: „Das ist nicht wahr", gab sie beleidigt zurück, „gestern war 's die U-Bahn!", und ging zu ihrem Platz.
  Achtung: Eingeschobener Begleitsatz und eingeschobene wörtliche Rede werden in Kommas eingeschlossen!

Richtiges Zitieren ▶ S. 212
Wenn man Teile eines Textes wörtlich übernimmt, stehen diese Zitate in **Anführungszeichen.**
Wird eine Textstelle nur teilweise übernommen, müssen die **Auslassungen** durch „[...]" kenntlich gemacht werden.
Nach den schließenden Anführungszeichen folgt die Zitatquelle mit genauer Seitenangabe in Klammern.

Der Apostroph ▶ S. 202
Auslassung von Buchstaben in Wörtern sollte man mit dem Apostroph kennzeichnen: „Ich hab g'nug!"
Namen auf -s, -ss, -ß, -tz, -z, -x haben im Genitiv ein Apostroph: „Heinz' Geburtstag".

2.9 Rechtschreibung

▶ S. 201 **Tipps zum Rechtschreiben**
Das **Wörterbuch** – dein starker Helfer: Man kann nicht alles wissen, man muss nur wissen, wo es steht. Das gilt auch bei der Rechtschreibung. Jeder kann Fehler vermeiden, wenn er bei Zweifeln über die richtige Schreibweise im Rechtschreibwörterbuch nachsieht.

Schreibweisen ausprobieren: Um zu durchschauen, wie Wörter geschrieben werden, kannst du verschiedene Proben anwenden:
- das **Wort verlängern:**
  „Wal? – Wäl**d**er", „rosti? – rosti**g**er"
- ein **verwandtes Wort** suchen:
  „wi**ll**st – wo**ll**en", „B**äu**me – B**au**m"

Beim **Abschreiben fremder Texte** sollte man die Vorlage erst vollständig durchlesen und schwierige Wörter markieren, damit man beim Abschreiben dieser Wörter besonders sorgfältig vorgeht. Oft handelt es sich dabei um Fremdwörter.

Die **Silbentrennung:** Mehrsilbige Wörter trennt man nach Sprechsilben, die man bei langsamem, betontem Sprechen hören kann: „o-ben", „Dumm-heit", „dum-mer-wei-se", „lis-tig".
Die Buchstaben „st", „ss", „tz" dürfen auch getrennt werden: „Kas-ten", „ge-ges-sen", „Katze".
Die Buchstaben „ck" werden nicht getrennt: „Stre-cke", „ba-cken".
Von mehreren Konsonanten trennt man nur den letzten ab: „knusp-rig", „Damp-fer".

Groß- und Kleinschreibung
Satzanfänge und **Nomen** werden großgeschrieben. Typische Nomen-Endungen sind *-heit, -keit, -nis, -ung, -tum, -schaft.*

Folgende **Signale** können darauf hinweisen, dass ein Nomen folgt:
- ein **Artikel:** „*die* Tochter", „*ein* Schüler"
- eine **Präposition:** „*mit* Witz", „*von* Anfang *bis* Ende"

- **Artikel** und **Präposition** verschmelzen: „*beim* Lesen“, „*am* Morgen“
- ein **Pronomen** oder eine **Mengenangabe:** „*dieses* Land“, „*manche* Kinder“
- ein **Adjektiv:** „eine *herrliche* Blume“

▶ S. 207

Wörter **anderer Wortarten** schreibt man **groß,** wenn sie im Satz **als Nomen gebraucht,** wenn sie **nominalisiert** werden. Man erkennt sie an denselben **Signalen** wie „normale“ Nomen:
- ein **Artikel:** „*das* Gehen“, „*ein* Schnarchen“
- eine **Präposition** (mit Artikel): „*im* Guten“, „*beim* Autofahren“
- ein **Pronomen** oder eine **Mengenangabe:** „*ihr* Lachen“, „*nichts* Neues“

Adjektive im Superlativ mit „am“ (z. B. „am schönsten“) werden kleingeschrieben.

Wenn **Farbbezeichnungen** im Satz als Nomen eingesetzt werden, z. B. auch in Verbindung mit Präpositionen, schreibt man sie **groß:** „Mir gefällt *das Rot* deines Mantels.“ „Man überquert die Straße *bei Grün.*“

Zeitangaben, die Nomen sind, schreibt man groß. Man erkennt sie an den üblichen Nomen-Signalen:
- am **Artikel:** „*der* Abend“, „*ein* Donnerstagmorgen“
- an einer **Präposition:** „*über* Mittag“, „*bis* Freitag“
- am **Pronomen:** „*jeder* Vormittag“, „*dieser* Nachmittag“

Doppelte Zeitangaben: „gestern Abend“, „morgen Vormittag“
Zeitangaben auf **-s** schreibt man klein: „morgens“, „vormittags“, „montagnachmittags“

Geografische Namen, Straßennamen, Herkunftsbezeichnungen:
- Bei **Zusammensetzungen mit mehrteiligen Eigennamen** wird der Bindestrich gesetzt: „Rhein-Main-Gebiet“, „Anna-Seghers-Platz“ (aber bei einteiligen Namen: „Rheintal“, „Schillerstraße“).
- In **mehrteiligen Eigennamen** mit Bestandteilen, die **keine Nomen** sind, schreibt man alle Wörter groß, mit Ausnahme von Artikeln und Präpositionen: „Vereinigte Staaten von Amerika“, „Freie und Hansestadt Hamburg“, „Unter den Linden“, „Kahler Asten“.
- Herkunftsbezeichnungen mit **Ableitungen auf -er** schreibt man groß: „Kölner Dom“, „Berliner Bär“, „Meißener Porzellan“, „Heidelberger Schloss“.
- Herkunftsbezeichnungen mit **Ableitungen auf -isch** gehören zur Wortart der Adjektive, deswegen schreibt man sie klein: „hessisches Fulda“, „italienische Stadt“, „indischer Tee“.

Getrennt- und Zusammenschreibung

Auch wenn mehrere Wörter inhaltlich eng zusammengehören, schreibt man sie normalerweise **getrennt.** Das gilt für ▶ S. 203
- Wortgruppen mit dem Verb **sein:** „froh sein“, „da sein“, „fertig sein“;
- Wortgruppen aus **mehreren Verben:** „stehen lassen“, „sitzen bleiben“;
- die meisten Wortgruppen aus **Nomen** und **Verb:** „Klavier spielen“, **Adjektiv** und **Verb:** „laut singen“, **Adverb** und **Verb:** „vorwärts gehen“.

Zusammen schreibt man unter anderem ▶ S. 221
- Verbindungen von **Adjektiv und Verb,** in denen man das Adjektiv **nicht steigern** kann: „freisprechen“, „festsetzen“, „fernsehen“, „hochrechnen“, „schwarzarbeiten“;
- Verbindungen von **Nomengruppen** und **Adjektiv:** „monatelang“ (= viele Monate lang), „bahnbrechend“ (= sich eine Bahn brechend).

Fremdwörter sind aus fremden Sprachen übernommene Wörter. Meist erkennt man sie bereits an der Aussprache und an der Schreibung, denn sie gehorchen dabei den Regeln ihrer Herkunftssprache, z. B. „Snowboard“, „Bulletin“. ▶ S. 214

Manche Fremdwörter aus dem Allgemeinwortschatz werden **eingedeutscht,** der deutschen Rechtschreibung angepasst: „Bureau“ → „Büro“, „Photo“ → „Foto“. Manchmal bestehen fremde und deutsche Schreibung nebeneinander: „Cousine/Kusine“, „Delphin/Delfin“.

Mehrsilbige Fremdwörter kann man genauso wie deutsche Wörter nach Sprechsilben trennen:
„in-te-res-sant", „Pä-da-go-ge".

Fachwörter aus fremden Sprachen behalten ihre fremde Schreibweise im Allgemeinen auch bei: „Philosophie", „Symphonie", „Megabyte". ▶ S. 217

3 Umgang mit Texten und Medien

3.1 Erzählende Literatur (Prosa)

▶ S. 75 ff. 105 ff. 127 ff.

Grundbegriffe des Erzählens
Erzähler/Erzählerin: Bei allen Erzähltexten ist darauf zu achten, wer erzählt: eine/r der Beteiligten oder ein/e außen stehende/r Berichterstatter/-in. In jedem Fall dürfen **Erzähler/-in** und **Autor/-in** nicht gleichgesetzt werden: Ein erwachsener Autor kann zum Beispiel seine Geschichte von einem Kind erzählen lassen, ein männlicher Autor kann in die Rolle einer Erzählerin schlüpfen. Immer ist der Erzähler/die Erzählerin eine vom Autor geschaffene Figur und gehört zur Welt der Geschichte. Als Lesende erfahren wir etwas über diese Figur, wenn sie nicht einfach nur das Geschehen berichtet, sondern in so genannten **Erzählerkommentaren** ihre Meinung kundtut. Zu unterscheiden sind Ich-Erzählung und Er-/Sie-Erzählung.

In einer **Ich-Erzählung** ist der Erzähler/die Erzählerin selbst in das Geschehen verwickelt, schildert die Ereignisse aus der **„ich"-Perspektive.** Was andere Figuren in der Geschichte denken oder fühlen, kann er/sie nur vermuten. In der **Er-/Sie-Erzählung** haben wir es mit einem über dem Geschehen schwebenden Erzähler zu tun, der alles zu wissen scheint (allwissender Erzähler). Er beobachtet die Figuren von außen **(Außensicht),** kann sich aber auch jederzeit in ihr Inneres versetzen und ihre Gedanken bzw. Gefühle schildern **(Innensicht).** Er führt seine Leserschaft durch das Geschehen, wechselt beliebig Ort und Zeit, kann sogar gleichzeitig an verschiedenen Orten sein und von dem Geschehen da und dort erzählen.

Leitfragen zur Erschließung erzählender Texte
Fragen zu den **Figuren:**
- Welche Figuren kommen vor?
- In welcher Beziehung stehen sie zueinander?
- Wie gehen sie miteinander um?
- Was tun sie sonst noch und warum?

Fragen zur **Zeit:**
- In welcher Zeit spielt das Geschehen (Vergangenheit – Gegenwart – Zukunft)?
- Welchen Zeitraum umfasst das Geschehen?
- Gibt es Lücken im zeitlichen Ablauf oder wird lückenlos erzählt?
- Gibt es Hinweise auf Zukünftiges („Vorausdeutungen") oder Rückblicke?

Fragen zum **Ort:**
- An welchem Ort spielt die Handlung?
- Wie wird der Ort beschrieben?
- Wie wirkt der Ort auf die Personen und wie wirkt er sich auf die Handlung aus?

Fragen zum **Aufbau** der Geschichte:
- Wie sind die Ausgangssituation und der Schluss gestaltet?
- Wird ein Ereignis nach dem anderen erzählt?
- Gibt es Zeit- und Ortswechsel?
- Wie wird Spannung erzeugt?

Fragen zur **Erzählperspektive** und zum **Erzählstil:**
- Aus wessen Perspektive wird erzählt?
- Werden immer wieder auftauchende Dinge („Leitmotive") und sprachliche Bilder (Metaphern, besondere Vergleiche) verwendet?

- Welche Funktion haben Wiederholungen oder Abweichungen vom gewöhnlichen Sprachgebrauch?
- Gibt es Auffälligkeiten im Hinblick auf den Satzbau?

Fragen zum **Entstehungshintergrund:**
- Erklärt sich etwas im Text aus der Zeit seiner Entstehung oder aus einer anderen Zeit?
- Spielt die Biografie des Autors/der Autorin eine Rolle?

(Verfahren zur Erschließung von Sachtexten vgl. S. 296)

Die **Inhaltsangabe** ist ein wichtiger Bestandteil von Aufsätzen über literarische Texte. Der Einleitungssatz gibt zur schnellen Orientierung einen Überblick über den ganzen Text und enthält Angaben zu Titel, Autor/-in, Textart und Thema. Der Hauptteil der Inhaltsangabe gibt die wesentlichen Erzählschritte/Gedanken des Textes in eigenen Worten (weitgehender Verzicht auf Zitate) wieder. Im Sinne eines sachlichen Berichtsstils wird die indirekte der direkten Rede vorgezogen. ▶ S. 281
Das Tempus der Inhaltsangabe ist das Präsens, bei Vorzeitigkeit das Perfekt.

Die **Personencharakteristik** stellt eine Figur aus einem literarischen Werk vor. Dabei geht man von Textstellen aus, in denen wichtige Eigenschaften der Figur direkt oder indirekt durch ihr Verhalten deutlich werden oder in denen andere Figuren Aussagen über sie machen.
Gliederungspunkte könnten sein:
- Lebensumstände der Figur (Herkunft, Stand, Vorgeschichte usw.)
- äußeres Erscheinungsbild/besondere Merkmale (z. B. Sprache)
- typische Tätigkeiten, Gebärden und Verhaltensweisen
- Interessen/Vorlieben/Gedanken/Gefühle/Eigenschaften
- Einstellungen/Absichten/Motive

Die Charakteristik kann in eine abschließende Bewertung der Person einmünden, in der auch ihre Bedeutung für das Werk herausgearbeitet wird.
Zur Vorbereitung einer Personencharakteristik kann man ein **Rollenprofil,** eine Selbstdarstellung der Figur in der Ich-Form, verfassen. Dabei versetzt man sich in die Figur hinein, um so ein möglichst genaues und lebendiges Bild von ihr zu gewinnen. ▶ S. 14 18 167

Einen literarischen Text interpretieren heißt, das eigene, subjektive Verständnis davon anderen mitzuteilen. Um dieses persönliche Verständnis abzusichern und plausibel zu machen, untersucht man die Bestandteile des Textes, die für sein Verständnis von grundlegender Bedeutung sind (vgl. dazu die Leitfragen auf S. 282/283).

Textarten

Erzählung: Wie „Geschichte" ein Sammelbegriff für unterschiedliche kürzere Erzählformen im Unterschied zum längeren Roman. ▶ S. 105

Kurzgeschichte: Der Name Kurzgeschichte ist eine Übersetzung des amerikanischen Begriffs „Short story". Die ersten deutschen Kurzgeschichten entstanden nach dem Zweiten Weltkrieg zu Themen der Kriegs- und Nachkriegszeit. Später behandelt die Kurzgeschichte entscheidende Situationen im alltäglichen Leben. Die wichtigsten Merkmale der Kurzgeschichte sind: Kürze, Konzentration auf einen Ausschnitt des Geschehens, Perspektivenwechsel, unvermittelter Anfang und offener Schluss, Alltagssprache und Mehrdeutigkeit. ▶ S. 127 ff.

Roman: Romane sind erzählende Texte größeren Umfangs, in denen meist vielschichtige Lebenszusammenhänge dargestellt werden. Um zahlreiche Figuren ranken sich Haupt- und Nebenhandlungen. Der Roman ist heute die vorherrschende literarische Gattung.
Es gibt vielfältige Formen des Romans. Die besondere Form des **Jugendromans** versucht in Problemstellung, Inhalt, Stoff und erzählerischer Gestaltung den Interessen jugendlicher Leser und Leserinnen gerecht zu werden.

▶ S. 69 ff. **Satire:** Spottdichtung, die Kritik an menschlichen Schwächen oder gesellschaftlichen Missständen übt. Dabei bedient sie sich besonderer Darstellungsverfahren wie der Verzerrung, des Rollenwechsels oder des „fremden Blicks“. Häufig eingesetzt werden außerdem Über- oder Untertreibung, Ironie, Zweideutigkeit und Situationskomik.

▶ S. 69 Verwandt ist die Satire mit der **Karikatur,** in der zeichnerische Elemente einen satirischen Effekt erzielen, und mit der **Parodie.** Darunter versteht man die gezielte Umwandlung eines vorliegenden Textes (etwa aus der Bibel oder eines bekannten Liedes) in satirischer Absicht. ▶ S. 63

Parabel: ein kürzerer Prosatext mit lehrhaftem Charakter, der meist eine allgemeine Erkenntnis oder Lebensweisheit enthält, die sich aus dem beispielhaften Geschehen erschließen lässt. ▶ S. 15 f.

3.2 Gedichte (Lyrik) ▶ S. 145 ff.

Formmerkmale
Gedichte bestehen aus **Versen** (Zeilen), diese bilden **Strophen.**
In vielen Gedichten sind die Verse durch **Endreime** miteinander verbunden:
Paarreim: Von Paarreim sprechen wir, wenn sich zwei Verse, die direkt aufeinander folgen, am Ende reimen:
Dem Schnee, dem *Regen,*
Dem Wind *entgegen* […]
Verse, die sich reimen, kann man mit demselben Kleinbuchstaben bezeichnen, sodass man für ein Gedicht mit Paarreimen das Reimschema *aa bb cc* … erhält.
Umarmender Reim: Dabei wird ein Paarreim von zwei Versen, die sich ebenfalls reimen, umschlossen („umarmt“):
Zu Dionys, dem Tyrannen, *schlich*
Damon, den Dolch im *Gewande;*
Ihn schlugen die Häscher in *Bande.*
„Was wolltest du mit dem Dolche, *sprich!*“ […]
Reimschema: *abba cddc* …
Kreuzreim: Beim Kreuzreim reimen sich jeweils der 1. und 3. sowie der 2. und 4. Vers. Die Reime stehen also über Kreuz.
Reimschema: *abab cdcd* …
Binnenreim: Von Binnenreim sprechen wir, wenn sich zwei Wörter innerhalb eines Verses reimen: „Wenn vorm *Spiegel Igel* stehn …“

Klangmalerei: Höreindrücke werden durch die lautliche Gestaltung der Verse wiedergegeben (z. B. lautmalerische Verwendung bestimmter Konsonanten in Annette v. Droste-Hülshoffs Gedicht „Der Knabe im Moor“).

Refrain: Wenn ein oder mehrere Verse eines Gedichts regelmäßig wiederholt werden, sprechen wir von Refrain oder auch von „Kehrreim“. Der Refrain tritt häufig in Liedern auf.
Metrum, auch Versmaß genannt: regelmäßige Abfolge von betonten und unbetonten Silben:
Es schlúg mein Hérz, geschwínd zu Pférde:
Es wár getán fast éh’ gedácht.
Trochäus: antiker Versfuß, bei dem auf eine betonte eine unbetonte Silbe folgt:
Hát dĕr | áltĕ | Héxĕn|méistĕr |
sích dŏch | éinmăl | wégbĕ|gébĕn!
Jambus: antiker Versfuß, bei dem auf eine unbetonte eine betonte Silbe folgt. Typisch für den Jambus ist der steigende Rhythmus:
„Diĕ Mít|tĕrnácht | zŏg ná|hĕr schón …“
Daktylus (von griechisch *daktylos* = „der Finger“): gemäß der Dreigliedrigkeit des Fingers dreigliedriger antiker Versfuß, bei dem auf eine betonte Silbe zwei unbetonte Silben folgen:
Ŭnd | léertĕn diĕ | Béchĕr mit | fúnkĕlndĕm | Wéin.
Der **Hexameter,** das bedeutendste Versmaß der griechischen und lateinischen Dichtung, besteht aus sechs Daktylen.

Moderne Lyrik verzichtet oft auf diese traditionellen Formmerkmale; ihre Verse kommen ohne Reimbindung und strenges Metrum aus (vgl. z. B. B. Brecht: „Radwechsel“, S. 152).

Lyrisches Ich: In vielen Gedichten spricht ein „Ich“ (vgl. U. Krechel: „Wochenende“, S. 155). Um es vom Autor/von der Autorin zu unterscheiden, nennt man diese Gedichtfigur „lyrisches Ich“.

Die Sprache des Gedichts

Die Sprache der Gedichte ist oft durch ausgesuchte **Vergleiche** und Bilder **(Metaphern)** geprägt. Sie sind in besonderer Weise dazu geeignet, Gefühle und Stimmungen auszudrücken oder eine bestimmte Atmosphäre spürbar werden zu lassen. So werden zum Beispiel häufig Bilder aus dem Bereich der Natur benutzt, um Liebe, Freude, Angst und Einsamkeit auszudrücken.

Die Formen und die Sprache der Gedichte haben im Laufe der Zeit einen Wandel erfahren. Bis zum Beginn der Moderne orientierte sich die Lyrik meist an den traditionellen Gedicht- und Strophenformen, an metrischen und rhythmischen Regelungen und verwendete insgesamt eine gewählte Ausdrucksweise. Im 20. Jahrhundert verloren Reim und Strophenform an Bedeutung, Alltagssprache und provozierende Verletzungen sprachlicher Regeln (Syntax, Logik der Aussage) kommen vor. Die Ästhetik der Moderne erlaubt in der Lyrik eine große Ausdrucksvielfalt.

Die Gedichtinterpretation

Interpretieren heißt, das eigene Verständnis eines Textes, eines Gedichtes anderen mündlich oder schriftlich mitzuteilen. Dabei wird immer wieder Bezug auf den Text genommen, und zwar auf inhaltliche und formale Bestandteile. Bei einer ausführlichen schriftlichen Interpretation sind folgende **Arbeitsschritte** ratsam:

1. Nach mehrmaligem Lesen des Gedichts das eigene Textverständnis in wenigen Sätzen als einen vorläufigen **Verstehensentwurf** formulieren („Ich verstehe das Gedicht als ...“).
2. Den inhaltlichen Aufbau und die sprachliche Form des Gedichts genau untersuchen **(Textanalyse);** dabei mit verschiedenfarbigen Textmarkern und Stiften arbeiten.
3. Die Analyseergebnisse ordnen; mit dem vorläufigen Verstehensentwurf vergleichen, um diesen eventuell zu korrigieren; davon ausgehend die **Endfassung** der Interpretation niederschreiben.

Dazu gehört am Schluss eine eigene **Stellungnahme.**

Leitfragen für die Gedichtanalyse

Fragen zum **Inhalt**
- Wer spricht in dem Gedicht?
- Um welches Thema geht es?
- Lässt sich das Gedicht einer bestimmten Textsorte zuordnen (Liebesgedicht, Ballade, Lied)?
- Welche Inhalte werden in den einzelnen Strophen/Abschnitten angesprochen?
- Welche Erwartungen erweckt die Überschrift?

Fragen zur **Form:**
- In wie viele Strophen ist das Gedicht eingeteilt?
  Sind die Strophen gleich gebaut?
- Ist das Gedicht gereimt?
  Welches Reimschema lässt sich entdecken?
- Liegt dem Sprechrhythmus des Gedichts ein durchgehendes Metrum zu Grunde?

Fragen zur **Sprache:**
- Welche Vergleiche und sprachlichen Bilder (Metaphern) enthält das Gedicht? Aus welchen Bereichen stammen sie?
- Gehören die wichtigsten Wörter (Nomen, Verben, Adjektive) zu bestimmten Bereichen (Wortfeldern)?
- Gibt es Wörter oder Wortwiederholungen, die eine besondere, den Text erschließende Bedeutung haben (Schlüsselwörter)?
- Welche sonstigen Stilmittel prägen das Gedicht (besondere Laute, Schreibungen, Zeichensetzung ...)?

Fragen zur **Entstehung:**
- Lässt sich ein Zusammenhang zwischen Gedicht und Entstehungszeit erkennen?
- Ist die Biografie des Autors/der Autorin wichtig für das Verständnis des Gedichts?

Gedichtformen

Ballade (französisch, von spätlateinisch ballare = „tanzen“): Bei der Ballade handelt es sich um eine lange Gedichtform, deren Strophen meistens einem festen Metrum folgen. Es ist charakteristisch für die Ballade, dass in ihr handlungsreiche Geschichten erzählt werden, und dies häufig in dramatisch zugespitzter Form. Zur Ballade kann man auch das moderne Erzählgedicht rechnen, das in freierer, zum Teil prosanaher Form erscheint.

Lied: Das Lied ist ein einfach gebautes, in Strophen gegliedertes Gedicht mit relativ kurzen, gereimten Versen; zuweilen mit einem Refrain (= Kehrreim).

Sonett: Gedichtform, die in Italien entstanden ist; bestehend aus zwei Quartetten (vierzeiligen Strophen) und zwei Terzetten (dreizeiligen Strophen). Das Reimschema ist in der Regel *abba abba ccd eed.* Dem strengen äußeren Aufbau entspricht auch die inhaltliche Gliederung: Meist findet sich ein gedanklicher Einschnitt nach den Quartetten. ▶ S. 146

3.3 Theater (Drama)

▶ S. 159 ff.

Das **Drama** ist neben Prosa (erzählender Literatur) und Lyrik (Gedichte) eine der drei Grundformen der Dichtung. Dramentexte (Schauspiele) sind in Dialogen (und Monologen) verfasst und für eine Theateraufführung vorgesehen. Wichtige Aspekte, die man zum Verständnis eines Dramas berücksichtigen muss:
- die **Exposition** (Eingangsszene[n]), in der die Hauptfiguren, Ort, Zeit und die Konflikte entwickelt werden, die die Handlung des Stücks vorantreiben;
- die **Figuren** und ihre Konstellation: ihre Gedanken, Gefühle und Eigenschaften; ihre offensichtlichen und verborgenen Absichten und Handlungsmotive; typische Tätigkeiten und Verhaltensweisen; Herkunft, Stand und Vorgeschichte; die äußeren Lebensumstände; Einstellungen und prägende Erfahrungen; die Beziehung zu anderen Personen;
- die **Konflikte,** ihre Entwicklung und Lösung.

Die **klassische Form** des Dramas, die schon seit der Antike überliefert ist, weist einen strengen Aufbau in (fünf) Akte und Szenen auf. Das moderne Theater reiht demgegenüber oft weniger streng Szenen („Bilder") aneinander. Bisweilen unterbrechen einzelne oder mehrere Figuren die Handlung und kommentieren sie oder wenden sich direkt ans Publikum. Der Zuschauer wird dadurch in die Rolle eines kritischen Betrachters versetzt.

Eine bekannte Form dieses modernen Theaters ist das **epische Theater** von Bertolt Brecht (1898–1956). ▶ S. 167

Eine Sonderform des Dramas ist das **Hörspiel,** das durch die Erfindung des Rundfunks ermöglicht wurde. Das Hörspiel ist einerseits beschränkter als das Bühnenspiel, da es allein auf akustische Mittel angewiesen ist, kann aber andererseits verschiedene technische Möglichkeiten nutzen wie Ein-, Aus-, Überblenden, Montage, Klangeffekte usw. ▶ S. 29

Da Dramen nicht für das bloße Lesen geschrieben sind, sondern für eine Aufführung im Theater, sollte man bei der Lektüre und Interpretation eines Dramas den Aspekt der Inszenierung stets berücksichtigen:
Ausstattung: Zusammenfassende Bezeichnung für Bühnenbild, Kostüme und Requisiten.

(Bühnen-)Rolle: Gestalt oder Figur, die jemand auf der Bühne verkörpert (z. B. „Schurke", „Rächer", „Retterin in der Not").

Chor, Erzähler/-in: In dramatischen Texten treten die beteiligten Figuren normalerweise unmittelbar als Handelnde und Redende auf. Manchmal kommt aber eine Gruppe (ein Chor) oder eine einzelne Figur hinzu, die die Zuschauenden mit der dramatischen Handlung vertraut macht und sie kommentiert.

Dramaturgie: Abteilung im Theater, die Schauspieltexte für die Aufführung bearbeitet (kürzt, umstellt, aus einer Fremdsprache übersetzt). Außerdem erstellt der Dramaturg/die Dramaturgin das Programmheft und verfolgt dazu die Probenarbeit auf der Bühne.

Inszenierung: Einrichtung und Einstudieren eines Bühnentextes während der Probenzeit und die daraus entstandene Spielfassung

Kostümbild: Abteilung im Theater, in der die Kostüme für die Schauspieler/-innen entworfen und hergestellt werden. Die Kostümbildner/-innen arbeiten dabei mit der Spielleitung/Regie zusammen.

Pantomime: Theater ohne Worte. Die Darstellung von Situationen und Gefühlen geschieht allein durch Mimik und Gestik.

Regie: Die eigenverantwortliche Auswahl. Deutung und Einrichtung eines Dramentextes für die Bühne an einem bestimmten Aufführungsort. Die Hauptverantwortung dafür trägt der **Regisseur/die Regisseurin.**

Regieanweisung: Vom Autor/von der Autorin im Dramentext zusätzlich zu den Dialogen und Monologen mitgelieferte Anregungen, wie das Sprechen und Handeln auf der Bühne ablaufen sollte

Requisit, Requisiten (lat. *requisitum* = erforderliches Ding): Requisiten sind wichtige Gegenstände, bemerkenswert für einzelne Figuren (z. B. die **Trommel** der stummen Kattrin in B. Brechts „Mutter Courage“, S. 161).

Standbild: Ein Standbild entspricht einem Schnappschussfoto. Dazu nehmen die Spielenden eine Körperhaltung und Mimik an, als seien sie plötzlich in ihren Bewegungen eingefroren.

Stegreifspiel: Theaterspielen ohne vorgegebenen Text oder Regieanweisungen. Handlung und Texte werden von den Schauspielern spontan erfunden.

Szene: Kurzer abgeschlossener Teil eines Theaterstücks. Eine Szene (auch: **Bild)** endet, wenn Schauspieler/-innen auf- oder abtreten oder wenn das Licht ausgeht.

Tipps für die Dramenanalyse vgl. S. 169.

3.4 Sachtexte

▶ S. 57 ff. **Analyse von Reden**
Reden sind appellative Texte, die die Zuhörenden auf vielfältige Weise zu beeinflussen suchen. Bei ihrer Analyse sollte man u. a. auf folgende Punkte achten:

- **Intention/Absicht**
  Aufwertung: Der/die Redende versucht u. U., sich in ein gutes Licht zu rücken. Dazu wird Günstiges hervorgehoben, Ungünstiges verschwiegen oder als nicht wichtig hingestellt. Für die Darstellung der eigenen Gruppe oder Partei werden positive Bezeichnungen verwendet.
  Abwertung: Der/die Redende versucht die Gegenseite in ein ungünstiges Licht zu rücken. Der Gegner wird mit negativen Ausdrücken bezeichnet, seine Fehler werden zum Teil übertrieben, Erfolge als Zufall oder als von anderen verursacht dargestellt.
  Beschwichtigung/Vereinnahmung: Der/die Redende versucht die Zuhörenden auf die eigene Seite zu ziehen, indem Gemeinsamkeiten hervorgehoben, Unterschiede verkleinert oder übergangen und Kompromisse vorgeschlagen werden.
- **Argumentation** ▶ S. 41
  Reden müssen genau auf ihre Argumentation

untersucht werden. Eine echte Argumentation stellt **Thesen** auf, die sie durch **Argumente** (Begründungen) logisch absichert. Argumente werden ihrerseits durch Stützen wie **Beispiele, Belege, Zitate** untermauert. Eine Scheinargumentation liegt vor, wenn die Logik der Argumente nur vorgegeben ist, zum Beispiel mit Vorurteilen gearbeitet wird („Wie wir ja alle wissen, sind die Männer das starke Geschlecht! Daher ...").

▶ S. 198
- **Rhetorische Figuren**
  Sie sind nicht nur „Schmuck" einer Rede, sondern zielen auch auf die Emotionen der Zuhörenden.
  Akkumulation: Häufung von Wörtern und Satzteilen: „Als deutscher Staatsbürger, als deutscher Hochschullehrer und als politischer Mensch erachte ich es als recht ..."
  Anapher: Mehrere Sätze beginnen mit demselben Wort: „Sabotage in Rüstungs- und kriegswichtigen Betrieben, Sabotage in allen Versammlungen ..."
  Klimax: Die Aussage wird steigernd aufgebaut: „...dass keiner sich vor seinem Nachbarn, der Vater nicht vor seinen Söhnen, sicher fühlt."

▶ S. 273
- **Metapher:** Sprachliches Bild: „...wenn wir uns in dieser zwölften Stunde nicht aufraffen ..."
  Rhetorische Frage: Provozierende Frage, deren Antwort eigentlich klar ist: „Kann das ein Vorbild sein?"
  Vergleich: Bildliche Formulierung mit „wie": „ ...in alle Welt verstreut zu werden **wie** der Staub vor dem Winde ..."

▶ S. 66 246 259
Der **Vortrag** einer Rede oder eines Referats hängt zu einem wichtigen Teil von der Redetechnik ab. Besonders zu beachten ist:
Die **Sprechweise** muss klar verständlich und abwechslungsreich in Lautstärke, Betonung und Geschwindigkeit sein.
Der **Blickkontakt** mit den Zuhörenden ist wichtig, um eine gute Verbindung herzustellen. Zugleich ist es dadurch möglich, die Reaktionen des Publikums einzuschätzen.
Die **Körperhaltung** sagt viel über Sicherheit und Selbstvertrauen des/der Redenden aus.
Gestik und **Mimik** unterstreichen das Gesagte. Sie sorgen für Abwechslung, Orientierung (Zeigegesten) und Veranschaulichung.

Zeitungen, Zeitschriften, Magazine
Sie wenden sich an bestimmte **Adressaten** (Leser/-innen: Jugendliche, Sportfans, Computerfans usw.) und wählen danach ihre Themen, Rubriken/Ressorts (Politik, Wirtschaft, Mode, Sport usw.), ihren Sprachstil und die äußere Gestaltung (z. B. Abbildungen) aus.

Bei Zeitungsmeldungen über Ereignisse ist zwischen Nachricht und Kommentar zu unterscheiden.
Nachricht (Bericht): Der Nachrichtenstil ist geprägt durch die Beschränkung auf Fakten und Vorgänge sowie das Bemühen um Objektivität, mit dem man den Tatsachen unvoreingenommen und unparteiisch gerecht werden will. Nachrichten sind meist im **Lead-Stil** (lead = „Führung") aufgebaut: Die wichtigsten Informationen stehen am Textanfang, ehe eine zusammenhängende Darstellung mit Details folgt.

Kommentar: Der Meinungsstil zeigt die Perspektive des/der Kommentierenden, eine subjektive Sicht und Wertung der Fakten, Problematisierung der Vorgänge, Vermittlung von Hintergründen und Zusammenhängen.

Glossen sind Kurzkommentare in witziger, oft auch polemischer (angriffslustiger) Form.

Reportagen informieren in besonders lebendiger und anschaulicher Weise über Ereignisse; dabei kann auch das persönliche Erleben des Reporters/der Reporterin deutlich werden. Sie versuchen Atmosphäre einzufangen und führen mitten in ein Geschehen.
Jede Reportage bietet (oft vermischt)
- die Darstellung (den Bericht) eines **Erlebnisses** (z. B. des Besuchs einer Veranstaltung),
- **Hintergrundinformationen** und
- einen **Kommentar.**

▶ S. 48 **Leserbriefe** nehmen in der Regel zu bestimmten Presseartikeln Stellung; wichtig sind:

- Klarer Bezug: Mache deutlich, zu welchem Text oder Thema du dich äußern willst. Achte darauf, fremde Äußerungen als solche kenntlich zu machen (durch Konjunktiv in der indirekten Rede, durch Anführungszeichen beim Zitat usw.).
- Klares Ziel: Mache deutlich, ob du etwas kritisieren, unterstützen oder um einen neuen Aspekt ergänzen willst.
- Klarer Standpunkt: Gib frühzeitig deine eigene Position zu dem Thema zu erkennen und entwickle eigene Vorschläge, wo es sich anbietet.
- Gute Argumente: Stütze deinen Standpunkt durch sachkundige, wirkungsvolle, eventuell auch zugespitzte (dennoch glaubwürdige) Begründungen. Versuche Gegenargumente zu widerlegen.
- Kurzer Text in Briefform (Anrede, Bezug, Gruß).

Titelseite einer Tageszeitung:

- Zeitungskopf (Titel der Zeitung, politische Selbsteinstufung, Erscheinungsort, Datum, Preis, Ausgaben-Nr.)
- Blickfang (meist Foto/Karikatur links oben)
- Aufmacher (die aktuelle Hauptnachricht)
- Spitzenmeldung („Eckenbrüller", aufregende Einzelmeldung)
- Kurzmeldungen
- Inhaltsleiste mit Anreißermeldungen (nur in einem Satz)
- Spartenbox (Themen aus den verschiedenen Sparten/Ressorts)
- Querverweise ins Innere der Zeitung

Informationsmodule: Eine Presseneuerung bei der Themenaufteilung: Die Lesenden werden nicht mit langen Artikeln konfrontiert, vielmehr wird ein komplexer Sachverhalt auf verschiedene kürzere Texte, Grafiken und Abbildungen aufgeteilt, auf Informationsbausteine oder -module. So kann man an einer Stelle einsteigen und – bei Interesse – an anderer Stelle weiterlesen.

Sachtexte erschließen

Die folgenden Verfahren können je nach Textsorte und Zweck alternativ oder in Kombination ausgewählt werden:

- **Paraphrasieren:** Einen schwierigen Text in eine verständlichere Sprache „übersetzen".
- **Gliedern:** Text in Abschnitte gliedern, z. B. nach den erkennbaren Teilthemen; dazu Zwischentitel formulieren.
- **Konspekt anlegen:** Eine grafische Übersicht über den Gedankengang des Textes in Form eines Verlaufsdiagramms entwickeln oder in der Form eines Strukturdiagramms, das mit Pfeilen die gedanklichen Bezüge vermittelt.
- **Informationen herausschreiben** (exzerpieren): Aus einem längeren Text zentrale Fakten und die Hauptargumente herausschreiben.
- **Grafiken verschriftlichen – und umgekehrt:** Die Informationen einer Grafik/Statistik in einen beschreibenden und erklärenden Text umsetzen: Thema, Fragestellung, Tendenzen, Mittel- und Extremwerte, Details, Ausdruckswert der grafischen Form (Säulen-, Torten-, Kurvendiagramm, Tabelle) usw.
- **Sprachfunktionen erkennen:** Wo handelt es sich um Darstellung von Sachverhalten (Information), wo um Ausdruck persönlicher Empfindungen (Expression), wo um Aufforderung zum Handeln (Appell)?
- **Kritisch lesen:** Neben reinen Sachinformationen Kommentare und Wertungen der Verfasser/-innen unterscheiden.
- **Sprachkritisch lesen:** Den Umgang mit der Sprache prüfen, d. h. die Verwendung von Aufwertungen, Abwertungen, Euphemismen, Konnotationen, Klischees usw. untersuchen. Die daraus erkennbare Tendenz erschließen.
- **Resümee ziehen:** Das Ergebnis der Lektüre des Textes in einem kurzen informierenden Text niederschreiben.
- **Stellung nehmen und werten:** Aus der eigenen Perspektive und mit überzeugenden Argumenten eine Stellungnahme verfassen.

3.5 Audiovisuelle Medien und Werbung

Medien (Singular: Medium) sind Mittel zur Weitergabe von Informationen. Man unterscheidet **Printmedien** (z.B. Bücher, Zeitungen, Zeitschriften) und **audiovisuelle Medien** (z.B. Hörfunk, Film, Fernsehen, Internet).

▶ S. 30
Beim **Film** lassen sich **Dokumentarfilm** und **Spielfilm** unterscheiden. Ein Spielfilm hat eine (meist fiktive) Handlung und einen ähnlichen Aufbau wie ein Drama: In der **Exposition** werden wesentliche Motive und alle wichtigen Figuren vorgestellt. Die Szenen setzen sich zu einzelnen Handlungseinheiten **(Sequenzen)** mit eigener Spannungskurve zusammen. Ähnlich wie beim Drama finden sich beim Spielfilm **Wendepunkte,** die die äußere oder innere Handlung einen unerwarteten Verlauf nehmen lassen. Meist existiert ein solcher Wendepunkt unmittelbar nach der Exposition sowie ein weiterer gegen Ende des Films. Von einem **Happy-End** spricht man, wenn sich die Handlung aus Sicht der Hauptfigur(en) am Ende zum Guten wendet.

▶ S. 85 ff.
Serien sind vor allem im Vorabendprogramm des **Fernsehens** weit verbreitet. Sie sind durch eine festgelegte, aber doch veränderbare Figurenkonstellation geprägt, sodass sich die Beziehungen der Figuren untereinander, ihre Konflikte usw. unendlich fortsetzen lassen. Man kann täglich (Daily Soap) und wöchentlich ausgestrahlte Serien (Weekly) unterscheiden, beide haben in der Regel feste Sendeplätze. Die Seifenopern **(Soap Operas)** wurden ursprünglich von Waschmittel- und Seifenfirmen in Auftrag gegeben, um das Fernsehpublikum für ihre Werbekampagnen zu interessieren. Die meisten Soaps weisen in ihrer Dramaturgie eine **Drei-Episoden-Struktur** auf, in der sich einzelne Szenen der drei Handlungsstränge abwechseln und miteinander verzahnen.
Die dramatische Zuspitzung am Ende einer Folge, der **Cliff Hanger,** wird durch filmische Mittel (Zoom auf Naheinstellung, Freeze/„eingefrorenes" Bild, Einspielen der Titelmusik) unterstützt. Er soll die Spannung auf den Fortgang der Handlung in der nächsten Folge erhöhen.

▶ S. 88

Ein Film hat (auch bei Fernsehproduktionen) als Textgrundlage das **Drehbuch.** Im Drehbuch werden der gesprochene Text, Musik, Geräusche, Bilder und Kameraeinstellungen festgelegt. Den Bildausschnitt, den die Kamera zeigt, nennt man **Einstellungsgröße.** Je kleiner der Bildausschnitt ist, desto näher scheint der Betrachter am Geschehen zu sein. Man unterscheidet (von nah nach weit) *Detail, Groß, Nah, Américaine, Halbnah, Halbtotale, Totale* und *Weit/Panorama.* Als **Kameraperspektive** bezeichnet man den Standpunkt und den Blickwinkel der Kamera im Film: *Froschperspektive* (= Kamera von unten), *Vogelperspektive* (= Kamera von oben) oder *Normalsicht* (in Augenhöhe).

▶ S. 93
▶ S. 103

Hinzu kommt die Möglichkeit, die Kamera selbst zu bewegen: waagerecht als Schwenk, senkrecht als Neigen und in der Querachse als Rollen. Wenn sich der Standpunkt der Kamera verändert, spricht man von einer **Kamerafahrt.**
Entscheidend für die Stimmung einer Szene und für den Stil eines Films ist die **Lichtführung,** wobei man zwischen natürlicher und dramatischer Lichtführung unterscheiden kann; Letztere versucht, etwa durch starke Hell-Dunkel-Kontraste, ganz bewusst eine bestimmte Stimmung zu erzeugen.
Schon während eines Drehs muss an den **Schnitt** gedacht werden, den letzten Arbeitsschritt bei der Produktion eines Films: Normalerweise folgt eine Kameraeinstellung unmittelbar auf die nächste **(harte Schnitte).** Um etwa Zeit- oder Ortswechsel deutlich zu machen, lassen sich auch zwei Einstellungen ineinander blenden **(weiche Schnitte).** Das Schnitttempo (Anzahl der Schnitte in einer bestimmten Zeit) entscheidet darüber, ob eine Szene ruhig und getragen oder dramatisch zugespitzt und spannungsreich wirkt.

Zum **Internet** vgl. Kapitel 13.

▶ S. 229 ff.

Werbung

Breiten Raum nimmt die Werbung in den Medien ein. Ihr Hauptanliegen ist nicht die Information über einen Gegenstand, sondern der Appell zu seinem Kauf. Dazu setzt sie einfallsreich und ungewöhnlich gesprochene und geschriebene Sprache, Musik, Bild und Film ein. Werbeträger sind nicht nur Kinder und Erwachsene (Stars), sondern auch Tiere.

Sender →	Werbemedium →	Werbebotschaft →	Empfänger
Auftraggeber/Firma, Herstellung, Werbeagentur, Grafik-, Text-, Designbüro	Inserat, Plakat, Werbespot, Flugblatt usw.	Information und Emotion über ein Produkt (im weitesten Sinn), Kaufappell	Käufer/-, Konsument/-, Passant/-, TV-Zuschauer/-innen, „Zielgruppe“

Werbeinhalte: 1. Produkte, Konsumgegenstände; 2. Dienstleistungen; 3. politische Programme; 4. Verhalten, Einstellungen usw.

Aufbau einer Werbeanzeige: 1. Blickfang *(eye catcher);* 2. Überschrift *(headline);* 3. Text (mit *Slogan)*

Die **Wirkung** der Werbung kann man sich mit der AIDA-Regel klar machen:
Attention = Aufmerksamkeit erregen
Interest = Interessen ansprechen
Desire = Kaufwunsch wecken
Action = Kaufen

Die **Sprache** der Werbung bevorzugt auffällige Formulierungen und Wortschöpfungen, Bilder, Vergleiche, Übertreibungen, Wiederholungen, überraschende Kontraste.

▶ S. 181

Im Mittelpunkt steht die Lenkung der Konsumenten mittels **Konnotationen** („Nebenbedeutungen“). Das sind alle gefühlsmäßigen Vorstellungen, die einem beim Hören/Lesen eines bestimmten Wortes (Produkts) durch den Kopf gehen – über seine sachliche Bedeutung (das **Denotat)** hinaus. ▶ S. 277

Die Konnotationen eines Wortes (Produkts) werden über sein sprachliches Umfeld gesteuert, aber auch sehr stark über begleitende Bilder, Musik und Geräusche.

Rolls-Royce

Denotat
„Personenkraftwagen“

Konnotationen
hohe Wertarbeit, Komfort, Adel, Reichtum, Exklusivität ...

Konnotationen prägen auch sog. Warenmythen wie den „Cowboymythos“ in der Zigarettenwerbung: Freiheit, Ungebundenheit, Männlichkeit sind hier prägende Nebenbedeutungen.

Bichsel, Peter (*1935)
17 Die Tochter
aus: Eigentlich möchte Frau Blum den Milchmann kennenlernen. © Suhrkamp Verlag, Frankfurt a. M. 1993, S. 65–68

Bliesner, Ulrich
194 Mit vielen Zungen
aus: Wege nach Europa. Friedrich Jahresheft IX, Seelze 1991, S. 95–97

Borchert, Wolfgang (1921–1947)
131 Das Holz für morgen
aus: Die traurigen Geranien. © Rowohlt Verlag, Reinbek 1962

Borges, Jorge Luis (1899–1986)
27 Das Wesentliche
Hanser, München 1986

Brecht, Bertolt (1898–1956)
16 Herr Keuner und die Flut (1)
160 Mutter Courage und ihre Kinder (2)
152 Der Radwechsel (3)
18 Die unwürdige Greisin (4)
157 Vergnügungen (5)
aus: Werke. Große kommentierte Berliner und Frankfurter Ausgabe. Hg. v. W. Hecht, J. Knopf, W. Mittenzwei, K.-D. Müller. Suhrkamp und Aufbau Verlag 1989, Bd. 6, S. 9–14, 62–66 (2); Gesammelte Werke. Suhrkamp Verlag, Frankfurt/M. 1967, Bd. 12, S. 402 (1); Bd. 10, S. 1009 (3); Bd. 11, S. 315 ff. (4); Bd. 10, S. 1022 (5)

Brinkmann, Rolf Dieter (1940–1975)
156 Einen jener klassischen
aus: Westwärts 1 & 2, Rowohlt Verlag, Reinbek 1975

Britting, Georg (1891–1964)
116 Brudermord im Altwasser
aus: Die kleine Welt im Strom. List Verlag, München 1952

Busta, Christine
74 Wo holt sich die Erde die himmlischen Kleider?
aus: Die Sternenmühle. Otto Müller Verlag, Salzburg 1959

Christie, Agatha (1890–1976)
105 Der rote Badeanzug
aus: Der Dienstagabend-Club. Scherz Verlag. Bern, München, Wien 2000

Dönhoff, Marion Gräfin (1909–2002)
12 Klassentreffen
aus: Die heilsame Reise. Hg. v. Ulrich Kabitz u.a., Kaiser, München 1990, S. 16

Dohrmann, Anja Maria
25 Nichts wird mehr so sein wie vorher
aus: Kölner Stadt-Anzeiger, 19. 4. 2000

Dürrenmatt, Friedrich (1921–1990)
119 Das Versprechen
aus: Das Versprechen. Requiem auf den Kriminalroman. Diogenes, Zürich 1986, Bd. 22, S. 19–23

Echt
144 Junimond
M. Hartmann/R. Reiser. George Glueck Musik GmbH, c/o Sony Music Publishing (Germany GmbH), Berlin

Fritz, Walter Helmut (*1929)
152 Ein Morgen, …
aus: Gedichte. Moderner Buchclub. Darmstadt 1964

Geissendörfer, Hans W.
91 Wie Kunstfiguren zum Leben erwachen – zur Dramaturgie der „Lindenstraße"
aus: Rundfunk und Fernsehen, Nr. 38, 1990, S. 48 f.

Geissler, Ralf
13 Schüler lehren – Senioren surfen
aus: Unicum 5/98. Unicum-Verlag, Bochum 1998, S. 10

Gumppenberg, Hanns Freiherr von (1866–1928)
73 Sommermädchenküssetauschelächelbeichte
aus: Heiterkeit aus aller Welt. Hg. v. Erich Kästner. Fackelträger Verlag, Hannover 1968, S. 92–93

Hacke, Constanze
54 Menschenrechte und Strafrecht
aus: Das Parlament Nr. 31–32, 28. 7./4. 8. 2000, S. 14

Hahn, Ulla (*1946)
154 Zwischen weißen Wolkenfischen (Sommergras)
aus: Freudenfeuer, DVA Stuttgart, 1985

Hentig, Hartmut von (*1925)
58 Geschwister Scholl für die Schule.
aus: Jahrbuch 1993–1994 des Geschwister-Scholl-Gymnasiums Pulheim, S. 56 f.

Heym, Georg (1887–1912)
145 Vorortbahnhof
aus: Dichtungen und Schriften. Hg. v. Karl Ludwig Schneider. Bd. 1: Lyrik. Ellermann Verlag, Hamburg, S. 102

Hirsch, Eike Christian
193 Weil, es geht doch!
aus: Mehr Deutsch für Besserwisser. Hoffmann und Campe Verlag, Hamburg 1979, S. 123–124

Huby, Felix (*1938)
110 Barfuß im Sand
aus: Bienzle und der Sündenbock. Rowohlt, Reinbek 1990

Hürlimann, Thomas (*1950)
134 Der Filialleiter
aus: Die Satellitenstadt. Fischer TB, Frankfurt/M 1994, S. 123–125

Janssen, Ulrike
178 Gegen die „Anglizismenflut"
aus: Kölner Stadt-Anzeiger, 30. 3. 1998

Kästner, Erich (1904–1974)
144 Sachliche Romanze
aus: Lärm im Spiegel. Atrium Verlag, Zürich 1928

Kafka, Franz (1833–1924)
15 Der Aufbruch
aus: Sämtliche Erzählungen. Hg. von Paul Raabe. Fischer, Frankfurt/M. 1970, S. 321

Kaléko, Mascha (1912–1975)
149 Großstadtliebe
aus: Das lyrische Stenogramm. Rororo TB, Hamburg 2000

Kalusch, Matthias
70 Mein schöner Schulalltag
aus: Sie wollen nur unser Bestes … Geschichten vom Leben zwischen den Pausen. Matthias Kalusch, nach Volker Fabricius (Hrsg.), Frankfurt 1987

Kirsch, Sarah (*1935)
153 Im Sommer
aus: Rückenwind. Langewiesche, Ebenhausen 1976

Kishon, Ephraim (*1924)
78 Parkplatz gesucht
aus: Kishons beste Geschichten. Langen-Müller Verlag, München/Wien 1968

Kordon, Klaus (*1943)
22 Wie Spucke im Sand
aus: Wie Spucke im Sand. Beltz Verlag, Weinheim & Basel 1987, S. 284–291

Kotte, Henner
124 Countdown im Container. Leipzig 2000

Krechel, Ursula (*1947)
155 Der Anfang des Wochenendes
aus: Nach Mainz. Luchterhand Verlag, Darmstadt 1977

Lagarde, France de
184 Die Bewerbung
aus: Demokratische Fraueninitiative Köln (Hg.) Wir Frauen, Pahl Rugenstein 1979

Lebert, Benjamin (*1982)
27 Crazy!
aus: Crazy. Kiepenheuer & Witsch, Köln 1999, S. 171–175

Lessmann, Ulla
77 Sprachaufnahme, automatisch
aus: Wir sehen das hier nicht so eng. Satiren. Fischer, Frankfurt a. M. 2000, S. 33

Loriot (*1923)
141 Feierabend
aus: Szenen einer Ehe in Wort und Bild. Diogenes, Zürich 1989, S. 29 ff.

Marinetti, Filippp Tommaso (1876–1944)
146 An das Rennautomobil
aus: Futuristische Dichtungen. Übers. v. Else Hadwiger. A. Meyer Verlag, Berlin 1912, S. 3

Mey, Reinhard
151 Über den Wolken
Chanson-Edition Reinhard Mey, Berlin

Müller, Fanny
75 Einhüten
aus: Mein Keks gehört mir. Fischer Taschenbuchverlag, Frankfurt a. Main 1999

Osthold, Kerstin
72 Laber geht zu einer Fete
aus: Currilculum vitae St. Wolfhelm. Hg. von Gerd Brenner u. a., Schwalmtal 1998

Plum, Wolfgang/Rieger Nicolas
231 PC gebootet und Browser gestartet – alles klar?
aus: Bonner Generalanzeiger, 28. 3. 2000

Reding, Josef (*1929)
135 Apotheke Vita Nova
aus: Allein in Babylon. Georg Bitter Verlag, Recklinghausen 1963

BILDQUELLENVERZEICHNIS

S. 9: Walter Schels, Hamburg
S. 10 oben, 159: Bildarchiv Preußischer Kulturbesitz, Berlin
S. 10 unten links: Archiv des Magistrats der Stadt Wiener Neustadt, Foto: Dr. Beatrix Bastl. Umschlagfoto der Habilitationsschrift von Beatrix Bastl: „Tugend, Liebe, Ehre." Adlige österreichische Frauen in der Frühen Neuzeit.
S. 10 unten rechts, 31 oben links und unten rechts, 34, 99, 104,183, 204 unten, 211, 250 unten, 252, 253: Thomas Schulz, Hohen Neuendorf
S. 12 oben: aus: Alt & Jung, Stroemfeld Verlag, 1997, S. 33
S. 12 unten: Tom Körner, Berlin
S. 13: Ralf Geißler, Leipzig
S. 14 oben links und unten rechts, 17, 31 unten links, 48, 57, 177, 195, 196, 207: dpa, Frankfurt/M.
S. 14 oben rechts: Wolfgang Schmidt; **180:** Kim Hart; **224, 245:** Rupert Oberhäuser; **254:** Bernhard Nimtsch/Das Fotoarchiv, Essen
S. 14 unten links: Christian von Alvensleben/STERN
S. 15: Wagenbach Verlag, Berlin
S. 16, 59, 129, 134, 189: Ullstein Bild, Berlin
S. 18, 105,122, 123: Cinetext, Frankfurt/M
S. 22: Buchcover: Wie Spucke im Sand/Kordon, Beltz Verlag, Weinheim und Basel
S. 27 oben: Isolde Ohlbaum, München
S. 27 unten, 30: Buchcover: Crazy/Lebert und Crazy/Das Buch zum Film, Kiepenheuer & Witsch, Köln
S. 31 oben rechts, 201, 223: Corel Library
S. 40: aus: Focus, 34/1994
S. 46: Ullstein – Vario Press, Berlin
S. 51: Buchcover: Dieser Hunger nach Leben/Saubin, Bastei-Lübbe, Bergisch Gladbach
S. 54: Zahlenbilder, Erich Schmidt Verlag
S. 56, 209: Associated Press, Frankfurt/M
S. 58: Heinrich Biermann, Pulheim
S. 66/67: Charly Kurz, Ellwangen
S. 69: Marie Marcks, Heidelberg
S. 80 (4), 81, 205: SAT 1
S. 80 (1,5), 82: Allendorf Media, Köln
S. 83: Dorothea Schmid/Bilderberg, Hamburg
S. 85 oben links und unten rechts, 87 unten: RTL
S. 85 oben Mitte: © WDR Lindenstraße/Thomas Kost
S. 85 oben rechts und unten links, 87 oben und Mitte: ARD
S. 89, 91, 93, 95, 96, 97, 98: Pressearchiv der Lindenstraße, © WDR
S. 119: Schutzumschlag der Ausgabe des Verlages Volk und Welt (DDR)
S. 124: Big Brother, RTL
S. 131: Archiv für Kunst und Geschichte, Berlin
S. 141: aus Loriots Dramatische Werke © 1981 Diogenes Verlag AG Zürich
S. 142, 183: Yale University Art Gallery, New Haven, Connecticut, USA
S. 143 oben: Sammlung Mr. and Mrs. Gilbert H. Kinney
S. 143 unten: Sheldon Memorial Art Gallery and Sculpture Garden, Lincoln; USA
S. 146: Artothek, Peissenberg; © VG Bild-Kunst, Bonn 2001
S. 152, 157: Stiftung Archiv der Akademie der Künste, Berlin
S. 158: Sabine Kaehne, Berlin
S. 160: Carlos Borell, Berlin
S. 121, 170: Deutsche Kinemathek, Berlin
S. 171, 175: Filmmuseum, Frankfurt/M.
S. 178: Wilfried Meisen, Kerpen
S. 184: Peter Butschkow/Baaske Cartoons Müllheim
S. 189, 191: Globus Infografik, Hamburg
S. 197: Haitzinger/CCC, www.c5.net
S. 203: Der Spiegel 44/2000
S. 204: Illustration: Sabine Wilharm, Hamburg
S. 213: Piper Verlag, München
S. 214: ZDF/S. Thomas
S. 217: Albrecht Fuchs, Köln
S. 219: Stefan Czarske, München
S. 222: Avista Film, München
S. 233: Christian Augustin/action press
S. 234: Jörg Fokuhl, Hamburg
S. 241: Susanne Gasse, Soest
S. 246, 247: Friedrich Dick, Bonn
S. 250 oben: Klaus Lipa, Diedorf
S. 251: Peter Wirtz, Dormagen

Nicht in allen Fällen war es möglich, die Rechteinhaber der Abbildungen ausfindig zu machen. Berechtigte Ansprüche werden im Rahmen der üblichen Vereinbarungen abgegolten.

SACHREGISTER

Wertvolle Hinweise verdankt das Werk neben Barbara Schurf (Pulheim) Christian Ernst (Berlin), Fritz L. Hofmann (Kaiserslautern), Gudrun Kaden (Hannover), Sabine Menzel (Fulda), Thomas Riedel (Speyer) und Ingrid von Tippelskirch (Saarbrücken).

Deutschbuch 10
Grundausgabe

Redaktion: Otmar Käge
Illustrationen: Ursula Abramowski-Lautenschläger, Thomas Binder, Klaus Ensikat, Amelie Glienke, Wolfgang Mond, Klaus Müller, Nina Pagalies, Margit Pawle, Renate Rusch, Barbara Schumann
Layout und Umschlaggestaltung: Katharina Wolff
Technische Umsetzung: werkstatt für gebrauchsgrafik, Berlin

Cornelsen online http://www.cornelsen.de

Bis auf die mit [R] gekennzeichneten Texte berücksichtigt dieses Werk die Regeln der reformierten Rechtschreibung und Zeichensetzung.

1. Auflage € Druck 6 5 4 3 Jahr 06 05 04 03

Alle Drucke dieser Auflage sind inhaltlich unverändert und können im Unterricht nebeneinander verwendet werden.

Druck: CS-Druck CornelsenStürtz, Berlin

ISBN 3-464-60336-9

Bestellnummer 603369

Gedruckt auf säurefreiem Papier, umweltschonend hergestellt aus chlorfrei gebleichten Faserstoffen.

Wegweiser durch ein Projekt

Teamarbeit ist im Unterricht nicht nur, aber doch besonders bei Projekten wichtig. Deshalb findet ihr hier zum Schluss wichtige Informationen zur Planung und Durchführung von Projekten.

Einstieg

Zu Beginn müsst ihr das Thema – selbst gewählt oder zugewiesen – erschließen.

Tipps

- Stellt Schwerpunkte des Themas zusammen.
- Verschafft euch einen Überblick per
  - Brainstorming,
  - Ideenstern,
  - Mind-Map,
  - …
- Sammelt eure Ideen an der Tafel oder auf Karteikärtchen an der Pinnwand.
- Ordnet eure Ideen und formuliert Leitfragen dazu.

Planung

In der zweiten Phase eines Projekts gilt es, die Ziele festzulegen und die Aufgaben zu verteilen.

Tipps

- Wählt aus, wie ihr eure Zielvorgabe dokumentieren wollt.
- Macht einen Terminplan für die einzelnen Phasen des Projekts.
- Teilt euch in Gruppen ein und verteilt die Aufgaben.
- Richtet euch Arbeitsplätze ein und bereitet die Materialsammlung vor.
  Legt z. B. Schubkartons oder Ordner mit Inhaltsverzeichnis und Trennblättern für die Unterthemen an.
- Besorgt notwendige Arbeitsmaterialien (Schere, Kleber, Tonband, farbige Stifte, Farbkartons, Tapetenreste usw.).

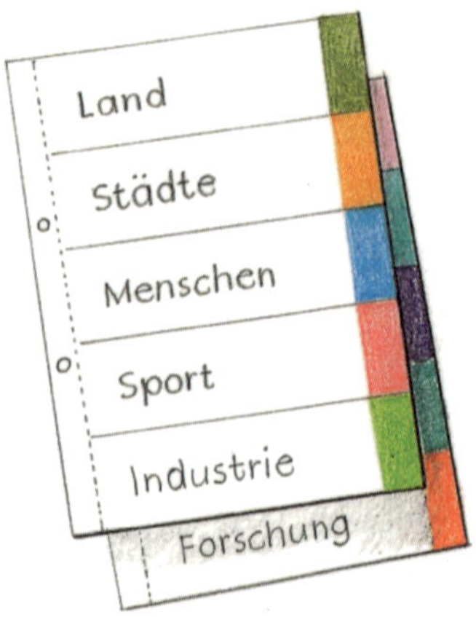